A CONDIÇÃO DOCENTE
NA REDE ESTADUAL DE EDUCAÇÃO
DE MINAS GERAIS

Editora Appris Ltda.
1.ª Edição - Copyright© 2025 dos autores
Direitos de Edição Reservados à Editora Appris Ltda.

Nenhuma parte desta obra poderá ser utilizada indevidamente, sem estar de acordo com a Lei n° 9.610/98. Se incorreções forem encontradas, serão de exclusiva responsabilidade de seus organizadores. Foi realizado o Depósito Legal na Fundação Biblioteca Nacional, de acordo com as Leis n°s 10.994, de 14/12/2004, e 12.192, de 14/01/2010.

Catalogação na Fonte
Elaborado por: Josefina A. S. Guedes
Bibliotecária CRB 9/870

C745c 2025	A condição docente na rede estadual de educação de Minas Gerais / João Valdir Alves de Souza, Júlio Emílio Diniz-Pereira (orgs.). – 1. ed. – Curitiba: Appris, 2025. 315 p. ; 23 cm. – (Educação, tecnologias e transdisciplinaridade). Inclui bibliografias. ISBN 978-65-250-7674-4 1. Professores – Condições sociais. 2. Professores – Condições econômicas. 3. Educação – Minas Gerais. 4. Avaliação educacional. I. Souza, João Valdir Alves de. II. Diniz-Pereira, Júlio Emílio. III. Título. IV. Série. CDD – 371.1

Livro de acordo com a normalização técnica da ABNT

Appris
editora

Editora e Livraria Appris Ltda.
Av. Manoel Ribas, 2265 – Mercês
Curitiba/PR – CEP: 80810-002
Tel. (41) 3156 - 4731
www.editoraappris.com.br

Printed in Brazil
Impresso no Brasil

João Valdir Alves de Souza
Júlio Emílio Diniz-Pereira
(Org.)

A CONDIÇÃO DOCENTE NA REDE ESTADUAL DE EDUCAÇÃO DE MINAS GERAIS

Appris editora

Curitiba, PR
2025

FICHA TÉCNICA

EDITORIAL	Augusto Coelho
	Sara C. de Andrade Coelho
COMITÊ EDITORIAL E CONSULTORIAS	Ana El Achkar (Universo/RJ)
	Andréa Barbosa Gouveia (UFPR)
	Antonio Evangelista de Souza Netto (PUC-SP)
	Belinda Cunha (UFPB)
	Délton Winter de Carvalho (FMP)
	Edson da Silva (UFVJM)
	Eliete Correia dos Santos (UEPB)
	Erineu Foerste (Ufes)
	Fabiano Santos (UERJ-IESP)
	Francinete Fernandes de Sousa (UEPB)
	Francisco Carlos Duarte (PUCPR)
	Francisco de Assis (Fiam-Faam-SP-Brasil)
	Gláucia Figueiredo (UNIPAMPA/ UDELAR)
	Jacques de Lima Ferreira (UNOESC)
	Jean Carlos Gonçalves (UFPR)
	José Wálter Nunes (UnB)
	Junia de Vilhena (PUC-RIO)
	Lucas Mesquita (UNILA)
	Márcia Gonçalves (Unitau)
	Maria Margarida de Andrade (Umack)
	Marilda A. Behrens (PUCPR)
	Marília Andrade Torales Campos (UFPR)
	Marli C. de Andrade
	Patrícia L. Torres (PUCPR)
	Paula Costa Mosca Macedo (UNIFESP)
	Ramon Blanco (UNILA)
	Roberta Ecleide Kelly (NEPE)
	Roque Ismael da Costa Güllich (UFFS)
	Sergio Gomes (UFRJ)
	Tiago Gagliano Pinto Alberto (PUCPR)
	Toni Reis (UP)
	Valdomiro de Oliveira (UFPR)
SUPERVISORA EDITORIAL	Renata C. Lopes
PRODUÇÃO EDITORIAL	Sabrina Costa
REVISÃO	José A. Ramos Junior
DIAGRAMAÇÃO	Bruno Ferreira Nascimento
CAPA	Kananda Ferreira
REVISÃO DE PROVA	Jibril Keddeh

COMITÊ CIENTÍFICO DA COLEÇÃO EDUCAÇÃO, TECNOLOGIAS E TRANSDISCIPLINARIDADE

DIREÇÃO CIENTÍFICA	Dr.ª Marilda A. Behrens (PUCPR)	Dr.ª Patrícia L. Torres (PUCPR)
CONSULTORES	Dr.ª Ademilde Silveira Sartori (Udesc)	Dr.ª Iara Cordeiro de Melo Franco (PUC Minas)
	Dr. Ángel H. Facundo (Univ. Externado de Colômbia)	Dr. João Augusto Mattar Neto (PUC-SP)
	Dr.ª Ariana Maria de Almeida Matos Cosme (Universidade do Porto/Portugal)	Dr. José Manuel Moran Costas (Universidade Anhembi Morumbi)
	Dr. Artieres Estevão Romeiro (Universidade Técnica Particular de Loja-Equador)	Dr.ª Lúcia Amante (Univ. Aberta-Portugal)
	Dr. Bento Duarte da Silva (Universidade do Minho/Portugal)	Dr.ª Lucia Maria Martins Giraffa (PUCRS)
	Dr. Claudio Rama (Univ. de la Empresa-Uruguai)	Dr. Marco Antonio da Silva (Uerj)
	Dr.ª Cristiane de Oliveira Busato Smith (Arizona State University /EUA)	Dr.ª Maria Altina da Silva Ramos (Universidade do Minho-Portugal)
	Dr.ª Dulce Márcia Cruz (Ufsc)	Dr.ª Maria Joana Mader Joaquim (HC-UFPR)
	Dr.ª Edméa Santos (Uerj)	Dr. Reginaldo Rodrigues da Costa (PUCPR)
	Dr.ª Eliane Schlemmer (Unisinos)	Dr. Ricardo Antunes de Sá (UFPR)
	Dr.ª Ercilia Maria Angeli Teixeira de Paula (UEM)	Dr.ª Romilda Teodora Ens (PUCPR)
	Dr.ª Evelise Maria Labatut Portilho (PUCPR)	Dr. Rui Trindade (Univ. do Porto-Portugal)
	Dr.ª Evelyn de Almeida Orlando (PUCPR)	Dr.ª Sonia Ana Charchut Leszczynski (UTFPR)
	Dr. Francisco Antonio Pereira Fialho (Ufsc)	Dr.ª Vani Moreira Kenski (USP)
	Dr.ª Fabiane Oliveira (PUCPR)	

*Dedicamos este livro a Inês Assunção de Castro Teixeira (*in memoriam*), fundadora e pesquisadora do Prodoc por muitos anos, que trouxe o conceito de condição docente como questão de pesquisa, um desafio que vem sendo aprofundado teoricamente pelo nosso grupo. À Inês, querida colega, o nosso reconhecimento e a nossa grande admiração.*

SUMÁRIO

PRÓLOGO 13
Emilio Tenti Fanfani

PARTICULARIDADES DE LA CONDICIÓN DOCENTE 13
ARTICULACIÓN ENTRE OBJETIVIDAD Y SUBJETIVIDAD 17
IDENTIDAD Y TRAYECTORIA 17

INTRODUÇÃO 21
CONDIÇÃO DOCENTE: CONTRIBUIÇÕES DO PRODOC PARA UMA MELHOR
DEFINIÇÃO DO CONCEITO 22
PROCEDIMENTOS METODOLÓGICOS 29
REFERÊNCIAS 34

1
A CONDIÇÃO DOCENTE DE PROFESSORAS/ES ALFABETIZADORAS/ES DA REDE ESTADUAL DE EDUCAÇÃO DE MINAS GERAIS 37
Sara Mourão Monteiro, Natália Maria Avelino, Darsoni de Oliveira Caligiorne

INTRODUÇÃO 37
1.1 O CONTEXTO EDUCACIONAL E A ÁREA DA ALFABETIZAÇÃO E LETRAMENTO
DOS ESTUDOS ACADÊMICOS ANALISADOS 39
1.2 PRINCIPAIS RESULTADOS E CONCLUSÕES DAS PESQUISAS ANALISADAS 42
1.3 CONDIÇÃO DOCENTE DE PROFESSORAS ALFABETIZADORAS DA REDE
ESTADUAL DE EDUCAÇÃO DE MINAS GERAIS 47
CONSIDERAÇÕES FINAIS 49
REFERÊNCIAS 50

2
A AVALIAÇÃO EDUCACIONAL E A CONDIÇÃO DOCENTE NA REDE ESTADUAL DE EDUCAÇÃO DE MINAS GERAIS (2008–2018) 53
Suzana dos Santos Gomes, Jussara Bueno de Queiroz Paschoalino, Heyde Ferreira Gomes, Maxmüller Coelho Batista (*in memoriam*)

INTRODUÇÃO 53
2.1 PERCURSO METODOLÓGICO 54
2.2 APONTAMENTOS INTRODUTÓRIOS SOBRE AVALIAÇÃO EDUCACIONAL 55
2.3 A CONDIÇÃO DOCENTE DE PROFESSORES DA REDE ESTADUAL DE EDUCAÇÃO DE MINAS GERAIS 58
2.4 O PROFESSOR COMO SUJEITO AVALIADOR 59
2.5 O PROFESSOR COMO SUJEITO EM PROCESSO DE AVALIAÇÃO 62
CONSIDERAÇÕES FINAIS 63
REFERÊNCIAS 64

3
CARREIRA E REMUNERAÇÃO COMO ELEMENTOS DA CONDIÇÃO DOCENTE DE PROFESSORAS/ES DA REDE ESTADUAL DE EDUCAÇÃO DE MINAS GERAIS 67
Alvanize Valente Fernandes Ferenc, Nayara Macedo de Lima Jardim, Bárbara Lima Giardini

INTRODUÇÃO 67
3.1 A CARREIRA DOCENTE DE PROFESSORAS/ES DA REDE ESTADUAL MINEIRA . 69
3.2 REMUNERAÇÃO DOCENTE DE PROFESSORAS/ES DA REDE ESTADUAL MINEIRA. 80
CONSIDERAÇÕES FINAIS 86
REFERÊNCIAS 88

4
DIVERSIDADE E CONDIÇÃO DOCENTE DE PROFESSORAS/ES DA REDE ESTADUAL DE EDUCAÇÃO DE MINAS GERAIS 91
Ana Paula Andrade, Karla Cunha Pádua, Margareth Diniz, Santuza Amorim da Silva

INTRODUÇÃO 91
4.1 EDUCAÇÃO E INCLUSÃO DE PESSOAS COM DEFICIÊNCIA 93
4.2 EDUCAÇÃO, GÊNERO E SEXUALIDADE 98
4.3 EDUCAÇÃO E RELAÇÕES ÉTNICO-RACIAIS 101

4.4 ELEMENTOS INDICADORES PARA PENSAR A CONDIÇÃO DOCENTE A PARTIR DAS PESQUISAS ANALISADAS.. 104
CONSIDERAÇÕES FINAIS 111
REFERÊNCIAS 112

5
PESQUISAS DE/SOBRE PROFESSORAS/ES DE MATEMÁTICA NA REDE ESTADUAL DE EDUCAÇÃO DE MINAS GERAIS: INDICATIVOS DE DIMENSÕES SUBJETIVAS E OBJETIVAS DA/NA CONDIÇÃO DOCENTE ...117

Wagner Ahmad Auarek, Simone Grace de Paula, Maria José de Paula

INTRODUÇÃO 117
5.1 O CONTEXTO DAS POLÍTICAS PÚBLICAS NO ESTADO DE MINAS GERAIS 121
5.2 INDICATIVOS DE DIMENSÕES OBJETIVAS E SUBJETIVAS DA CONDIÇÃO DOCENTE NA REE-MG PERCEBIDOS NOS ESTUDOS ANALISADOS............... 124
5.3 QUESTÕES RELACIONADAS AO PERTENCIMENTO COMO SERVIDOR DA EDUCAÇÃO NA REE-MG... 126
5.4 PRÁTICA DOCENTE: O TERRITÓRIO DA SALA DE AULA DE MATEMÁTICA, TAREFAS, DEMANDAS E OBRIGAÇÕES 128
5.5 FORMAÇÃO: O LUGAR E O PAPEL DA MATEMÁTICA E DA/DO PROFESSORA/PROFESSOR DESSA DISCIPLINA...132
CONSIDERAÇÕES FINAIS..133
REFERÊNCIAS 135

6
CONTRIBUIÇÕES DAS PESQUISAS SOBRE ENSINO DE HISTÓRIA EM MINAS GERAIS PARA COMPREENSÃO DA CONDIÇÃO DOCENTE 137

Ana Lúcia de Faria e Azevedo, Nayara Silva de Carie

INTRODUÇÃO 137
6.1 CONTEXTO DE PRODUÇÃO DAS PESQUISAS EXAMINADAS................... 138
6.2 APRESENTAÇÃO DAS DISSERTAÇÕES PESQUISADAS 139
6.3 ASPECTOS DA CONDIÇÃO DOCENTE REVELADOS PELAS PESQUISAS........ 143
CONSIDERAÇÕES FINAIS... 146
REFERÊNCIAS 147

7
A CONDIÇÃO DOCENTE NO ENSINO MÉDIO DA REDE ESTADUAL DE EDUCAÇÃO DE MINAS GERAIS: O QUE DIZEM AS PESQUISAS? 149

João Valdir de Souza

INTRODUÇÃO 149
7.1 UM PROBLEMA HISTÓRICO 150
7.2 O ENSINO MÉDIO 153
7.3 O QUE DIZEM AS PESQUISAS? 156
CONSIDERAÇÕES FINAIS 173
REFERÊNCIAS 174

8
A EVASÃO ESCOLAR NO ENSINO MÉDIO E A CONDIÇÃO DOCENTE NA REDE ESTADUAL DE EDUCAÇÃO DE MINAS GERAIS 179

Raquel Martins de Assis, Lílian Perdigão Reis, Andrea Chicri Torga Matiassi

INTRODUÇÃO 179
8.1 O ENSINO MÉDIO NO BRASIL E A EVASÃO ESCOLAR 181
8.2 FUNÇÃO E FORMAÇÃO DOCENTE 185
8.3 PERCURSO DA PESQUISA 187
8.4 TEMÁTICAS PRIVILEGIADAS NA PESQUISA 189
8.5 TEMÁTICA PRINCIPAL NO QUE DIZ RESPEITO À CONDIÇÃO DOCENTE: PRECARIZAÇÃO DO TRABALHO DO/DA PROFESSOR(A) 193
8.6 ESTRUTURA E PLANO DE CARREIRA 194
CONSIDERAÇÕES FINAIS 198
REFERÊNCIAS 200

9
A CONDIÇÃO DOCENTE E A FORMAÇÃO "INICIAL" DAS/DOS PROFESSORAS/ ES DA REDE ESTADUAL DE EDUCAÇÃO DE MINAS GERAIS 203

Maria do P. Socorro de Lima Costa, Júlio Emílio Diniz-Pereira

INTRODUÇÃO 203
9.1 FORMAÇÃO "INICIAL" DE PROFESSORAS/ES: ELEMENTO CONSTITUTIVO DA CONDIÇÃO DOCENTE 205
9.2 UMA BREVE SÍNTESE DAS DISSERTAÇÕES 209
9.3 ANÁLISES GERAIS SOBRE AS QUATRO DISSERTAÇÕES 215
CONSIDERAÇÕES FINAIS 217
REFERÊNCIAS 217

10
A CONDIÇÃO DOCENTE E AS CONSTRUÇÕES IDENTITÁRIAS DE PROFESSORAS/ES DA REDE ESTADUAL DE EDUCAÇÃO DE MINAS GERAIS 221

Magali Aparecida Silvestre, Amanda Martins Amaro

INTRODUÇÃO 221
10.1 CONTEXTO DAS PRODUÇÕES ACADÊMICAS 222
10.2 PRINCIPAIS RESULTADOS E CONCLUSÕES DOS ESTUDOS................... 226
10.3 PRINCIPAIS TEMÁTICAS DAS PESQUISAS E RESPECTIVOS REFERENCIAIS TEÓRICOS 235
10.4 MÉTODO, INSTRUMENTOS E ANÁLISE DE DADOS......................... 238
10.5 OS ELEMENTOS CONSTITUTIVOS DA IDENTIDADE PROFISSIONAL DOCENTE, SEGUNDO AS PESQUISAS 239
CONSIDERAÇÕES FINAIS... 242
REFERÊNCIAS 243

11
A CONDIÇÃO DOCENTE NA REDE ESTADUAL DE EDUCAÇÃO DE MINAS GERAIS E AS PRÁTICAS PEDAGÓGICAS 247

Ana Lúcia Faria Azevedo, Andréa Schmitz Boccia, Samira Zaidan, Simone Grace de Paula

INTRODUÇÃO 247
11.1 RELAÇÕES QUE SE PODEM ESTABELECER ENTRE PRÁTICA PEDAGÓGICA E CONDIÇÃO DOCENTE.. 248
11.2 METODOLOGIA DA PESQUISA... 250
11.3 ANÁLISE SOBRE A CONDIÇÃO DOCENTE NOS ESTUDOS SOBRE PRÁTICA PEDAGÓGICA.. 251
CONSIDERAÇÕES FINAIS 255
REFERÊNCIAS 256

12
A CONDIÇÃO DOCENTE NA REDE ESTADUAL DE EDUCAÇÃO DE MINAS GERAIS E AS/OS PROFESSORAS/ES INICIANTES 257

Célia Maria Fernandes Nunes, Geralda Aparecida de Carvalho Pena, Juliana Santos da Conceição

INTRODUÇÃO 257
12.1 PANORAMA DOS TRABALHOS ANALISADOS SOBRE PROFISSÃO DOCENTE E PROFESSORAS/ES INICIANTES.. 257

12.2 INSERÇÃO NA PROFISSÃO E NO DESENVOLVIMENTO PROFISSIONAL DOCENTE. 260
CONSIDERAÇÕES FINAIS. 266
REFERÊNCIAS 267

13
A CONDIÇÃO DOCENTE NA REDE ESTADUAL DE EDUCAÇÃO DE MINAS GERAIS E O CAMPO DA *TECNOLOGIA E EDUCAÇÃO* 271

Darsoni de Oliveira Caligiorne, Dina Mara Pinheiro Dantas, Maria Rita Neto Sales Oliveira

INTRODUÇÃO 271
13.1 ASPECTOS CONCEITUAIS E HISTÓRICOS 272
13.2 AS DISSERTAÇÕES 277
13.3 OS CONHECIMENTOS DO CAMPO DA TECNOLOGIA E EDUCAÇÃO PRESENTES NA MEDIAÇÃO DA INTERAÇÃO PROFESSOR-ALUNO NA CONDIÇÃO DOCENTE . 278
13.4 ASPECTOS TEÓRICO-METODOLÓGICOS DAS DISSERTAÇÕES. 280
13.5 A INTERAÇÃO PROFESSOR-ALUNO E O TRABALHO DOCENTE DE ENSINAR E APRENDER. 281
CONSIDERAÇÕES FINAIS 283
REFERÊNCIAS 284

14
PROPOSTA DE PERCURSO METODOLÓGICO PARA PESQUISAS SOBRE A CONDIÇÃO DOCENTE NAS REDES PÚBLICAS DE EDUCAÇÃO BÁSICA . . .289

Marina Alves Amorim, Ana Luiza Gomes de Araujo

INTRODUÇÃO 289
14.1 O TIPO DE VÍNCULO DE TRABALHO COMO ELEMENTO DE CONSTITUIÇÃO DA CONDIÇÃO DOCENTE NAS REDES PÚBLICAS DE EDUCAÇÃO BÁSICA 291
14.2 PROPOSTA DE CAMINHO METODOLÓGICO PARA PESQUISAS SOBRE A DIMENSÃO OBJETIVA DA CONDIÇÃO DOCENTE NAS REDES PÚBLICAS DE EDUCAÇÃO BÁSICA CENTRADAS NO VÍNCULO DE TRABALHO. 296
CONSIDERAÇÕES FINAIS. 300
REFERÊNCIAS 300

CONCLUSÕES E CONSIDERAÇÕES FINAIS. 303

SOBRE OS/AS AUTORES/AS 307

PRÓLOGO

Emilio Tenti Fanfani

Este libro contiene el informe de resultados del programa de investigación titulado "A condição docente de professoras/es da Rede Estadual de Educação de Minas Gerais", dirigido por el Dr. Júlio Emílio Diniz-Pereira en la Universidad Federal de Minas Gerais. Las temáticas seleccionadas son amplias y diversas, van desde las políticas y programas de formación inicial y permanente de profesores, los conocimientos que son necesarios para resolver los problemas de enseñanza y aprendizaje, diversas dimensiones del trabajo pedagógico, así como las condiciones laborales de los docentes de diversos niveles del sistema escolar, su estatuto laboral, las formas de acceso al cargo docente, la trayectoria en el trabajo y otras dimensiones relacionadas con la identidad profesional de los profesores.

La amplitud de la temática empírica de las investigaciones aquí presentadas, se articulan alrededor de un enfoque de cierta unidad y coherencia a cada uno de los productos aquí presentados. El concepto de "condición docente" es uno de ellos. El mismo contiene tanto las dimensiones objetivas de la profesión y el trabajo docente, tales como la condición de género, origen y posición social, años de antigüedad en el puesto de trabajo, tipo de formación inicial, tipo de vinculación laboral en el sistema escolar público del Estado, condición salarial y su evolución en el tiempo etc. así como dimensiones subjetivas tales como sus representaciones, actitudes, valoraciones, expectativas, cuales fueron construidas a partir de entrevistas realizadas a muestras de docentes de diferentes niveles del sistema escolar.

PARTICULARIDADES DE LA CONDICIÓN DOCENTE

El conjunto de los análisis que aquí se presentan es vasto en cuanto a temáticas y resultados y permite que el lector tenga un panorama muy amplio del trabajo y la profesión docente.

En algún momento de mi trayectoria como investigador recurrí a la expresión "condición docente" como una manera de aludir tanto al trabajo, como a la especificidad que tiene esta actividad en el conjunto de las ocupaciones de las sociedades contemporáneas. El nombre que se le pone a una ocupación no es una simple descripción de la misma, sino que al igual que cualquier acto de nominación, tiene un efecto de construcción sobre el objeto que designa. La historia de la docencia, en los momentos fundacionales de los sistemas escolares modernos nos enseña que existió una lucha por definir a la docencia como una vocación o como una profesión. En el primer caso, la docencia como una vocación acentuaba el carácter no electivo de esta actividad. Al igual que el sacerdote, ser maestro era una respuesta a un "llamado" y no una elección racional, como es el caso de la profesión. A su ves, el docente profesional "se hace", es decir, se accede al estatus de profesor mediante un proceso de formación formal regulado por el Estado. Mientras que el docente vocacional vive "para" esa ocupación, el profesional "vive de" esa actividad.

Esta oposición "vocación/profesión" todavía interpela a los docentes contemporáneos. Pero con el paso del tiempo aparecieron otras denominaciones que también pretendían "construir el oficio docente". El concepto de "trabajador" es uno de ellos. Este comienza a imponerse en la Argentina en la década de los años 60 con el fin de enfatizar la dimensión asalariada de la ocupación, que justificaba la construcción de la docencia como actor colectivo mediante la conformación de sindicatos docentes. Por otra parte, como se trata de un oficio fuertemente regulado por el Estado, el docente "como funcionario público" también se suma a las denominaciones posibles.

La tarea del sociólogo que quiere contribuir al conocimiento de la conformación del oficio docente debe evitar toda pretensión de "nombrar" al docente. Por el contrario, debe tomar la lucha por el "nombramiento" de la ocupación como un objeto de estudio, porque la lucha por el nombre de un objeto social se corresponde con determinados intereses sociales. De allí el uso de términos relativamente neutros como "oficio" y "condición docente".

La expresión "condición docente" tiene la ventaja de respetar el punto de vista relacional y remitir a un conjunto de factores que permiten identificar una serie de características de este oficio, que lo hacen específico y diferente de otras ocupaciones sociales.

La condición docente es una construcción social e histórica. No es una identidad, entendida como una esencia inmutable que se puede aprehender mediante una definición, tal como induce a pensar cierto sentido común. Lo que vuelve específica a la condición docente no es una característica o "variable" particular, sino una configuración estructural de características. Entre ellas puedo señalar las siguientes:

1. Es un oficio con una larga historia. En verdad el oficio docente nace con el sistema escolar de los Estados modernos. Al mismo tiempo es en parte heredera de una figura central de las sociedades precapitalistas del occidente cristiano, cual es la figura del sacerdote, de quien hereda muchas de sus características específicas, entre ellas la figura de "la vocación".
2. Es un oficio fuertemente feminizado, en especial en los niveles básicos y masivos de los sistemas escolares modernos. Este dato objetivo es importante pues contribuye a explicar parcialmente el tipo y nivel de premios y recompensas que la sociedad le asigna a esta actividad.
3. La docencia es una de las ocupaciones profesionales más numerosas de las sociedades modernas. En la Argentina quienes ejercen este oficio representan aproximadamente un 8% del total de la población ocupada. Por otra parte, pese al desarrollo de las nuevas tecnologías de información y la comunicación y la Inteligencia Artificial Generativa, no se ha podido reemplazar al profesor en las aulas. La masificación de la escolarización es sinónimo de la masificación de los oficios de la enseñanza. La cantidad es un desafío para la formación inicial y permanente de calidad de los profesores en la mayoría de las sociedades latinoamericanas.
4. Además de numerosos, la docencia es una ocupación muy diversificada en razón de diversos factores. Entre los más importantes podemos señalar los siguientes: el nivel de escolaridad (inicial, primario, secundario, superior, profesional), el carácter público/privado de las instituciones, la ubicación territorial de las escuelas (urbanas, periurbanas, rurales), y la disciplina que enseña.
5. Es un trabajo concreto pues a diferencia del trabajo abstracto del obrero industrial del primer capitalismo, el docente realiza un trabajo concreto, esto es que en su actividad pedagógica invierte su fuerza física, intelectual y emocional. Toda su persona esta puesta al servicio del trabajo del docente. El docente invierte su propia personalidad en el trabajo pedagógico. Entre otras cosas, su trabajo tiene necesariamente que tener un sentido para él, ya que no puede ser solo un medio para ganarse la vida, esto es tener un sentido meramente instrumental.

6. Es un oficio particularmente complejo pues, a diferencia de otras actividades u ocupaciones, al profesor le cambian permanentemente los problemas que debe administrar y resolver en las aulas y las instituciones. Todo cambio social (la ciencia y la tecnología, la estructura social, la economía, el régimen político, la cultura, la familia) "se siente" en la escuela y presenta desafíos nuevos a la tarea de los enseñantes.

7. Es una ocupación regulada por el Estado. En la mayoría de nuestras sociedades, éste es su empleador directo (este es el caso de los docentes que trabajan en las escuelas públicas). Pero el Estado también regula el trabajo de los docentes en las instituciones privadas. El Estado financia la mayor parte de la educación privada mediante subsidios, pero no solo eso, determina cuáles son las condiciones de acceso a la ocupación, así como el contenido de su trabajo mediante el establecimiento de una política curricular que define objetivos de aprendizaje obligatorios, independientemente del carácter público o privado de los establecimientos educativos.

8. El oficio docente tiene un modo de formación profesional muy particular. El oficio de docente se aprende a partir del momento en que se ingresa como alumno a una institución escolar. A lo largo de toda la formación básica, se aprende el oficio en forma práctica, espontánea, pero no menos eficaz. Cuando la alumna o el alumno que finaliza la educación básica ingresa a una Universidad o institución de educación superior no universitaria para iniciar su carrera docente, se sigue formando mediante lo que se denomina la formación teórica, es decir, mediante la adquisición de un conocimiento formal y formalizado en teorías, conceptos que por lo general están en los libros y tratados disciplinarios de la pedagogía y las ciencias de la educación. El médico o el ingeniero que ingresa a una institución de educación de formación superior no posee un bagaje de conocimientos prácticos adquiridos en la experiencia previa en los hospitales o las fábricas. El maestro tiene una especie de formación potencialmente escindida entre "la práctica" (el cómo se hacen las cosas en las aulas) y "la teoría", la mayoría de las veces entendida como "deber ser" de las cosas de la educación.

Todas estas características, en su conjunto configuran una "condición" muy compleja que cambia permanentemente con el tiempo. La subjetividad y los modos de trabajar de los docentes de hoy están conformados por una especie de "capas geológicas" donde conviven experiencias de tiempos pasado con condiciones presentes extremadamente diversificadas y cambiantes.

ARTICULACIÓN ENTRE OBJETIVIDAD Y SUBJETIVIDAD

Entender el "ser" y "el hacer" debe concebirse como realidades dinámicas, en permanente transformación. Esto explica el peso que tienen procesos tales como las restricciones a la autonomía del trabajo docente y la precarización e intensificación del trabajo docente en varias de las investigaciones realizadas en el marco del programa de investigación cuyos resultados se presentan en este libro. No se puede entender el trabajo del docente, sus principales tensiones y desafíos si no se tienen en cuenta la reforma de las regulaciones y recursos que estructuran el campo del trabajo pedagógico en las aulas.

El trabajo de los docentes actuales tiene dos conjuntos de determinantes que es preciso conocer y relacionar al momento de rendir cuentas de lo que los maestros son y hacen: unos son los determinantes objetivos que cambian con el tiempo y las relaciones de fuerza entre intereses colectivos (regulaciones, recursos etc.) y otros son los determinantes subjetivos de los docentes como colectivo que tiene una historia.

El contexto, las regulaciones y los recursos no determinan mecánicamente el trabajo docente, ya que éste como cualquier actor individual o colectivo tiene una subjetividad que es el resultado de una experiencia y que se modifica en la práctica, al mismo tiempo que otorga un cierto margen de libertad relativa (autonomía) que se expresa en acciones de resistencia y creatividad que, dadas ciertas circunstancias, permiten modificar las determinaciones objetivas de su trabajo en las aulas y en las instituciones.

IDENTIDAD Y TRAYECTORIA

El concepto sociológico de identidad plantea una serie de inconvenientes. Uno, que no es menor, es que induce a pensar a los sujetos individuales y colectivos como esencias que permanecen constantes con el paso del tiempo y que se pueden entender mediante definiciones o conceptos, como "el concepto" de maestro. Contra esta tentación es preciso entender a los agentes sociales como actuando en un campo, entendido como un espacio de posiciones y posibilidades donde los individuos y colectivos se mueven, permanecen en una posición o cambian y se mueven en términos horizontales o verticales, con el paso del tiempo. Estos movimientos se pueden analizar mediante el concepto de trayectoria entendida como una "serie de posiciones ocupadas por un mismo agente en un espacio, él mismo en devenir". Puede tratarse del espacio social, en general, o bien de un espacio o campo particular, como el del trabajo docente. Los acontecimientos biográficos se definen como desplazamientos de un agente en un espacio social a lo largo del tiempo.

En este sentido la trayectoria debe relacionarse con el concepto de habitus, entendido como conjunto de categorías de percepción, de valoración y de predisposiciones para la acción (no de identidad), también él en construcción y reconstrucción permanente, con base en la experiencia. La percepción de los agentes acerca de su trayectoria o historia, debe incluirse en el objeto de estudio (no como la verdad de su biografía), sino como reconstrucción o percepción, más o menos interesada de su propia vida.

La noción de trayectoria sugiere dos líneas de reflexión sociológica:

a. La primera concierne principalmente las inversiones escolares y profesionales y las relaciones entre generaciones. La posición de origen no es otra cosa que el punto de origen de una trayectoria, la referencia que permite medir la inclinación (estable, ascendente, descendente) de la carrera social (o profesional).

b. La segunda concierne principalmente a los desplazamientos en un espacio social particular. Por ello (y esto es importante para la construcción del objeto de investigación) la construcción de la estructura de un campo es una condición previa para el análisis de los desplazamientos de los agentes en el mismo a lo largo del tiempo.

En todos los casos para entender las estrategias escolares de los docentes y la dirección de su trayectoria profesional es preciso tomar en cuenta "la herencia cultural" familiar, en términos de dos o tres generaciones y sus relaciones con la institución escolar. El pasado de una familia, sus fantasías y proyectos de movilidad social ("m'hijo el doctor") determina, desde el pasado el porvenir probable de los hijos. Claro que estas expectativas y profesiones pueden conducir al fracaso o al desencanto, por no tener en cuenta las modificaciones en las condiciones objetivas de los campos profesionales, por ejemplo.

En síntesis, solo se puede comprender una trayectoria (es decir, el envejecimiento social) a condición de haber previamente construido los estados sucesivos del campo en el cual ella se desarrolló, es decir el conjunto de relaciones objetiva que han unido al agente considerado al conjunto de los otros agentes implicados en el mismo campo y enfrentados al mismo espacio de los posibles. Varios de los estudios incluidos en este programa justamente analizan los cambios estructurales del campo de trabajo de docente, cambios que se expresan en modificaciones normativas (regulaciones del trabajo docente) y en asignaciones de recursos (salarios, inversiones educativas etc.). Estas modificaciones del campo del trabajo docente (fuertemente determinado desde el Estado) cambian las prácticas pedagógicas de los docentes de un modo diverso, según sus distintas configuraciones o "habitus" incorporados. La desregulación e intensificación del trabajo docente, por ejemplo, afecta a los profesores según el nivel educativo en el que se desempeñan y también según su posición en su trayectoria laboral (no afecta lo mismo a quienes se están iniciando en la actividad laboral que a quienes tienen largos años de trayectoria en el campo).

La diferenciación de las actividades conduce a la emergencia de campos dotados de mayor o menor autonomía, es decir que dejan mayor o menor margen de libertad a los profesores en la realización de su trabajo. Estos márgenes no están definidos en "forma teórica", sino que tienen una historia que deber ser analizada y reconstruida para rendir cuenta de las reacciones de determinadas categorías de profesores ante cambios relativamente sustantivos en las regulaciones del trabajo docente.

Es probable que los trabajos aquí presentados no agoten las múltiples dimensiones de la condición y las practicas pedagógicas de los docentes, pero si ofrecen a los lectores un panorama muy amplio de las múltiples y diversas situaciones donde los profesores desarrollan su actividad laboral, al mismo tiempo que sugieren preguntas y problemas de investigación para ser desarrollados en futuras investigaciones en esta temática.

INTRODUÇÃO

Este livro resulta de um estudo coletivo coordenado pelo Grupo de Pesquisas sobre Profissão Docente (Prodoc) ao longo de cinco anos de trabalho. O principal propósito deste estudo, caracterizado como estado do conhecimento, foi analisar uma década de produção acadêmica (2008-2018) sobre a condição docente de professoras/es[1] da Rede Estadual de Educação de Minas Gerais (REE-MG) e sistematizar, a partir daí, o que sabemos e o que não sabemos sobre essa temática no estado.

Pretendeu-se atingir esse objetivo a partir do levantamento e análise de teses e dissertações defendidas em programas de pós-graduação *stricto sensu* no Brasil sobre a condição docente de professoras/es da REE-MG, entre os anos de 2008 e 2018. A ideia foi, então, sistematizar, a partir de tais levantamentos e análises, os principais temas pesquisados, a que elementos/aspectos do conceito de condição docente eles se vinculam, as linhas de pesquisa, bem como as conclusões mais importantes desses estudos.

Nesta "meta-pesquisa", partimos do pressuposto de que o conceito de condição docente tem grande potencial para assumir um significado integrador dessas diversas dimensões que fazem parte da profissão docente e podem, portanto, trazer importantes elementos explicativos tanto para o modo como a docência é atualmente praticada quanto para a baixa atratividade que a carreira exerce sobre as jovens gerações. Mais do que chamar a atenção para os graves problemas vividos no cotidiano do trabalho docente, as conclusões da pesquisa advertem para o grave risco de esvaziamento da educação pública como promessa de emancipação sociocultural, política e econômica.

---

[1] Conscientes do papel que a língua pode ter na reprodução de discriminações de gênero, adotaremos, ao longo deste livro, uma forma diferente daquela usada na língua padrão, que adota o masculino como regra. Todas as vezes que nos referirmos às/aos profissionais da educação básica e às/aos pesquisadoras/es do nosso grupo de pesquisa, em que as mulheres são nitidamente a maioria, partiremos do feminino e faremos a diferenciação do masculino: professoras/es; educadoras/es; pesquisadoras/es.

CONDIÇÃO DOCENTE: CONTRIBUIÇÕES DO PRODOC PARA UMA MELHOR DEFINIÇÃO DO CONCEITO

Criado em 1997, o Prodoc reúne pesquisadoras/es de várias instituições universitárias e de redes da educação básica do estado de Minas Gerais e de outras unidades da federação. Desde a criação do grupo, tínhamos clareza de que a "profissão docente" — expressão que deu origem à sigla Prodoc — era o grande "guarda-chuva" sob o qual estariam diferentes dimensões da docência, como a formação, o trabalho, as identidades, os saberes, as práticas e todos os demais elementos que caracterizam objetiva e subjetivamente o trabalho das/os profissionais do ensino.

Há mais de 25 anos o Prodoc se ocupa da reflexão sobre o que já se convencionou chamar de condição docente. A despeito de não ser um termo corrente na literatura especializada — motivo pelo qual uma das tarefas atuais do grupo seja exatamente dar-lhe uma definição mais precisa —, muito do que se escreveu sobre o exercício da docência pode perfeitamente se enquadrar nessa terminologia.

Isso pode ser deduzido a partir desta pesquisa desenvolvida pelo nosso grupo e que consistiu em um exaustivo levantamento da produção acadêmica sobre a condição docente de professoras/es da rede pública estadual de Minas Gerais. O levantamento foi feito nas principais plataformas de informação sobre pesquisa a partir da seguinte delimitação: pesquisas de mestrado acadêmico e doutorado realizadas entre 2008 e 2018, em programas de pós-graduação *stricto sensu* e que tivessem a docência em escolas da rede pública estadual de Minas Gerais como objeto de estudo. Pretendia-se, com isso, conhecer o que sabemos e o que não sabemos sobre a condição docente de professoras/es nessa rede.

Isso posto, com base em algumas sistematizações teóricas, sem desconhecer as suas raízes epistemológicas, as diferentes áreas do conhecimento e as perspectivas de abordagem em que se situam, pode-se afirmar que um conceito envolve uma representação mental e linguística de uma dada realidade, ainda que não de forma imediata.[2] Essa realidade pode

---

[2] *Cf.* GOODE, William Josiah; HATT, Paul K. Elementos básicos do método científico: conceitos. 3. ed. *In:* GOODE, William Josiah; HATT, Paul K. *Métodos em pesquisa social.* 3. ed. São Paulo: Editora Nacional, 1969. p. 55-73; CHEPTULIN, Alexandre. *A dialética materialista:* categorias e leis da dialética. São Paulo: Alfa-Omega, 1982; LEFEBVRE, Henri. *Lógica formal/lógica dialética.* 2. ed. Rio de Janeiro, Civilização Brasileira, 1979; OLIVEIRA, Maria Rita Neto Sales. *A reconstrução da didática:* elementos teórico-metodológicos. 2. ed. Campinas: Papirus, 1993; VYGOTSKY, Lev Semionovitch. *Pensamento e linguagem.* São Paulo: Martins Fontes, 1998.

ser descrita por um conjunto de características essenciais e aparentes que lhe dão identidade e que são próprias de uma classe de seres, objetos ou entidades abstratas, em um dado contexto sócio-histórico.

Desse modo, um conceito envolve uma abstração e uma simbolização, historicamente construídas, a partir de diferenciações e generalizações simultâneas de fenômenos das mais diversas ordens. Isso implica, no âmbito da consciência, o reflexo do mundo até mesmo subjetivo e do mundo objetivo — como defendido neste estudo — tendo existência independente daquele âmbito. Nessa concepção, um conceito é resultado da atividade criadora dos sujeitos sócio-históricos, envolvendo reduções na sua referência a fenômenos, coincidindo até determinado ponto com a essência ou com um ou outro aspecto deles, porquanto um conceito não apreende a realidade em sua totalidade.

Em outras palavras, um conceito envolve aspectos ligados à essência/aparência do real ao qual se refere, nas condições históricas das práticas sociais em que se encontra inserido, sendo, portanto, uma construção social. Dentro disso, o tratamento de um dado conceito implica posição filosófico-ideológica pela qual se enfatizam ou não algumas das suas características fenomênicas, quando se trata da sua descrição ou até mesmo da defesa da sua essência.

Pergunta-se, então: o que pode ser denominado por condição docente? Ou, em outras palavras, qual é a identidade do real cuja expressão simbólica se traduz por condição docente? Quais são as propriedades pensadas e empíricas dessa simbolização?

Desde o início, o Prodoc assumiu o conceito de condição docente do modo como foi definido por Emilio Fanfani: "um 'estado' do processo de construção social do ofício docente". Para ele, "quando se quer estudar a 'condição docente', deve-se incluir no objeto, também, certas dimensões de sua subjetividade, tais como as percepções, representações, valorações, opiniões, expectativas etc."[3] Ainda nas palavras desse autor,

---

[3] FANFANI, Emilio Tenti. Condição docente. *In:* OLIVEIRA, Dalila Andrade; DUARTE, Adriana Maria Cancella; VIEIRA, Lívia Maria Fraga. *Dicionário:* trabalho, profissão e condição docente. Belo Horizonte: UFMG/Faculdade de Educação, 2010. CDROM, p 01. Ver, também, FANFANI, Emilio Tenti. *La condición docente*: análisis comparada de la Argentina, Brasil, Peru y Uruguay. Buenos Aires: Siglo XXI Editora Argentina, 2005; TEIXEIRA, Inês Assunção de Castro. Da condição docente: primeiras aproximações teóricas. *Educação e Sociedade*, Campinas, v. 28, n. 99, p. 426-443, Aug. 2007.

como a docência (como qualquer outro objeto social) não existe como essência ou substância cuja verdade deve ser descoberta, mas como construção social e histórica, o que a pesquisa educativa pode e deve fazer é reconstruir a lógica das lutas pela definição desse fenômeno social.[4]

A partir da proposição de Fanfani, Diniz-Pereira sugeriu que o conceito de condição docente integrasse, por meio do uso dos verbos *ser* e *estar* na língua portuguesa e/ou na língua espanhola,[5] duas noções interdependentes: a condição de *ser* docente — reunindo dimensões subjetivas-objetivas do ser professora e do ser professor — e a condição de *estar* na docência e exercer o trabalho docente — reunindo dimensões objetivas-subjetivas do exercício do magistério.[6]

Ao se reconhecer e levar muito a sério as dimensões subjetivas presentes no magistério, o conceito de condição docente não nos deixa esquecer das dimensões objetivas que, muitas vezes, condicionam (sem necessariamente determinar) a docência. Como sugerido no parágrafo anterior, as dimensões objetivas e as dimensões subjetivas da docência estão presentes simultânea e dialeticamente nesses dois polos da condição docente: a condição de *ser* docente e a condição de *estar* na docência.

Note, então, que a condição docente tem duas dimensões inter--relacionadas que funcionam ao mesmo tempo como estruturadas e estruturantes. A primeira dessas dimensões é fortemente (mas não exclusivamente) subjetiva (o ser docente), pois encontra-se no âmbito das identidades docentes e dos processos de (re)construção identitária. Já a segunda é fortemente (mas não exclusivamente) objetiva (o estar na profissão docente) e diz respeito às condições de exercício da docência, ou seja, às condições de trabalho. Por um lado, compreender a condição docente impõe questionar o local de trabalho (não apenas do ponto de vista geográfico e físico, mas também no que diz respeito à rede de ensino e à escola), o turno de trabalho, a etapa de atuação na educação básica, o tipo de vínculo empregatício, a carreira, o rendimento financeiro (salário) e os demais benefícios, a carga horária semanal de trabalho e a sua organização, dentre outros. Por outro lado, quando se pretende compreender

---

[4] FANFANI, 2010, p. 2.
[5] Isto seria impossível na língua inglesa, por exemplo, por esta incluir em um único verbo — o verbo *To Be* —, com estes dois significados: ser e estar.
[6] DINIZ-PEREIRA, Júlio Emílio. Formação de professores, trabalho e saberes docentes. *Trabalho & Educação (UFMG)*, Belo Horizonte, v. 24, p. 159-168, 2015.

a condição docente, é preciso também questionar o perfil socioeconômico e cultural da/do professora/professor, sua socialização primária e secundária, sua formação acadêmica, seu processo de profissionalização, sua trajetória no mercado de trabalho, sua prática docente etc.

É importante compreender o quão estruturantes são as dimensões objetiva e subjetiva da condição docente e o quão necessário é o estudo dessas dimensões, seja para a compreensão da condição docente, seja para a análise de outros fenômenos educacionais, inclusive, a qualidade da educação. O que significa, por exemplo, para o seu aluno, para a/o própria/o professora/professor, para a escola e a rede de ensino em que ela/ele trabalha e para a educação de uma maneira mais ampla, uma/um professora/professor ganhar um maior ou menor salário, um salário suficiente ou não para suprir as suas necessidades individuais e familiares, um salário condizente ou não com as suas responsabilidades? E o que significa uma/um professora/professor atuar em uma única escola, ocupando um posto de trabalho estável (efetivo) ou ela/ele atuar em duas ou até mesmo em várias escolas ao mesmo tempo, ocupando um posto de trabalho precário (temporário)? Muitas questões como essas poderiam ser formuladas, demonstrando o quão óbvia e condicionante é a articulação da dimensão objetiva da condição docente com a sua dimensão subjetiva, mas também demonstrando a importância de se compreender o universo educativo em que uma/um professora/professor trabalha, bem como o processo de ensino e aprendizagem em que ela/ele juntamente com suas/seus estudantes são protagonistas.

É preciso ressaltar que um estudo sobre a condição docente de professoras/es cumpre ainda um papel formativo em relação aos sujeitos históricos presentes nessa condição, esclarecendo-lhes aspectos da sua atividade de trabalho cujo reconhecimento pode ser um contributo para a materialização daqueles processos educativos. Sendo assim, mesmo trabalhando com um conceito que extrapola a dimensão da "formação" na profissão docente, ainda assim, localizamos esta investigação acadêmica dentro do campo de pesquisa sobre docência e/ou sobre formação de professoras/es.[7]

---

[7] No estudo do tipo estado do conhecimento desenvolvido por Diniz-Pereira (2020; 2022), este autor sugere o uso da expressão "campo da pesquisa sobre docência e/ou sobre formação de professores" em vez da utilização da expressão "campo da pesquisa sobre formação de professores" por considerar a primeira mais abrangente e mais próxima daquilo que realmente se investiga na área.

A formação de professoras/es é um campo de estudos relativamente novo no mundo ocidental e no Brasil.[8] Nos últimos 40 anos, observa-se uma "extraordinária mudança na natureza do campo de pesquisa sobre formação docente" nos Estados Unidos e em vários outros países do mundo, inclusive no Brasil.[9] A partir dos anos 1980 começou a ocorrer não apenas um crescimento quantitativo dos trabalhos acadêmicos sobre formação de professoras/es, mas também uma mudança de foco nas pesquisas a respeito dessa temática em todo o mundo, trazendo as/os educadoras/es para o centro das investigações.[10] Observa-se, desde então, um aumento do interesse pela questão da subjetividade na formação docente.

Para se compreender melhor a importância desse tema, convém situá-lo em um contexto mais amplo. As rápidas transformações que o mundo vem sofrendo — grandes impactos da sociedade da informação, do desenvolvimento científico e tecnológico e da internacionalização da economia — fizeram com que o contato intercultural e interétnico passasse a ser um fenômeno bastante comum. No entanto, paradoxalmente,

---

[8] ZEICHNER, Kenneth M. A research agenda for teacher education. *In:* Marilyn Cochran-Smith e Kenneth Zeichner (org.). *Studying Teacher Education:* The report of the AERA Panel on research and teacher education. Londres: Lawrence Erlbaum, 2005, p. 737-759; ZEICHNER, Kenneth M. Uma agenda de pesquisa para a formação docente. Formação Docente: Revista Brasileira de Pesquisa sobre Formação de Professores, Belo Horizonte, v. 1, n. 1, p. 13-40, ago./dez. 2009; MARCELO GARCÍA, Carlos. *Introducción a la formación del profesorado:* Teoría y métodos. Sevilla: Editorial Universidad de Sevilla, 1989; ZEICHNER, Kenneth M; SAUL, Alexandre; DINIZ-PEREIRA, Júlio Emílio. Pesquisar e transformar a prática educativa: mudando as perguntas da formação de professores: uma entrevista com Kenneth M. Zeichner. *Revista e-Curriculum*, São Paulo, v. 12, n. 3, p. 2211-2224, out./dez. 2014.

[9] ANDRÉ, Marli Eliza Dalmazo Afonso (org.). *Formação de professores no Brasil (1990-1998).* Brasília: MEC/Inep/Comped, 2006. p. 1-34; ANDRÉ, Marli Eliza Dalmazo Afonso. Desafios da pós-graduação e da pesquisa sobre formação de professores. *Educação & Linguagem*, Londrina, n. 15, p. 43-59. jan./jul. 2007; ANDRÉ, Marli Eliza Dalmazo Afonso. A produção acadêmica sobre formação de professores: um estudo comparativo das dissertações e teses defendidas nos anos 1990 e 2000. Formação Docente: Revista Brasileira de Pesquisa sobre Formação de Professores, Belo Horizonte, v. 1, n. 1, p. 41-56, ago./dez 2009; ANDRÉ, Marli Eliza Dalmazo Afonso. Estado da arte da formação de professores no Brasil. *Educação e Sociedade*, Campinas, v. 20, n. 68, p. 301-309, dez./1999; ANDRÉ, Marli Eliza Dalmazo Afonso; ROMANOWSKI, Joana. Estado da arte sobre formação de professores nas dissertações e teses dos Programas de Pós-Graduação das universidades brasileiras (1990-1996). *In:* (1990-1996). *In:* REUNIÃO ANUAL DA ASSOCIAÇÃO NACIONAL DE PÓS-GRADUAÇÃO E PESQUISA EM EDUCAÇÃO (ANPED), 22, Caxambu-MG, 1999. *Programa e Resumos* [...]. Caxambu: Anped, 1999; BRZEZINSKI, Iria (org.). *Formação de profissionais da educação (1997–2002).* Brasília: Ministério da Educação, Inep, 2006, p. 1-52; BRZEZINSKI, Iria; GARRIDO, Elsa. Estado da arte sobre a formação de professores nos trabalhos apresentados no GT 8 da ANPEd (1990–1998). *In:* REUNIÃO ANUAL DA ASSOCIAÇÃO NACIONAL DE PÓS-GRADUAÇÃO E PESQUISA EM EDUCAÇÃO (ANPED), 22, Caxambu-MG, 1999. *Anais* [...]. Caxambu-MG: Anped, 19; BRZEZINSKI, Iria; GARRIDO, Elsa. Análise dos trabalhos do GT Formação de Professores: o que revelam as pesquisas do período 1992-1998. *Revista Brasileira de Educação*, São Paulo, n. 18, p. 82-100, set./dez. 2001.

[10] NÓVOA, António (org.). *Profissão professor.* Porto: Porto Editora, 1991; NÓVOA, António (org.). *Os professores e a sua formação.* 3. ed. Lisboa: Dom Quixote, 1997a; NÓVOA, António. Diz-me como ensinas, dir-te-ei quem és e vice-versa. *In:* FAZENDA, Ivani, (org.). *A pesquisa em educação e as transformações do conhecimento.* 2. ed. Campinas: Papirus, 1997b. p. 29-41; SANTOS, Lucíola Licínio de C. P. Problemas e alternativas no campo da formação de professores. *Revista Brasileira de Estudos Pedagógicos*, Brasília, v. 72, n. 172, p. 318-334, 1991.

a diversidade cultural passou a conviver com poderosos instrumentos de homogeneização no planeta globalizado e as tensões geradas nessa convivência evidenciaram a estreita ligação entre as questões culturais e as relações de poder. Desse modo, discussões no campo da sociologia e da antropologia procuram entender hoje como as identidades culturais e étnicas estão sendo formadas nessa sociedade em transformação e, principalmente, como estão sendo forjadas, quando se trata de grupos socialmente em desvantagem ou dominados culturalmente. Consequentemente, a temática das identidades culturais e étnicas ganhou relevância nas últimas décadas e não será tarefa difícil encontrar hoje, no campo da pesquisa sobre docência e sobre formação de professoras/es, trabalhos que enfocam o tema da identidade nacional, étnico-racial, sexual e de gênero.

Além disso, as profundas mudanças no mundo do trabalho também levantam questões a respeito das repercussões dessas reestruturações na construção da subjetividade da/do trabalhadora/trabalhador. Em consequência, cresce igualmente o interesse pelos estudos sobre as identidades profissionais no campo do trabalho.[11]

Apesar desse incremento no interesse pela questão da subjetividade na formação docente, constata-se que, entre as pesquisas sobre docência e/ou sobre formação de professoras/es no país, a parcela que utiliza especificamente o conceito de condição docente é ainda muito pequena. Justifica-se assim a necessidade da comunidade acadêmica em educação, em geral, e, mais especificamente, a comunidade acadêmica em docência e/ou formação de professoras/es manter o seu olhar atento sobre o que está acontecendo em relação à condição docente de professoras/es da educação básica e da educação superior no país. A nossa contribuição para a área, por meio do desenvolvimento desta pesquisa, foi no sentido de ajudar a definir melhor o conceito de condição docente — que, ao nosso ver, realmente carece de uma definição mais clara e consistente —, bem como levantar e analisar produções acadêmicas que discutem a condição docente de professoras/es da Rede Estadual de Educação de Minas Gerais. A nossa expectativa, ao iniciar esta investigação acadêmica, era que esse movimento acontecesse em "mão dupla": à medida que esclarecêssemos melhor, para nós mesmos, o conceito de condição docente, saberíamos selecionar e analisar melhor a produção acadêmica sobre o tema e, ao longo desse trabalho de seleção e análise das teses e dissertações, o conceito de condição docente se tornaria ainda mais claro para as pessoas envolvidas em nossa "meta-pesquisa".

---

[11] DUBAR, Claude. *A socialização*: construção das identidades sociais e profissionais. Porto: Porto Editora, 1997.

Dessa maneira, buscamos uma formulação que seja ampla o suficiente para englobar, ao máximo, todos os aspectos sócio-históricos de um trabalho humano específico: a docência. Mas, também, que seja restrita o necessário para excluir aspectos que não se refiram à identidade própria desse trabalho. Enfim, uma formulação que expresse uma realidade plural englobando várias de suas manifestações, mas destacando a sua singularidade que a distingue de outras realidades.

A expressão condição docente pode ser compreendida como a simbolização de um conjunto de características identitárias referidas à docência, reconhecida em sua forma abstrata e empírica e cuja construção sócio-histórica é condicionada/influenciada pelo contexto em que se realiza, em termos histórico, geográfico, sociocultural, econômico-financeiro, político-ideológico, jurídico e psicológico. Como mencionamos anteriormente, esse conceito implica, então, aspectos objetivos e subjetivos relativos ao ser e ao estar docentes, constituindo a docência como uma categoria própria da/do professora/professor em interação com o aluno — ambos sujeitos socioculturais e envolvidos no processo de ensinar e aprender. Essa interação é o núcleo essencial do ser e estar docentes, portanto, da condição docente, que é uma realidade interacional e intencional. Ela se amplia para além da relação professora/professor-aluno, envolvendo as relações com pares, com as/os dirigentes e com a comunidade escolar.[12]

Além desse núcleo, fazem parte também da natureza essencial da condição docente, pelo menos dois outros aspectos, sempre inseridos em um dado contexto sócio-histórico: um tratamento diferenciado dos conhecimentos culturais acumulados pela humanidade como um dos mediadores daquela interação intencional e a especificidade do trabalho humano no processo de ensinar e aprender. Esse contexto condiciona as situações fenomênicas da condição docente ligadas ao *ser* e *estar* docentes, envolvendo aspectos como: (a) dialogicidade na relação professora/professor-aluno, posturas, valores, sentimentos e sensibilidades; (b) práticas pedagógicas com o uso de recursos diversos para o ensino; (c) produção, consumo e circulação de conhecimentos; (d) formação especializada e precarização, intensificação e condições legais do trabalho da docência em seus aspectos laboral e intencional.

No entanto, o exposto pode levar ao equívoco de se entender que o *ser* e o *estar* docentes implicam aspectos de realidades diferentes ou sepa-

---

[12] TEIXEIRA, Inês Assunção de Castro. Os professores como sujeitos sócio-culturais. *In:* DAYRELL, Juarez Tarcísio (org.). *Múltiplos olhares sobre educação e cultura*. Belo Horizonte: UFMG, 1996; TEIXEIRA, Inês Assunção de Castro. Da condição docente: primeiras aproximações teóricas. *Educação e Sociedade*, Campinas, v. 28, n. 99, p. 426-443, ago. 2007.

radas uma da outra. Ao contrário, o *ser* e o *estar* docentes são indissociáveis e formam uma unidade. Por ela, a ontologia da condição docente se constrói pela/na história do trabalho humano de ensinar e aprender de forma intencional e sistemática por meio da interação professora/professor-aluno.

Assim, o conceito de condição docente envolve aspectos gerais, de ordem essencial e estrutural, que se materializam, de forma particular, em condições específicas, de ordem conjuntural. É possível afirmar, então, que a condição docente encontra-se em permanente transformação, articulando elementos subjetivos e objetivos, inseridos, tal como mencionado anteriormente, em situações diferentes dos pontos de vista histórico, geográfico, econômico-financeiro, social, cultural, político-ideológico, jurídico e psicológico, relativas ao contexto geral e local em que se situa.

Em síntese, a condição docente expressa uma realidade humana, interacional e intencional, construída social e historicamente, e que se apresenta com feições variadas relacionadas ao *ser* e ao *estar* docentes no processo de ensinar e aprender, configurando os modos específicos como a prática pedagógica é realizada na escola. Tendo por base as considerações anteriores, na pesquisa em pauta, considerou-se importante tratar diferentes aspectos da condição docente, limitando-se ao contexto geral das/dos professoras/es da educação básica da rede estadual de Minas Gerais.

PROCEDIMENTOS METODOLÓGICOS

Em termos metodológicos, este estudo se identifica como do tipo "estado do conhecimento". Segundo Morosini e Fernandes, o estado do conhecimento diz respeito "à identificação, registro, categorização que levem à reflexão e síntese sobre a produção científica de uma determinada área, em um determinado espaço de tempo, congregando periódicos, teses, dissertações e livros sobre a temática específica".[13] Em relação aos seus limites e possibilidades, essas autoras afirmam:

> O estado de conhecimento possibilita uma visão ampla e atual dos movimentos da pesquisa ligados ao objeto de investigação que pretendemos desenvolver. É, portanto, um estudo basilar para futuros passos dentro da pesquisa pretendida. Permite-nos entrar em contato com movimentos atuais acerca do objeto de investigação, oferecendo-nos uma noção

---
[13] MOROSINI, Marília Costa; FERNANDES, Cleoni Maria Barboza. Estado do Conhecimento: conceitos, finalidades e interlocuções. *Educação Por Escrito*, Porto Alegre, v. 5, n. 2, p. 154-164, jul./dez. 2014. p. 156.

abrangente do nível de interesse acadêmico e direcionando, com mais exatidão, para itens a ser explorados — reforço de resultados encontrados ou criação de novos ângulos para o tema de estudo — abrindo-se assim, inúmeras oportunidades de enriquecimento de estudo. Nesse sentido, a construção do Estado de Conhecimento fornece um mapeamento das ideias já existentes, dando-nos segurança sobre fontes de estudo, apontando subtemas passíveis de maior exploração ou, até mesmo, fazendo-nos compreender silêncios significativos a respeito do tema de estudo.[14]

Como sabemos, precisamos realizar, periodicamente, pesquisas do tipo estado da arte ou do tipo estado do conhecimento para avaliar um campo de pesquisa e saber quais são as tendências desse campo, as ausências (lacunas), as/os principais autoras/es que o têm influenciado, as principais metodologias que têm sido utilizadas, ou seja, em síntese, o que se sabe e o que não se sabe sobre ele. A formação de professoras/es por ser, como mencionado anteriormente, um campo de pesquisa relativamente novo, no Brasil e no mundo, precisa ainda mais desse tipo de investigação acadêmica, pois tais estudos podem ajudar a organizar e a fortalecer o campo.

É importante destacar que a produção acadêmica no campo da pesquisa sobre docência e/ou formação de professoras/es vem sendo sistematicamente analisada no Brasil — por aproximadamente 50 anos ininterruptos! — por meio de alguns estudos do tipo estado da arte, estudos do tipo estado do conhecimento e/ou levantamentos bibliográficos, abrangendo os respectivos períodos: Maria das Graças Feldens: de 1972 a 1981; Vera Candau: de 1982 a 1985; Menga Lüdke: de 1988 a 1994; Júlio Emílio Diniz-Pereira: de 1980 a 1995; Marli André: de 1990 a 1998; Iria Brzezinski: de 1997 a 2002 e de 2003 a 2010 e, finalmente, Júlio Emílio Diniz-Pereira: de 2006 a 2015.[15]

---

[14] MOROSINI; FERNANDES, 2014, p. 158.

[15] FELDENS, Maria das Graças. Pesquisa em educação de professores: antes, agora e depois? *Fórum Educacional*, Rio de Janeiro, v. 7, n. 2, p. 26-44, abr./jun. 1983; FELDENS, Maria das Graças. Educação de professores: tendências, questões e prioridades. *Tecnologia Educacional*, Rio de Janeiro, v. 13, n. 61, p. 16-26, nov./dez. 1984; CANDAU, Vera Maria Ferrão (coord.). *Novos rumos da licenciatura*. Brasília: Inep, 1987; LÜDKE, Menga. *Formação de docentes para o ensino fundamental e médio* – as licenciaturas. Rio de Janeiro: CRUB, maio 1994; DINIZ-PEREIRA, Júlio Emílio. *Formação de professores*: pesquisas, representações e poder. Belo Horizonte: Autêntica, 2000; DINIZ-PEREIRA, Júlio Emílio. *O que sabemos e o que não sabemos a partir das pesquisas sobre docência e/ou sobre formação de professores no Brasil?* A produção acadêmica dos PPGEs Conceito 7 Capes. Relatório. Brasília: CNPq, 2020; NUNES, Célia Maria F. Saberes docentes e formação de professores: um breve panorama da pesquisa brasileira. *Educação e Sociedade*, Campinas, v. 22, n. 74, p. 27-42, 2001; É importante ressaltar que as pesquisas coordenadas pelas professoras Marli André e Iria Brzezinski foram encomendadas e financiadas pelo Instituto Nacional de Estudos e Pesquisas Educacionais Anísio Teixeira (Inep). A pesquisa que realizamos não teve, obviamente, a mesma envergadura desses três estudos anteriores que foram realizados por equipes de pesquisadoras/es de diferentes estados brasileiros, contaram com financiamento específico e com condições que certamente não tivemos aqui.

Neste estudo do Prodoc, o primeiro passo da equipe de pesquisa foi definir os descritores que orientaram a busca pelas produções acadêmicas sobre a condição docente de professoras/es da Rede Estadual de Educação de Minas Gerais: professoras/es da REE-MG; docência em Minas Gerais; condição docente; trabalho docente; profissão e profissionalização docentes; formação (inicial e continuada) de professoras/es da REE-MG; identidades docentes; socialização e atuação docentes e práticas pedagógicas de professoras/es da REE-MG etc.

Duplas e/ou trios de pesquisadoras/es dessa equipe de pesquisa iniciaram, então, o levantamento de teses e dissertações, defendidas entre 2008 e 2018, em programas brasileiros de pós-graduação *stricto sensu*. Como resultado desse levantamento, encontramos 201 trabalhos (178 dissertações de mestrado acadêmico e 23 teses de doutorado) que utilizaram ou no título, ou nas palavras-chave, ou no resumo um ou mais descritores anteriormente relacionados e que, em princípio tratavam do tema da condição docente de professoras/es da Rede Estadual de Educação de Minas Gerais.

Para a organização das informações sobre esses 201 trabalhos selecionados, a pesquisadora do Prodoc e da Fundação João Pinheiro, Marina Alves Amorim, criou um banco de dados em que há informações sobre as fontes consultadas, os descritores utilizados na busca de cada um dos trabalhos, as instituições de ensino superior e os respectivos programas de pós-graduação em que essas pesquisas foram desenvolvidas, o ano da defesa da tese de doutorado ou da dissertação de mestrado, os nomes completos das/dos autoras/es dos trabalhos, bem como das/dos orientadoras/es e coorientadoras/es, o título e subtítulo da tese ou da dissertação, o *link* de acesso ao trabalho ou de direcionamento para busca em arquivo PDF, as palavras-chave e, finalmente, o resumo.

O passo seguinte foi a realização de um refinamento do levantamento feito e, para tal, foram lidos todos os resumos das teses e das dissertações contidos no banco de dados e, para cada resumo, preencheu-se uma ficha com informações que nos ajudaram a definir os critérios de inclusão/exclusão dos trabalhos — e, consequentemente, a definição inicial do *corpus*[16] da pesquisa —, bem como o agrupamento deste em temas para o prosseguimento do estudo. Este trabalho foi realizado pelo coordenador da pesquisa e por uma das bolsistas de iniciação científica que apoiaram o desenvolvimento desta investigação acadêmica.

---

[16] Bardin define *corpus* como "o conjunto dos documentos tidos em conta para serem submetidos aos procedimentos analíticos". BARDIN, Laurance. *Análise de Conteúdo*. Porto: Porto Editora, 1977.

Dessa maneira, os 202 trabalhos foram agrupados por temáticas, a saber (em ordem alfabética): administração e gestão escolar; alfabetização e letramento; arte e educação; avaliação educacional; carreira e remuneração docente; educação de jovens e adultos; educação do campo; educação e gênero; educação em ciências; educação e tecnologias; educação inclusiva/educação especial; educação matemática; ensino de... (educação física, ensino religioso, filosofia, geografia, história, língua portuguesa, línguas estrangeiras, sociologia); evasão escolar; financiamento da educação; formação de professores/as; identidade docente; política educacional; práticas pedagógicas; professoras/es iniciantes; profissão docente; relações étnico-raciais; e trabalho docente (saúde das/dos trabalhadoras/es em educação; sindicalismo docente).[17]

Duplas, trios e pequenos grupos de pesquisadoras/es do Prodoc assumiram, então, a leitura e a análise dos trabalhos inicialmente alocados nos respectivos agrupamentos, de acordo com o interesse delas/deles nos temas organizados anteriormente.

Após a leitura dos resumos de todos esses trabalhos pelas duplas, pelos trios e pequenos grupos, bem como a discussão deles pelo coletivo de pesquisadoras/es do Prodoc, por meio da organização de seminários de pesquisa, definiu-se a distribuição final das teses e dissertações por agrupamento ou "bloco".[18] Decidiu-se, ainda, sobre a prioridade de leitura de cada trabalho em cada agrupamento, de modo que, pela "prioridade de leitura 1", cada trabalho deveria ser analisado na integralidade, e pela "prioridade de leitura 2", a leitura e a análise do trabalho naquele agrupamento ou "bloco" eram opcionais. Decidiu-se, ainda, pela extinção de alguns agrupamentos e, por fim, sugeriu-se que um novo agrupamento deveria ser criado: ensino médio. Ao final dessa nova rodada de refinamento, em que houve a participação de todas/os as/os pesquisadoras/es envolvidas/os, chegou-se a um total de 178 trabalhos (158 dissertações e 20 teses).

---

[17] Infelizmente, por diferentes razões, não foi possível contar com a contribuição voluntária de pesquisadoras/es para a leitura e análise das teses e dissertações alocadas em alguns agrupamentos, a saber: administração e gestão escolar; arte e educação; educação de jovens e adultos; educação do campo; educação em ciências; ensino de... (educação física, geografia, língua portuguesa, línguas estrangeiras); financiamento da educação; política educacional; e trabalho docente (saúde das/dos trabalhadoras/es em educação; sindicalismo docente). Algumas dissertações e teses (14, no total) que estavam em agrupamentos "ensino de..." foram incluídas no agrupamento "ensino médio".

[18] Optou-se pela organização de alguns agrupamentos em "blocos", por exemplo, os trabalhos alocados nos agrupamentos "educação e gênero", "educação inclusiva/educação especial" e "relações étnico-raciais" foram reunidos em um único "bloco" denominado "diversidade".

Em seguida, as duplas, os trios e pequenos grupos de pesquisadoras/es do Prodoc procederam as leituras na íntegra de todos os trabalhos classificados como "prioridade de leitura 1" e alocados nos respectivos agrupamentos e "blocos", guiados por uma chave de leitura construída coletivamente. À medida que as teses e dissertações eram lidas na íntegra, outros refinamentos foram feitos. Assim, finalmente, definiu-se o *corpus* da pesquisa com um total de 158 trabalhos, sendo 141 dissertações e 17 teses.

Avaliamos, então, todo o conteúdo dessas produções acadêmicas e seguimos procedimentos semelhantes ao do estudo de Iria Brzezinski:[19] inicialmente, membros da equipe de pesquisa realizaram em duplas (trios ou pequenos grupos) uma leitura flutuante[20] de toda a produção acadêmica (dividida em agrupamentos ou "blocos") e, em seguida, produziram uma síntese dela, em que se explicitaram os objetivos de cada uma das pesquisas, os aspectos/elementos que se relacionavam ao conceito de condição docente e os principais resultados. Realizaram-se, então, sessões de leitura coletiva em que as sínteses dessas teses e dissertações foram confrontadas e tomadas como base para o levantamento de categorias dentro de cada agrupamento ou "bloco". Estabelecidas as categorias, cada dupla (trio ou pequeno grupo) procedeu a uma reflexão sobre desdobramentos e limites dessas contribuições a partir de um aprofundamento na análise dos textos.

Os resultados desse estudo serão apresentados nas próximas páginas deste livro por meio de textos escritos por pesquisadoras/es do Prodoc que analisaram os conteúdos das teses e dissertações defendidas entre 2008 e 2018 e que discutem, direta ou indiretamente, o tema da condição docente de professoras/es da Rede Estadual de Educação de Minas Gerais.

Além dos textos produzidos a partir da categorização realizada na fase de refinamento desta "meta-pesquisa", incluímos, ao final desta parte do relatório, um texto produzido pelas pesquisadoras do Prodoc e da Fundação João Pinheiro (FJP), Marina Alves Amorim, Ana Luiza Gomes de Araújo e Ana Paula Salej, especificamente sobre a condição docente de professoras/es designadas/os na Rede Estadual de Educação de Minas Gerais. Para a escrita deste último texto, as autoras seguiram os procedimentos metodológicos utilizados na pesquisa mais ampla e adotaram algumas outras estratégias para encontrar trabalhos que discutissem especificamente essa questão.

---

[19] BRZEZINSKI, 2006.
[20] BARDIN, 1977.

REFERÊNCIAS

ANDRÉ, Marli Eliza Dalmazo Afonso. Estado da arte da formação de professores no Brasil. *Educação e Sociedade*, Campinas, v. 20, n. 68, p. 301-309, dez. 1999.

ANDRÉ, Marli Eliza Dalmazo Afonso (org.). *Formação de professores no Brasil (1990-1998)*. Brasília: MEC/Inep/Comped, 2006. p. 1-34.

ANDRÉ, Marli Eliza Dalmazo Afonso. Desafios da pós-graduação e da pesquisa sobre formação de professores. *Educação & Linguagem*, Londrina, n. 15, p. 43-59, jan./jul. 2007.

ANDRÉ, Marli Eliza Dalmazo Afonso. A produção acadêmica sobre formação de professores: um estudo comparativo das dissertações e teses defendidas nos anos 1990 e 2000. *Formação Docente*: Revista Brasileira de Pesquisa sobre Formação de Professores, Belo Horizonte, v. 1, n. 1, p. 41-56, ago./dez. 2009.

ANDRÉ, Marli Eliza Dalmazo Afonso. Formação de Professores: a constituição de um campo de estudos. *Educação*, Porto Alegre, v. 33, n. 3, p. 174-181, 2010. Disponível em: https://revistaseletronicas.pucrs.br/ojs/index.php/faced/article/view/8075. Acesso em: dez. 2021.

ANDRÉ, Marli Eliza Dalmazo Afonso; ROMANOWSKI, Joana. Estado da arte sobre formação de professores nas dissertações e teses dos Programas de Pós-Graduação das universidades brasileiras (1990-1996). *In*: REUNIÃO ANUAL DA ASSOCIAÇÃO NACIONAL DE PÓS-GRADUAÇÃO E PESQUISA EM EDUCAÇÃO (ANPED), 22, Caxambu-MG, 1999. *Programa e Resumos* [...]. Caxambu: Anped, 1999.

BARDIN, Laurance. *Análise de Conteúdo*. Porto: Porto Editora, 1977.

BRZEZINSKI, Iria (org.). *Formação de profissionais da educação (1997–2002)*. Brasília: Ministério da Educação, Inep, 2006.

BRZEZINSKI, Iria; GARRIDO, Elsa. Estado da arte sobre a formação de professores nos trabalhos apresentados no GT 8 da ANPEd (1990–1998). *In*: REUNIÃO ANUAL DA ASSOCIAÇÃO NACIONAL DE PÓS-GRADUAÇÃO E PESQUISA EM EDUCAÇÃO (ANPED), 22, Caxambu-MG, 1999. *Anais* [...]. Caxambu-MG: Anped, 1999.

BRZEZINSKI, Iria; GARRIDO, Elsa. Análise dos trabalhos do GT Formação de Professores: o que revelam as pesquisas do período 1992–1998. *Revista Brasileira de Educação,* São Paulo, n. 18, p. 82-100, set./dez. 2001.

CANDAU, Vera Maria Ferrão (coord.). *Novos rumos da licenciatura*. Brasília: Inep, 1987.

CHEPTULIN, Alexandre. *A dialética materialista*: categorias e leis da dialética. São Paulo: Alfa-Omega, 1982.

DINIZ-PEREIRA, Júlio Emílio. *Formação de professores*: pesquisas, representações e poder. Belo Horizonte: Autêntica, 2000.

DINIZ-PEREIRA, Júlio Emílio. Formação de professores, trabalho e saberes docentes. *Trabalho & Educação (UFMG)*, Belo Horizonte, v. 24, p. 159-168, 2015.

DINIZ-PEREIRA, Júlio Emílio. *O que sabemos e o que não sabemos a partir das pesquisas sobre docência e/ou sobre formação de professores no Brasil?* A produção acadêmica dos PPGEs Conceito 7 Capes. Relatório. Brasília: CNPq, maio/2020. 726 p. (Mimeo.).

DUBAR, Claude. *A socialização*: Construção das identidades sociais e profissionais. Porto: Porto Editora, 1997.

FANFANI, Emilio Tenti. Una carrera con obstáculos: la profesionalización docente. *Revista del Instituto de Investigaciones en Ciencias de la Educación*, Buenos Aires, v. 4, n. 7, p. 17-25, 1995.

FANFANI, Emilio Tenti. *La condición docente*: análisis comparada de la Argentina, Brasil, Peru y Uruguay. Buenos Aires: Siglo XXI Editora Argentina, 2005.

FANFANI, Emilio Tenti. Condição docente. *In*: OLIVEIRA, Dalila Andrade; DUARTE, Adriana Maria Cancella; VIEIRA, Lívia Maria Fraga. *Dicionário*: trabalho, profissão e condição docente. Belo Horizonte: UFMG/Faculdade de Educação, 2010. CDROM.

FELDENS, Maria das Graças. Pesquisa em educação de professores: antes, agora e depois? *Fórum Educacional*, Rio de Janeiro, v. 7, n. 2, p. 26-44, abr./jun. 1983.

FELDENS, Maria das Graças. Educação de professores: tendências, questões e prioridades. *Tecnologia Educacional*, Rio de Janeiro, v. 13, n. 61, p. 16-26, nov./dez. 1984.

GOODE, William Josiah; HATT, Paul K. Elementos básicos do método científico: conceitos. 3. ed. *In*: GOODE, William Josiah; HATT, Paul K. *Métodos em pesquisa social*. 3. ed. São Paulo: Editora Nacional, 1969. p. 55-73.

LEFEBVRE, Henri. *Lógica formal/lógica dialética*. 2. ed. Rio de Janeiro: Civilização Brasileira, 1979.

LÜDKE, Menga. *Formação de docentes para o ensino fundamental e médio – as licenciaturas*. Rio de Janeiro: CRUB, maio 1994. 72 p. (Mimeo).

MARCELO GARCÍA, Carlos. *Introducción a la formación del profesorado*: Teoría y métodos. Sevilla: Editorial Universidad de Sevilla, 1989.

MOROSINI, Marília Costa; FERNANDES, Cleoni Maria Barboza. Estado do Conhecimento: conceitos, finalidades e interlocuções. *Educação Por Escrito*, Porto Alegre, v. 5, n. 2, p. 154-164, jul./dez. 2014.

NÓVOA, António. (org.). *Profissão professor*. Porto: Porto Editora, 1991.

NÓVOA, António. (org.). *Os professores e a sua formação*. 3. ed. Lisboa: Dom Quixote, 1997a.

NÓVOA, António. Diz-me como ensinas, dir-te-ei quem és e vice-versa. *In:* FAZENDA, Ivani (org.). *A pesquisa em educação e as transformações do conhecimento*. 2. ed. Campinas: Papirus, 1997b. p. 29-41.

NUNES, Célia Maria F. Saberes docentes e formação de professores: um breve panorama da pesquisa brasileira. *Educação e Sociedade*, Campinas, v. 22, n. 74, p. 27-42, 2001.

OLIVEIRA, Maria Rita Neto Sales. *A reconstrução da didática*: elementos teórico-metodológicos. 2. ed. Campinas: Papirus, 1993.

SANTOS, Lucíola Licínio de C. P. Problemas e alternativas no campo da formação de professores. *Revista Brasileira de Estudos Pedagógicos*, Brasília, v. 72, n. 172, p. 318-334, 1991.

TEIXEIRA, Inês Assunção de Castro. Da condição docente: primeiras aproximações teóricas. *Educação e Sociedade*, Campinas, v. 28, n. 99, p. 426-443, 2007.

VYGOTSKY, Lev S. *Pensamento e linguagem*. São Paulo: Martins Fontes, 1998.

ZEICHNER, Kenneth M. A research agenda for teacher education. *In:* Marilyn Cochran-Smith e Kenneth Zeichner (org.). *Studying Teacher Education*: The report of the AERA Panel on research and teacher education. Londres: Lawrence Erlbaum, 2005, p. 737-759.

ZEICHNER, Kenneth M. Uma agenda de pesquisa para a formação docente. *Formação Docente*: Revista Brasileira de Pesquisa sobre Formação de Professores, Belo Horizonte, v. 1, n. 1, p. 13-40, ago./dez 2009.

ZEICHNER, Kenneth M; SAUL, Alexandre; DINIZ-PEREIRA, Júlio Emílio. Pesquisar e transformar a prática educativa: mudando as perguntas da formação de professores: uma entrevista com Kenneth M. Zeichner. *Revista e-Curriculum*, São Paulo, v. 12, n. 3, p. 2211-2224, out./dez. 2014.

1

A CONDIÇÃO DOCENTE DE PROFESSORAS/ES ALFABETIZADORAS/ES DA REDE ESTADUAL DE EDUCAÇÃO DE MINAS GERAIS

Sara Mourão Monteiro
Natália Maria Avelino
Darsoni de Oliveira Caligiorne

INTRODUÇÃO

Neste capítulo trataremos de pesquisas da área de Alfabetização e Letramento. Foram examinados quatro estudos produzidos em nível de mestrado em programas de pós-graduação de universidades públicas, todos em educação: Resende,[21] Martins,[22] Paula,[23] e Silva.[24]

Os títulos dos estudos revelam suas temáticas: (i) Sentidos e significados da atividade docente constituídos por uma professora alfabetizadora no contexto da rede pública estadual de Minas Gerais; (ii) PROALFA: avaliação e propostas pedagógicas (2009-2011); (iii) A política de formação de professores do Programa de Intervenção Pedagógica — Alfabetização no Tempo Certo da rede estadual de ensino do estado de Minas Gerais; e (iv) Práticas de alfabetização em uma turma do 1º ano do

---

[21] RESENDE, Márcia Aparecida. *Sentidos e significados da atividade docente constituídos por uma professora alfabetizadora no contexto da rede pública estadual de Minas Gerais*. 2012. Dissertação (Mestrado em Educação) – Faculdade de Educação da Universidade de São João del-Rei, São João del-Rei, 2012.

[22] MARTINS, Ana Cláudia Osório. *PROALFA:* avaliação e propostas pedagógicas (2009–2011). 2013. Dissertação (Mestrado em Educação) – Faculdade de Educação da Universidade de Juiz de Fora, Juiz de Fora, 2013.

[23] PAULA, Elisabeth Queiroz de. *A política de formação de professores do Programa de Intervenção Pedagógica-Alfabetização no Tempo Certo da rede estadual de ensino do Estado de Minas Gerais*. 2014. Dissertação (Mestrado em Gestão e Avaliação da Educação Pública) – Faculdade de Educação da Universidade Federal de Juiz de Fora, 2014.

[24] SILVA, Leandro Malaquias da. *Práticas de alfabetização em uma turma do 1º ano do ensino fundamental:* um estudo de caso em uma escola da rede estadual de Minas Gerais. 2015. Dissertação (Mestrado Educação) – Faculdade de Educação da Universidade Estadual de Minas Gerais, Belo Horizonte, 2015.

ensino fundamental: um estudo de caso em uma escola da rede estadual de Minas Gerais. Vinculados às suas temáticas, os aspectos da condição docente problematizados nos estudos foram: a) a construção de novas práticas e saberes, e o domínio de competências para o exercício da função docente em alfabetização, b) as condições objetivas para o exercício da docência em alfabetização, e as ações do Estado voltadas para a formação, monitoramento da aprendizagem e desenvolvimento profissional das/os professoras/es que atuavam na área da alfabetização.

Do ponto de vista das metodologias de pesquisa, os estudos se configuraram como sendo de natureza qualitativa, com predomínio da metodologia Estudo de Caso. Os principais sujeitos das pesquisas foram professoras/es. Participaram também gestores da escola, representantes da SEE-MG, representantes do Centro de Alfabetização, Leitura e Escrita da UFMG (Ceale/UFMG) e do Centro de Políticas Públicas e Avaliação da Educação da UFJF (Caed/UFJF). Os principais procedimentos para a coleta de dados foram as entrevistas semiestruturadas, a análise documental e a observação no ambiente escolar. As/Os pesquisadoras/es utilizaram cadernos de campo, gravações de vídeos e áudios como forma de registro durante as investigações. Como procedimento de análise dos dados coletados, foram realizadas análise documental, triangulação de dados e construção de núcleos de significação.

Entre a literatura especializada que fundamenta as dissertações/teses analisadas (295 referências citadas), destacam-se as/os seguintes autoras/es: Ana Catarina Pereira dos Santos Cabral, Andréa Tereza Brito Ferreira, Artur Gomes de Morais, Eliana Borges Correia de Albuquerque, Gisele Francisca da Silva Carvalho, Maria do Socorro Alencar Nunes Macedo e Paulo Freire, na abordagem das práticas pedagógicas como processos de constituição da identidade profissional docente, do cotidiano da sala de aula e do perfil das professoras alfabetizadoras; Artur Gomes de Morais, Cecília Goulart, Magda Soares (autora com mais obras referendadas nas pesquisas), Maria do Socorro Alencar Nunes Macedo, Marlene Carvalho e Rojane Rojo, que abordam o tema alfabetização e letramento, relacionando-o à incorporação de novos conhecimentos, transformação da cultura de alfabetização, redefinindo práticas e modos de fazer em sala de aula; e as obras de Antônio Nóvoa, que se referem à formação de professoras/es como elemento importante para a melhoria na qualidade da educação e para a construção da identidade docente. Vale destacar o fato de ter sido comum nestes estudos o entendimento do ensino inicial da linguagem escrita implicar a apropriação do sistema de escrita alfabética e da ortografia, o desenvolvimento da compreensão e produção de textos e o envolvimento dos alunos em práticas sociais de escrita.

Nosso estudo aponta que as políticas públicas para alfabetização e letramento implementadas pela SEE-MG, na década de 2000, trouxeram impactos para a condição docente das/dos professoras/es alfabetizadoras/es no estado de Minas Gerais. Essas políticas geraram tensões no ambiente escolar e orientaram as práticas das professoras/es alfabetizadoras/es. Apesar de impactarem a docência, essas políticas não a condicionaram, visto que as orientações vindas da SEE-MG eram ressignificadas por meio da subjetividade dessas/desses professoras/es. As trajetórias de vida, as experiências profissionais, os saberes e as interações construídas no ambiente escolar por esses sujeitos também impactam suas práticas. Sendo assim, o estudo nos revelou que as dimensões do *ser* docente e *estar* na docência não acontecem de maneira isolada. As políticas públicas e as outras dimensões mais objetivas relacionadas ao *estar* na docência auxiliam também na constituição da subjetividade das/dos professoras/es do mesmo modo que as dimensões mais subjetivas constituem uma lente de interpretação das dimensões mais objetivas.

Este capítulo se estrutura em três partes. Na primeira, fazermos uma retomada do contexto educacional em que os trabalhos acadêmicos foram produzidos, com recorte no momento histórico da área da alfabetização e do letramento. Na segunda parte, apresentaremos os principais resultados e conclusões dos estudos. Na terceira, e última parte, analisaremos o que nos revelam os estudos acerca da condição docente de professoras/es alfabetizadoras/es da Rede Estadual de Educação de Minas Gerais e apresentaremos algumas considerações a esse respeito, tomando como referência o conceito de condição docente e a sua relação com o desafio de ofertar um ensino de qualidade em nossas redes públicas de ensino.

1.1 O CONTEXTO EDUCACIONAL E A ÁREA DA ALFABETIZAÇÃO E LETRAMENTO DOS ESTUDOS ACADÊMICOS ANALISADOS

Os estudos do nosso corpo de análise compartilham de um mesmo contexto educacional do nosso país nos anos 2000, marcado por desafios históricos na área da alfabetização. Um deles é o **fracasso escolar de muitas crianças que frequentam nossas escolas e da própria escola**

no processo de ensinar e aprender a ler e a escrever. Esse desafio, que ainda é um problema para a sociedade brasileira, não surgiu exatamente nos anos 2000. Ele reflete os desafios enfrentados por professores, pesquisadores e gestores de ofertarmos ensino de qualidade nas redes públicas de ensino às crianças, aos jovens e adultos das classes pobres do nosso país, desde o início da luta pela democratização da escola. Um problema que já esteve em evidência pelos altos índices de repetência e evasão no primeiro ano escolar, pela disseminação dos agrupamentos dos alunos em turmas especiais e de aceleração da aprendizagem, pelo grande número de jovens matriculados nos anos finais do ensino fundamental sem o domínio da língua escrita, e atualmente pela indicação de baixos índices de proficiência em alfabetização e letramento dos estudantes nas avaliações externas.

Outro desafio enfrentado nos anos 2000 diz respeito à situação complexa de definições e indefinições de um currículo básico para a área da alfabetização e letramento. Situação complexa porque vivíamos mudanças de paradigmas de ensino-aprendizagem, relacionadas ao avanço no conhecimento de diferentes áreas do conhecimento: a linguística, a psicolinguística, a sociolinguística, as ciências cognitivas. Os avanços científicos implicavam desafios pedagógicos na construção de práticas docentes orientadas na visão de que a criança precisa construir uma representação do fonema e do grafema, para conseguir aprender as correspondências letra-som, de que trabalhar com os gêneros textuais promove o desenvolvimento da leitura e produção de texto, e da compreensão de que as crianças trazem vivências letradas para a escola e a partir delas vão atribuindo sentido à aprendizagem escolar. Situação complexa também porque uma proposta curricular não é construída sem disputas acadêmicas e escolares. Tais disputas, muitas vezes, acabam impedindo ou dificultando o que de fato nos interessa: a qualidade de ensino-aprendizagem nas escolas públicas.

Em 2001, impactando também as ações escolares na área da alfabetização e do letramento, o Plano Nacional de Educação (PNE) definiu como meta 2, para o avanço da qualidade do atendimento à população no campo educacional, a implantação do ensino fundamental de nove anos, alterando a idade para se iniciar o ensino formal da língua escrita de sete para seis anos de idade.

No estado de Minas Gerais, a Secretaria Estadual de Educação (SEE-MG) buscou enfrentar tais desafios implantando diferentes proposições políticas. No ano de 2004 foi implantado o ensino fundamental de nove anos. Os anos iniciais do ensino fundamental foram organizados em dois ciclos: o Ciclo Inicial de Alfabetização, com duração de três anos (1º ao 3º anos), e o Ciclo Complementar, com dois anos de duração (4º e 5º ano). Atendendo à demanda da SEE-MG, o Ceale/UFMG elaborou duas coleções voltadas a formação das/dos professoras/es. A primeira coleção — Coleção Instrumentos da Alfabetização (2005) — visa discutir e orientar a organização do ciclo inicial de alfabetização na Rede Estadual de Educação de Minas Gerais. Essa coleção é composta por seis volumes, contendo diretrizes pedagógicas para o trabalho com alfabetização. A segunda coleção — Coleção Alfabetização e Letramento (2005) — visa divulgar os fundamentos teóricos que embasaram as diretrizes pedagógicas.

À medida que o ensino fundamental de nove anos foi sendo implantado, surgia a necessidade de construir um programa para avaliar esse ciclo inicial. É nesse contexto que, em 2005, foi implantado o Programa de Avaliação da Alfabetização (Proalfa), uma avaliação externa para monitorar os níveis de alfabetização escolar dos alunos. Essa avaliação é realizada até hoje pela SEE-MG e faz parte do Sistema Mineiro de Avaliação da Educação Pública (Simave). Na época da implementação das políticas, a avaliação foi desenvolvida por meio de uma parceria entre a SEE-MG, o Centro de Políticas Públicas e Avaliação da Educação (Caed) da Universidade Federal de Juiz de Fora (UFJF) e o Ceale/UFMG. A avaliação do Proalfa identifica os níveis de aprendizagem em relação à leitura e à escrita dos alunos e é parte da estratégia da SEE-MG para alcançar a meta de que em Minas toda criança saiba ler e escrever até os 8 anos de idade. Os testes eram feitos anualmente e aplicados em alunos das redes estadual e municipais nas escolas urbanas e rurais e identificavam o nível de aprendizado de cada aluno.

Os resultados das primeiras avaliações do Proalfa evidenciaram que a maioria dos alunos das escolas públicas mineiras se encontrava com baixos níveis de proficiência em alfabetização e letramento, o que foi interpretado pela SEE-MG como sendo necessário algum apoio para que os alunos alcançassem o nível recomendável de proficiência na leitura e na escrita, segundo a métrica de proficiência determinada na avaliação. Diante disso, os gestores da SEE-MG construíram um plano estratégico para reverter esse quadro de baixos índices na alfabetização e é nesta circunstância que, em 2007, foi implantado o Programa de Intervenção

Pedagógica — Alfabetização no Tempo Certo (PIP-ATC). O PIP-ATC tinha como objetivo construir intervenções junto à escola por meio de um acompanhamento por parte de uma equipe de apoio pedagógico. Essa equipe de apoio acompanhava a/o professora/professor alfabetizadora/alfabetizador e as práticas pedagógicas realizadas, discutindo e trabalhando pontualmente as principais lacunas observadas nos resultados do Proalfa. O Programa atendia prioritariamente as superintendências com os piores resultados nas avaliações.

Essas três políticas educacionais adotadas pela SEE-MG constituem o contexto educacional das pesquisas analisadas e impactam diretamente a/o professora/professor alfabetizadora/alfabetizador e a sua condição docente.

1.2 PRINCIPAIS RESULTADOS E CONCLUSÕES DAS PESQUISAS ANALISADAS

Os estudos analisados nesta "meta-pesquisa", considerando a problematização de suas temáticas e a metodologia em comum, evidenciaram tensões geradas nas escolas pelas cobranças da SEE-MG por resultados nas avaliações externas e pelo cumprimento das diretrizes pedagógicas contidas nos cadernos de formação/Ceale produzidos para orientar a prática pedagógica em alfabetização e letramento.

Na dissertação "PROALFA: Avaliação e Propostas Pedagógicas", por exemplo, concluiu-se que a avaliação da alfabetização feita pelo estado — por meio do Proalfa — teve um grande impacto na prática docente e no trabalho das/dos demais profissionais na escola. Constatou-se que "são muitos os relatos de profissionais que se sentem constrangidos com a precariedade que vivenciam em sala de aula, sob a pressão por resultados."[25] Além de ter sido identificada a falta de conhecimento dos mecanismos e estratégias da avaliação promovida pelo estado por parte das/dos profissionais, a impermanência do quadro efetivo dessas/desses profissionais não garante a reconstrução das práticas escolares implicadas na aprendizagem dos alunos. Segundo a autora:

> As instituições que foram alvo desta pesquisa apresentaram muita mudança no quadro de profissionais que trabalham com o 3º ano. A grande maioria de coordenadores também

---

[25] MARTINS, 2013, p. 198.

foi alterada, conforme relatamos. Não há como garantir consistência pedagógica se há uma insegurança em assumir turmas de alfabetização devido à grande pressão exercida sobre os professores pelos resultados que têm de atingir no PROALFA.[26]

As professoras relataram em seus depoimentos que a avaliação Proalfa trouxe outra perspectiva de trabalho com os textos em sala de aula. A abordagem dos gêneros textuais nas atividades de sala de aula parece ser uma evidência do efeito do programa de avaliação externa na construção da prática docente. No entanto, a autora sugere que tal efeito pode ser considerado um indício do pouco domínio dos fundamentos da alfabetização por parte das professoras e da dificuldade que têm os gestores do sistema, e aqueles que atuam na escola, na promoção da formação das/dos professoras/es no contexto escolar.

Outro aspecto que revela a tensão entre implantação da avaliação externa, prática docente e aprendizagem dos alunos foi a realização de simulados para que eles aprendessem a resolver as questões dos testes de alfabetização. Ao que tudo indica, esse exercício passou a fazer parte da rotina de trabalho em sala de aula. Segundo a autora, "esses simulados são recomendados pela SEE, o que sinaliza para a importância atribuída a eles!",[27] sem, contudo, considerar que, na interação em sala de aula, as professoras atuam de forma diferente para promover a aprendizagem dos alunos. Por fim, as/os pesquisadoras/es destacam que a implantação da política de avaliação da alfabetização no estado de Minas Gerais envolveu também um sistema de premiação no cálculo do benefício das professoras, usando-se o resultado do desempenho dos alunos nas provas do Proalfa. Esse "sistema de recompensa" acaba por gerar atitudes de mascaramento de resultados da aprendizagem.[28]

Observou-se também que a política de monitoramento estendeu-se ao planejamento da/do professora/professor, no qual passou a ser necessária a abordagem do ensino centrado nos gêneros textuais, como mencionado anteriormente, e as capacidades linguísticas definidas na diretriz curricular formulada em parceria com o Ceale/UFMG. Encontramos, por exemplo, no trabalho "Sentidos e significados da atividade

---

[26] MARTINS, 2013, p. 199.
[27] MARTINS, 2003, p. 199.
[28] MARTINS, 2013; PAULA, 2014.

docente constituídos por uma professora alfabetizadora no contexto da rede pública estadual de Minas Gerais" uma análise sobre como as diretrizes enviadas pela SEE-MG se tornaram um conjunto de prescrições que colocam a professora alfabetizadora no lugar de executora de um currículo estabelecido sem que as condições de trabalho proporcionassem espaços coletivos de elaboração e reflexão docente.

Nesse contexto, o planejamento pedagógico, elaborado de forma desconectada da realidade escolar, tornou-se um conjunto de prescrições que, sem manter relação com os reais desafios enfrentados pelas professoras em sala de aula, se configurou como mais um obstáculo para o desenvolvimento profissional. As prescrições da SEE-MG, para a autora:

> [...] causam tensão e geram clima de ansiedade na escola, pois esta se vê refém de uma política que cobra resultados, pressiona e não oferece as condições objetivas para a realização de um trabalho que, de fato, atenda às peculiaridades e necessidades da sua clientela![29]

No trabalho "A política de formação de professores do programa de intervenção pedagógica: alfabetização no tempo certo da rede estadual de ensino do estado de Minas Gerais", a autora também ressalta a redução do protagonismo das professoras e o caráter prescritivo dos encontros realizados pela SEE-MG:

> O destaque dado à palavra 'treinamento' como foco do Programa parece reforçar o caráter prescritivo das recomendações e instrucional dos materiais desenvolvidos para a formação continuada de professores do PIP.[30]

Em decorrência do que foi apontado, os resultados das pesquisas indicam que a discussão em torno dos desafios enfrentados na prática docente (inclusão, estratégias pedagógicas apoiadas nos processos de desenvolvimento dos aprendizes e outros) não fez parte ou esteve pouco presente nos encontros de formação promovidos pela SEE-MG.

Para Paula, no modelo de formação implantado pelo estado:

---

[29] RESENDE, 2012, p. 140.
[30] PAULA, 2014, p. 59.

> O protagonismo do professor se reduz, ao responder às questões, a emitir sua opinião ou sugerir atividades que são discutidas nos grupos de trabalho das oficinas, mas não são nem mesmo sistematicamente registradas para posterior socialização entre eles. No material recebido para viabilizar o acompanhamento das atividades solicitadas, alguns professores realizam registros pessoais. Ao final, variados modelos de avaliação dos repasses são aplicados, porém a maioria carece de objetividade.[31]

Ao analisar os dados de sua pesquisa, a autora chama atenção para a necessidade de se pensar a formação a partir da escuta e do diálogo com as/os professoras/es para promover reflexões baseadas nos desafios e demandas presentes no cotidiano das/dos docentes. Para a pesquisadora, a formação de professores/as deve:

> [...] abrir caminho para trajetórias profissionais com menos percalços e experiências de fracasso no enfrentamento de situações sociais que, mesmo extrapolando o âmbito da escola, nela interferem.[32]

As pesquisas concluíram ainda que, embora em sala de aula as professoras tenham assumido atitudes movidas pela cobrança por resultados de aprendizagem, elas privilegiavam as interações com os alunos para promover a aprendizagem: "Ela envolvia os alunos nas tarefas de forma a levantarem hipóteses, darem opiniões, pensarem sobre as respostas."[33] As pesquisas revelam, então, que, mesmo em situação de pressão, as/os professoras/es colocam em movimento um processo de apropriação das diretrizes que leva em conta, além do conhecimento que têm sobre as capacidades propostas da matriz curricular, as experiências docentes anteriores, a troca e orientação de professoras/es mais experientes, informações de meios de divulgação dos fundamentos e metodologias da alfabetização, bem como a formação inicial. Silva, em conclusão, aponta:

> Não podemos deixar de considerar que as prescrições das políticas educacionais têm influenciado, de certa maneira, a prática dos professores alfabetizadores, que têm buscado uma forma de conduzir seu trabalho. Porém, mesmo sendo

---

[31] PAULA, 2014, p. 133
[32] PAULA, 2014, p. 133.
[33] SILVA, 2015, p. 145.

> influenciadas pelos discursos oficiais estas práticas também são marcadas pela experiência dos docentes e pelo cotidiano da sala de aula, espaço único, de movimento. Os professores não têm ficado estáticos diante deste contexto. Eles têm tomado decisões e demonstrado uma recorrência com relação a busca de saídas para as situações ocorridas em sala de aula.[34]

Do ponto de vista dos sentidos atribuídos pelas professoras, Paula observou que a visão de aprendizagem da língua escrita e das interações no contexto escolar influenciam a forma como elas percebem o trabalho em sala de aula. Nesse sentido, mesmo reproduzindo o discurso acadêmico de que alfabetização e letramento são processos distintos, mas indissociáveis, a professora participante da pesquisa revela a crença na ideia de que a alfabetização deve ser desenvolvida antes do letramento.

Na pesquisa de Resende, podemos observar que a percepção das professoras sobre o que ocorre em sala de aula é informada pela visão que elas têm dos processos interativos. Ao analisar as dificuldades de se encaminhar as atividades com as crianças, por exemplo, a professora acredita:

> [...] que os maiores impedimentos para o alcance dos objetivos de suas aulas se resumem à indisciplina dos alunos, ou seja, eles possuem dificuldades de concentração que os impedem de ouvir e seguir as orientações dadas em aula.[35]

Nesse sentido

> [...] a professora compreende a orientação de se trabalhar com agrupamentos em sala de aula como uma forma de disposição física dos alunos e como uma maneira de promover a socialização daqueles que apresentam dificuldades para aprender.[36]

Por fim, as pesquisas apontam também que a história de vida e a educação recebida na família são elementos fundantes da construção dos sentidos e significados atribuídos pelas professoras ao fazer docente, bem como as características pessoais e a visão de mundo que as orientam.

---

[34] SILVA, 2015, p. 148.
[35] RESENDE, 2012, p. 131.
[36] RESENDE, 2012, p. 131.

1.3 CONDIÇÃO DOCENTE DE PROFESSORAS ALFABETIZADORAS DA REDE ESTADUAL DE EDUCAÇÃO DE MINAS GERAIS

As produções sugerem que o *estar* na docência no período analisado foi fortemente impactado pelas políticas educacionais implementadas pela SEE-MG que trouxeram modificações no ambiente escolar e no fazer docente. A implementação das diretrizes pedagógicas pautadas na perspectiva do ensino adotada pelo estado se pautou por um forte monitoramento da prática docente e da aprendizagem dos alunos. Tais ações se basearam na cobrança, por parte dos analistas educacionais, de planejamentos de ensino elaborados apenas para indicar as habilidades linguísticas a serem desenvolvidas pelos estudantes em um determinado tempo. O processo de aprendizagem da língua escrita pelos estudantes, o contexto e as especificidades de cada turma, os desafios enfrentados no cotidiano e as estratégias didáticas que as professoras colocavam em prática da alfabetização eram deixados de lado. Dessa maneira, o saber elencar as habilidades de alfabetização e letramento caracterizou o trabalho docente da/do alfabetizadora/alfabetizador em um momento em que se pretendia contribuir para a construção, no contexto escolar, de uma perspectiva de ensino que associa alfabetização e letramento como dois processos constitutivos da aprendizagem inicial da língua escrita, tal como expõe Soares em um de seus textos:

> Em síntese, o que se propõe é, em primeiro lugar, a necessidade de reconhecimento da especificidade da alfabetização, entendida como processo de aquisição e apropriação do sistema da escrita, alfabético e ortográfico; em segundo lugar, e como decorrência, a importância de que a alfabetização se desenvolva num contexto de letramento — entendido este, no que se refere à etapa inicial da aprendizagem da escrita, como a participação em eventos variados de leitura e de escrita, e o conseqüente desenvolvimento de habilidades de uso da leitura e da escrita nas práticas sociais que envolvem a língua escrita, e de atitudes positivas em relação a essas práticas; em terceiro lugar, o reconhecimento de que tanto a alfabetização quanto o letramento têm diferentes dimensões, ou facetas, a natureza de cada uma delas demanda uma metodologia diferente, de modo que a aprendizagem inicial da língua escrita exige múltiplas metodologias, algumas caracterizadas por ensino direto,

> explícito e sistemático — particularmente a alfabetização, em suas diferentes facetas — outras caracterizadas por ensino incidental, indireto e subordinado a possibilidades e motivações das crianças; em quarto lugar, a necessidade de rever e reformular a formação dos professores das séries iniciais do ensino fundamental, de modo a torná-los capazes de enfrentar o grave e reiterado fracasso escolar na aprendizagem inicial da língua escrita nas escolas brasileiras.[37]

No entanto, o que as pesquisas acadêmicas evidenciaram é que a comunicação e a discussão dessa perspectiva de ensino ocorreram por meio de estratégias de implementação de políticas baseadas em definição de diretrizes pedagógicas e em sistemas de monitoramento da prática e da aprendizagem que se configuraram mais como uma prescrição do trabalho docente do que como a promoção do entendimento e reflexão das propostas de ensino e os desafios enfrentados em sala de aula.

Tomemos como referência a avaliação em alfabetização — o Proalfa — que representou mais uma estratégia de monitoramento da prática docente do que de acompanhamento da aprendizagem dos alunos. Ao determinar o fazer docente alfabetizador, por meio de programas de incentivos ligados aos vencimentos das/dos professoras/es, o Proalfa fez surgir instrumentos avaliativos na escola modelados que se configuram como simulados e treinos para a realização das avaliações externas. Além disso, as pesquisas apontam que os profissionais passaram a se sentir inseguros para assumir turmas do 3º ano, etapa em que o Proalfa é aplicado de forma censitária, dada a pressão que a avaliação exerce na imagem da/do professora/professor.

Outro fator que torna ainda mais críticas as estratégias de implementação de políticas públicas, como as que foram estabelecidas pela SEE-MG nos anos 2000, é a desconsideração da conjuntura escolar na qual se insere o trabalho docente. Os resultados das pesquisas analisadas nos levam a acreditar que não se pode enfrentar o problema do fracasso em alfabetização — o que, em geral, tem motivado as propostas políticas na área da educação — sem levar em consideração as condições reais de trabalho na escola que incluem os desafios elencados pelas professoras: o atendimento aos alunos com dificuldades de aprendizagem e alunos com deficiência, a construção da relação com as famílias e a aproximação

---

[37] SOARES, Magda Becker. Letramento e alfabetização: as muitas facetas. *Revista Brasileira de Educação*, Belo Horizonte, n. 25, p. 5-17, jan./abr. 2004.

da comunidade escolar; e, principalmente, a valorização salarial da professora, plano de formação que permita às professoras alfabetizadoras a continuidade de seus estudos acadêmicos e o desenvolvimento profissional. Gostaríamos de destacar a necessidade de as políticas públicas e os programas de formação de professoras/es dialogarem com as experiências e os desafios enfrentados na escola.

Se, por um lado, percebemos que o *estar* na docência pode ser moldado pelos impactos gerados no ambiente escolar de políticas educacionais formuladas pelo estado, por outro lado, os resultados das pesquisas nos permitem afirmar que as políticas educacionais podem ser ressignificadas, na prática docente, pelas professoras. Os elementos subjetivos e mais significativos que refletem o *ser* docente nesse processo de ressignificação são: a trajetória de vida, a identidade docente dos sujeitos, as expectativas e os saberes docentes. Entendemos que as identidades e as experiências profissionais das/dos professoras/es alfabetizadoras/es constituem uma rede de referências para seu fazer e suas atitudes em sala de aula. Assim, acreditamos que, apesar das tensões geradas pela implementação da avaliação em alfabetização e do controle da ação do planejamento pedagógico pela SEE-MG, as/os professoras/es ainda conseguem construir suas práticas no contexto dinâmico da sala de aula.

CONSIDERAÇÕES FINAIS

A partir dos trabalhos analisados, o que pode ser afirmado sobre a condição docente de professoras/es alfabetizadoras/es da Rede Estadual de Educação de Minas Gerais, no período analisado, é, em primeiro lugar, que as políticas educacionais de alfabetização implantadas no estado de Minas Gerais (avaliação externa, diretrizes pedagógicas apoiadas em novos paradigmas de ensino inicial da língua escrita e intervenções nas escolas — recompensa, PIP e acompanhamento centralizado das práticas escolares) impactaram fortemente a condição docente das professoras alfabetizadoras (principalmente, o **estar** na profissão docente). Elas também nos ajudam a compreender nuances da apropriação subjetiva das/dos professoras/es de tais políticas que expressam a condição docente do ponto de vista do ser alfabetizadora/alfabetizador.

Nesse sentido, este estudo contribui para a elucidação sobre como a condição docente está imbricada na construção da prática pedagógica.

Não podemos apreender a ação pedagógica considerando-a como uma produção em si mesma, baseada apenas por sua natureza instrutiva e/ou formativa. Sabendo que há elementos internos e externos que moldam a docência, seremos capazes de nos aproximar do que é substancial nos problemas educacionais que persistem a despeito das políticas e programas implantados pelos governos federal, estaduais e municipais, nas práticas de ensino que historicamente não se alteram em sala de aula e também nas alternativas que vão se estabelecendo pelas ações das/dos profissionais que atuam nas escolas públicas.

As pesquisas que fizeram parte do corpo de análise deste estudo mostraram que (i) o desenvolvimento das capacidades necessárias para o processo de aprendizagem dos alunos e um tipo de abordagem dos textos escritos não podem se transformar em listas de habilidades/conteúdos do planejamento da/do professora/professor por meio da vigilância de uma equipe técnica das secretarias estaduais; (ii) os indicadores da aprendizagem escolar em alfabetização e letramento necessários para o acompanhamento da qualidade do ensino público, quando tomados como parâmetros para políticas neoliberais de "recompensar" (sic) o trabalho docente, podem gerar insegurança e ter um efeito contrário na valorização da carreira profissional; e (iii) as ações de formação continuada quando assumem um caráter prescritivo tendem a ser vistas com desconfiança e descrédito pelas/pelos professoras/es, desestimulando a continuidade da formação voltada para o desenvolvimento profissional.

Este estudo indica que não se pode enfrentar o problema do fracasso em alfabetização, o que em geral tem motivado as propostas políticas na área da educação, sem levar em consideração as condições objetivas de trabalho docente, as experiências anteriores e as crenças das/dos alfabetizadoras/es (componentes da condição docente) na implementação de propostas e/ou paradigmas de alfabetização no campo escolar, quando feita por meio de implementação de políticas de diretrizes curriculares, de monitoramento da aprendizagem e de programas de formação.

REFERÊNCIAS

CENTRO DE ALFABETIZAÇÃO, LEITURA E ESCRITA (CEALE – FaE/UFMG). *Coleção Alfabetização e Letramento*. Belo Horizonte: Ceale/FaE/UFMG, 2005. Disponível em: https://www.ceale.fae.ufmg.br/pages/view/colecao-alfabetizacao-e-letramento.html. Acesso em: 5 nov. 2024.

CENTRO DE ALFABETIZAÇÃO, LEITURA E ESCRITA (CEALE – FaE/UFMG). *Coleção Instrumentos da Alfabetização*. Belo Horizonte: Ceale/FaE/UFMG, 2005. Disponível em: https://www.ceale.fae.ufmg.br/pages/view/colecao-instrumentos-da-alfabetizacao.html. Acesso em: 5 nov. 2024.

DINIZ-PEREIRA, Júlio Emílio. Formação de professores, trabalho e saberes docentes. *Trabalho & Educação (UFMG)*, Belo Horizonte, v. 24, p. 159-168, 2015.

DINIZ-PEREIRA, Júlio Emílio. O estado do conhecimento sobre a condição docente de professoras/es da Rede Estadual de Minas Gerais: o estágio atual da pesquisa. *In*: SIMPÓSIO DE GRUPOS DE PESQUISA SOBRE FORMAÇÃO DE PROFESSORES NO BRASIL, 4., Brasília, 2021. *Anais* [...]. Brasília: Universidade de Brasília, 2021, p. 1-9.

FANFANI, Emilio Tenti. Condição docente. *In:* OLIVEIRA, Dalila Andrade; DUARTE, Adriana Maria Cancella; VIEIRA, Lívia Maria Fraga. *Dicionário:* trabalho, profissão e condição docente. Belo Horizonte: UFMG/Faculdade de Educação, 2010. CDROM.

MARTINS, Ana Cláudia Osório. *PROALFA:* avaliação e propostas pedagógicas (2009–2011). 2013. Dissertação (Mestrado em Educação) – Faculdade de Educação da Universidade de Juiz de Fora, Juiz de Fora, 2013.

PAULA, Elisabeth Queiroz de. *A política de formação de professores do Programa de Intervenção Pedagógica-Alfabetização no Tempo Certo da rede estadual de ensino do Estado de Minas Gerais*. 2014. Dissertação (Mestrado em Gestão e Avaliação da Educação Pública) – Faculdade de Educação da Universidade Federal de Juiz de Fora, Juiz de Fora, 2014.

RESENDE, Márcia Aparecida. *Sentidos e significados da atividade docente constituídos por uma professora alfabetizadora no contexto da rede pública estadual de Minas Gerais*. 2012. Dissertação (Mestrado em Educação) – Faculdade de Educação da Universidade de São João del-Rei, São João del-Rei, 2012.

SILVA, Leandro Malaquias da. *Práticas de alfabetização em uma turma do 1º ano do ensino fundamental*: um estudo de caso em uma escola da rede estadual de Minas Gerais. 2015. Dissertação (Mestrado Educação) – Faculdade de Educação da Universidade Estadual de Minas Gerais, Belo Horizonte, 2015.

SOARES, Magda Becker. Letramento e alfabetização: as muitas facetas. *Revista Brasileira de Educação*, Belo Horizonte, n. 25, p. 5-17, jan./abr. 2004.

2

A AVALIAÇÃO EDUCACIONAL E A CONDIÇÃO DOCENTE NA REDE ESTADUAL DE EDUCAÇÃO DE MINAS GERAIS (2008–2018)

Suzana dos Santos Gomes

Jussara Bueno de Queiroz Paschoalino

Heyde Ferreira Gomes

Maxmüller Coelho Batista (*in memoriam*)

INTRODUÇÃO

Este capítulo é parte constitutiva de uma pesquisa mais ampla que objetivou analisar uma década de produção acadêmica sobre a condição docente de professores da Rede Estadual de Ensino de Minas Gerais. A especificidade dele é a análise de teses e dissertações sobre o agrupamento avaliação educacional e os descritores de avaliação de desempenho docente, avaliação interna, avaliação externa e avaliação formativa. Esse agrupamento envolveu estudo exploratório de 22 pesquisas, sendo sete teses e 15 dissertações produzidas no período de 2008 a 2018.

O período de análise do presente estudo abrange o contexto histórico marcado pelas reformas de estado em Minas Gerais, que impulsionaram profundas mudanças na educação, alterando o vínculo entre estado e sociedade. Portanto, analisar as reformas educacionais implica verificar elementos constitutivos da reforma de estado e, além disso, retomar indagações políticas e econômicas que envolvem posicionamentos a favor e contrários em diferentes contextos e práticas sociais.[38]

---

[38] AFONSO, Almerindo Janela. *Questões, objetos e perspectivas em avaliação*, Campinas; Sorocaba, v. 19, n. 2, p. 487-507, 2014; BROOKE, Nigel. *Marcos históricos da reforma da educação*. (org.). Belo Horizonte, MG: Fino Traço, 2012; FREITAS, Luiz Carlos de. Eliminação adiada: o ocaso das classes populares no interior da escola e a ocultação da (má) qualidade do ensino. *Educação e Sociedade*, Campinas, v. 28, n. 100, p. 965-987, out. 2007; BALL, Stephen J. Reformar escolas/reformar professores e os terrores da performatividade. *Revista portuguesa de educação,* Lisboa, v. 15, n. 2, p. 3-23, 2002.

Em sentido mais amplo, a reforma implantada na educação brasileira instituiu novas práticas pedagógicas condizentes com o cenário instaurado a partir da década de 1990. Como política de Estado, a avaliação dos sistemas de ensino tem origem nos anos 1930.[39] No entanto, a avaliação sistêmica institucional se concretiza em meados dos anos 1990, com a criação do Sistema de Avaliação da Educação Básica (Saeb). A partir da consolidação do Saeb, ocorreu uma proliferação de sistemas de avaliação nas demais esferas políticas.

Nessa perspectiva, Minas Gerais foi um dos primeiros estados a propor a criação do Programa de Avaliação, "cujos princípios pautavam-se no modelo administrativo empresarial, gerencialista e com o objetivo de adequar as escolas às exigências da reestruturação produtiva, tornando-as mais eficazes e eficientes".[40] A concretização do Programa de Avaliação de Minas Gerais ocorreu em 2000, quando o então governador Itamar Franco deliberou a Resolução n. 14, de 3 de fevereiro de 2000, que regulamentava o Sistema Mineiro de Avaliação da Educação Pública (Simave). Naquele mesmo ano, o governo, por meio da Resolução n. 104, de 14 de junho, criou o Programa de Avaliação da Rede Pública de Educação Básica (Proeb), que "pretendia verificar a eficiência e a qualidade do ensino no estado de Minas Gerais, a partir dos resultados do desempenho das escolas nos anos finais do Ensino Fundamental e Médio".[41]

Torna-se relevante destacar que esse cenário enfatizou demandas por mudanças no quadro implementado por essa política de forma que os resultados das avaliações foram compartilhados e não foram vistos como finalístico, mas como meio de promoção ao desenvolvimento de práticas educativas que promovessem efetiva aprendizagem dos estudantes.

2.1 PERCURSO METODOLÓGICO

A presente pesquisa se caracteriza como estudo exploratório, de abordagem qualitativa, realizada por meio de levantamento do tipo Estado

---

[39] TRIPODI, Maria do Rosário Figueiredo. O Estado contratual e a nova agenda da educação: o caso de Minas Gerais. *Revista @mbienteeducação*, Belo Horizonte, v. 5, n. 1, p. 32-50, jan./jun. 2012.

[40] BORGES, Edna Martins. *Avaliações externas em larga escala no contexto escolar:* percepção dos diretores escolares da rede estadual de ensino de Minas Gerais. 2016. Tese (Doutorado em Educação) – Programa de Pós-graduação em Educação, Faculdade de Educação, Universidade Federal de Minas Gerais, Belo Horizonte, 2016.

[41] FERNANDES, Alex de Oliveira. *O Programa de Avaliação da Aprendizagem Escolar (PAAE) em Minas Gerais:* interfaces entre práticas avaliativas e currículo de história no Ensino Médio. 2017. Dissertação (Mestrado em Educação) – Programa de Pós-Graduação em Educação Conhecimento e Inclusão Social, Faculdade de Educação, Universidade Federal de Minas Gerais, Belo Horizonte, 2017.

do Conhecimento. A coleta de dados se deu em duas etapas: a primeira delas consistiu no embasamento teórico sobre condição docente e formação de professores; já a segunda etapa consistiu-se no levantamento de dissertações e teses no banco de dados da Coordenação de Aperfeiçoamento de Pessoal de Nível Superior (Capes) sobre o agrupamento avaliação educacional, tendo como resultado 15 dissertações e sete teses, totalizando 22 trabalhos.

Os critérios para inclusão desses trabalhos foram: ser sobre a Rede Estadual de Educação de Minas Gerais (REE-MG), terem sido elaborados entre 2008 e 2018 e abordar a condição docente. Nesse sentido, procurou-se responder ao seguinte problema de pesquisa: como as políticas de avaliação educacional implementadas na REE-MG interferem na condição docente?

Quanto à abordagem desses trabalhos, 15 foram caracterizados como estudos qualitativos e sete como estudos envolvendo a abordagem qualitativa e a quantitativa. Sobre as instituições de realização das pesquisas, foram identificadas as seguintes: seis pesquisas foram defendidas na Universidade Federal de Minas Gerais (UFMG); cinco na Universidade Federal de Juiz de Fora (UFJF); quatro na Universidade Federal de Uberlândia (UFU); duas na Pontifícia Universidade Católica de Minas Gerais (PUC Minas); duas na Universidade Federal de Viçosa; seguido de uma pesquisa defendida na Universidade Estadual de Minas Gerais (UEMG), uma na Universidade Estadual de São Paulo (USP) e uma na Fundação João Pinheiro.

A partir da leitura das teses e dissertações, foi possível construir a seguinte tipologia: quatro estudos abordaram avaliação de desempenho docente; nove estudos abordaram avaliação interna; 15 estudos abordaram avaliação externa e nove estudos indicaram em suas análises a modalidade de avaliação formativa.

2.2 APONTAMENTOS INTRODUTÓRIOS SOBRE AVALIAÇÃO EDUCACIONAL

O termo "avaliação educacional" se constitui de duas palavras. Na palavra "avaliação" constata-se a junção de duas ações, a de dar o aval e a ação empreendida. Nesse sentido, a avaliação traz na sua concepção uma expressão valorativa.[42] Ao se associar à palavra "educacional", a lógica do

---

[42] CASALI, Alípio. Fundamentos para uma avaliação educativa. *In:* CAPPELLETTI, Isabel F. *Avaliação da aprendizagem:* discussão de caminhos. São Paulo: Editora Articulação Universidade/Escola, 2007.

termo "avaliação educacional" assume o pressuposto de que a avaliação sempre constituiu um desafio constante, pressupondo escolhas diversas, pautadas por concepções e pelas definições das políticas públicas.

Nesse sentido, a avaliação educacional pode ser compreendida tanto no âmbito micro da escola, nas atividades realizadas cotidianamente na sala de aula, como também no âmbito macro, que poderá configurar em aspectos de análise da instituição em âmbito local, que repercutirá em dados mensuráveis para a nação e também de classificação internacional.

A avaliação educacional permite tecer análises diversas sobre os resultados alcançados e, sobretudo, repensar o processo educativo. Com essa compreensão, a avaliação educacional pode ser analisada sob vários prismas que se interconectam, entre eles destacam-se: avaliação de desempenho docente, avaliação interna, avaliação externa e a avaliação formativa. Nessa lógica, na análise sobre a avaliação educacional, diferentes perspectivas de olhares são evidenciadas, que vão desde "[...] o ponto de vista estritamente didático e das estratégias de avaliação da aprendizagem escolar até questões epistemológicas, sociais e políticas que estão implicadas na instituição educacional e em outras instituições que envolvem relações de saber-poder".[43]

Nesse sentido, a mensuração da avaliação não pode ser vista apenas por um foco, mas sua complexidade envolve vários aspectos. A partir dessa perspectiva, o site do Ministério da Educação (MEC)[44], ao caracterizar a avaliação, apresentou cinco perspectivas que elucidaram a avaliação sistêmica e destacam os aspectos que interferem na avaliação. Com esse entendimento, as condições gerais de infraestrutura das escolas, que envolvem também os equipamentos necessários aos laboratórios e bibliotecas, foram inseridos. Outro aspecto destacado foram as condições relativas ao ambiente das escolas, que foram descritas em duas dimensões: a primeira evidenciando os aspectos físicos, que devem levar em consideração a sua localização, iluminação, sonoridade e ventilação; e, na outra dimensão, os aspectos sociopolíticos, que concernem sobre as relações da gestão democrática, do envolvimento da comunidade, da valorização dos trabalhadores educacionais, também sobre a autoestima dos alunos, dentre outros. Nessas mesmas perspectivas, os outros aspectos estavam relacio-

---

[43] LORDÊLO, José Albertino Carvalho; DAZZANI, Maria Virgínia (org.). *Avaliação educacional:* desatando e reatando nós [online]. Salvador: EDUFBA, 2009.

[44] Disponível em: http://portal.mec.gov.br/programa-saude-da-escola/195-secretarias-112877938/seb-educacao-basica-2007048997/13565-avaliacao. Acesso em: 23 set. 2022.

nados à possibilidade de acesso aos livros didáticos pelos estudantes e também a outras fontes de conhecimento.

A premissa colocada pelo MEC ressalta que a avaliação educacional é decorrência de interações de diversos aspectos, que permeiam todo o processo educativo. Porém, vale destacar que muitas vezes eles não são elucidados nos resultados, e o que transparece é uma visão hegemônica da avaliação, que não leva em consideração estes aspectos salientados pelo MEC. A avaliação educacional, considerada relevante para redimensionar as ações pedagógicas, nessa perspectiva, fica subsumida em números, e essa opção no Brasil se efetiva em um cenário caótico.

Outro aspecto que descaracteriza a avaliação educacional se verifica quando se associam os seus resultados ao discurso simplista da qualidade de ensino, ao considerar somente a mensuração individual em detrimento do resultado coletivo e, também, ao não considerar as condições específicas que determinam os meios para o alcance do objetivo.[45] Destarte, nesta lógica, a avaliação educacional muitas vezes está atrelada

> [...] à Avaliação de Desempenho, ferramenta gerencial tida como essencial para o aprimoramento profissional e institucional, o que se consegue são processos frágeis que não avaliam, no sentido de aferir e mensurar o desempenho profissional com vistas a incentivar o desenvolvimento e a busca da realização individual e, na mesma medida, o alcance dos objetivos institucionais. Têm-se, isso sim, processos que acabam por justificarem mediocridades e por desconhecerem esforços e crescimento individuais.[46]

Como se vê, a qualidade educacional, dessa forma, assume "[...] uma cultura de avaliação e meritocracia sem os mecanismos necessários à construção concreta da melhoria da oferta educacional e das condições de trabalho e capacitação dos trabalhadores docentes".[47] Com esse enten-

---

[45] CUNHA, Marcilio Lima da. *Avaliação de desempenho profissional:* seus desdobramentos no contexto escolar. 2009. Dissertação (Mestrado em educação) – Programa de Pós-graduação em Educação, Universidade Federal de Juiz de Fora, Juiz de Fora, 2009.

[46] ARAUJO, Maria de Fátima Viana Barros de. *Desempenho profissional do professor e do diretor de escola x desempenho escolar do aluno:* em busca da coerência. 2008. Dissertação (Mestrado em Educação) – Programa de Pós-graduação em Administração Pública, Escola de Governo Professor Paulo Neves de Carvalho, Fundação João Pinheiro, Belo Horizonte, 2008.

[47] SANTIAGO, Sandra Helena Moreira. *Gerencialismo, políticas de avaliação de desempenho e trabalho docente na rede estadual de ensino de Minas Gerais*. 2015. Tese (Doutorado em Educação) – Programa de Pós-Graduação em Educação, Universidade Federal de Uberlândia, Uberlândia, 2015.

dimento, a avaliação educacional, tão importante no processo ensino-aprendizagem, se perde na mensuração dos resultados.

2.3 A CONDIÇÃO DOCENTE DE PROFESSORES DA REDE ESTADUAL DE EDUCAÇÃO DE MINAS GERAIS

Pretende-se nesta seção discutir a condição docente na REE-MG articulada à questão da avaliação educacional. Para tanto, foram consideradas as pesquisas realizadas no período 2008-2018. O estudo realizado atesta que a condição docente, no campo da avaliação educacional, foi fortemente impactada pelas características do período histórico em que as pesquisas foram realizadas, uma vez que o estado utilizou as políticas de avaliação como instrumento de reforma financiado pelas Agências Internacionais.

Nesse sentido, pode-se afirmar que a política de avaliação adotada pelo governo de Minas Gerais instaurou novos desafios à profissão docente, visto que a condição implementada por essa política redimensionou a carreira docente, impondo novas formas de organização do trabalho escolar, da gestão pedagógica, dentre outros, a partir dos resultados aferidos pelas avaliações externas. Verificou-se que:

> [...] essas avaliações têm descaracterizado o saber-fazer docente e impactado sobre a identidade desses profissionais. Mesmo onde essas avaliações não se encontram diretamente vinculadas à remuneração dos professores, podem representar um risco à profissionalidade docente, pois têm influências sobre as formas de organização do trabalho escolar, a gestão pedagógica e o desenvolvimento da carreira. Assim, é possível afirmar que as mudanças que são introduzidas nesses domínios interferem nas relações de poder e autoridade nos sistemas educativos e nas profissões.[48]

Nesse sentido, as pesquisas apontam para a mudança na condição docente na REE-MG, a partir dos acordos de produtividade implementados pelo programa "Choque de Gestão", instaurando uma Nova Gestão Pública (NGP). De acordo com as pesquisas, essa política pública de avaliação foi

---

[48] OLIVEIRA, Dalila A. Andrade. Profissão docente no contexto da nova gestão pública no Brasil. *In:* OLIVEIRA, Dalila Andrade *et al. Políticas educacionais e a reestruturação da profissão do educador:* perspectivas globais e comparativas. Petrópolis: Vozes, 2019.

regimentada a partir dos preceitos meritocráticos, que impuseram ao professor perda de autonomia, sobrecarga de trabalho, insegurança para reorganizar as práticas de ensino, entre outros.[49]

As diferentes facetas presentes na avaliação educacional refletem o construto epistemológico desenvolvido na educação de acordo com o momento político-social. A avaliação educacional foi se tornando um campo complexo ao longo da história.[50] No levantamento realizado verificou-se que os estudos focalizaram as seguintes dimensões: o professor como sujeito avaliador e o professor como sujeito em processo de avaliação.[51]

2.4 O PROFESSOR COMO SUJEITO AVALIADOR

A docência se constitui como um dos ofícios mais antigos das sociedades modernas, sendo caracterizada pela relação ensino-aprendizagem. Nesse sentido, o docente é um profissional da educação, cuja função principal é ensinar. Assim, pode-se caracterizar a docência como uma categoria própria do professor, em interação com o estudante, sendo ambos sujeitos socioculturais.[52]

Segundo alguns autores,[53] o exercício da docência não se reduz apenas à transmissão de conteúdo ou de informações, mas que ela é construída

---

[49] BATISTA, Maxmüller Coelho. *Concepção, apropriação e perspectiva sobre a Prova Brasil em Escolas da Rede Estadual de Ensino de Minas Gerais*. 2017. 238 f. Dissertação (Mestrado em Educação) – Programa de Pós-Graduação em Educação: Conhecimento e Inclusão Social, Universidade Federal de Minas Gerais, Belo Horizonte, 2017; FERNANDES, Alex de Oliveira. *O Programa de Avaliação da Aprendizagem Escolar (PAAE) em Minas Gerais:* interfaces entre práticas avaliativas e currículo de história no Ensino Médio. 2017. Dissertação (Mestrado em Educação) – Programa de Pós-Graduação em Educação Conhecimento e Inclusão Social, Faculdade de Educação, Universidade Federal de Minas Gerais, Belo Horizonte, 2017; BORGES, Edna Martins. *Avaliações externas em larga escala no contexto escolar:* percepção dos diretores escolares da rede estadual de ensino de Minas Gerais. 2016. Tese (Doutorado em educação) – Programa de Pós-graduação em Educação, Faculdade de Educação da Universidade Federal de Minas Gerais, Belo Horizonte, 2016.

[50] AFONSO, Almerindo Janela. Questões, objetos e perspectivas em avaliação. *Avaliação*, Campinas: Sorocaba, v. 19, n. 2, p. 487-507, 2014.

[51] GOMES, Suzana dos Santos. *Um olhar sobre as práticas de avaliação na escola*. Belo Horizonte: Mazza Edições, 2014.

[52] TEIXEIRA, Inês Assunção de Castro. Da condição docente: primeiras aproximações teóricas. *Educação e Sociedade*, Campinas, v. 28, n. 99, p. 426-443, 2007.

[53] TARDIF, Maurice. Saberes profissionais dos professores e conhecimentos universitários: elementos para uma epistemologia da prática profissional dos professores e suas consequências em relação à formação para o magistério. *Revista Brasileira de Educação*, Brasília, n. 13, p. 5-24, 2000; GATTI, Bernadete Angelina. Formação de professores: condições e problemas atuais. *Revista Brasileira de Formação de Professores*, Belo Horizonte, v. 1, n. 1, p. 90-102, 2009.

na prática dos professores que, como sujeitos, são histórica e socialmente situados. Assim, os professores mobilizam em suas práticas docentes saberes da experiência, saberes pedagógicos e saberes científicos capazes de desenvolver as competências e habilidades para atuar em sala de aula.

Outros pesquisadores, dedicaram tempo ao estudo e à fundamentação da condição docente. Segundo Fanfani, o termo "condição docente" denomina o "estado" do processo de construção econômica, social, política, cultural e ideológica do ofício docente, ou seja, os modos diversos como a prática pedagógica é realizada, relativas ao coletivo docente em um determinado tempo e em um dado território. Historicamente construída, a condição docente implica aspectos objetivos e subjetivos próprios da relação estabelecida entre professores e estudantes como sujeitos socioculturais.[54]

Além disso, ainda para Fanfani, ao estudar a condição docente, deve-se incluir no objeto certas dimensões da subjetividade, tais como as percepções, representações, valorações, opiniões, expectativas, entre outras. Diniz-Pereira, tomando como base os estudos de Fanfani, propôs pensar a condição docente sob dois aspectos: o *estar* no trabalho docente, que reúne dimensões objetivas-subjetivas do exercício do magistério; e o *ser* docente, que reúne dimensões subjetivas-objetivas do ser professora e do ser professor.

O modo de ser e estar na docência são influenciados por aspectos externos ao sujeito, referentes às condições concretas de exercício da profissão, que contribuem para compor a subjetividade docente. Assim, um dos aspectos fundamentais da condição docente diz respeito às condições do trabalho docente. Nessa perspectiva, Teixeira problematiza a profissão docente, uma vez que, nas últimas décadas, os professores sofreram dois processos antagônicos, ora sendo "ignorados", como se suas práticas não influenciassem o processo educativo, ora sendo acusados como colaboradores para a manutenção do *status quo*, sendo reprodutores das desigualdades sociais. Ademais, com o avanço da política neoliberal, passou-se a ter um controle sob os professores a partir da utilização de práticas institucionais de avaliação do desempenho docente, sobrecarregando os docentes, mas sem investir em uma reforma salarial.[55]

---

[54] FANFANI, Emilio Tenti. *La condicion Docente:* análisis comparado de la Argentina, Brasil, Perú y Uruguay. Buenos Aires: Siglo XXI Editores Argentina, 2005; FANFANI, Emilio Tenti. Condição docente. *In:* OLIVEIRA, Dalila Andrade; DUARTE, Adriana Maria Cancela; VIEIRA, Livia Maria. *Dicionário:* trabalho, profissão e condição docente. Belo Horizonte: UFMG/Faculdade de Educação, 2010; DINIZ-PEREIRA, Júlio Emílio. Formação de professores, trabalho e saberes docentes. *Trabalho e Educação (UFMG)*, Belo Horizonte-MG, v. 24, p. 159-168, 2015; TEIXEIRA, Inês Assunção de Castro. Da condição docente: primeiras aproximações teóricas. *Educação e Sociedade*, Campinas, v. 28, n. 99 p. 426-443, 2007.

[55] TEIXEIRA, 2007.

Nesse sentido, a precarização do trabalho docente tem sido marcada por uma combinação de elementos que reúne, a saber: baixos salários; ampliação da jornada de trabalho; grande número de contratos precários; entre outros. Diante disso, percebe-se como a concepção e a execução do trabalho contribuem para a desvalorização e o mal-estar da profissão, provocando busca por melhores condições de trabalho. Vale salientar que essas condições de trabalho desfavoráveis acarretam também um trabalho solitário e carregado de culpas pelo professor por não conseguir atingir os objetivos propostos. A falta de condições propícias de trabalho desencadeia sentimentos de frustração e desânimo, que podem levar ao adoecimento com o aparecimento de diversas síndromes.[56]

Atesta-se que o ato de ensinar anda junto ao de avaliar. Para Luckesi, a avaliação é um dos aspectos mais problemáticos do processo de ensino, uma vez que normalmente é utilizada apenas com sentido de verificação, sem apresentar efeitos na dinâmica da ação pedagógica conduzida pelo docente. Nesse contexto, evidencia-se a necessidade de os docentes considerarem a avaliação como importante meio diagnóstico de seu trabalho, bem como a elaboração de instrumentos mais diretos de aferição da qualidade do desempenho do estudante.[57]

No entanto, como afirma Dalben, por mais que a avaliação seja comum e rotineiramente utilizada pelos professores, muitos afirmam a precariedade e a fragilidade dessa abordagem, em que muitos professores ainda se sentem inseguros e despreparados na hora de promover processos avaliativos, o que justifica a importância de se pensar sobre a condição do professor avaliador.[58]

Para Luckesi, existe uma urgência em ressignificar os conceitos e as políticas das práticas avaliativas, produzindo um novo paradigma em que esse instrumento não seria utilizado apenas como forma de controle, mas, para além disso, como forma de mensurar a aprendizagem do estudante e tomar decisões pedagógicas a partir de seus resultados. Desse modo, julga-se importante que os docentes considerem os processos avaliativos como um meio diagnóstico de seu trabalho. Ainda, é relevante que os

---

[56] PASCHOALINO, Jussara B. de Queiroz. *O professor desencantado:* matizes do trabalho docente. Belo Horizonte: Armazém de Ideias, 2009.
[57] LUCKESI, Cipriano Carlos. *Avaliação da aprendizagem:* componente do ato pedagógico. São Paulo: Cortez, 2011; LUCKESI, Cipriano Carlos. *Avaliação da aprendizagem escolar.* 12. ed. São Paulo: Cortez, 2002.
[58] DALBEN, Ângela Imaculada Loureiro de Freitas. Das avaliações exigidas às avaliações necessárias. *In:* VILLAS BOAS, Benigna Maria de Freitas (org.). *Avaliação:* políticas e práticas. Campinas: Papirus Editora, 2002. p. 13-42.

professores elaborem instrumentos mais diretos de aferição da qualidade do ensino e da aprendizagem de seus estudantes.

Essa prática supracitada possibilita aos professores trabalharem a avaliação como um processo de investigação, refletindo sobre o processo de aprendizagem e desenvolvimento dos estudantes, como também sobre sua própria atuação profissional e sobre seu próprio processo de construção de conhecimentos, contribuindo para que o processo se torne cada vez mais capaz de recolher indícios e atingir níveis de complexidade na interpretação de seus significados. A avaliação como prática de investigação pressupõe a interrogação constante e se revela como um instrumento de uma escola democrática, ao possibilitar que os professores se tornem cada vez mais aptos a investigar a sua prática, uma vez que os coloca diante de dilemas e exige que eles consigam formular "respostas possíveis" aos problemas urgentes, entendendo sempre que essas respostas podem ser aperfeiçoadas.

2.5 O PROFESSOR COMO SUJEITO EM PROCESSO DE AVALIAÇÃO

A Avaliação de Desempenho Docente (ADD) pode ser considerada, tal como destacado, como um importante instrumento para a orientação e reorientação de políticas públicas. Nesse sentido, os pesquisadores se propõem a pensar uma proposta de indicadores para a avaliação docente capaz de contemplar as principais atividades realizadas pelos professores, especialmente no ensino. Para os autores, os indicadores objetivos e quantitativos possuem a vantagem da aplicabilidade para muitas instituições e docentes, podendo ser continuamente aprimorados.

Nesse sentido, a ADD, tal como acontece com a autoavaliação institucional mais ampla, deve ser feita a partir da integração de diferentes instrumentos, como: a autoavaliação docente, a avaliação docente realizada pelo estudante e a avaliação docente realizada pela coordenação/diretoria. Esses são alguns exemplos de instrumentos que podem compor o processo de ADD. Chama a atenção a relevância dada nos estudos para a participação estudantil no processo de ADD.

Tahim propõe investigar o desempenho docente na perspectiva da avaliação institucional. Em seus estudos, a pesquisadora constata que nas instituições investigadas a avaliação docente envolve tanto os docentes quanto os discentes, que também recebem *feedback* dos resultados das avaliações; e o coordenador/diretor, que acompanha todo o processo avaliativo. Percebe-se assim que todos os envolvidos no processo educativo são responsáveis na identificação de fatores que podem contribuir para a melhoria das atividades da instituição. Ademais, ressalta-se que o resultado da avaliação docente é utilizado como orientador da formação continuada dos professores, com vista à melhoria profissional.[59]

Para além das contribuições trazidas pelos estudos aqui indicados, é preciso salientar que a atenção aos resultados da ADD torna-se ainda mais relevante, uma vez que parte das redes e instituições utiliza o resultado da ADD como critério para progressão na carreira, inclusive, na remuneração.

Nesse sentido, a ADD, assim como a avaliação institucional como um todo, será mais reguladora quanto mais os seus resultados se vincularem estritamente aos critérios de progressão na carreira; ou quanto mais forem utilizados para intensificar e precarizar o trabalho docente; ou, ainda, para responsabilizar o docente pelo lugar ocupado, pela instituição, nos *rankings* estabelecidos pelo governo, mídia ou sociedade em geral. No entanto, ela será mais formativa quanto mais os seus resultados forem incorporados a uma política de desenvolvimento profissional voltada para ações de aprendizagem, favorecendo que o desempenho dos sujeitos no exercício da profissão seja apreciado em seu contexto e com as condições de seu potencial de desenvolvimento.

Vale destacar que avaliar o desempenho implica considerar, também, as condições em que esse desempenho se constitui, ou seja, o contexto. Não é possível pensar a ADD fora do contexto da experiência profissional, da formação ao longo da carreira e das condições materiais para o exercício da profissão.

CONSIDERAÇÕES FINAIS

Ao finalizar esse capítulo, considera-se relevante retomar a questão que deu origem a esta pesquisa: como as políticas de avaliação educacional implementadas na REE-MG interferiram na condição docente dos professores? O estudo realizado atesta que a política de avaliação assumida pelo estado tornou-se alicerce de apoio à reforma educacional, sendo assim, o sistema de avaliação implementado forneceu informações relevantes sobre o desenho do sistema de ensino, o que interferiu fortemente na condição docente

---

[59] TAHIM, Ana Paula Vasconcelos de Oliveira. *Avaliação institucional:* desempenho docente na educação superior. 2011. 101 f. Dissertação (Mestrado em Educação) – Programa de Pós-Graduação em Educação Brasileira, Universidade Federal do Ceará, Fortaleza, 2011.

dos professores. Essa onda reformista assumida pelo estado centralizou as decisões políticas na educação sobre os resultados das avaliações externas, o que possibilitou a reconfiguração da concepção da gestão pública, que passou de executor de políticas sociais a avaliador das instituições sociais e, consequentemente, interferiu na condição docente de *ser e estar* na profissão.

Nesse sentido, verificou-se que o estado de Minas Gerais seguiu a tendência internacional, inserindo-se na onda reformista pautada nos pilares da descentralização financeira e organizacional; em que foram implementadas metas que redefiniram a gestão sob as orientações e apoio técnico do Banco Mundial. Nessa perspectiva, o governo mineiro promoveu a reforma de estado que viria a se tornar modelo para outros estados brasileiros.

Concluindo, as pesquisas ora analisadas atestam o aprofundamento das políticas de responsabilização (*Accountability*) a partir das avaliações externas. Trata-se de uma política que se tornou ponto central, redimensionando as estruturas da carreira docente, envolvendo piso salarial, condições de trabalho e profissão docente. Esse modelo de gestão neoliberal implementado no estado de Minas Gerais provocou, entre outros, sobrecarga de trabalho, adoecimento, e desvalorização do profissional.

REFERÊNCIAS

AFONSO, Almerindo Janela. Questões, objetos e perspectivas em avaliação. *Avaliação*, Campinas; Sorocaba, v. 19, n. 2, p. 487-507, 2014.

ARAUJO, Maria de Fátima Viana Barros de. *Desempenho profissional do professor e do diretor de escola x desempenho escolar do aluno:* em busca da coerência. 2008. Dissertação (Mestrado em Educação) – Programa de Pós-graduação em Administração Pública da Escola de Governo Professor Paulo Neves de Carvalho, Fundação João Pinheiro, Belo Horizonte, 2008.

BALL, Stephen J. Reformar escolas/reformar professores e os terrores da performatividade. *Revista Portuguesa de Educação,* Lisboa, v. 15, n. 2, p. 3-23, 2002.

BATISTA, Maxmüller Coelho. *Concepção, apropriação e perspectiva sobre a Prova Brasil em Escolas da Rede Estadual de Ensino de Minas Gerais.* 2017. 238 f. Dissertação (Mestrado em Educação). Programa de Pós-Graduação em Educação: Conhecimento e Inclusão Social. Universidade Federal de Minas Gerais, Belo Horizonte, 2017.

BROOKE, Nigel (org.). *Marcos históricos da reforma da educação.* Belo Horizonte: Fino Traço, 2012.

BORGES, Edna Martins. *Avaliações externas em larga escala no contexto escolar:* percepção dos diretores escolares da rede estadual de ensino de Minas Gerais. 2016. Tese (Doutorado em Educação) – Programa de Pós-graduação em Educação da Faculdade de Educação da Universidade Federal de Minas Gerais, 2016.

CAED. Universidade Federal de Juiz de Fora. Portal da Avaliação. 2010 Disponível em: http://www.portalavaliacao.caedufjf.net/portal/. Acesso em: 20 set. 2021.

CASALI, Alípio. Fundamentos para uma avaliação educativa. *In:* CAPPELLETTI, Isabel F. *Avaliação da aprendizagem:* discussão de caminhos. São Paulo: Editora Articulação Universidade/Escola, 2007.

CUNHA, Marcilio Lima da. *Avaliação de desempenho profissional:* seus desdobramentos no contexto escolar. 2009. Dissertação (Mestrado em Educação) – Programa de Pós-graduação em Educação da Universidade Federal de Juiz de Fora. 2009.

DALBEN, Ângela Imaculada Loureiro de Freitas. Das avaliações exigidas às avaliações necessárias. *In:* VILLAS BOAS, Benigna Maria de Freitas (org.). *Avaliação:* políticas e práticas. Campinas: Papirus Editora, 2002. p. 13-42.

DINIZ-PEREIRA, Júlio Emílio. Formação de professores, trabalho e saberes docentes. *Trabalho & Educação (UFMG)*, Belo Horizonte, v. 24, p. 159-168, 2015.

FANFANI, Emilio Tenti. *La condicion Docente:* análisis comparado de la Argentina, Brasil, Perú y Uruguay. Buenos Aires: Siglo XXI Editores Argentina, 2005.

FANFANI, Emilio Tenti. Condição docente. *In:* OLIVEIRA, Dalila Andrade; DUARTE, Adriana Maria Cancela; VIEIRA, Lívia Maria. *Dicionário:* trabalho, profissão e condição docente. Belo Horizonte: UFMG/Faculdade de Educação, 2010.

FERNANDES, Alex de Oliveira. *O Programa de Avaliação da Aprendizagem Escolar (PAAE) em Minas Gerais:* interfaces entre práticas avaliativas e currículo de história no Ensino Médio. 2017. Dissertação (Mestrado em Educação) – Programa de Pós-Graduação em Educação Conhecimento e Inclusão Social da Faculdade de Educação da Universidade Federal de Minas Gerais, 2017.

FREITAS, Luiz Carlos de. Eliminação adiada: o ocaso das classes populares no interior da escola e a ocultação da (má) qualidade do ensino. *Educação e Sociedade*, Campinas, v. 28, n. 100 Especial, p. 965-987, out. 2007.

GATTI, Bernadete Angelina. Formação de professores: condições e problemas atuais. *Revista brasileira de formação de professores*, v. 1, n. 1, p. 90-102, 2009.

GOMES, Suzana dos Santos. *Um olhar sobre as práticas de avaliação na escola*. Belo Horizonte: Mazza Edições, 2014.

LORDÊLO, José Albertino Carvalho; DAZZANI, Maria Virgínia (org.). *Avaliação educacional:* desatando e reatando nós [online]. Salvador: EDUFBA, 2009.

LUCKESI, Cipriano Carlos. *Avaliação da aprendizagem:* componente do ato pedagógico. São Paulo: Cortez, 2011.

LUCKESI, Cipriano Carlos. *Avaliação da aprendizagem escolar*. 12 ed. São Paulo: Cortez, 2002.

OLIVEIRA, Dalila A. Andrade. Profissão docente no contexto da nova gestão pública no Brasil. *In:* OLIVEIRA, Dalila Andrade et al. *Políticas educacionais e a reestruturação da profissão do educador:* perspectivas globais e comparativas. Petrópolis: Vozes, 2019.

PASCHOALINO, Jussara B. de Queiroz. *O professor desencantado:* matizes do trabalho docente. Belo Horizonte: Armazém de Ideias, 2009.

SANTIAGO, Sandra Helena Moreira. *Gerencialismo, políticas de avaliação de desempenho e trabalho docente na rede estadual de ensino de Minas Gerais*. 2015. Tese (Doutorado em Educação) – Programa de Pós-Graduação em Educação. Universidade Federal de Uberlândia, 2015.

TAHIM, Ana Paula Vasconcelos de Oliveira. *Avaliação institucional:* desempenho docente na educação superior. 2011. 101 f. Dissertação (Mestrado em Educação) – Programa de Pós-Graduação em Educação Brasileira, Universidade Federal do Ceará, Fortaleza.

TARDIF, Maurice. Saberes profissionais dos professores e conhecimentos universitários: elementos para uma epistemologia da prática profissional dos professores e suas consequências em relação à formação para o magistério. *Revista Brasileira de Educação*, n. 13, p. 5-24, 2000.

TEIXEIRA, Inês Assunção de Castro. Da condição docente: primeiras aproximações teóricas. *Educação e Sociedade*, Campinas, v. 28, n. 99, p. 426-443, 2007.

3

CARREIRA E REMUNERAÇÃO COMO ELEMENTOS DA CONDIÇÃO DOCENTE DE PROFESSORAS/ES DA REDE ESTADUAL DE EDUCAÇÃO DE MINAS GERAIS

Alvanize Valente Fernandes Ferenc

Nayara Macedo de Lima Jardim

Bárbara Lima Giardini

INTRODUÇÃO

Este capítulo visa fomentar uma reflexão sobre a condição docente de professoras/es da Rede Estadual de Minas Gerais (REE-MG), com ênfase na carreira e remuneração. A pesquisa, uma iniciativa colaborativa do Grupo de Pesquisas sobre Profissão Docente (Prodoc), analisou teses e dissertações de 2008 a 2018. Três dissertações de mestrado foram o foco deste capítulo, abordando aspectos significativos da vida profissional dos docentes mineiros. O estudo, além de contribuir para o melhor entendimento da condição docente, também trouxe maior esclarecimento sobre a organização do conhecimento acumulado sobre carreira e remuneração, favorecendo uma compreensão mais sistematizada da temática.

Condição docente, como já foi tratado na introdução do livro, refere-se a "um 'estado' do processo de construção social do ofício docente",[60] que considera aspectos subjetivos e objetivos do trabalho docente, isto é,

---

[60] DINIZ-PEREIRA, Júlio Emílio. Formação de professores, trabalho e saberes docentes. *Trabalho e Educação* (UFMG), v. 24, p. 159-168, 2015; FANFANI, Emilio Tenti. *La condición docente: análisis comparado de la Argentina, Brasil, Perú y Uruguay*. Buenos Aires: Siglo XXI Editores Argentina, 2005; FANFANI, Emilio Tenti. Condição docente. *In:* OLIVEIRA, Dalila Andrade; DUARTE, Adriana Maria Cancella; VIEIRA, Lívia Maria Fraga. *Dicionário:* trabalho, profissão e condição docente. Belo Horizonte: UFMG/Faculdade de Educação, 2010. CDROM.

a condição de ser docente e a condição de estar na docência e realizar o trabalho de professor/a, como sugerido por Diniz-Pereira.[61]

Embora a profissão docente venha ocupando, mundialmente, espaço de destaque na agenda das políticas educacionais, o cenário é extremamente desafiador e complexo. O movimento de profissionalização de ensino, desde a década de 1980, se depara com uma série de obstáculos para o seu desenvolvimento. Observa-se um fenômeno de proletarização, marcado pela degradação da condição da profissão docente, deterioração das condições de trabalho, intensificação do trabalho dos professores, instituição de novos modelos de carreira, defasagem e a estagnação da remuneração.[62]

Na atualidade, os professores são chamados a responder — responsabilizados — por uma série de funções para as quais não receberam formação, ou que não lhes compete. A ampliação ou redefinição das atribuições complexifica ainda mais o trabalho docente.[63]

Uma dimensão importante do trabalho docente e da formação de professores refere-se à carreira. Essa "vincula-se à formação e às condições de trabalho, podendo assumir a avaliação de desempenho por mérito, sem ser submetida a critérios classificatórios de competitividade".[64] Entretanto, ao se observar os movimentos históricos, compreende-se que as autoridades educacionais "pretendem instaurar no ensino novos modelos de carreira: recompensas, reconhecimento, promoção, diversificação",[65] o que merece análise e reflexão acerca dos impactos na constituição da profissionalidade e da identidade docente.

A discussão sobre a carreira envolve a compreensão da remuneração, isto é, dos valores recebidos pelas/os professoras/es, considerando as horas-aulas acordadas para sua jornada de trabalho, definidas em seu contrato empregatício. O salário é um dos elementos que compõem

---

[61] DINIZ-PEREIRA, Júlio Emílio. Formação de professores, trabalho e saberes docentes. *Trabalho e Educação* (UFMG), v. 24, p. 159-168, 2015.

[62] TARDIF, Maurice. A profissionalização do ensino passados trinta anos: dois passos para frente, três passos para trás. *Educação e Sociedade*, Campinas, v. 34, n. 123, p. 551-571, abr./jun. 2013.

[63] OLIVEIRA, D.A. Trabalho docente. *In:* OLIVEIRA, Dalila Andrade; DUARTE, Adrina Maria Cancella; VIEIRA, Lívia Maria Fraga. *Dicionário:* trabalho, profissão e condição docente. Belo Horizonte: UFMG/Faculdade de Educação, 2010. CDROM.

[64] BOLLMANN, Maria da Graça Nóbrega. Carreira docente. *In:* OLIVEIRA, Dalila Andrade; DUARTE, Adriana Maria Cancella; VIEIRA, Lívia Maria Fraga. *Dicionário:* trabalho, profissão e condição docente. Belo Horizonte: UFMG/Faculdade de Educação, 2010. CDROM, p. 1.

[65] TARDIF, 2013, p. 561.

a remuneração docente.[66] "Na maioria dos países da OCDE, o salário dos professores não aumentou desde a década de 1990, pois os aumentos salariais ficaram abaixo da inflação".[67]

A análise das condições profissionais prescinde de discussão sobre carreira e salário docente,[68] de modo a desvelar a realidade histórica, concreta e material da profissão. Neste texto, apresentamos um panorama das pesquisas sobre a carreira e a remuneração de professoras/es da rede estadual mineira, a partir da análise de três dissertações,[69] sendo as duas primeiras produzidas nos programas de pós-graduação em Educação da Universidade Federal de Uberlândia (UFU) e a terceira no Programa de Pós-Graduação em Educação da Universidade Federal de Minas Gerais (UFMG). Essa última tem como foco a discussão da remuneração e suas implicações na carreira docente, transitando entre as duas categorias abordadas neste estudo. Dessa forma, o texto se estrutura em dois tópicos: a carreira docente de professoras/es da rede estadual mineira; e a remuneração docente de professoras/es da rede estadual mineira.

3.1 A CARREIRA DOCENTE DE PROFESSORAS/ES DA REDE ESTADUAL MINEIRA

Quando se discute a condição docente, a carreira é uma categoria analítica imprescindível. Bollmann, no dicionário de verbetes do Gestrado/UFMG, apresenta a seguinte definição de carreira:

> Consiste no mecanismo de estímulo ao exercício do magistério e à evolução acadêmico-científica. Pressupõe indivíduos

---

[66] CAMARGO, Rubens Barbosa. Salário docente. *In:* OLIVEIRA, Dalila Andrade.; DUARTE, Adriana Maria Cancella.; VIEIRA, Lívia Maria Fraga. *Dicionário*: trabalho, profissão e condição docente. Belo Horizonte: UFMG/Faculdade de Educação, 2010. CDROM.

[67] TARDIF, 2013, p. 563.

[68] GATTI, Bernardete Angelina; BARRETTO, Elba Siqueira de Sá (coord.). *Professores do Brasil:* impasses e desafios. Brasília: Unesco, 2009.

[69] BRITO, Lucia Elena Pereira Franco. *A educação na reestruturação produtiva do capital*: um estudo sobre as reformas educativas e seu impacto no trabalho docente na Rede Estadual de Ensino de Minas Gerais (2003–2008). 2008. 174 f. Dissertação (Mestrado em Ciências Humanas) – Universidade Federal de Uberlândia, Uberlândia, 2008; MACIEL, Rosana Mendes. *Reestruturação produtiva e trabalho docente*: um estudo sobre a reestruturação na educação básica e os impactos no trabalho docente na rede estadual de Patos de Minas MG a partir da década de 1990. 2012. 135 f. Dissertação (Mestrado em Ciências Humanas) – Universidade Federal de Uberlândia, Uberlândia 2012; COELHO, Clayton Lúcio. *Efeitos da implementação do Piso Salarial Profissional Nacional na carreira dos docentes da Rede Estadual de Ensino de Minas Gerais:* subsídio e sistema unificado de remuneração. 2016. 327 f. Dissertação (Mestrado em Educação) – Universidade Federal de Minas Gerais, Belo Horizonte, 2016.

> preparados para o exercício da profissão, portadores de título compatível com as necessidades do nível de ensino a que o trabalho docente se destina. Vincula-se à formação e às condições de trabalho, podendo assumir a avaliação de desempenho por mérito, sem ser submetida a critérios classificatórios de competitividade. Constitui a coluna dorsal do processo educativo, exercendo grande influência no nível de aprendizagem dos alunos nos diferentes níveis e modalidades de educação.[70]

No contexto brasileiro, há dificuldade em se compreender, de forma mais exata, as condições de carreira e salários docentes, considerando a autonomia das instâncias reguladoras, as diversas legislações, fontes de recursos e orçamentos. Observam-se a heterogeneidade e a complexidade da situação e as diferenças nas carreiras entre estados, municípios, setor público e setor privado. Os planos de carreira, de modo geral, apresentam fragilidades no que diz respeito às possibilidades de evolução na carreira, ao desconsiderar/desvalorizar todos os elementos indicados na legislação.

Na legislação educacional brasileira, a Lei de Diretrizes e Bases da Educação Nacional — LDB — (Lei n. 9394/1996) e o Plano Nacional de Educação — PNE — (Lei n. 13005/2004) dispõem sobre a carreira docente dos profissionais da educação básica. O artigo 67 da LDB afirma que os sistemas de ensino deverão assegurar planos de carreira do magistério público que contemplem ingresso por concurso público; formação continuada com licença remunerada; piso salarial; progressão com base na titulação/habilitação e na avaliação de desempenho; tempo reservado para estudos, planejamento e avaliação computado na carga horária de trabalho; condições adequadas de trabalho.[71] A meta 18 do PNE visa assegurar a existência de planos de carreira para os profissionais da educação, sendo que, para os profissionais da educação básica pública, o piso salarial deve ser tomado como referência.[72]

Fanfani, na análise comparada das condições docentes na Argentina, Brasil, Peru e Uruguai, apontou que a carreira docente não possibilita

---

[70] BOLLMANN, 2010, p. 1.

[71] BRASIL. *Lei n.º 9394 de 20 de dezembro de 1996*. Estabelece as diretrizes e bases da educação nacional. Brasília: Presidência da República, 23 dez. 1996. Disponível em: https://www.planalto.gov.br/ccivil_03/leis/l9394.htm. Acesso em: 11 fev. 2023.

[72] BRASIL. Lei n.º 13005 de 25 de junho de 2014. *Aprova o Plano Nacional de Educação PNE e dá outras providências*. Brasília: Ministério da Educação, 2023. Disponível em: https://pne.mec.gov.br/18-planos-subnacionais-de-educacao/543-plano-nacional-de-educacao-lei-n-13-005- 2014. Acesso em: 11 fev. 2023.

uma estrutura que valorize o trabalho em sala de aula, de modo que, para possuir melhores oportunidades de avanço na carreira, a/o professora/professor deve buscar outras atividades laborais, para além do espaço de sala de aula. Nas palavras do autor:

> Todo da la impresión de que, dada la estructura objetiva de oportunidades de ascenso que provee la carrera docente actual, un profesional de la educación que quiere mejorar su situación profesional está obligado a dejar de realizar su trabajo en el aula. [...] Para resolver esta contradicción es preciso diseñar una carrera docente que ofrezca oportunidades de ascenso y mejoramiento profesional, sin obligar a renunciar al ejercicio de la actividad en el aula. Éste es un tema que es preciso incorporar en la agenda de reforma de las carreras docentes en la mayoría de los países latinoamericanos.[73]

No que diz respeito ao cenário mineiro, a Lei n. 15.293/2004 estabeleceu o plano de carreira das/dos profissionais da educação básica, dentre elas/eles, a/o professora/professor. Essa conquista resulta do movimento de lutas da categoria em prol da valorização profissional. Conforme Brito:

> A reivindicação por um plano de carreira é antiga em Minas Gerais e, no final da década de 1990, havia sido objeto de sucessivas greves (14 dias, em 1999 e 42 dias, em 2000). Em 2002, após 50 dias de greve, o Governo do Estado firmou documento de Ajuste de Conduta com o Ministério Público, em decorrência de reivindicação do Sindicato dos Trabalhadores em Educação (Sind-UTE), concordando em enviar à Assembleia Legislativa do Estado de Minas Gerais o Plano de Carreira que, depois de debatido, foi aprovado em 2004.[74]

A Lei n. 15.293/2004 definiu o plano de carreira, mas não tratou da questão dos salários. As lutas das/dos profissionais da educação continuaram a fim de se conquistar um plano de carreira, cargos e salários, o que culminou na aprovação da Lei n. 15.784/2005 que estabeleceu as tabelas de vencimento. Entretanto, o plano de carreira do magistério teve curta duração. Em 2010, a Lei n. 18.975 instituiu a remuneração por subsídio, modificando a forma de pagamento.

---

[73] FANFANI, 2005, p. 93.
[74] BRITO, 2012, p. 108.

Com a implantação do subsídio, o governo do estado alterou e promoveu mudanças expressivas não apenas na forma de pagamento, mas na estrutura da carreira docente, com a redução nos percentuais de progressão e promoção; além da perda de benefícios, gratificações e vantagens decorrentes do tempo de serviço, amplamente contempladas na carreira anterior de vencimento básico, dado pela Lei n. 15.293/2004. O fato de ter havido o reposicionamento de professoras/es com maior tempo de serviço para o início da carreira, na nova tabela salarial do subsídio, levou a inúmeras incorreções salariais com perdas e a um inevitável processo de desvalorização da educação, pois docentes com tempo de serviço distintos ficaram posicionados no mesmo grau da carreira do subsídio.[75] Observa-se, portanto, que a ênfase na política administrativa de cunho gerencial não tem como prioridade a valorização profissional no campo das políticas educacionais.[76]

Por fim, na análise da questão, cabe abordar que "a valorização social real de uma área profissional traz reflexos nas estruturas de carreira e nos salários, e/ou condições de trabalho, a ela relativos".[77] Segundo essas autoras, a docência ainda é marcada pela representação de vocação/missão. Além disso, os discursos sobre a importância da/do professora/professor não se transformaram em melhores condições profissionais. A carreira docente continua sendo pouco atrativa. Tal fato tem gerado um apagão na docência, conforme dados do Censo do Ensino Superior de 2022, amplamente divulgado em jornais e revistas, como *Carta Capital*, 2024.[78]

No que se refere à pesquisa aqui apresentada, quanto à carreira docente dos professores da rede estadual mineira, foram analisadas duas dissertações de mestrado,[79] sendo ambas vinculadas à linha de pesquisa Políticas e Gestão Educacional, do Programa de Pós-graduação em Educação da UFU. A pesquisa de Brito teve por objetivo analisar "as configurações que o trabalho docente vem assumindo na REE-MG, no governo Aécio Neves, e o sentido subjacente a essas conformações".[80] A pesquisa de Maciel teve por objetivo "analisar a reestruturação produtiva, particu-

---

[75] COELHO, 2016.
[76] BRITO, 2012.
[77] GATTI; BARRETTO, 2009, p. 238.
[78] SERAFINI, Mariana. Apagão de professores: a maioria dos estudantes de licenciatura desiste da carreira docente antes da formatura. *Carta Capital*, São Paulo, 25 jan. 2024. Disponível em: https://www.cartacapital.com.br/politica/apagao-de-professores/. Acesso em: 15 maio 2024.
[79] BRITO, 2008; MACIEL, 2012.
[80] BRITO, 2008, p. 16

larmente as reformas educacionais e seus impactos no trabalho docente da rede pública estadual de Minas Gerais, a partir de 1990".[81]

Quanto às metodologias que compõem as pesquisas, tanto o estudo de Brito quanto o de Maciel fizeram uso da pesquisa bibliográfica e documental no processo de investigação. Maciel, além destas, também utilizou-se da pesquisa empírica, tendo como lócus do estudo o Sindicato Único dos Trabalhadores em Educação, da cidade de Patos de Minas/MG. No segundo semestre de 2011, foram desenvolvidas entrevistas com três membros da diretoria desse sindicato. As entrevistas foram compostas por questões fechadas e semiabertas, buscando compreender como o sindicato que representa as/os professoras/es da rede estadual "analisa a reestruturação produtiva na educação e seus impactos no trabalho docente, bem como de sua função política em relação a esse processo".[82]

As temáticas privilegiadas na pesquisa de Brito foram: a reestruturação do mundo do trabalho; a reestruturação da educação e do trabalho docente, o trabalho docente no contexto das reformas educacionais, suas conformações, o choque de gestão, o desenvolvimento profissional e aprofundamento da alienação, a (des)valorização docente, por meio do Plano de Carreira e da "Lei 100" e o sentido do trabalho docente na REE-MG.

A pesquisa de Maciel explora a temática trabalho docente e discute os processos de proletarização, precarização e intensificação do trabalho docente, condições de trabalho e controle sobre o processo de trabalho, via avaliações externas, categorias essas que se vinculam a aspectos da condição docente. A pesquisadora privilegia a discussão sobre a reestruturação produtiva do mundo do trabalho e verifica como esse processo modifica o trabalho docente nas escolas estaduais de Minas Gerais, principalmente, com o chamado "choque de gestão" do governo Aécio Neves.

Destaca-se que a pesquisa de Brito adota como contexto de discussão a "reestruturação ocorrida no modo de produção capitalista", explorando as mudanças na "esfera política, no mundo do trabalho e também no campo educacional",[83] tendo como aspectos relevantes "as novas funções atribuídas ao trabalho docente no contexto das reformas educativas de inspiração neoliberal". São exploradas as configurações, definidas como novas, naquele contexto, em que o trabalho docente vem assumindo na

---

[81] MACIEL, 2012, p. 23.
[82] MACIEL, 2012, p. 24.
[83] BRITO, 2008, p. 5.

REE-MG, com destaque para a política orientada pela "reforma do aparato institucional do estado", chamada de "choque de gestão", que tem impacto no trabalho das/dos professoras/es.

Ao observar a reforma compreendida como "choque de gestão", a referida pesquisa busca identificar "rupturas e continuidades nas políticas implementadas no estado mineiro, tendo como ponto de partida, as duas últimas décadas do século XX".[84] O contexto de problematização do objeto de estudo é centrado nas discussões sobre globalização, mundialização e nas mudanças que provocam no mundo do trabalho e que têm impacto sobre a profissão e o trabalho docente, elementos do conceito de condição docente.

São objetos de análise de Brito as medidas educacionais empreendidas por Aécio Neves, a fim de entender como as "ações e princípios vêm repercutindo na conformação do trabalho do professor na REE-MG, tanto no que se refere à organização do trabalho escolar, quanto aos processos que normatizam a carreira e a remuneração docente".[85]

Brito parte de uma visão macrossocial, trazendo a discussão sobre globalização, mundialização para se chegar ao trabalho e, mais especificamente, ao trabalho docente e os impactos das mudanças ocorridas no contexto geopolítico e sua implicação para a educação e para o trabalho da/do professora/professor. A autora adota a Conferência Mundial sobre Educação para Todos, ocorrida em Jomtien, na Tailândia, em 1990, como um marco para construir uma linha de reflexão e evidenciar como a educação adquiriu centralidade na política, nos discursos e na gestão pública. A partir daí, vai construindo o movimento em que se destacam a centralidade da educação e os processos por meio dos quais essas mudanças chegam à escola, via gestão escolar. E, ainda, mais designadamente, na gestão em Minas Gerais — o chamado "choque de gestão" — e, nas escolas mineiras, por meio do gerenciamento, avaliação e controle dos resultados.

Todo esse movimento nas escolas traz sobrecarga e intensificação do trabalho docente, precarização do trabalho, adoecimento docente, síndrome de *burnout* ou de desistência, desencanto e desânimo político, falta de forças para a luta, falta de esperança. Todas essas questões são relacionadas a aspectos do conceito de condição docente.

---

[84] BRITO, 2008, p. 5.
[85] BRITO, 2008, p. 17.

Para entender as configurações do trabalho docente na realidade mineira, o aporte teórico usado foi o materialismo dialético, visando entender o real e as suas contradições, suas múltiplas determinações e as interações entre o geral e o particular. Para o desenvolvimento desta investigação acadêmica, foram utilizadas a pesquisa bibliográfica e a análise documental. Os documentos analisados foram os documentos oficiais produzidos pelo governo Aécio Neves.

A revisão bibliográfica desenvolvida por Brito buscou contextualizar as mudanças no modo de produção capitalista e mostrar como as mudanças na esfera política "são indissociáveis das alterações ocorridas no universo da produção e no mundo do trabalho".[86] A autora explorou o "conceito de trabalho e sua centralidade para a análise crítica dos paradoxos engendrados pelo capitalismo, tanto nas históricas quanto nas recentes transformações [...]".[87] Tratou da história de Minas Gerais, da década de 1980, visando "compreender as tendências que vinham delineando o campo político, administrativo e educacional no Estado". Trouxe "pontos relevantes do programa de ação do governo Aécio Neves, por meio do estudo do Choque de Gestão".

Entre os achados e conclusões mais importantes da pesquisa de Brito, considerando o documento "A Educação Pública em Minas Gerais – O desafio da qualidade 2003-2006", tem-se:

- No que se refere à melhoria da qualidade da educação, três pilares aparecem vinculados à(s): "formação dos professores", "condições básicas de funcionamento da escola" (sem fazer menção especificamente às condições de trabalho) e "avaliação externa como parâmetro para tomada de decisões".[88]

- Sobre o programa "qualificação docente", aparece a "ênfase na avaliação externa", o que parece indicar que o viés predominante é a "preocupação com o controle de resultados". Há, ainda, no documento, a ausência da expressão "valorização docente".[89]

- Quanto às iniciativas para melhoria do ensino médio, a exemplo, o Projeto Conexão com a *Internet*, previu, também, a instalação

---
[86] BRITO, 2008, p. 20.
[87] BRITO, 2008, p. 20.
[88] BRITO, 2008, p. 124.
[89] BRITO, 2008, p. 124.

de um portal educacional de orientação pedagógica e apoio ao trabalho docente chamado de Centro de Referência Virtual do Professor (CRV) (p. 128). Em relação ao CRV, "dada a precariedade do trabalho nas escolas; a condição de exclusão digital de grande parte dos docentes; a exiguidade de tempo dos profissionais, esse espaço é questionável".[90]

- Embora a Secretaria de Estado de Educação produza o "Programa de Desenvolvimento Profissional — ensino de qualidade começa com a formação dos educadores", o foco "não é a qualificação ou a valorização docente", mas a "apresentação de ações que revelem, por parte dos profissionais, as competências requeridas pelo sistema"[91]. As/Os professoras/es são chamadas/os a pensar as alternativas — nos grupos autogerenciados de estudo, reflexão e ação — e formular os projetos, ou seja, indicar os caminhos, para concretizar os objetivos institucionais". A autora afirma que "consolida-se, assim, a apropriação de elementos da inteligência e da subjetividade do trabalhador, aprofundando ainda mais a exploração e alienação a que são submetidos".[92]

- Quanto às ações de desenvolvimento profissional, neste contexto, são entendidos os "esforços de disciplinamento dos professores por parte do governo Neves".[93]

- Em relação ao projeto estruturador do "choque de gestão", uma de suas ações foi "a reestruturação e implantação das novas carreiras dos servidores públicos do poder executivo estadual". As diretrizes para a instituição dos novos planos de carreira tiveram por base a meritocracia e o incentivo à formação e à capacitação contínua do servidor, buscando proporcionar, consequentemente, um aumento da eficiência e eficácia das instituições e da prestação do serviço público".[94]

- Quanto ao "plano de carreira e a tabela de vencimentos", esses foram estruturados "[...] com o propósito de reafirmar os princípios gerenciais" do governo Neves, marcado pela "ênfase na

---

[90] BRITO, 2008, p. 129.
[91] BRITO, 2008, p. 142.
[92] ANTUNES, 2001; BERNARDO, 2000 *apud* BRITO, 2008, p. 142.
[93] BRITO, 2008, p. 144.
[94] VILHENA *et al.*, 2006 *apud* BRITO, 2008, p. 144-145.

lógica meritocrática e na contenção de gastos". E, ainda, na responsabilização das/dos professoras/es em relação às "mudanças prescritas" e aos "seus resultados, na medida em que estas sejam propostas em associação com a promessa de algum Adicional de Desempenho ou Prêmio por Produtividade".[95]

- Em relação às "Ações do governo Neves", tem-se, ainda, a Lei Complementar n. 100, quando a figura do servidor "designado" caracteriza uma clara situação de trabalho precário: contrato temporário; falta de estabilidade mesmo durante a vigência do contrato; contribuição com a previdência sem a garantia de aposentadoria etc.[96]

- Na política educacional do governo Aécio Neves, nas medidas diretamente voltadas às/aos trabalhadoras/es docentes, como o desenvolvimento profissional e a carreira das/dos professoras/es, é evidenciada a existência de um esforço de nova conformação do trabalho docente, marcado pela contradição profissionalização/precarização, em movimento no campo educacional, como mecanismo para "educar os educadores para as mudanças sociais ocorridas nas últimas décadas".[97]

- Essa "nova conformação do trabalho docente" ocorre "por meio de mecanismos de força", como "o controle via avaliação das escolas, docentes e discentes; sobrecarga e precarização do trabalho; — e persuasão, visível no estímulo à qualificação, obtenção de ADE, dentre outros". O que fica evidente é "a intenção da SEE-MG de promover imprescindíveis mudanças nas concepções, práticas e atitudes dos educadores" e "fazer com que os docentes sejam disciplinados para o trabalho e para a vida social, experimentando novas sociabilidades e reconstruindo suas identidades profissionais".[98]

Os resultados da dissertação de Brito apontam que, por meio do movimento da "contradição profissionalização/precarização", foram realizados consideráveis esforços, pelo governo Aécio Neves, "no sentido de

---

[95] BRITO, 2008, p. 149.
[96] BRITO, 2008, p. 149.
[97] BRITO, 2008, p. 151.
[98] BRITO, 2008, p. 152.

conferir novas dimensões ao trabalho docente, ajustando os professores aos padrões societais atuais" e, ao mesmo tempo, "elegendo a docência como lócus privilegiado, pelo potencial disseminador, para reafirmar os valores pertinentes ao hegemônico pensamento neoliberal".[99]

No que se refere à pesquisa de Maciel, o estudo mobiliza o contexto de discussão sobre as reformas educacionais dos anos de 1990, quando há um crescente processo de precarização do trabalho docente, intensificação do trabalho, as condições de trabalhos mais precários e controle sobre o processo de trabalho. A pesquisadora adota como cenários de discussão a mundialização do capital, destacando também questões nacionais face às reformas educacionais dos anos de 1990.

Como já mencionado, essa pesquisa foi realizada em Patos de Minas/MG, município que figura "entre as 20 maiores cidades do Estado de Minas Gerais em arrecadação geral de tributos do estado e a 16ª maior cidade de Minas Gerais em população".[100]

A revisão de literatura realizada por Maciel explorou a temática do capitalismo e o conceito histórico da reestruturação produtiva do mundo do trabalho frente à reconfiguração desse cenário. A análise de documentos baseou-se na constituição federal de 1988, LDB 9.394/96, projeto político institucional, plano de carreira, plano de gestão, resoluções, diretrizes de órgãos responsáveis por deliberar sobre políticas públicas educacionais no Brasil.

Na pesquisa de Maciel, podem se destacar os seguintes resultados: melhor compreensão da relação entre "modos de produção capitalista e suas principais implicações no mundo do trabalho", o que propiciou um olhar "crítico diante das modificações ocorridas com o neoliberalismo e seus desdobramentos na educação", marcado pela precarização, empobrecimento do trabalho docente e "deterioração social".[101]

Um aspecto destacado pela autora, relativo ao trabalho docente, no contexto do neoliberalismo, se refere ao:

> [...] aumento dos contratos temporários nas redes públicas de ensino, o arrocho salarial, o desrespeito a um piso salarial nacional, a inadequação ou mesmo ausência, em

---

[99] BRITO, 2008, p. 5, 155.
[100] MACIEL, 2012, p. 84.
[101] MACIEL, 2012, p. 103.

alguns casos, de planos de cargos e salários, a perda de garantias trabalhistas e previdenciárias vindas dos processos de reforma do Aparelho Estatal têm tornado cada vez mais agudo o quadro de instabilidade e precariedade do emprego no magistério público.[102]

Outro aspecto importante relativo ao contexto das reformas educacionais dos anos de 1990 e à promulgação da LDB, no contexto da municipalização do ensino, diz respeito ao aumento das "atribuições dos professores" que passaram a responder, para "além das questões relativas ao ensino-aprendizagem, com as atividades de gestão, planejamento, assistência e acompanhamento e integração escola-família-comunidade". Esses aspectos, segundo a autora, evidenciam "indicativos do processo de precarização da função docente".[103]

Os dados da pesquisa, em articulação com o referencial teórico, permitiram "inferir que os professores vêm passando por um processo de desvalorização profissional, o que acarreta grande desmotivação por parte dos docentes", segundo a autora.[104]

Outro aspecto importante destacado pela autora diz respeito à intensificação do trabalho docente.

> Confundida com maior profissionalismo, sentimento que é estrategicamente mobilizado pelas exigências oficiais de profissionalização do professor e pelo apelo a uma ética de autorresponsabilização moral e individual pelo sucesso da escola, como mecanismo fundamental nos novos moldes de gestão escolar.[105]

A autora destaca também a questão do "controle do trabalho docente, como a supervisão direta no próprio local de trabalho e a demanda por trabalho burocrático para prestação de contas do ensino através dos processos de recentralização do poder estatal pela análise de resultados".[106]

Aparece no estudo, também, a preocupação do sindicato "com os processos de precarização e intensificação do trabalho docente, principalmente com a desvalorização salarial — por meio do pagamento por

---

[102] MACIEL, 2012, p. 104.
[103] MACIEL, 2012, p. 104.
[104] MACIEL, 2012, p. 105.
[105] MACIEL, 2012, p. 105.
[106] MACIEL, 2012, p. 105.

subsídio e da forma de controle sobre o processo de trabalho — através da avaliação de desenvolvimento individual".[107] Destaca-se a percepção de "uma apatia e desânimo por parte do sindicato para lidar com as questões que envolvem o trabalho docente, visto que deveria atuar como uma liderança para os trabalhadores docentes".[108]

A autora concluiu que sua hipótese foi confirmada, ou seja, impactos ocorreram na educação e no trabalho docente, por meio das reformas educacionais dos anos 1990, com vistas às adaptações aos processos de reestruturação produtiva, conduzindo à intensificação e à precarização do trabalho docente, por meio de acréscimos de funções e maior controle do trabalho docente.

3.2 REMUNERAÇÃO DOCENTE DE PROFESSORAS/ES DA REDE ESTADUAL MINEIRA

Em se tratando da expressão remuneração docente, analisamos a dissertação de mestrado vinculada à linha de pesquisa Políticas Públicas em Educação: concepção, implementação e avaliação, do Programa de Pós-graduação em Educação, da Universidade Federal de Minas Gerais (UFMG).[109]

Antes de discutirmos especificamente a pesquisa citada, considera-se necessário esclarecer sobre os termos "remuneração", "vencimento" e "salário". Camargo aponta a necessidade de melhor definir e "conceituar os termos 'salário', 'vencimento' e 'remuneração', que têm sido utilizados de forma polissêmica e imprecisa quando se refere ao docente". No verbete que trata do salário docente, escrito pelo autor e publicado no dicionário *Trabalho, profissão e condição docente* (UFMG), a definição de cada um dos termos é explicitada.

> A 'remuneração' é a soma dos benefícios financeiros, dentre eles, o 'salário' ou 'vencimento', acordada por um contrato assinado entre empregado e empregador, tendo como base uma jornada de trabalho definida em horas-aula. O 'salário' ou 'vencimento' são, assim, uma parte da 'remuneração'. No caso do magistério público, a 'remuneração' é composta pelos 'vencimentos' do cargo, acrescida de vantagens pecuniárias permanentes estabelecidas em lei, em outras

---

[107] MACIEL, 2012, p. 105.
[108] MACIEL, 2012, p. 105.
[109] COELHO, 2016.

palavras, o vencimento básico mais as vantagens temporais, as gratificações, o auxílio transporte, etc.[110]

Do mesmo modo, Pereira pondera sobre o uso dos termos "salário", "remuneração" e "vencimento", na definição do verbete sobre remuneração, no dicionário da UFMG. Conforme o autor, a Consolidação das Leis do Trabalho (CLT) faz uma distinção entre salário e remuneração, sendo o salário "as verbas de natureza econômica pagas diretamente pelo empregador, como contraprestação do serviço, ao passo que o termo *remuneração* abrangeria todas as parcelas de caráter econômico auferidas pelo trabalhador". Vencimentos e remuneração também são utilizados de forma ambígua e como sinônimos. No entanto, o primeiro termo refere-se "a soma do vencimento básico com o valor global das vantagens permanentes e gerais" e o segundo refere-se à "totalidade das espécies possíveis do pagamento devido ao servidor público".[111]

Fanfani afirma que, de modo geral, as aspirações salariais, ou seja, as expectativas das/dos professoras/es da Argentina, Brasil, Peru e Uruguai, em termos de remuneração, são maiores do que os valores recebidos, considerando a natureza das atividades que realizam. Conforme o autor *"En promedio, la remuneración propuesta por los docentes, por lo menos duplica la percibida"*.[112]

No que diz respeito ao salário docente no Brasil, Gatti e Barretto afirmam que "os salários recebidos pelos professores não são tão compensadores, especialmente em relação às tarefas que lhes são atribuídas" e estão abaixo dos salários médios de outras profissões cujo exercício profissional demanda formação em nível superior.[113] Além disso, é desigual a distribuição dos salários e remuneração mensal das/dos professoras/es da educação básica quando se observa o segmento (educação infantil, ensino fundamental e médio), o setor (público ou privado), o local de atuação (municípios, estados).

Ao considerar o panorama das condições de salário docente, a definição de um Piso Salarial Profissional Nacional (PSPN) representa uma conquista para a valorização das/dos professoras/es, tendo em vista que busca garantir isonomia salarial entre as/os docentes da educação básica

---

[110] CAMARGO, 2010, p. 3-4.
[111] PEREIRA, 2010, p. 1.
[112] FANFANI, 2005, p. 108.
[113] GATTI; BARRETTO, 2009, p. 247.

e abolir a diferença salarial entre profissionais que desempenham as mesmas funções.[114] Promulgada em 2008, a Lei federal n. 11.738 instituiu o piso salarial profissional nacional para as/os profissionais do magistério público da educação básica, sendo este "o valor abaixo do qual a União, os Estados, o Distrito Federal e os Municípios não poderão fixar o vencimento inicial das carreiras do magistério público da educação básica, para a jornada de, no máximo, 40 (quarenta) horas semanais".[115] O valor inicial nacional foi fixado em R$ 950,00.

Em Minas Gerais, o valor definido para uma jornada de 24 horas semanais foi R$ 850,00, incluindo abonos e adicionais. Reivindicações sindicais buscaram garantir o valor definido pelo piso em 2008, no entanto, sem sucesso. Em 2010, foi estipulado o valor nacional de R$ 1.024,67. A remuneração (incluindo adicionais) de R$ 935,00 para as/os professoras/es da rede estadual foi entendida pela categoria como um cálculo "equivocado", decorrente da preocupação do estado em limitar os gastos com pessoal, transformando a ideia de piso em teto salarial.[116]

A Lei do PSPN foi implementada no estado mineiro sob a forma de pagamento de subsídio às/aos professoras/es. A primeira alteração mais incisiva no plano de carreira se deu a partir de 2010 com aprovação da Lei n. 18.975, ao instituir o subsídio como forma de pagamento e, posteriormente, em 2011, com aprovação da Lei n. 19.837, quando foi realizado, além de ajustes decorrentes do reposicionamento de servidores na carreira, o parcelamento, até 2015, de pagamento do PSPN via subsídio. Essas alterações tiveram o seu ciclo finalizado em 2012, com a regulamentação da jornada de trabalho docente, pela Lei n. 20.592, em que um terço da jornada de 24 horas semanais seria destinado ao tempo extraclasse. Dessa forma, a partir desse conjunto normativo, a Secretaria de Estado de Educação de Minas Gerais (SEE-MG) considerou ter implementado, nos planos de carreira de sua rede de ensino, os dispositivos previstos na Lei do PSPN, bem como as orientações gerais da educação nacional difundidas pelo governo federal.

A dissertação analisada na categoria remuneração docente intitula-se "Efeitos da implementação do Piso Salarial Profissional Nacional na carreira dos docentes da Rede Estadual de Ensino de Minas Gerais: subsí-

---

[114] BOLLMANN, 2010
[115] BRASIL, 2008.
[116] BRITO, Vera Lúcia Ferreira Alves de. Plano de carreira profissional da educação básica em Minas Gerais: valorização profissional? *Educação em Foco*, Belo Horizonte, ano 15, n. 19, p. 103-128, jun. 2012.

dio e sistema unificado de remuneração". A pesquisa teve como objetivo analisar e compreender as alterações promovidas pela implementação do subsídio no plano de carreira e remuneração das/dos docentes da REE-MG, a partir da instituição do PSPN.[117]

A pesquisa, de cunho qualitativo, foi realizada em um primeiro momento por meio de levantamento documental e, em um segundo momento, por meio de entrevistas semiestruturadas com atores envolvidos no processo de reestruturação da/na carreira docente, na REE-MG, após a instituição do PSPN. A análise de conteúdo foi a técnica utilizada para o tratamento dos dados obtidos.

Essa pesquisa teve como foco a análise do processo de implementação do piso salarial nacional para as/os profissionais da educação em Minas Gerais. O levantamento documental foi conduzido em arquivos da Assembleia Legislativa do Estado de Minas Gerais (ALMG), do Sindicato Único dos Trabalhadores em Educação de Minas Gerais (Sind-UTE/MG) e de órgãos governamentais estaduais. A coleta de documentos se concentrou no período a partir da criação da carreira dos profissionais da educação, pela Lei estadual n. 15.293/2004, estendendo-se até o biênio 2014/2015.

As entrevistas foram realizadas com indivíduos diretamente envolvidos na implementação do piso salarial. Foram selecionados perfis específicos de entrevistados de diferentes órgãos, incluindo a ALMG, a SEE-MG, o Sind-UTE/MG e a Secretaria de Estado de Planejamento e Gestão de Minas Gerais (Seplag), totalizando 17 participantes. Entre os entrevistados estavam deputados estaduais, uma ex-secretária de governo, representantes sindicais e professores da educação básica, cujas carreiras foram impactadas pela lei do subsídio. As entrevistas buscaram captar as diversas perspectivas e experiências relacionadas à implementação da política salarial.

A pesquisa revelou que a implementação do PSPN pelo governo de Minas Gerais, na forma de subsídio, trouxe transformações significativas para a carreira das/dos docentes. As mudanças incluíram a diminuição das oportunidades de promoção e progressão na carreira, a eliminação de gratificações e benefícios vinculados ao tempo de serviço, e o reposicionamento de servidores veteranos para os níveis iniciais da carreira. Essas medidas resultaram em insatisfação generalizada, perdas salariais e a supressão de direitos previamente estabelecidos, afetando profundamente a estrutura da carreira docente no estado.

---

[117] COELHO, 2016.

Essa insatisfação das/dos professoras/es não se originou dos valores em si, mas da forma como o PSPN foi negado na carreira de vencimento básico e da falta de oportunidades para que as/os docentes fossem valorizados salarialmente via gratificações, benefícios ou vantagens acumuladas pelo tempo de serviço. Esse sistema resultou em prejuízos significativos para os servidores mais antigos, que perderam direitos adquiridos antes de 1998, enquanto os que ingressaram na docência após esse período, especialmente depois de 2003, já não possuíam benefícios atrelados ao tempo de serviço, como biênios, quinquênios ou adicionais por tempo de serviço.

A expectativa era que o PSPN fosse integrado à carreira de vencimento básico, o que alteraria o salário inicial e, por consequência, todas as gratificações e benefícios seriam reajustados em um efeito cascata, impactando positivamente a remuneração das/dos professoras/es. Inclusive, professoras/es recém-efetivadas/os se beneficiariam dos interstícios mais elevados da carreira, que previam aumentos de 3% a cada dois anos e 22% após cinco anos, além de titulação, condicionados a uma avaliação de desempenho favorável.

A Lei do PSPN trouxe desafios significativos para a organização sindical, conforme observado por Coelho. O sindicato teve que se adaptar para atender a uma categoria profissional agora fragmentada e dividida. Existiam pelo menos três categorias distintas de professoras/es dentro da mesma carreira: os efetivos, os efetivados e os designados. Essa diversidade resultou em uma realidade profissional complexa, com alguns professores tendo direito a benefícios e outros não; alguns no início de suas carreiras e outros próximos ao fim; e alguns recebendo salários na forma de subsídio, enquanto outros recebiam vencimento básico. Esse cenário exigiu do sindicato uma nova abordagem para lidar com as diferentes necessidades e demandas desses grupos dentro da categoria.

Coelho reconheceu avanços significativos com a implementação da Lei do PSPN, especialmente no que se refere à regulamentação da jornada de trabalho das/dos professoras/es. A lei estabeleceu que dois terços da jornada deveriam ser dedicados à atividade docente e o terço restante às atividades extraclasse. Com essa medida, foi proibido que professoras/es em horário de planejamento substituíssem colegas ausentes, uma prática comum anteriormente, permitindo assim um melhor aproveitamento do tempo destinado ao planejamento e outras atividades extraclasse.

No entanto, Coelho também observou que, na prática, a jornada extraclasse se mostrou inviável para muitas/os professoras/es, que precisavam retornar à escola em outro turno para completar suas horas de trabalho. Essa situação evidenciou uma lacuna entre a intenção da lei e a realidade enfrentada pelas/pelos professoras/es, que ainda enfrentam desafios para equilibrar suas responsabilidades profissionais com as exigências da nova legislação.

Coelho abordou o que denominou de novidades que surgiram como forma de tornar a carreira docente mais atraente, como por exemplo, a exigência de formação superior em Licenciatura Plena para o acesso à docência, a inclusão da certificação como nível de formação e a jornada de trabalho de 30 horas semanais com salários mais competitivos. Essas mudanças, juntamente com as estratégias adotadas pelo governo estadual para consolidar a carreira do subsídio no contexto da Lei do PSPN, representaram, segundo o pesquisador, uma tentativa de reformulação da carreira docente.

Entre as medidas estratégicas, Coelho destaca que todas/todos as/os servidoras/es da educação foram posicionadas/os na modalidade de pagamento por subsídio, sendo facultado à/ao docente solicitar o retorno à antiga carreira de vencimento básico. Os salários iniciais tornaram-se mais atrativos em comparação com a carreira anterior, e no reposicionamento na carreira do subsídio, não se considerou a formação do professor, mas sim o seu posicionamento e remuneração vigentes na carreira de vencimento básico. O retorno à carreira de vencimento básico implicaria uma redução salarial, revertendo a situação de dezembro de 2010. Além disso, a vinculação prática do subsídio ao PSPN foi justificada pelo argumento de que a nova modalidade pagava um valor acima do estipulado pela legislação nacional.

A pesquisa de Coelho enfatiza que a insatisfação com o modelo de subsídio para o pagamento do PSPN e a perda de garantias relacionadas à valorização do tempo de serviço levaram os professores a uma mobilização histórica. A greve, que durou 112 dias, foi a mais longa já registrada na rede estadual de educação de Minas Gerais. A pressão exercida pela categoria sobre o governo estadual resultou no reconhecimento das perdas salariais e prejuízos causados pelo reposicionamento na tabela do subsídio, afetando principalmente as/os professoras/es mais experientes.

O julgamento da Ação Direta de Inconstitucionalidade (ADIn n. 4.167) em abril de 2011, com a pressão sindical pelo pagamento adequado do PSPN, impulsionou o governo a implementar o Sistema Unificado de Remuneração. Com isso, o governo passou a considerar o tempo de serviço efetivo das/dos professoras/es, adotando uma tabela de transição que resultou em um novo posicionamento salarial. Essa tabela de vencimento básico foi ajustada para refletir valores equivalentes ao PSPN, proporcionais a uma jornada de 24 horas semanais e com percentuais de interstício mais baixos. Segundo Coelho, o subsídio foi uma estratégia do governo estadual para cumprir os dispositivos da Lei do PSPN, focados no vencimento inicial e eliminar as gratificações e benefícios adicionais, conhecidos como "penduricalhos", para os servidores que ainda tinham direito a eles.

Coelho analisa a Lei do PSPN como uma política educacional ainda em fase de avaliação quanto ao seu impacto na valorização do magistério e na melhoria da qualidade do ensino. Embora estudos indiquem efeitos positivos do PSPN, especialmente em regiões economicamente desfavorecidas como o Norte e Nordeste, há também evidências do aumento da remuneração salarial, porém, com prejuízo de outras conquistas que estavam consolidadas, como por exemplo, o caso da retirada de direitos e vantagens nas carreiras da REE-MG com o subsídio, e os casos de Santa Catarina e do Rio Grande do Norte, cuja implementação do PSPN se restringiu à/ao professora/professor com formação em ensino médio, ficando os demais níveis da carreira com uma variação linear de reajuste e à mercê de futuras negociações.

Coelho argumenta que a alegação de insuficiência de recursos e as restrições impostas pela Lei de Responsabilidade Fiscal (LRF) são utilizadas pelo Poder Executivo local para justificar limitações na implementação da Lei do PSPN. O autor enfatiza a necessidade de um papel mais ativo do governo federal no financiamento da educação para que os governos estaduais e municipais possam cumprir suas obrigações legais e promover efetivamente a valorização docente. Além disso, Coelho conclui que o modelo de subsídio adotado em Minas Gerais, ao inviabilizar o pagamento do PSPN, comprometeu a possibilidade de melhorias e valorização na carreira docente no estado.

CONSIDERAÇÕES FINAIS

Este capítulo buscou instigar uma reflexão acerca da situação de professoras/es da REE-MG, com foco na carreira e remuneração. A pesquisa coletiva, conduzida pelo Prodoc, analisou dissertações e teses de 2008 a 2018 para melhor compreender a condição docente.

No que se refere aos resultados relacionados à carreira e à remuneração, os estudos selecionados revelaram nuances importantes destes elementos, evidenciando a necessidade de uma discussão aprofundada sobre as condições profissionais que afetam diretamente a realidade vivida por professoras/es da REE-MG. A remuneração, em particular, é destacada como um fator crítico que influencia a trajetória profissional das/dos professoras/es, exigindo uma análise que considere as implicações históricas, concretas e materiais da profissão docente.

Os apontamos de Brito revelaram a instituição de planos de carreira baseados na meritocracia, nos princípios gerenciais de eficiência e eficácia e na responsabilização docente; a legitimação do trabalho precário dada pela Lei complementar de n. 100; a realização de esforços do governo Aécio Neves, com vistas a atribuir novas dimensões ao trabalho docente, por meio do movimento da contradição profissionalização/precarização.

Maciel destacou que, no contexto do neoliberalismo, o trabalho docente é marcado pela precarização, intensificação, empobrecimento, instabilidade, bem como deterioração social e desvalorização profissional. Observou medidas relativas ao aumento dos contratos temporários, arrocho salarial, desrespeito a um piso salarial nacional, inadequação ou mesmo ausência, em alguns casos, de planos de cargos e salários, perda de garantias trabalhistas e previdenciárias, dentre outras.

A pesquisa de Coelho apontou a complexa realidade na implementação da Lei do PSPN em Minas Gerais. A adoção do modelo de subsídio, embora tenha trazido avanços em termos de regulamentação da jornada de trabalho, resultou em uma fragmentação da categoria docente e na perda de direitos anteriormente consolidados. A greve refletiu a insatisfação profunda das/dos professoras/es com as mudanças, levando a um reconhecimento parcial das perdas pelo governo estadual. No entanto, a efetiva valorização do magistério e a melhoria da qualidade do ensino ainda parecem distantes, evidenciando a necessidade de um financiamento mais robusto por parte do governo federal e de políticas que reconheçam a importância da valorização do tempo de serviço na carreira docente.

O panorama das pesquisas revela que a construção do trabalho docente se insere em um cenário de deterioração social e desvalorização profissional. A condição docente tem sido afetada por questões objetivas relacionadas ao trabalho docente, face ao contexto das reformas do estado, à reestruturação do capitalismo e às consequentes reformas educacionais, com efeitos perversos para o *estar* na docência — precarização, intensificação, controle, responsabilização etc. —, e para o *ser* docente, afetando as dimensões da subjetividade da/do professora/professor — desmotivação, descontentamento, insatisfação, adoecimento, falta de esperança, dentre outros sentimentos.

O pequeno número de pesquisas sobre carreira (duas dissertações) e remuneração (uma dissertação) leva a destacar a necessidade de investimento nessas temáticas, de modo a possibilitar reflexões e melhor compreensão das condições profissionais de trabalho das/dos professoras/es da REE-MG.

REFERÊNCIAS

BOLLMANN, Maria da Graça Nóbrega. Carreira docente. *In:* OLIVEIRA, Dalila Andrade; DUARTE, Adriana Maria Cancella; VIEIRA, Lívia Maria Fraga. *Dicionário:* trabalho, profissão e condição docente. Belo Horizonte: UFMG/Faculdade de Educação, 2010. CDROM.

BRASIL. *Lei n. 9394, de 20 de dezembro de 1996.* Estabelece as diretrizes e bases da educação nacional. Brasília Presidência da República, 23 dez. 1996. Disponível em: https://www.planalto.gov.br/ccivil_03/leis/l9394.htm. Acesso em: 11 fev. 2023.

BRASIL. *Lei n.º 13005, de 25 de junho de 2014.* Aprova o Plano Nacional de Educação PNE e dá outras providências. Brasília: Ministério da Educação, 2014. Disponível em: https://pne.mec.gov.br/18-planos-subnacionais-de-educacao/543-plano-nacional-de-educacao-lei-n-13-005- 2014. Acesso em: 11 fev. 2023.

BRASIL. Lei n.º 11.738, de 16 de julho de 2008. Regulamenta a alínea "e" do inciso III do caput do art. 60 do Ato das Disposições Constitucionais Transitórias, para instituir o piso salarial profissional nacional para os profissionais do magistério público da educação básica. *Diário Oficial da União.* Brasília: Presidência da República, 17 jul. 2008.

BRITO, Vera Lúcia Ferreira Alves de. Plano de carreira profissional da educação básica em Minas Gerais: valorização profissional? *Educação em Foco*, São Paulo, ano 15, n. 19, p. 103-128, jun. 2012.

BRITO, Lucia Elena Pereira Franco. *A educação na reestruturação produtiva do capital*: um estudo sobre as reformas educativas e seu impacto no trabalho docente na Rede Estadual de Ensino de Minas Gerais (2003–2008). 2008. 174 f. Dissertação (Mestrado em Ciências Humanas) – Universidade Federal de Uberlândia, Uberlândia, 2008.

CAMARGO, Rubens Barbosa. Salário docente. *In:* OLIVEIRA, Dalila Andrade; DUARTE, Adriana Maria Cancella; VIEIRA, Lívia Maria Fraga. *Dicionário*: trabalho, profissão e condição docente. Belo Horizonte: UFMG/Faculdade de Educação, 2010. CDROM.

COELHO, Clayton Lúcio. *Efeitos da implementação do Piso Salarial Profissional Nacional na carreira dos docentes da Rede Estadual de Ensino de Minas Gerais:* subsídio e sistema unificado de remuneração. 2016. 327 f. Dissertação (Mestrado em Educação) – Universidade Federal de Minas Gerais, Belo Horizonte, 2016.

DINIZ-PEREIRA, Júlio Emílio. Formação de professores, trabalho e saberes docentes. *Trabalho e Educação* (UFMG), Belo Horizonte, v. 24, p. 159-168, 2015.

DINIZ-PEREIRA, Júlio Emílio. O estado do conhecimento sobre a condição docente de professoras/es da Rede Estadual de Minas Gerais: o estágio atual da pesquisa. In: SIMPÓSIO DE GRUPOS DE PESQUISA SOBRE FORMAÇÃO DE PROFESSORES NO BRASIL, 4., Brasília, 2021. *Anais* [...]. Brasília: Universidade de Brasília, 2021. v. 4, p. 1-10.

FANFANI, Emilio Tenti. *La condición docente:* análisis comparado de la Argentina, Brasil, Perú y Uruguay. Buenos Aires: Siglo XXI Editores Argentina, 2005.

FANFANI, Emilio Tenti. Condição docente. *In:* OLIVEIRA, Dalila Andrade; DUARTE, Adriana Maria Cancella; VIEIRA, Lívia Maria Fraga. *Dicionário:* trabalho, profissão e condição docente. Belo Horizonte: UFMG/Faculdade de Educação, 2010. CDROM.

GATTI, Bernardete Angelina; BARRETTO, Elba Siqueira de Sá (coord.). *Professores do Brasil:* impasses e desafios. Brasília: Unesco, 2009.

OLIVEIRA, D. A. Trabalho docente. *In:* OLIVEIRA, Dalila Andrade; DUARTE, Adriana Maria Cancella; VIEIRA, Lívia Maria Fraga. *Dicionário:* trabalho, profissão e condição docente. Belo Horizonte: UFMG/Faculdade de Educação, 2010. CDROM.

PEREIRA, Lucia Regina Montebello. Remuneração. *In:* OLIVEIRA, Dalila Andrade; DUARTE, Adriana Maria Cancella; VIEIRA, Lívia Maria Fraga. *Dicionário*: trabalho, profissão e condição docente. Belo Horizonte: UFMG/Faculdade de Educação, 2010. CDROM.

SERAFINI, Mariana. Apagão de professores: a maioria dos estudantes de licenciatura desiste da carreira docente antes da formatura. *Carta Capital*, São Paulo, 25 jan. 2024. Disponível em: https://www.cartacapital.com.br/politica/apagao-de-professores/. Acesso em: 15 maio 2024.

TARDIF, Maurice. A profissionalização do ensino passados trinta anos: dois passos para frente, três passos para trás. *Educação e Sociedade*, Campinas, v. 34, n. 123, p. 551-571, abr./jun. 2013.

4

DIVERSIDADE E CONDIÇÃO DOCENTE DE PROFESSORAS/ES DA REDE ESTADUAL DE EDUCAÇÃO DE MINAS GERAIS

Ana Paula Andrade
Karla Cunha Pádua
Margareth Diniz
Santuza Amorim da Silva

INTRODUÇÃO

Pensar a diversidade na rede estadual de ensino de Minas Gerais requer um olhar interseccional para as questões de gênero e sexualidade, para as relações étnico-raciais e para a inclusão de pessoas com deficiência. A interseccionalidade nos permite perceber a estrutura que exclui por LGBTQIAPN+fobia, pela misoginia, pelo racismo e pelo capacitismo.

Os temas tratados neste texto fazem parte das demandas das sociedades contemporâneas que trazem desafios novos para as instituições de formação de professoras/es, entre eles, a preparação para a questão da diversidade cultural como parte do compromisso com a redução das desigualdades de desempenho de alunos/as tradicionalmente marginalizados/as. Tendo em vista ampliar as possibilidades de os/as futuros/as docentes refletirem sobre a pluralidade de culturas das infâncias e das juventudes, impõe-se a urgência de abordar as temáticas das relações étnico-raciais e de gênero como disciplinas específicas (obrigatórias, optativas ou eletivas) e como temas transversais nos currículos. Entendemos que trazer tais temáticas para a formação inicial e continuada de professoras/es é uma forma de favorecer o diálogo e a reflexão acerca das problemáticas cotidianas das instituições escolares e suas demandas educativas.

Na educação, após a segunda metade do século XX, podemos observar a passagem dos estudos sobre como certos grupos eram vistos e tratados por um viés de doença para uma abordagem sobre a diversidade e a diferença numa perspectiva social. Associada ao declínio dos modelos biológicos de compreensão de identidades sociais, e dos ideais de uma raça pura e perfeita como projeto de nação, bem como o questionamento sobre o racismo e outras formas de manutenção das desigualdades históricas, surgiu a possibilidade de desenvolvimento de um novo paradigma de compreensão da diversidade social em seus aspectos étnico-raciais, de condições físicas e mentais, culturais e até mesmo do gênero e da sexualidade, impulsionados por sua vez pelos movimentos sociais como o feminismo, a antipsiquiatria e o movimento de afirmação negra, bem como o movimento das pessoas com deficiência.

É inegável o papel de destaque que a instituição escolar tem na nossa cultura. Cada vez mais cedo, as crianças vão para as escolas, saem do universo particular da família e entram no mundo coletivo e relacional das escolas. Dessa forma, pensar uma escola inclusiva é pensar na dimensão das relações que se estabelecem no espaço escolar. Arroyo[118] diz que quando tentamos mudar a escola sempre pensamos em mudanças no campo do conhecimento: novas tecnologias, nova docência, novos currículos. Para o autor, os tempos atuais representam um momento singular em que as mudanças devem acontecer no campo da cultura, dos valores e da ética.

Nessa direção, e concebendo a escola como espaço de encontro entre culturas diferentes, Vera Candau[119] defende o reconhecimento das diferenças como vantagem pedagógica e elemento crucial para o exercício da cidadania e para a reinvenção da escola como uma construção coletiva. A autora nos convida, nessa perspectiva, a estimular trocas, intercâmbios, interações e diálogos entre "os diferentes grupos presentes na comunidade e no tecido social mais amplo, favorecendo uma dinâmica escolar aberta e inclusiva".[120]

Neste texto apresentamos resultados de estudos de nove trabalhos com o tema da Inclusiva/Educação Especial; oito trabalhos sobre Relações Étnico-Raciais e Educação e quatro trabalhos sobre o tema Educação e Gênero,

---

[118] ARROYO, Miguel González. *Imagens quebradas*: trajetórias e tempos de alunos e mestres. Petrópolis: Vozes, 2004.

[119] CANDAU, Vera Maria. Ensinar – aprender: desafios atuais da profissão docente. *Revista COCAR,* Belém, Edição Especial, n. 2, p. 298-318, ago./dez. 2016.

[120] CANDAU, 2016, p. 307.

englobados dentro da temática mais ampla da Diversidade, totalizando 21 trabalhos analisados. A seguir vamos discorrer e analisar essa produção, entendendo que a condição docente deve abarcar hoje a discussão dessas temáticas, tanto na formação docente inicial, quanto na continuada.

4.1 EDUCAÇÃO E INCLUSÃO DE PESSOAS COM DEFICIÊNCIA

Em relação ao tema Educação Inclusiva/Educação especial, foram lidas e analisadas nove dissertações de mestrado e uma tese. As pesquisas foram realizadas entre 2008 e 2017, em programas de pós-graduação da região Sudeste, sendo a maioria em Minas Gerais. Os sujeitos que participaram em três das pesquisas analisadas foram crianças dos anos iniciais da educação básica; em duas das pesquisas analisadas, uma delas destacou estudantes da educação física — anos finais; uma outra privilegiou os discentes de química; em outra os discentes surdos dos cursos de geografia, prevalecendo, portanto, um acento no olhar dos/das pesquisadores/as em relação aos discentes, pois apenas em duas pesquisas o destaque foi dado às/aos professores/es do ensino fundamental. Em duas pesquisas, privilegiou-se a política.

As temáticas privilegiadas nas pesquisas foram: a inclusão de crianças pequenas no ensino fundamental, em três pesquisas; pré-teste e pós-teste de competências em educação física para pessoa com deficiência, em outra; a função da corrente sócio-histórica da Psicologia na inclusão; e, em outra pesquisa, destacou-se a formação de professoras/es e a psicologia sócio-histórica, sendo essas duas pesquisas muito próximas e desenvolvidas no mesmo programa.

Além desses temas, duas pesquisas enveredaram pela discussão da política de inclusão. A tese teve como tema a educação bilíngue em geografia nas escolas de surdos, discutindo a marginalização linguístico-educacional da sociedade Surda, a qual sofre preconceitos e, consequentemente, exclusão. No referido trabalho de pesquisa, destacou-se os aspectos relativos à inclusão educacional das pessoas surdas a fim de expandir a participação desse grupo dentro do processo educativo. Essa pesquisa constatou que a maioria das escolas pesquisadas atua na perspectiva bilíngue de ensino, adotando a Libras como primeira língua e o português escrito como segunda língua, além de valorizar a cultura surda e as metodologias de ensino bilíngues. Há professoras/es ouvintes proficientes em Libras, professoras/

es surdos, eventos e atividades culturais, o que desperta o sentimento de pertencimento nos seus estudantes. Todavia, constatou-se que ainda existem Escolas de Surdos que trabalham pautando-se no ouvintismo, pois suas práticas não reconhecem a cultura surda e utilizam a Libras apenas como meio para se ter acesso ao conhecimento produzido em português.

Ao tentar vincular os temas destacados das pesquisas acerca da inclusão/educação especial aos elementos e aspectos do conceito de condição docente, percebemos que a dificuldade da docência continua sendo lidar com a diferença, pois essa atitude requer um olhar específico do/da docente para cada caso singular, o qual sempre apresenta uma especificidade. Há necessidade de aprofundar a discussão teórica, em torno do debate inacabado entre distintas concepções a respeito da relação entre educação e diferença: a diferença como constituição subjetiva; a diferença como condição a ser enfrentada no campo educacional; a diferença como construção histórica, social e política articulada ao campo das políticas públicas; a diferença como elemento de desafio à cultura escolar.

De forma geral, as pesquisas apontam o impacto da desigualdade social na relação família/escola quando se trata de pessoas com necessidades especiais; detectam o problema da concepção da inclusão como socialização *versus* a aprendizagem; destacam a naturalização da representação da incapacidade docente *versus* a formação continuada para a atuação inclusiva e, ainda, a inclusão como ação isolada docente *versus* compreensão institucional da diferença. As pesquisas realizadas trazem um posicionamento favorável dos/das professores/as a respeito da educação inclusiva, mas apontam a falta de capacitação adequada dos/das docentes para trabalhar com sujeitos especiais; carência de condições infraestruturais e de recursos didáticos para viabilizar a educação inclusiva, fazendo duras críticas à Secretaria Estadual de Educação (SEE) de Minas Gerais, por não assegurar as condições necessárias, para promover a educação inclusiva na escola, de modo eficaz e satisfatório.

Os sentimentos de medo e despreparo diante de um aluno com deficiência também são apontados recorrentemente em outros estudos relativos às percepções docentes a respeito do trabalho com alunos com deficiência nas escolas regulares.[121] Esses sentimentos podem afetar o

---

[121] NAUJORKS, Maria Inês. Stress e inclusão: indicadores de stress em professores frente a inclusão de alunos com necessidades educacionais especiais. *Revista Educação Especial*, [s. l.], n. 20, p. 117-125, 2002; ANJOS, Hildete Pereira dos; ANDRADE, Emmanuele Pereira de; PEREIRA, Mirian Rosa. A inclusão escolar do ponto de vista dos professores: o processo de constituição de um discurso. *Revista Brasileira de Educação*, Rio de Janeiro, v. 14, n. 40, jan./abr. 2009.

trabalho docente e ter como desfecho uma atitude de acomodação frente às dificuldades ou impedimento de renovação das práticas pedagógicas.

Quanto à metodologia adotada em quatro dissertações analisadas, os/as pesquisadores/as afirmaram ter usado a pesquisa qualitativa, por meio de um estudo de caso em três delas, usando como instrumentos entrevistas e questionários. Em uma delas, além do estudo de caso, o pesquisador trabalhou com pesquisa documental. Uma pesquisa usou a pesquisa-intervenção, selecionando um grupo de 40 docentes, as/os quais foram acompanhadas/os e avaliadas/os durante o programa instrucional. De acordo com o pesquisador, essa metodologia agrega técnicas de ações planejadas e orientadas de intervenção em situações educacionais e tem sido aproveitada como instrumento para a aplicação, implantação e implementação de programas e projetos de políticas públicas em educação continuada. O pesquisador afirma ter usado um delineamento de pesquisa estatística do tipo pré-teste e pós-teste, aplicados no início e ao final do programa, para se verificar o nível de entrada ou de competências (conhecimento, habilidades e atitudes) de professores de educação física e afirma, ao final, que houve ganho de competências pelos participantes, em função do treinamento docente realizado. Essa concepção de formação vai ao encontro do referencial teórico e metodológico que tem sido adotado em cursos de formação docente aliados ao paradigma do professor reflexivo.

Por outro lado, em outra pesquisa-intervenção, visou-se analisar as relações de subjetivação da atuação docente no processo de inclusão escolar de alunos com deficiência, por meio do método dialético, que tem por objeto de estudo o sujeito histórico. A análise dos dados coletados utilizou a metodologia da análise de conteúdo, numa perspectiva crítica e contextualizada, de acordo com os/as pesquisadores/as. A realização de um dos estudos teve o caráter de pesquisa exploratória e descritiva, a partir do método indutivo e, para a interpretação dos dados, foi utilizado o *software* estatístico *Statistical Package for Social Sciences* (SPSS). Os dados da pesquisa tiveram uma abordagem qualitativa, com a discussão voltada para a análise de conteúdo.

Várias pesquisas utilizaram como referencial teórico os/as autores/as do campo da educação especial na perspectiva da inclusão,[122] trazendo

---

[122] MANTOAN, Maria Teresa E. *Ser ou estar:* eis a questão – Explicando o déficit intelectual. Rio de Janeiro: WVA, 1997.

poucas/os autoras/es mais recentes nessa discussão. No campo da aprendizagem e do desenvolvimento, destaca-se o modo como os pressupostos da Psicologia Histórico-Cultural incidem na formação docente favorecendo a construção de práticas inclusivas.

Em relação aos resultados dessas pesquisas, podemos destacar que os nove trabalhos analisados apontam para os desafios da inclusão no ensino fundamental, destacando falta de condições materiais, falta de formação e de preparo das/dos professoras/es para lidar com a inclusão de pessoas com deficiência e um pequeno avanço na apropriação da teoria sociointeracionista possibilitando a inclusão da aprendizagem propriamente dita.

As pesquisas que analisaram as políticas públicas de educação inclusiva, implementadas no estado de Minas Gerais, buscam identificar quais são as práticas pedagógicas de inclusão escolar desenvolvidas pelas/pelos professores/es em escolas consideradas "referências" na inclusão escolar do Estado. O projeto "Incluir", implantado em 2009, visou investir em algumas escolas inclusivas que seriam referência ao modelo de inclusão adotado pelo estado para melhorar a operacionalização da política inclusiva na Rede Estadual de Ensino de Minas Gerais a partir das práticas exitosas que fossem constatadas, dada a extensão do estado e o alto custo para equipar cada uma das escolas estaduais existentes. Uma outra perspectiva da política para a educação inclusiva no estado visava à formação de professoras/es.

Uma pesquisa, ao analisar de que forma a política pública de formação de professoras/es para atuarem no magistério, com os sujeitos especiais, implementadas pela SEE-MG, buscou verificar de que forma tem se desenvolvido o processo de inclusão em uma escola estadual, referência da inclusão.

A pesquisa que analisou a política pública do atendimento educacional especializado destaca que, mesmo com todas as dificuldades observadas, a realidade municipal encontra-se relativamente mais estruturada do que o sistema de ensino estadual, principalmente quando considerado o trabalho realizado pelo Atendimento Educacional Especializado (AEE) nas Salas de Recursos Multifuncionais. Também, pode-se dizer que o principal entrave no contexto da Educação Inclusiva se deve à existência de práticas pedagógicas e sociais cristalizadas, visto que ainda perdura a concepção idealizada de aluno como sujeito cuja individualidade não é respeitada e, sobretudo, valorizada. Por conseguinte, as áreas do conhecimento tradicionalmente valorizadas no ensino comum têm sido reproduzidas nos processos de escolarização de pessoas com deficiência, limitando experiências diversificadas de ensino e aprendizagem.

Partindo das análises desses trabalhos, podemos inferir que a inclusão escolar é um tema que causa muita controvérsia e resistência entre as/os educadoras/es, fato que pode ser visualizado tomando por base as ações segregativas ou de integração ainda comum e que nada auxiliam o desenvolvimento e a aprendizagem dos alunos.

No Brasil, a década de 1990 é considerada o marco histórico referente à Educação para Todos. Desde então, a escolarização de alunos com necessidades educacionais especiais tem sido um tema em voga das políticas públicas educacionais, as quais, por sua vez, refletem a lógica neoliberal, sobrepondo o econômico ao social. Assim, o estado tem respondido minimamente às necessidades e aos anseios do setor educacional, de modo que se cogita uma inclusão às avessas. Em outras palavras, apesar de assegurado o direito de igualdade de acesso à educação, faltam condições efetivas para que a permanência desses alunos no processo de ensino e aprendizagem também seja uma realidade. Tal fato torna-se mais expressivo quando o público-alvo são as pessoas com deficiência (física, intelectual, sensorial ou múltipla). Com efeito, a inclusão escolar é um movimento que tem demandado definições de ordem prática, tanto em nível infraestrutural quanto organizacional.

Nas pesquisas analisadas, percebe-se o descompasso entre o propalado pela legislação educacional e as condições reais de exequibilidade de tal projeto, tendo em vista o atual panorama do sistema educacional brasileiro. São várias as incongruências, como a ideia de que Educação Inclusiva e Educação Especial sejam sinônimos. É consensual, no entanto, a necessidade de se (re)pensar a formação de professoras/es, promovendo a transformação das práticas pedagógicas tradicionais para que a educação, além de acessível a todos, seja também de qualidade.

Além da questão legislativa, não há como não defendermos a necessidade da formação continuada no espaço em que os profissionais atuam, de modo a possibilitar a problematização das inquietações docentes frente à educação inclusiva, com a equipe gestora e por meio de momentos de trocas, desabafos, preconceitos e dificuldades, buscar superar os mais diversos sentimentos frente aos alunos com deficiência, para que a aposta na aprendizagem e desenvolvimento dos alunos em suas diferenças, nas diversas capacidades e singularidades, em diversos contextos.

Algumas pesquisas destacam também a necessidade de estudo sobre as metodologias de ensino alternativas que podem ser utilizadas e/ou desenvolvidas, respeitando as individualidades dos alunos, intentando aproximar essas formas de ensino com a realidade que esses encontram, permitindo uma visão consciente de mundo.

4.2 EDUCAÇÃO, GÊNERO E SEXUALIDADE

O subtema "educação e gênero" engloba quatro trabalhos, a saber: "O que dizem os/as professoras/es acerca da diversidade sexual na escola" de Rafael Bonfim Lara, dissertação de mestrado de 2016; "Caminhos da docência: trajetórias de mulheres professoras em Sabará – Minas Gerais (1830-1904)" de Cecília Vieira do Nascimento, tese de doutorado de 2011; "Gênero e Diversidade na Escola (GDE): da elaboração da política pública às recontextualizações produzidas na prática de formação docente" de Emília Murta Moraes, tese de doutorado de 2013; e "A influência dos estereótipos que refletem identidades de gênero e orientação sexual nos trabalhos de desenvolvimento de letramento crítico em língua inglesa na escola regular" de Ludmila Ameno Ribeiro, dissertação de mestrado de 2015.

As pesquisas foram desenvolvidas no âmbito dos programas de pós-graduação de instituições públicas: duas no Programa de Pós-Graduação em Educação da Faculdade de Educação da Universidade Federal de Minas Gerais (PPGE/FaE/UFMG), uma no Programa de Pós-Graduação em Educação do Instituto de Ciências Humanas e Sociais da Universidade Federal de Ouro Preto (PPGE/ICHS/UFOP); e uma no Mestrado em Estudos de Linguagens do Centro Federal de Educação Tecnológica de Minas Gerais (CEFET MG).

Um dos trabalhos desenvolveu a pesquisa na Escola Estadual Dom Velloso, que é tradicional na cidade de Ouro Preto, Minas Gerais; já outro trabalho aconteceu em Sabará/MG; outro, no município de Buritizeiros, onde o programa foi analisado, sendo desenvolvido na Universidade Estadual de Montes Claros (Unimontes), e o último trabalho analisado foi realizado em uma escola pública de ensino médio em Belo Horizonte.

Em relação às/aos autoras/es citadas/os que fundamentam os trabalhos, apenas um deles utiliza referências do campo da formação de professoras/es — trabalho este orientado pelo professor Júlio Emílio Diniz-Pereira. Um dos trabalhos, por ser do campo da História da Educação, concentra seus referenciais nesse campo. Os demais trabalhos utilizam mais autoras/es que normalmente são referenciados no campo do Currículo. Os quatro trabalhos que discorrem sobre educação e gênero citam e fundamentam suas pesquisas em Guacira Lopes Louro. Judith Butler e Michel Foucault também são bem citados quando a temática é gênero.

Um dos trabalhos se destaca entre os demais por ser uma pesquisa que discute a questão educação e gênero no campo da História da Educação e retrata a inserção e a trajetória de mulheres professoras no período de 1830 a 1904. Os demais trabalhos aqui analisados vinculam às seguintes dimensões do conceito de condição docente: prática docente, saberes e fazeres docente, formação inicial e formação continuada de docentes e prática pedagógica.

As pesquisas foram realizadas com professoras e professores da educação básica, sendo que em uma delas foram professoras/es entre 30 e 51 anos de diferentes formações acadêmicas; em outra, participantes do curso Gênero e Diversidade na Escola: formação de professores/as em gênero, sexualidade, orientação sexual e relações étnico-raciais (GDE) da Rede de Educação para a Diversidade (Rede), promovido pelo Ministério da Educação (MEC) em parceria com instituições públicas de ensino superior — no caso dessa pesquisa, aquelas/es que cursaram na Unimontes, no município de Buritizeiro/MG; na outra, são professoras/es de língua inglesa do ensino médio em Minas Gerais. O último trabalho se diferencia dos demais por retratar mulheres em formação no período de 1830-1904, em Minas Gerais.

A análise documental esteve presente em três trabalhos. Com a exceção de um trabalho que foi essencialmente um trabalho documental e histórico, as demais pesquisas utilizaram também entrevistas semiestruturadas. Além dessas metodologias, uma pesquisa também realizou observação na escola, conversas iniciais com as/os professoras/es e diário de campo.

Um trabalho, Lara,[123] tratou do tema da diversidade sexual a partir de saberes e fazeres docentes que possibilitaram reflexões sobre como as sexualidades e os temas relacionados à diversidade sexual vêm sendo trabalhados na escola. Constatou-se que tais temáticas estão presentes no cotidiano dos estudantes, mas são pouco debatidos em sala de aula.

---

[123] LARA, Rafael Bonfim. *O que dizem os/as professoras/es acerca da diversidade sexual na escola*. 2016. Dissertação (Mestrado em Educação) – PPGE ICHS UFOP, Universidade Federal de Ouro Preto, Mariana, 2016.

Nascimento,[124] em um dos trabalhos analisados, percebeu que a inserção de mulheres no magistério no período pesquisado (1830–1904):

> [...] tem sido associada a piores condições de trabalho e a queda do salário pago ao professorado, acarretando desqualificação da profissão. [...], salienta-se, por meio desses elementos, a necessidade de esclarecer alterações e permanências na medida em que as mulheres foram se ocupando da função docente.[125]

A pesquisa desenvolvida por Moraes[126] mostrou que os preconceitos estão estruturados. Além disso, as/os cursistas do GDE/Unimontes entendem que uma educação que se fundamente no multi/interculturalismo só é possível se houver concordância de outras pessoas, como gestores educacionais, familiares e estudantes. Também concluiu que há muita dificuldade no entendimento de que a diversidade é parte integrante do currículo da educação básica. Assim "isentaram" a escola da "responsabilidade em promover preconceitos e discriminação, bem como em desconstruí-los e deixaram transparecer que, em relação aos temas da diversidade cultural, o que deve predominar é a opinião de cada um/a".[127]

Ribeiro,[128] em outro trabalho analisado, percebeu que estereótipo e/ou opiniões se constituíram nos discursos das/aos professoras/es, como "gays são engraçados e anormais", "sexualidade é opção", "só existem dois gêneros: masculino e feminino, ou seja, homem e mulher". Ele conclui que a lógica binária é imposta por uma sociedade heteronormativa.

Nos trabalhos analisados, verifica-se, em todos eles, que as questões de gênero ainda ocupam um não lugar na educação e na escola, que há ainda muito a ser feito para uma sociedade não LGBTQIAPN+fóbica e não misógina. Há uma certa falta de informação por parte das/dos professo-

---

[124] NASCIMENTO, Cecília Vieira do. *Caminhos da docência*: trajetórias de mulheres professoras em Sabará – Minas Gerais (1830-1904). 2011. Tese (Doutorado em Educação) – PPGE FAE UFMG, Universidade Federal de Minas Gerais, Belo Horizonte, 2011.

[125] NASCIMENTO, 2011, p. 188.

[126] MORAES, Emília Murta. *Gênero e Diversidade na Escola (GDE):* da elaboração da política públicas às recontextualizações produzidas na prática de formação docente. 2013. Dissertação (Mestrado em Educação) – PPGE FAE UFMG, Universidade Federal de Minas Gerais, Belo Horizonte, 2013.

[127] MORAES, 2013, p. 259.

[128] RIBEIRO, Ludmila Ameno. *A influência dos estereótipos que refletem identidades de gênero e orientação sexual nos trabalhos de desenvolvimento de letramento crítico em língua inglesa na escola regular.* 2015. Dissertação (Mestrado em Estudos de Linguagens) – Centro Federal de Educação Tecnológica de Minas Gerais (CEFET MG), Belo Horizonte, 2015

ras/es participantes, sujeitas/os nas pesquisas, que se deve muito a uma normalização e naturalização da heteronormatividade.

4.3 EDUCAÇÃO E RELAÇÕES ÉTNICO-RACIAIS

Neste item, apresentaremos as análises decorrentes da leitura de oito trabalhos (quatro dissertações e quatro teses) resultantes de pesquisas sobre Relações Étnico-Raciais e Educação. A maioria desses trabalhos (seis) foi desenvolvida na UFU, um na UFMG e um na UEMG. Apenas um trabalho foi produzido na década de 2000 (2008) e os demais na década de 2010, sendo um em 2011, dois em 2013, um em 2014 e três em 2016.

Sobre esse conjunto de trabalhos analisados, é importante destacar também que quatro deles foram produzidos na área da Educação e os demais em outras áreas do conhecimento, sendo dois em Geografia e dois em Química.

Em uma análise preliminar, levantamos as seguintes palavras-chave, partindo dos títulos desses trabalhos: diversidade na escola; pluriculturalidade; educação para as relações étnico-raciais; ensino de história africana e afro-brasileira; Lei 10.639/2003; práticas de formação docente; objetos de aprendizagem; práticas educativas; literatura infanto-juvenil. Como podemos ver, o tema das relações étnico-raciais é abordado na perspectiva das práticas de formação, das práticas educativas e de objetos mediadores do ensino-aprendizagem na escola.

Podemos também explorar um pouco mais as temáticas pesquisadas como: formação docente para a diversidade cultural; educação para as relações étnico-raciais no ambiente escolar; a Lei 10.639/2003 no ensino de História e de Geografia; desigualdade étnica na sociedade brasileira; formação continuada para o ensino de História e Cultura da África e Afro-brasileira; relações entre conteúdos químicos com a temática étnico-racial e a literatura africana e afro-brasileira em sala de aula.

Relativo ao campo empírico, os sujeitos participantes das pesquisas, de um modo geral, foram professoras/es da educação básica de diferentes localidades do estado de Minas Gerais, porém, algumas vezes, as amostras incluíram também alunos e funcionários de escolas. Outras pesquisas focalizaram participantes de um curso de formação continuada, licenciandos do Programa Institucional de Bolsas de Iniciação à Docência (Pibid) e uma auxiliar de biblioteca.

Quanto às metodologias, os principais instrumentos utilizados nas pesquisas foram: questionários (três), entrevistas (três), história oral temática (dois), análise documental (três), observação participante (um), pesquisa-ação (um), estudo de caso (um), muitos deles utilizados concomitantemente.

Entre os referenciais teóricos mais conhecidos mencionados nas pesquisas, temos aqueles mais voltados para a discussão da diversidade cultural e relações étnico-raciais, como: Stuart Hall; Vera Candau; Ana Canen; Reinaldo Matias Fleuri; Joan Wallach Scott; Tomaz Tadeu da Silva; Nilma Lino Gomes; Carlos Rodrigues Brandão; Luiz Alberto Oliveira Gonçalves; Petronilha Beatriz Gonçalves e Silva; Circe Bittencourt; Frantz Fanon; Kabenguele Munanga; Peter McLaren; Francisco Imbernón. Já no campo da Pedagogia e da formação docente, destacam-se os seguintes autores: Stephen J. Ball; Júlio Emílio Diniz-Pereira; Geraldo Leão; Bernadete Gatti; José Carlos Libâneio; José Gimeno Sacristán; Maurice Tardif; Marli André; Rui Canário; Antonio Nóvoa; Philipe Perrendoud; Mariano Fernández Enguita; Ilma Veiga; Antoni Zabala; Pedro Demo. Como autores clássicos de análise da sociedade brasileira, destacamos: Florestan Fernandes, Antônio Cândido e Milton Santos.

Entre as principais conclusões desses trabalhos, podemos dividi-las em três blocos. No primeiro bloco, os estudos destacam a importância de valorizar o legado da descendência africana e incentivar a cultura das classes populares, favorecendo a compreensão do passado e a diversidade cultural, assim como a necessidade de elaborar propostas que contemplem o contexto étnico-racial e ampliar o processo de valorização e compreensão das manifestações culturais na comunidade escolar; de capacitar (sic) as/os professoras/es a criar estratégias e materiais de ensino que envolvam a temática étnico-racial e de transformar a escola em um espaço democrático, sem preconceitos raciais, valorizando a cultura trazida do meio familiar para o meio escolar. Ainda nesse bloco, com temática mais específica relacionada à formação dos mediadores de leitura, os estudos destacam a necessidade do desenvolvimento de práticas que incorporem a literatura infanto-juvenil afro-brasileira no planejamento escolar como ferramenta para a implementação da Lei n. 10.639/03.

O segundo bloco ressalta a formação continuada como ferramenta necessária para a educação das relações étnico-raciais, para a construção de uma escola plural, para que as/os professoras/es reconheçam o racismo na escola e valorizem a diversidade étnica e racial de si e de seus alunos, para isso defendem a incorporação de práticas pedagógicas griôs ou a vivência de uma Pedagogia das Africanidades. Nessa direção, o PIBID foi considerado um importante processo formativo de professoras/es para Educação das Relações Étnico-raciais, possibilitando a seus participantes superar visões simplistas sobre a História e cultura africana e afro-brasileira, como recomenda a Lei 10.639/03.

No terceiro bloco, destacam-se conclusões relacionadas à dificuldade de trabalhar com a temática étnico-racial em decorrência de uma formação inicial precária acerca do tema e a necessidade de formação continuada que articule conhecimentos e práticas, assim como os limites das políticas de formação relacionadas aos contextos das instituições, das pessoas envolvidas, dos recursos, das histórias e dos compromissos locais, mas reconhecendo o papel dos cursos de formação para o início da desconstrução de algumas "verdades" consolidadas.

Diante dessas conclusões apresentadas pelos trabalhos de pesquisa analisados, podemos destacar algumas considerações. Podemos começar pela observação de que a temática étnico-racial emerge após a promulgação, em 2003, da Lei 10.639, que estabelece a inclusão da temática da História e Cultura Afro-brasileira no currículo oficial das redes de ensino, com apenas um trabalho sobre o tema na década de 2000, especificamente, em 2008; e a maioria deles na década seguinte — 2010: um trabalho em 2011; dois em 2013; um em 2014; e três em 2016; totalizando oito trabalhos.

Observamos que o interesse pela temática se intensifica, na década seguinte à promulgação da Lei, com um maior número de trabalhos no ano de 2016, portanto, mais de uma década após a promulgação dessa lei. Isto é mesmo esperado já que as discussões acadêmicas e a produção de trabalhos sobre a temática seguem um ritmo mais lento do que as políticas públicas e as práticas escolares.

Outra importante consideração refere-se às constatações de alguns trabalhos sobre práticas escolares ainda deficitárias sobre essa temática, apontando para a necessidade de formação inicial e continuada de professoras/es voltada para a temática étnico-racial. Na esteira dessa consideração, todos os trabalhos apontam para a necessidade de uma política de formação que privilegie a inclusão dessa temática nos currículos e propostas pedagógicas de cursos de formação de professoras/es.

Outra consideração relevante é a ausência completa da questão indígena nos trabalhos analisados, pois a Lei 10.639 foi modificada pela Lei 11.645, de 2008, para incluir a obrigatoriedade da temática "História e Cultura Afro-brasileira e Indígena". É preocupante a ausência da temática indígena nas escolas e nos cursos de formação de professoras/es, visto que a referida Lei não prevê a obrigatoriedade dessa temática no ensino superior, especialmente, nas licenciaturas.

Os trabalhos analisados, entretanto, ressaltaram a existência em nosso país de uma desigualdade étnico-racial, para além da desigualdade social, relacionada à condição de classe social. Portanto, defendemos que a inclusão da temática étnico-racial em cursos de formação inicial e continuada de professoras/es contemple a discussão da História e Cultura Afro-brasileira e Indígena em seus currículos e propostas pedagógicas.

4.4 ELEMENTOS INDICADORES PARA PENSAR A CONDIÇÃO DOCENTE A PARTIR DAS PESQUISAS ANALISADAS

Nas últimas décadas, dado o contexto cada vez mais plural e diverso da sociedade contemporânea, temas relacionados à diversidade cultural, social, econômica e racial, ocupam o centro do debate e adentram o cenário educacional. À vista disso, Fanfani,[129] em sua obra sobre a condição docente, ressalta a relevância na contemporaneidade de a educação atender às demandas sociais no que diz respeito às diferenças étnicas, culturais, sociais, e, por conseguinte, de a formação docente contemplar conhecimentos e valores que balizam essas demandas para formar indivíduos preparados para atuar de modo ativo na vida social.

As dissertações e teses analisadas nesta parte da pesquisa, bem como outras desse mesmo campo temático que dialogam com a formação de professoras/es, apresentam aspectos importantes da presença dessa subjetividade da qual nos reporta Fanfani, quando ele afirma que, para compreender a condição docente, é importante incluir as percepções, representações, opiniões e expectativas das/dos docentes. Desse modo, tendo em vista as reflexões postas pelos trabalhos aqui analisados, vamos destacar os elementos principais sinalizados por seus autores, no sentido de

---

[129] FANFANI, Emilio Tenti. *La condición docente*: análisis comparada de la Argentina, Brasil, Peru y Uruguay. Buenos Aires: Siglo XXI Editora Argentina, 2007; FANFANI, Emilio Tenti. Condição docente. *In*: OLIVEIRA, Dalila Andrade; DUARTE, Adriana Maria Cancella; VIEIRA, Lívia Maria Fraga. *Dicionário*: trabalho, profissão e condição docente. Belo Horizonte: UFMG/FAE, 2010. CDROM.

relacionar a condição docente com os dados e reflexões apresentadas nessas pesquisas sobre as escolas da rede estadual de educação de Minas Gerais.

A legislação, já mencionada anteriormente, após 2003, foi um marco para que a temática das relações étnico-raciais adentrasse o universo da formação de professoras/es em nossas universidades. Não obstante, embora seja importante no campo das políticas educacionais, a aprovação de leis e diretrizes não são capazes de operar grandes mudanças, se não houver total adesão de quem trabalha no cotidiano da escola e faz o ensino acontecer. A explicitação de que a/o docente não irá mudar a sua postura ou a sua prática para atender os pressupostos contidos na lei e começar a trabalhar com o ensino da história e cultura africana e indígena tal qual é recomendado, é perceptível nos trabalhos analisados.

Do mesmo modo, os trabalhos sobre educação e gênero apontam a urgência da temática na formação docente, uma vez que apontam construções estereotipadas das subjetividades dos sujeitos que estão na escola e na sociedade.

Em todos os trabalhos analisados no tópico "educação e relações étnico-raciais", há indicações sobre a dificuldade de colocar em prática as recomendações postas pelas leis 10.639/2003 e 11.645/2008 e pelas Diretrizes Curriculares Nacionais para a Educação das Relações Étnico-Raciais e para o ensino de História e Cultura Afro-Brasileira e Africana (DCN ERER). Tais dificuldades se devem a alguns fatores. O principal motivo apresentado nos trabalhos se relaciona de modo especial à falta de formação e o total desconhecimento sobre a temática, causando insegurança para efetivar, na prática docente, o que é preconizado nas leis e diretrizes. Além disso, ainda foram elencados outros fatores, como o descaso pela docência existente no interior dos cursos, em que a "licenciatura vai perdendo o seu brilho", ocasionando o desapreço dos licenciandos pela carreira docente.

Esse desencanto para assumir a docência como profissão já vem sendo discutido e apontado há algumas décadas, como podemos depreender da pesquisa de Gatti,[130] ao reconhecer que o afastamento da docência é consequência da precarização do trabalho docente, dos baixos salários, da desvalorização da carreira docente; ausência de política de formação continuada, considerados nesta reflexão, como elementos constitutivos das dimensões objetivas da condição docente.

---

[130] GATTI, Bernadete Angelina. Licenciaturas: crise sem mudança? In: DALBEN, Ângela et al. (org.). Convergências e tensões no campo da formação e do trabalho docente. Belo Horizonte: Autêntica, 2010.

Há de se destacar ainda que a falta de formação nesse campo temático faz com que as/os docentes se sintam inaptos e inseguros para abordar a temática em sala de aula e tenham dificuldades para identificar e lidar com as situações de racismo que ocorrem no cotidiano da escola, entre os alunos, ou mesmo entre os seus pares. Uma das razões seria a precariedade da formação inicial para responder a essa demanda. Em alguns relatos, as/os professoras/es entrevistadas/os indicaram que a universidade não assumiu o que estava prescrito nas disposições legais para implementar a proposta de uma formação para atuar na perspectiva de uma educação antirracista nos cursos de licenciatura e de Pedagogia.

Indicam que esse importante lócus de formação continua mantendo currículos tradicionais atravessados "por concepções racistas e antipedagógicas em relação aos negros e afrodescendentes", conforme Paula,[131] nos quais os conteúdos concernentes à educação das relações étnico-raciais não dialogam com as DCN ERER (2004), aparecem de forma periférica e pouco colabora para a aquisição de saberes necessários para o desenvolvimento de práticas pedagógicas antirracistas e emancipatórias para a construção do trabalho docente.[132] Vale dizer que uma das explicações para o não comparecimento dessa formação na universidade seria atribuída ao racismo institucional[133] que permeia essa instituição, razão pela qual esse tema precisa ser debatido de forma sólida e profunda para a construção de "novos" currículos, numa perspectiva descolonizadora e questionadora das bases racistas e fundantes da sociedade brasileira.

Anterior aos marcos legais,[134] a necessidade sobre a inserção dessa abordagem nos cursos de formação de professoras/es foi defendida por

---

[131] PAULA, Benjamin Xavier de. *A educação para as relações étnico-raciais e o estudo de história e cultura da África e afro brasileira*: formação, saberes e práticas educativas, 2013. 346 f. Tese (Doutorado em Educação) – Faculdade de Educação, Universidade de Uberlândia, Uberlândia, 2013. p. 270.

[132] Pesquisas mais recentes, como a de Meira (2018), continuam atestando que os currículos dos cursos de formação de professores/es ainda possuem pouca base teórica quanto ao tema das relações raciais e da História e Cultura da África e Afro-brasileira.

[133] O conceito de Racismo Institucional foi definido pelos ativistas do grupo Panteras Negras, Stokely Carmichael e Charles Hamilton, em 1967, para especificar o racismo que se manifesta nas estruturas das instituições, referindo-se a uma "falha coletiva de uma organização em prover um serviço apropriado e profissional às pessoas por causa de sua cor, cultura ou origem étnica". Disponível em: https://racismoinstitucional.geledes. org.br/o-que-e-racismo-institucional. Acesso em: 18 abr. 2022.

[134] Trata-se das DCN ERER (2004) e as Diretrizes Curriculares para o Curso de Pedagogia (2006). De acordo com esta última, "o egresso do curso de Pedagogia deverá estar apto a demonstrar consciência da diversidade, respeitando as diferenças de natureza ambiental-ecológica, étnico-racial, de gênero, faixas geracionais, classes sociais, religiões, necessidades especiais, escolhas sexuais, entre outras". BRASIL, 2006, art. 5, p. 2.

pesquisadoras/es[135] que já recomendavam uma educação multicultural oportunizadora de novos olhares e atitudes diante da diversidade e das diferenças. Entende-se que uma formação comprometida com esses saberes e o diálogo com a dimensão identitária dos sujeitos envolvidos nesse processo constituem-se em dimensões importantes para a/o docente avançar em suas percepções e atuação em relação às problemáticas postas para uma educação inclusiva.

Alguns trabalhos analisados apontaram casos de docentes que declararam não perceber ou identificar situações de racismo na escola. A presença de uma percepção eurocentrada da escola e da sociedade e o pouco conhecimento em relação aos aspectos que constituem uma escola multicultural é algo recorrente no âmbito das duas formações, inicial e continuada. A aproximação com os conteúdos e saberes desse campo apresenta-se como possibilidade de questionamento e de desconstrução de visões estereotipadas e preconceituosas, em relação aos assuntos que permeiam essa complexa discussão. Reflexões que reverberam em novos olhares e descobertas, com implicações na forma de como esse sujeito se vê, especificamente, em relação ao seu pertencimento étnico racial, assim como no modo de se posicionar nessa sociedade multicultural, mesmo no que diz respeito a aspectos mais gerais. Como este que envolve a política de cotas raciais, como se vê no relato de uma licencianda:

> [...] até umas duas semanas atrás, que a gente começou a ler, eu era contra [as cotas]. Então eu fui analisando que às vezes a gente não tem muito embasamento, a gente só tem aquela opinião e pronto[...]. assim, eu já meio que mudei [...] Eu acho interessante a questão da Lei.[136]

Por outro lado, há a indicação de que o reconhecimento e a identificação desse sujeito docente como afrodescendente, bem como o engajamento político e a militância em movimentos sociais, age como um dos fatores decisivos para o modo como ela/ele irá ocupar-se desse assunto em seu

---

[135] CANDAU, Vera Maria. Multiculturalismo e educação: desafios para a prática pedagógica. *In*: MOREIRA, Antonio Flávio Barbosa; CANDAU, Vera Maria (org.). *Multiculturalismo*: diferenças culturais e práticas pedagógicas. Petrópolis: Ed. Vozes, 2008. p. 13-37; CANEN, Ana. A pesquisa multicultural como eixo na formação docente: potenciais para a discussão da diversidade e das diferenças. *Revista Ensaio*: avaliação e políticas públicas em Educação, Rio de Janeiro, v. 16, n. 59, p. 297-308, abr./jun. 2008; ZEICHNER, Kenneth M. *A formação reflexiva do professor*: ideias e práticas. Lisboa: Educa, 1993.

[136] PINHEIRO, Juliano Soares. *Possibilidades de diálogos sobre questões étnico-raciais em um grupo PIBID – Química*. 2016. Tese (Doutorado em Educação) – Faculdade de Educação, Universidade de Uberlândia, Uberlândia, 2016. p. 134.

fazer docente. Ao desempenhar a docência em sala de aula, assumindo práticas propositivas e estratégias focadas em uma educação antirracista e na promoção da igualdade racial, esse sujeito tende a atuar de forma discordante daquilo que tem sido recorrentemente indicado nas pesquisas. Práticas nas quais a temática étnico-racial deixa de comparecer apenas de modo folclórico e em algumas datas do calendário escolar, aproximando-se do que Santomé[137] denomina de "currículo turístico", se referindo àquelas que aparecem esporadicamente no currículo escolar.

Essas/Esses professoras/es desenvolveram um trabalho pautado em práticas que buscam contribuir para superação de exclusões sociais, étnico-raciais, de gênero, culturais e tantas outras. Ou seja, as práticas ficam subordinadas ao compromisso de uma/um ou de outra/outro docente, cujo engajamento se deve a algum motivo particular. A partir disso, inferimos que, nesse caso, as condições subjetivas dessa/desse docente ultrapassam as condições objetivas da profissão e, mesmo diante de obstáculos, como a fragilidade da formação ou os de natureza materiais e/ou institucionais, algumas/alguns se mobilizam e efetivam ações significativas e transformadoras no ambiente escolar.

Em se tratando dos obstáculos institucionais, este é um fator frequentemente referenciado nos trabalhos como grande complicador para a implementação do trabalho com a diversidade. As/os docentes mencionaram a falta de compromisso dos gestores públicos e dos dirigentes educacionais em adotar medidas para a implementação das recomendações previstas na legislação. Uma professora, entrevistada em uma das pesquisas, manifesta que vê no governo de Minas e, em especial, por parte da Secretaria da Educação "uma postura clara de rejeição a essa abordagem da questão racial", sem política de formação e concepção pedagógica de discussão das Leis 10.693/03 e 11.645/08.

Cabe salientar que algumas pesquisas investigaram as duas redes, a estadual e a municipal, e a partir desses estudos, constatamos que esta última tende a realizar maior investimento em formação continuada e na oferta de materiais adequados para apoiar as práticas pedagógicas. No que concerne às políticas públicas da rede estadual, o empenho em formação continuada ainda é muito incipiente para ancorar o trabalho docente na perspectiva de uma educação antirracista. Fanfani pondera que

---

[137] SANTOMÉ, Jurjo. Torres. As culturas negadas e silenciadas no currículo. *In:* SILVA, Tomás Tadeu. (org.). *Alienígenas na sala de aula:* uma introdução aos estudos culturais em educação. Petrópolis: Vozes, 1995. p. 159-177.

o grau de satisfação e o bem-estar docente estão fortemente associados às condições institucionais em que as/os professoras/es estão inseridas/os, além obviamente das condições sociais e econômicas que perpassam o trabalho docente. No caso específico da rede estadual, a precarização dos contratos de trabalho e as condições salariais são motivos de muita insatisfação profissional para as/os que nela atuam.

Outra questão relevante a trazer aqui relaciona-se ao tema da formação inicial e continuada de professoras/es, que nos remete aos saberes docentes, aspectos indissociáveis da condição docente. Para corroborar esse argumento, trazemos Tardif,[138] para quem os saberes práticos, que formam o conjunto de representações a partir dos quais os docentes interpretam, compreendem e orientam sua prática, são inseparáveis das outras dimensões da atividade profissional das/dos professoras/es e, portanto, constituintes da condição docente.

Muitos estudos, como o de Pimenta e Anastasiou,[139] há tempos já destacavam a exigência de requalificação profissional e, portanto, de cursos de formação continuada para darem conta das novas demandas que surgem com as transformações sociais. No entanto, as autoras destacam a necessidade dessa ação formar profissionais preparados cientificamente, tecnicamente, pedagógica e humanamente para refletir criticamente sobre o seu fazer docente e sobre o papel dos conhecimentos e da educação na construção de sociedades mais justas, democráticas e menos desiguais. Para isso, é fundamental a valorização dos pensamentos, sentimentos, crenças e valores das/dos docentes e de seus fazeres na escola. Urge também, como ressaltaram Tedesco e Fanfani,[140] a utilização crítica das novas tecnologias e dos recursos audiovisuais de modo a dinamizar e ampliar o diálogo da escola e das/dos professoras/es com as novas gerações.

---

[138] TARDIF, Maurice. O trabalho docente, a pedagogia e o ensino: interações humanas, tecnologias e dilemas. *Revista Cadernos de Educação*, FaE UFPel, Pelotas, n. 16, p. 15-47, jan./jun. 2001; TARDIF, Maurice. *Saberes docentes e formação profissional*. Petrópolis: Vozes, 2002.

[139] PIMENTA, Selma Garrido; ANASTASIOU, Léa das Graças Camargos. Educação, identidade e profissão docente. In: PIMENTA, Selma Garrido; ANASTASIOU, Léa das Graças Camargos. *Docência no ensino superior*. São Paulo: Cortez, 2002. (Coleção Docência em Formação, v. 1).

[140] TEDESCO, Juan Carlos; FANFANI, Emilio Tenti. Novos docentes e novos alunos. In: TEDESCO, Juan Carlos; FANFANI, Emilio Tenti. *Ofício de professor na América Latina e Caribe*. Fundação Víctor Civita/Unesco, Brasília 2004. p. 67-80.

Vimos, nos trabalhos analisados, a dificuldade de a formação influenciar de fato as concepções e práticas escolares. Zeichner,[141] alega que muitos são os motivos, entre eles, o uso de uma linguagem especializada e abstrata utilizada nos meios acadêmicos, as críticas negativas dos docentes universitários dirigidas às/aos docentes e suas práticas. Muito tempo se passou e ainda persiste a dificuldade de engajar as/os professoras/es nas pesquisas sobre o seu trabalho e de envolvê-las/los ativamente na interpretação dos resultados das pesquisas, tendo em vista "a construção de um relacionamento social mais ético e democrático entre pesquisadores e professores".[142] Segundo o autor, essas são questões fundamentais para que possamos agir sobre os mais importantes problemas das escolas, principalmente aqueles relacionados à raça, à classe e ao gênero.

Nessa direção, Zeichner defende uma "ligação mais forte entre a preparação acadêmica do professor e o saber proveniente da experiência dos professores das escolas".[143] Para o autor, uma das formas é criar oportunidades para que as representações das/dos docentes acerca dos temas em questão e de suas práticas sejam trazidas para os cursos de formação, como também defenderam Pimenta e Anastasiou.[144] Outro exemplo trazido por Zeichner[145] é a criação de modelos multimídias, em ambientes virtuais, para difundir experiências e práticas de ensino utilizados pelas/pelos professores/es da educação básica, o que também vai ao encontro da necessidade, apontada por Tedesco e Fanfani,[146] de aliar os recursos tradicionais de ensino às novas tecnologias da informação e da comunicação.

Zeichner, Saul e Diniz-Pereira[147] abordam também as condições de trabalho docente como dificultadores para o envolvimento criativo das/dos professoras/es na preparação de aulas inovadoras capazes de mobilizar os alunos para refletir sobre essas temáticas. Diante de tal desafio, pensamos

---

[141] ZEICHNER, Kenneth M. Para além da divisão entre professor-pesquisador e pesquisador acadêmico *In*: GERALDI, Corinta Maria Grisolia.; FIORENTINI, Dario; PEREIRA, Elisabete Moreira (org.). *Cartografia do trabalho docente*: professor(a)-pesquisador(a). Campinas: Mercado de Letras/ABL, 1998. p. 207-236.

[142] ZEICHNER, 1998, p. 3.

[143] ZEICHNER, Kenneth M. Repensando as conexões entre a formação na universidade e as experiências de campo na formação de professores em faculdades e universidades. *Educação*, Santa Maria, v. 35, n. 3, p. 479-504, set./dez. 2010. p. 488.

[144] PIMENTA; ANASTASIOU, 2002.

[145] ZEICHNER, 2010.

[146] TEDESCO; FANFANI, 2004.

[147] ZEICHNER, Kenneth M.; SAUL, Alexandre; DINIZ-PEREIRA, Júlio Emílio. Pesquisar e transformar a prática educativa: mudando as perguntas da formação de professores: uma entrevista com Kenneth M. Zeichner. *Revista e-Curriculum*, São Paulo, v. 12, n. 3, p. 2211-2224, out./dez. 2014.

que é fundamental preparar as/os novas/novos docentes para a cultura do profissionalismo coletivo, possibilitando experiências de trabalho em equipe e de atuação conjunta que estimulem a reflexão coletiva sobre as práticas pedagógicas, como defenderam Tedesco e Fanfani.[148]

CONSIDERAÇÕES FINAIS

Entre as principais reflexões que podemos extrair desse levantamento, destacamos a necessidade de um diálogo interdisciplinar, pautado numa perspectiva antirracista, antimisógina, que respeite as diversidades, que prepare o docente para atuar em uma escola cada vez mais complexa e intercultural. Só assim poderá contribuir para o fortalecimento das identidades dos/das docentes e das crianças, sejam elas mulheres, negras, indígenas, LGBTQIAPN+ ou não.

Impõe-se uma mudança de concepção do sujeito em relação à diversidade humana e à diferença, incluindo aí as pessoas com deficiência e/ou necessidades específicas, o gênero e a sexualidade, bem como a raça e a etnia. Uma escola inclusiva, afinada com os princípios preconizados pelos direitos humanos, respeita e valoriza todos os estudantes, cada um com suas características individuais, o que corrobora com a base da Sociedade para Todos, acolhendo os sujeitos e se modificando para garantir que os direitos de todos sejam respeitados.

No que diz respeito à temática étnico-racial, é importante destacar que, apesar de transcorrida quase uma década e meia da aprovação das Leis 10.639 e 11.645, as pesquisas analisadas, bem como estudos mais recentes,[149] continuam afirmando que as relações étnico-raciais ainda aparecem de forma frágil nos currículos e nas propostas de formação de professoras/es. Visto que essas questões são intrínsecas à condição docente, é preciso reforçar espaço nos processos formativos para discussão das temáticas aqui em foco, quais sejam: gênero e sexualidade, relações étnico-raciais, inclusão de pessoas com deficiência, a fim de preparar melhor as/os docentes para o enfrentamento desses debates no cotidiano da escola.

---

[148] TEDESCO; FANFANI, 2004.
[149] Ver artigo de SILVA, Santuza Amorim da; MEIRA, Flávia Paola Félix. A educação das relações étnico-raciais na formação inicial: um diálogo necessário no combate ao racismo. *Cadernos Cenpec*, São Paulo, v. 9, n. 1, p. 6-27, jan./jul. 2019, que discorre sobre como a temática da educação das relações étnico-raciais se faz presente na formação inicial, especificamente nos cursos de Pedagogia, tendo como base legal a implementação da lei 10.639/2003, que torna obrigatório o ensino de História e Cultura Afro-Brasileira na Educação Básica.

REFERÊNCIAS

ALMEIDA, Diones Carlos de Souza. *Entre a escola e a sociedade:* bases para a formação continuada de professores de Geografia na perspectiva da inclusão escolar de estudantes com baixa visão e cegos, em Uberlândia-MG. 2011. Dissertação (Mestrado em Ciências Humanas) – Universidade Federal de Uberlândia, Uberlândia, 2011.

ANJOS, Hildete Pereira dos; ANDRADE, Emmanuele Pereira de; PEREIRA, Mirian Rosa. A inclusão escolar do ponto de vista dos professores: o processo de constituição de um discurso. *Revista Brasileira de Educação*, Rio de Janeiro, v. 14, n. 40, jan./abr. 2009.

ARAÚJO, Luiz Antonio Souza de. *Programa de desenvolvimento de competências para profissionais de educação física na educação de crianças com deficiência intelectual.* 2009. 131 f. Dissertação (Mestrado em Educação) – Universidade do Estado do Rio de Janeiro, Rio de Janeiro, 2009.

ARROYO, Miguel González. *Imagens quebradas*: trajetórias e tempos de alunos e mestres. Petrópolis: Vozes, 2004.

BRASIL. Ministério da Educação. *Diretrizes Curriculares Nacionais para a Educação das Relações Étnico-Raciais e para o Ensino de História e Cultura Afro-Brasileira e Africana*. Brasília: MEC, 2006.

CANDAU, Vera Maria. Multiculturalismo e educação: desafios para a prática pedagógica. *In:* MOREIRA, Antonio Flávio Barbosa; CANDAU, Vera Maria (org.). *Multiculturalismo:* diferenças culturais e práticas pedagógicas. Petrópolis: Ed. Vozes, 2008. p. 13-37.

CANDAU, Vera Maria. Ensinar – aprender: desafios atuais da profissão docente. *Revista COCAR*, Belém, Edição Especial n. 2, p. 298-318, ago./dez. 2016.

CANEN, Ana. A pesquisa multicultural como eixo na formação docente: potenciais para a discussão da diversidade e das diferenças. *Revista Ensaio*: avaliação e políticas públicas em Educação, Rio de Janeiro: Fundação Cesgranrio, v. 16, n. 59, p. 297-308, abr./jun. 2008.

CARDOSO, Cristiane dos Reis. *Desvelando as tramas e os dramas da inclusão escolar*: um estudo com professores do ensino fundamental, 2017. Dissertação (Mestrado em Educação) – Universidade Federal de Alfenas, Alfenas, 2017.

CARVALHO, Ednéia do Nascimento. *Ensinar geografia, ensinar a pluriculturalidade.* 2008. Dissertação (Mestrado em Geografia) – Instituto de Geografia, Universidade Federal de Uberlândia, Uberlândia, 2008.

FAGUNDES, Márcia Verssiane Gusmão. *Lei 10.639/2003 e o ensino de geografia na educação básica*: contribuições a partir dos Catopés em Montes Claros, MG. 2016. Dissertação (Mestrado em Geografia) – Instituto de Geografia, Universidade Federal de Uberlândia, Uberlândia, 2016.

FANFANI, Emilio Tenti. *La condición docente*: análisis comparada de la Argentina, Brasil, Peru y Uruguay. Buenos Aires: Siglo XXI Editora Argentina, 2007.

FANFANI, Emilio Tenti. Condição docente. *In:* OLIVEIRA, Dalila Andrade; DUARTE, Adriana Maria Cancella; VIEIRA, Lívia Maria Fraga. *Dicionário*: trabalho, profissão e condição docente. Belo Horizonte: UFMG/FAE, 2010. CDROM.

FRANCO, Renata Maria da Silva. *Formação continuada de professores para práticas inclusivas*: contribuições da psicologia histórico-cultural. 2018. Dissertação (Mestrado em Educação) – Universidade Federal de Alfenas, Alfenas, 2018.

GATTI, Bernadete Angelina. Licenciaturas: crise sem mudança? *In:* DALBEN, Ângela *et al.* (org.). *Convergências e tensões no campo da formação e do trabalho docente.* Belo Horizonte: Autêntica, 2010.

GOYATÁ, Martha Célia. *A criança e a diferença em processo de inclusão*: uma aproximação entre o Atendimento Educacional Especializado e a Escola comum. 2014. Dissertação (Mestrado em Educação) – Faculdade de Educação, UEMG, Belo Horizonte, 2011.

LARA, Rafael Bonfim. *O que dizem os/as professoras/es acerca da diversidade sexual na escola.* 2016. Dissertação (Mestrado em Educação) – PPGE ICHS UFOP, Universidade Federal de Ouro Preto, Mariana, 2016.

MANTOAN, Maria Teresa E. *Ser ou estar:* eis a questão – Explicando o déficit intelectual. Rio de Janeiro: WVA, 1997.

MEIRA, Flávia Paola Félix. *A Educação das relações étnico-raciais no currículo de um curso de Pedagogia*: percursos, contribuições e desafios. Dissertação (Mestrado em Educação) – Faculdade de Educação, UEMG, Belo Horizonte, 2016.

MEIRELLES, Marlene. *Literatura infantil e juvenil e o ensino da História da África e da Cultura Afrobrasileira nas práticas e nos Projetos Político-Pedagógicos de escolas públicas*. 2016. Dissertação (Mestrado em Educação) – Faculdade de Educação, UEMG, Belo Horizonte, 2016.

MORAES, Emília Murta. *Gênero e Diversidade na Escola (GDE):* da elaboração da política públicas às recontextualizações produzidas na prática de formação docente. 2013. Dissertação (Mestrado em Educação) – PPGE FAE UFMG, Universidade Federal de Minas Gerais, Belo Horizonte, 2013.

NASCIMENTO, Cecília Vieira do. *Caminhos da docência*: trajetórias de mulheres professoras em Sabará – Minas Gerais (1830-1904). 2011. Tese (Doutorado em Educação) – PPGE FAE UFMG, Universidade Federal de Minas Gerais, Belo Horizonte, 2011.

NAUJORKS, Maria Inês. Stress e inclusão: indicadores de stress em professores frente a inclusão de alunos com necessidades educacionais especiais. *Revista Educação Especial*, São Paulo, n. 20, p. 117-125, 2002. Disponível em: http://cascavel.ufsm.br/revistas/ojs-2.2.2/index.php/educacaoespecial/article/view/5125. Acesso em: 3 ago. 2013.

OLIVEIRA, Cristiane Lopes Rocha de. *Reflexões sobre a formação de professores de química na perspectiva da inclusão e sugestões de metodologias inclusivas aos surdos aplicadas ao ensino de química.* 2014. Dissertação (Mestrado em Química) – UFJF, Juiz de Fora, 2014.

PAULA, Benjamin Xavier de. *A educação para as relações etnico-raciais e o estudo de história e cultura da África e afro brasileira*: formação, saberes e práticas educativas, 2013. 346f. Tese (Doutorado em Educação) – Faculdade de Educação, Universidade de Uberlândia, Uberlândia, 2013.

PENA, Fernanda Santos. *Educação bilíngue e geografia nas escolas de surdos.* 2018. Tese (Doutorado em Geografia) – Universidade Federal de Uberlândia, Uberlândia, 2018.

PIMENTA, Selma Garrido; ANASTASIOU, Léa das Graças Camargos. Educação, identidade e profissão docente. *In:* PIMENTA, Selma Garrido; ANASTASIOU, Léa das Graças Camargos. *Docência no ensino superior*. São Paulo: Cortez, 2002. (Coleção Docência em Formação, v. 1).

PINHEIRO, Juliano Soares. *Possibilidades de diálogos sobre questões étnico-raciais em um grupo PIBID – Química*. Tese (Doutorado em Educação) – Faculdade de Educação, Universidade de Uberlândia, Uberlândia, 2016.

RIBEIRO, Ludmila Ameno. *A influência dos estereótipos que refletem identidades de gênero e orientação sexual nos trabalhos de desenvolvimento de letramento crítico em língua inglesa na escola regular.* 2015. Dissertação (Mestrado em Estudos de Linguagens) – CEFET MG, Centro Federal de Educação Tecnológica de Minas Gerais, Belo Horizonte, 2015.

SANTOMÉ, Jurjo. Torres. As culturas negadas e silenciadas no currículo. *In:* SILVA, Tomás Tadeu (org.). *Alienígenas na sala de aula:* uma introdução aos estudos culturais em educação. Petrópolis: Vozes, 1995. p. 159-177.

SANTOS, Enio da Silva. *Objetos de aprendizagem como mediadores para o ensino de história africana e afro-brasileira:* um olhar sobre a prática do professor de química. 2014. 117 f. Dissertação (Mestrado em Ciências Exatas e da Terra) – Universidade Federal de Uberlândia, Uberlândia, 2014.

SANTOS, Rogério Augusto dos. *Inclusão escolar:* a implementação da política de educação inclusiva no contexto de uma escola pública. 2015. Dissertação (Mestrado Profissional) – CAED/FACED, Universidade Federal de Juiz de Fora, Juiz de Fora, 2016.

SILVA, Gizelda Costa da. *O estudo da história e cultura afro-brasileira no ensino fundamental:* currículos, formação e prática docente. 2012. 211 f. Tese (Doutorado em Educação) – Faculdade de Educação, Universidade de Uberlândia, Uberlândia, 2013.

SILVA, Santuza Amorim da; MEIRA, Flávia Paola Félix. A educação das relações étnico-raciais na formação inicial: um diálogo necessário no combate ao racismo. *Cadernos Cenpec*, São Paulo, v. 9, n. 1, p. 6-27, jan./jul. 2019.

SOUZA, Sandra Freitas de. *Políticas para a educação inclusiva: formação de professores.* Belo Horizonte. 220 f. Dissertação (Mestrado em Educação) – Pontifícia Universidade Católica de Minas Gerais, Belo Horizonte, 2008.

TARDIF, Maurice. O trabalho docente, a pedagogia e o ensino: interações humanas, tecnologias e dilemas. *Revista Cadernos de Educação*, Pelotas: FaE UFPel, n. 16, p. 15-47, jan./jun. 2001.

TARDIF, Maurice. *Saberes docentes e formação profissional.* Petrópolis: Vozes, 2002.

TEDESCO, Juan Carlos; FANFANI, Emilio Tenti. Novos docentes e novos alunos. *In:* TEDESCO, Juan Carlos; FANFANI, Emilio Tenti. *Ofício de professor na América Latina e Caribe.* Brasília: Fundação Víctor Civita/Unesco, 2004. p. 67-80.

ZEICHNER, Kenneth M. *A formação reflexiva do professor*: ideias e práticas. Lisboa: Educa, 1993.

ZEICHNER, Kenneth M. Para além da divisão entre professor-pesquisador e pesquisador acadêmico *In:* GERALDI, Corinta Maria Grisolia; FIORENTINI, Dario; PEREIRA, Elisabete Moreira (org.). *Cartografia do trabalho docente*: professor(a)-pesquisador(a). Campinas, Mercado de Letras; ABL, 1998. p. 207-236.

ZEICHNER, Kenneth M. Repensando as conexões entre a formação na universidade e as experiências de campo na formação de professores em faculdades e universidades. *Educação*, Santa Maria, v. 35, n. 3, p. 479-504, set./dez. 2010.

ZEICHNER, Kenneth M.; SAUL, Alexandre; DINIZ-PEREIRA, Júlio Emílio. Pesquisar e transformar a prática educativa: mudando as perguntas da formação de professores: uma entrevista com Kenneth M. Zeichner. *Revista e-Curriculum*, São Paulo, v. 12, n. 3, p. 2211-2224, out./dez. 2014.

5

PESQUISAS DE/SOBRE PROFESSORAS/ES DE MATEMÁTICA NA REDE ESTADUAL DE EDUCAÇÃO DE MINAS GERAIS: INDICATIVOS DE DIMENSÕES SUBJETIVAS E OBJETIVAS DA/NA CONDIÇÃO DOCENTE

Wagner Ahmad Auarek

Simone Grace de Paula

Maria José de Paula

INTRODUÇÃO

Este texto abrangeu um estudo analítico de quatro dissertações e uma tese desenvolvidas por mulheres pesquisadoras da área de educação matemática e produzidas em universidades federais mineiras, entre os anos de 2008 e 2018. A seleção trouxe estudos das seguintes pesquisadoras: Malvaccini[150]; Pereira[151]; Paz[152]; Ferreira[153] e Silva[154].

---

[150] MALVACINNI, Carello. *Tornar-se o que se é do professor de matemática e o espaço escolar*. 2008. Dissertação (Mestrado em Educação) – Universidade Federal de Juiz de Fora (UFJF), Juiz de Fora, 2008.

[151] PEREIRA, Margareth Conceição. *Currículo nas escolas-referência de Minas Gerais: como a Matemática chega a uma sala de aula*. 2008. Dissertação (Mestrado em Educação) – Universidade Federal de Juiz de Fora (UFJF), Juiz de Fora, 2008.

[152] PAZ, Monica Lana. *A permanência e o abandono da profissão docente entre professores de Matemática*. 2013. Tese (Doutorado em Educação) – Universidade Federal de Minas Gerais (UFMG), Belo Horizonte, 2013.

[153] FERREIRA, Denise Cristina. *A intencionalidade na ação do professor de Matemática*: discussões éticas da profissão docente. 2017. Dissertação (Mestrado em Educação) – UFU, Uberaba, 2017.

[154] SILVA, Suelen Sabrina. *Desafios do início da carreira docente na percepção de egressos da licenciatura em matemática que participaram do PIBID durante a formação inicial*, 2018. Dissertação (Mestrado Mestrado em Educação) – Programa de Pós-graduação em Educação: Processos Socioeducativos e Práticas Escolares, Departamento de Ciências da Educação, Universidade Federal de São João del-Rei, São João del-Rei, 2018.

Uma observação a ser destacada é o reduzido número de trabalhos cujo objeto de pesquisa dialoga, em certa medida, com a área da educação matemática na REE-MG. Isto nos permite inferir que a temática não foi um objeto de estudo privilegiado pelas/os investigadoras/es, nesse período, em programas acadêmicos.

Ao investigarmos a relação das pesquisadoras com a REE-MG, pudemos verificar que, em relação ao vínculo trabalhista, quatro delas têm experiência como professoras da REE-MG. Apresentaremos a seguir cada uma das cinco pesquisas realizadas por essas docentes-pesquisadoras, mostrando dados em relação à metodologia e ao referencial teórico utilizado por elas nos respectivos trabalhos.

A dissertação de Ferreira,[155] intitulada "A intencionalidade na ação do professor de Matemática: discussões éticas da profissão docente", tem como objetivo compreender de que modo a/o professora/or de Matemática procede para agir eticamente. A abordagem qualitativa foi desenvolvida por meio de observações de campo e anotações em diário de campo e entrevistas semiestruturadas. Foram entrevistadas/os quatro professoras/es da educação básica da rede pública da cidade de Uberaba-MG. A observação foi realizada por meio do acompanhamento de todas as aulas de uma/um dessas/es docentes, pelo período de uma semana.

A análise dos dados foi realizada por meio da análise de prosa. As construções teóricas de autores como Altarejos; Tardif e Lessard, subsidiaram a discussão referente à dimensão ética da profissão docente foram: para as/os quais a/o professora/or, em sua ação formativa, é regida/o pela intencionalidade. A análise quanto ao aspecto ético foi amparada por escritos de teóricos como Comparato e Abbagnano, para dizer que o resultado de uma ação nem sempre depende da vontade de quem a praticou, por isso não servirá para conferir ou não a conduta moral de alguém.

A pesquisa de Malvaccini,[156] intitulada "Tornar-se o que se é do professor de matemática e o espaço escolar", teve como objetivo compreender a formação da/o professora/or de Matemática no espaço escolar. A autora realizou estudo de campo por meio de uma pesquisa interpretativa que a levou a uma construção metodológica em dois movimentos. O primeiro desenvolveu-se a partir de entrevistas semiestruturadas com cinco professoras/es de Matemática da rede pública, nos meses de outubro

---

[155] FERREIRA, 2017.
[156] MALVACINNI, 2008.

a dezembro de 2006, ou seja, narrativas de cinco docentes, entre elas/es, duas/dois trabalhavam na REE-MG.

O segundo movimento foi promover um encontro entre as/os professoras/es por meio do qual elas/eles liam as próprias narrativas e observavam o que havia em comum. Para esse movimento, foram incluídas/os mais três professoras/es. A intenção foi interligar as narrativas e isso propiciou à pesquisadora realizar uma "narrativa das narrativas".

Malvaccini traz a discussão do potencial metodológico das narrativas, fundamento em estudos de autores como, por exemplo, Bolivar e Larrossa. Apresenta também como base teórica de sua análise a concepção de conhecimento Nietzchiana. Além de autores da área da Educação Matemática e do conceito de experiência em Larrosa.

A tese de doutorado de Paz, "A permanência e o abandono da profissão docente entre professores de Matemática", teve como objetivo "investigar a permanência na e/ou abandono da docência em Matemática, sob uma perspectiva da construção identitária dos sujeitos. Estudar o fenômeno permanência *versus* abandono via constituição da identidade de professores de Matemática".[157] Ela parte do pressuposto de que a escolha profissional de um sujeito está intrinsecamente ligada à construção de sua identidade.

A autora realizou pesquisa qualitativa com nove professoras/es de Matemática e com onze ex-professoras/es. Os docentes trabalhavam em duas escolas estaduais, uma central (B) com baixo índice de rotatividade e abandono da profissão. Dessa instituição — que se destacava pelo fato de seus estudantes obterem boa pontuação no Exame Nacional do Ensino Médio (Enem) — participaram cinco professoras/es. As/Os outros/as quatro docentes trabalhavam em uma escola situada na periferia (A) que apresentava bastante rotatividade de professoras/es e problemas como, por exemplo, a violência escolar. As/Os ex-professoras/es foram indicadas/os nessas escolas ou por contatos da pesquisadora, totalizando onze. Destas/es, nove entrevistas foram realizadas na casa das/dos participantes e duas no ambiente de trabalho.

Na construção da tese, a autora fundamenta-se em estudos sobre a dimensão identitária, defendendo que as escolhas profissionais dos sujeitos estão associadas às imagens que elas/eles incorporam às suas identidades; a busca de sentido para a profissão está intimamente vinculada à cons-

---

[157] PAZ, 2013, p. 16.

trução de identidades. Dos estudos sobre as Dimensões Identitárias, Paz defende que as pessoas são como são em razão de seus posicionamentos nos diversos contextos sociais do qual participam e o processo de construção da identidade é dinâmico, sempre sujeito a mudanças. Segundo o autor, nas narrativas descritas em seu estudo, os narradores interpretaram as experiências relatadas nas entrevistas procurando relacioná-las ao fenômeno da permanência e do abandono da profissão docente entre os participantes da pesquisa.

A dissertação de mestrado "Currículo nas escolas-referência de Minas Gerais: como a Matemática chega a uma sala de aula" foi realizada por Pereira.[158] A pesquisa teve por objetivo estudar como ocorreu a implementação do Conteúdo Básico Comum (CBC) de Matemática no ensino fundamental. A pesquisa de abordagem qualitativa desenvolveu-se por meio de estudo de caso em uma escola pública estadual da cidade de Juiz de Fora, realizado com uma professora de Matemática que trabalhava na escola e fazia parte do Projeto Escolas-Referência (ER).

Foi realizada uma pesquisa-participante com uma professora de Matemática em uma sala de aula do sexto ano do ensino fundamental. Foram realizadas análises documentais do CBC e dos Parâmetros Curriculares Nacionais (PCN) de Matemática para o ensino fundamental que resultaram em semelhanças e diferenças significativas. A análise de dados foi feita utilizando-se a análise de conteúdo. Foram também entrevistados outras três professoras e dois professores de Matemática do ensino fundamental e médio dos outros turnos da escola sobre suas percepções a respeito da proposição do CBC, o contato que tiveram com esse documento, os recursos didáticos utilizados, bem como o projeto ER.

Além disso, foram analisadas atas de reuniões com as/os professoras/es e, por fim, realizaram-se "uma análise documental e revisão bibliográfica sobre currículo e Projeto Escolas-Referência e da metodologia proposta".[159]

A autora inicia o percurso apoiando-se teoricamente em estudiosos do Currículo em diálogo com as propostas dos PCN, estabelecendo uma análise comparativa entre os PCN e o CBC. A pesquisadora também se fundamentou teoricamente em estudiosos da Educação Matemática para a suas análises dos resultados da pesquisa de campo.

---

[158] PEREIRA, 2008.
[159] PEREIRA, 2008, p. 7.

A pesquisa "Desafios do início da carreira docente na percepção de egressos da licenciatura em matemática que participaram do PIBID durante a formação inicial"[160] teve como objetivo analisar os desafios do início da carreira docente na percepção das/dos egressas/os da licenciatura em Matemática que participaram do Programa Institucional de Bolsa de Iniciação à Docência (Pibid). Os sujeitos da pesquisa eram professoras/es de Matemática da educação básica da rede pública de ensino com, no máximo, cinco anos de formadas/os, egressas/os da licenciatura em Matemática da Universidade Federal de São João del-Rei (UFSJ) e que foram bolsistas do Pibid enquanto licenciandas/os.

Participaram da pesquisa cinco professoras/es que estavam exercendo a profissão em escolas da educação básica da rede pública de ensino no município de São João del-Rei e arredores. Como metodologia para a coleta de dados foram utilizados o questionário para a caracterização das/dos participantes e o grupo focal para "o debate acerca das impressões e experiências vivenciadas pelos professores em seu início de carreira".[161]

A pesquisa foi apoiada pelos aportes teóricos e metodológicos da análise de conteúdo em estudos de Lawrence Bardin. Fundamenta sua discussão e análise do processo de início de carreira se pautou em estudos desenvolvidos por Veenman; Huberman; Gatti entre outros. Em síntese, pode-se verificar que as metodologias de pesquisa utilizadas se inserem no quadro de pesquisas qualitativas em educação e que a fundamentação teórica é predominantemente no campo da educação matemática em diálogo com as temáticas levantadas.

A seguir traremos uma breve contextualização histórica das políticas públicas no estado de Minas Gerais no período em que as dissertações e tese foram produzidas, visando situá-las no momento histórico no qual foram realizadas.

5.1 O CONTEXTO DAS POLÍTICAS PÚBLICAS NO ESTADO DE MINAS GERAIS

A seguir traremos a contextualização das políticas públicas em vigor no estado de Minas Gerais ao longo dos anos em que as pesquisas foram

---

[160] SILVA, Suelen Sabrina. *Desafios do início da carreira docente na percepção de egressos da licenciatura em matemática que participaram do PIBID durante a formação inicial*. 2018. Dissertação (Mestrado Educação) – Universidade Federal de São João del-Rei, São João del-Rei, 2018.
[161] SILVA, 2018, p. 8.

realizadas. Consideramos importante essa contextualização por entender que o quadro político marca, em cada época, o impacto nas dimensões subjetivas e objetivas da condição docente na percepção das professoras/res na rede estadual.

Constata-se que duas dissertações — Malvaccini e Pereira — foram defendidas em 2008, no contexto do segundo mandato do governo de Aécio Neves da Cunha (2003-2010). Uma foi defendida no período de 2010 a 2014, ou seja, durante o governo de Antônio Anastasia. E outras duas foram defendidas no governo de Fernando Pimentel (2014-2018).

O governo Aécio Neves desenvolveu uma reforma administrativa em um Programa denominado "Choque de Gestão" que tinha como foco solucionar os problemas financeiros e resgatar a modernização do estado de Minas no contexto nacional e mundial.[162] A reforma educacional em Minas Gerais durante os seus dois mandatos (2003-2006; 2007-2010) envolveu a reestruturação do trabalho docente, uma reforma curricular e a adoção da avaliação em larga escala. Essas reformas estavam alinhadas com as alterações da política neoliberal que ocorreram em vários países. As autoras das dissertações e tese aqui analisadas dialogaram, então, com as reformas educacionais implementadas no estado de Minas Gerais, nesse período.

O estudo de Pereira[163] foi desenvolvido no contexto de implantação do CBC "que chegou às escolas tendo já aprovada uma resolução que a tornava obrigatória em sua implementação em toda rede estadual mineira", ao contrário daquilo que aconteceu com os PCNs que "preservavam a liberdade dos professores e escolas no desenvolvimento de seus trabalhos".[164] Nas entrevistas com as/os professoras/es de Matemática surgem questionamentos a respeito da obrigatoriedade de um currículo único diante das diferentes realidades das escolas.

O estudo de Malvaccini focou o olhar nas vivências no espaço escolar que, a partir da "perspectiva da cosmologia de Nietzsche é um espaço de múltiplas forças em um incessante movimento e de infinitas possibilidades".[165] As entrevistas aconteceram nos anos de 2006 e 2007 e tinham como objetivo a compreensão da formação da/do professora/o em sua vivência na escola, ou seja, a percepção dos sujeitos do seu "tornar-se o

---

[162] VILHENA, Renata et al. O choque de gestão em Minas Gerais: políticas da gestão pública para o desenvolvimento. Belo Horizonte: Editora UFMG, 2006.
[163] PEREIRA, 2008.
[164] PEREIRA, 2008, p. 153
[165] MALVACINNI, 2008, p. 7.

que se é" em uma perspectiva que se apoia no pensamento do filósofo alemão Friedrich Nietzsche. Essa pesquisa não faz nenhuma referência ao Currículo Básico Comum (CBC) implantado nesse período.

A pesquisa de Paz[166] foi realizada e defendida durante o governo de Antônio Anastasia (de 2011 a 2013). Esse governo deu continuidade às reformas de Aécio Neves com a reestruturação do trabalho das/dos professoras/es, interligando esse trabalho a resultados mensuráveis, associados à avaliação de desempenho, processo que promoveu inquietação e tensão no ambiente de trabalho. Foi nesse contexto de insatisfação que Paz desenvolveu sua pesquisa.

Ela realizou as entrevistas, em setembro de 2010, com professoras/es que permaneciam na docência e, entre abril e maio de 2011, com ex-professoras/es, ou seja, na transição entre o governo de Aécio Neves e Antônio Anastasia. O estudo apresenta um dado que consideramos relevante: 1.400 professoras/es de Matemática pediram exoneração na REE-MG, no período de 2006 a 2010.

As pesquisas de Silva e Ferreira foram realizadas e defendidas no período do governo de Fernando Pimentel (2014-2018). Silva, que também estava na condição de "professora em início de carreira", esclareceu que se encontrava "em condições muito parecidas à dos professores participantes do grupo focal"[167] que também estavam "em início de carreira". Segundo a pesquisadora, essa coincidência favoreceu a compreensão do diálogo com as/os professoras/es na realização das conversas e também a interpretação dos sentimentos descritos por elas/eles, durante a pesquisa. Na análise dos dados, Silva constata que "o choque de realidade, a sobrevivência e a descoberta, expressos pela literatura, fizeram e ainda fazem parte do cotidiano de cada professor".[168]

Segundo ela, "sentimentos de solidão, insegurança, medo, desequilíbrios emocionais, instabilidade de emprego, ausência de apoio institucional e dos colegas de trabalho, e desvalorização profissional" ainda estão presentes. E mais, ela afirma que a forma "como algumas escolas recebem seus novos professores exerce força suficiente para influenciar na qualidade de vida profissional, no desenvolvimento deles no contexto escolar e, até mesmo, na permanência ou não na profissão".[169]

---

[166] PAZ, 2013.
[167] SILVA, 2018, p. 43.
[168] SILVA, 2018, p. 96
[169] SILVA, 2018, p. 97.

A leitura de Ferreira nos leva à reflexão de "que modo o professor de Matemática procede para agir eticamente".[170] Esse procedimento se realiza em uma situação de "ausência de um código de ética para a profissão docente".[171] Diante da realidade descrita em seu estudo, Ferreira nos provoca a refletir que

> [...] as relações que o professor estabelece com a Matemática e seu ensino; [...] e o modo como o professor lida com as demandas diversas da sala de aula; [...] a forma com que o professor reage às circunstâncias do seu trabalho em relação aos demais sujeitos da escola, ao currículo e às condições de trabalho; [...] se o professor de Matemática assume inteiramente o princípio da autonomia em suas ações.[172]

Essa pesquisa indica que a forma de se relacionar com o aluno é algo que a/o professora/or vai construindo na prática porque, diante da "inexistência de um código de ética profissional", a ação docente passa a ser uma "interpretação pessoal e subjetiva"[173].

Ao conectar essas provocações das pesquisadoras ao conceito de condição docente, podemos inferir que as professoras sofrem uma pesada carga das dimensões subjetiva e objetiva do *ser* e *estar* na docência na rede estadual como professor de Matemática vinda de situações externas, ou seja, da imagem cultural da Matemática e do que significa ensinar Matemática, além de ser e estar servidor da REE-MG.

5.2 INDICATIVOS DE DIMENSÕES OBJETIVAS E SUBJETIVAS DA CONDIÇÃO DOCENTE NA REE-MG PERCEBIDOS NOS ESTUDOS ANALISADOS

Neste tópico, trazemos análises das percepções das/dos professoras/es de Matemática retiradas das leituras realizadas nos cinco trabalhos, focando nas argumentações de caráter objetivo e subjetivo que, segundo Fanfani[174] e em nosso entendimento, dão contornos ao *estar* e *ser* na docên-

---
[170] FERREIRA, 2017, p. 7.
[171] FERREIRA, 2017, p. 7.
[172] FERREIRA, 2017, p. 7.
[173] FERREIRA, 2017, p. 40.
[174] FANFANI, 2010.

cia. Acreditamos, assim, trazer elementos que podem ajudar a compor o quadro complexo da condição docente de professoras/es da REE-MG.

Para Fanfani, ao se entender ou buscar apreender a condição docente, temos de também considerar que

> A docência existe como realidade objetiva (pessoas que ganham sua vida ensinando em instituições escolares oficiais ou reconhecidas pelo Estado). Pode-se estudar suas características tais como gênero, idade, antiguidade, títulos que possuem, estado civil, renda, bens que possuem, etc. Mas, além de possuírem esses atributos, existem também como sujeitos capazes de dar um significado ao que são e ao que fazem. Por isso, quando se quer estudar a "condição docente", deve-se incluir, no objeto, também, certas dimensões de sua subjetividade, tais como as percepções, representações, valorações, opiniões, expectativas, etc.[175]

As temáticas desenvolvidas nas pesquisas não tinham como objeto central de suas análises e reflexões as dimensões objetivas e subjetivas da condição docente de professoras/es de Matemática da REE-MG. Contudo, ao lermos a tese e as dissertações com esse foco, ou seja, buscando o que os estudos nos permitem inferir sobre as construções objetivas e subjetivas sobre a docência e sua condição, essas pesquisas indicavam situações e ideias que remetiam ao *ser* e *estar* na docência de Matemática nessa Rede.

A partir desse estudo de Fanfani, elegemos, então, três categorias que, em nosso entendimento, dizem respeito às construções objetivas e subjetivas de professoras/es que ensinam matemática e que foram descortinando indicativos que podem caracterizar a condição docente na REE-MG.

Em primeiro momento, trazemos elementos que indicam uma existência da realidade concreta e uma leitura objetiva da/na condição docente e, em segundo momento, trazemos elementos que indicativos de uma leitura subjetiva da/na condição docente. Para tanto, desenvolvemos três categorias: 1. questões relacionadas ao pertencimento como servidor da educação na REE-MG; 2. na prática docente: o território da sala de aula de Matemática, tarefas, demandas e obrigações; e 3. a formação, o lugar e o papel da Matemática e da/do professora/professor dessa disciplina.

---

[175] FANFANI, 2010, p. 1.

5.3 QUESTÕES RELACIONADAS AO PERTENCIMENTO COMO SERVIDOR DA EDUCAÇÃO NA REE-MG

A pesquisa "A permanência e o abandono da profissão docente entre professores de Matemática"[176] apresenta as dificuldades elencadas pelos/as profissionais que participaram do estudo, tanto dos que abandonaram quanto dos que permaneceram em atividade, que em nossa leitura indicam uma realidade objetiva da condição docente.

Entre essas dificuldades, destacamos sinteticamente alguns pontos dessas falas: a) a imagem pública do professor, o qual é penalizado pelo fracasso dos alunos; b) as condições de trabalho diferentes do que imaginam ainda licenciandos, por exemplo: "a questão salarial", "o excesso de aulas, de manhã, de tarde e, às vezes, à noite",[177] a instabilidade da professora(o) que não é efetiva(o), a insegurança a respeito do número de aulas e do local que atuará após o vencimento do contrato temporário.

Esses exemplos são corroborados em falas das/os professoras/es como: "você é praticamente um miserável" ou "não queria dar aula no Estado. Eu fui levado a isso por questões financeiras!", "pressões familiares e sociais: ser homem e ganhar menos do que a esposa. Não é uma atitude machista, mas trata-se de cobranças sociais."[178]

Em síntese, as falas dos participantes da pesquisa indicam a crescente desvalorização profissional, a falta de comprometimento do governo, o ambiente de trabalho com muitos colegas insatisfeitos, gestores pouco comprometidos, uma alta incidência de problemas de saúde com a voz e "transtornos emocionais".[179]

O estudo de Silva a respeito do professor iniciante nos permite inferir que essa situação do exercício da docência impacta de maneira objetiva a prática docente, pois impõe um fazer construído na base da tentativa e erro. Vejamos a narrativa de uma professora iniciante: "era uma sobrevivência, porque todo dia aparecia uma coisa nova, uma situação nova que você tem que encarar e estar pronto para voltar no outro dia, então foi bem difícil".[180] Pareceu-nos que, em situações incertas e urgentes, essas/

---

[176] PAZ, 2013, p. 30.
[177] PAZ, 2013, p. 30.
[178] PAZ, 2013, p. 124.
[179] PAZ, 2013, p. 129.
[180] SILVA, 2018, p. 54.

esses docentes não se sentiam apoiados nem orientados pela equipe escolar para resolverem ou tomarem decisões sobre situações inesperadas e incertas que fazem parte do cotidiano escolar. Segundo a narrativa descrita anteriormente, as suas competências profissionais vão sendo desenvolvidas e construídas diante das situações do dia a dia escolar, vivenciando a experiência de ser e estar na docência de forma solitária.

Outra realidade objetiva de trabalho que impacta a condição docente, na leitura das/os professoras/es, é a situação recorrente dos docentes iniciantes se inserirem em escolas localizadas em regiões periféricas e/ou distantes dos centros urbanos e/ou rurais, geralmente de difícil acesso. Nessas escolas, os docentes iniciantes são contratados para lecionar poucas aulas e por períodos curtos, eventualmente encontram um ambiente de trabalho hostil, onde seus pares não os reconhecem como profissionais qualificados e competentes. Por vezes, são tratados como meros ajudantes, prontos a atender às diversas necessidades que surgem no cotidiano escolar, nem sempre concernentes às suas atribuições.

Outra dimensão objetiva que consideramos importante trazer em nossa análise é apresentada no estudo de Pereira[181] intitulado: "Currículo nas escolas-referência de Minas Gerais: como a matemática chega a uma sala de aula". Esse estudo teve por objetivo trazer e analisar elementos do processo de implementação do Currículo Básico Comum (CBC) de Matemática do Ensino Fundamental pelo Governo de MG em uma Escola Referência (ER) do Projeto de Implantação dessa política curricular.

O CBC foi implementado nas ER no ano de 2005 objetivando, a partir de 2006, que chegasse a todas as escolas.[182] Esse procedimento de submissão da política para apreciação, por um grupo de professores, antes de decretar a versão final, em relação à condição docente não resolve o problema, pois, como adverte Santos, os que participaram do grupo de julgamento "tendem a adotar uma postura favorável à política", já os que ficam de fora "se sentem 'derrotados' podem se rearticular e buscar um momento político favorável para impor suas ideias".[183] Os estudos revelaram que a implementação do CBC foi obrigatória e coercitiva. Nesse sentido, pressionam-se os/as professores/as e a gestão escolar por meio da vinculação do documento (CBC) ao sistema avaliativo, tornando-o base para a avaliação

---
[181] PEREIRA, 2008.
[182] PEREIRA, 2008, p. 34.
[183] SANTOS, Lucíola L. P. Políticas públicas para o ensino fundamental: Parâmetros Curriculares Nacionais e Sistema Nacional de Avaliação (SAEB). *Educação e Sociedade*, Campinas, v. 23, n. 80, p. 346-367, set. 2002. p. 356.

das escolas, dos/as professores/as e para a proposição de metas com o fim de melhorar o desempenho das Escolas da Rede Estadual Mineira.

As políticas públicas que visam à implementação de propostas curriculares, conforme discutidas em Pereira, são condicionantes importantes a considerar ao analisar questões objetivas da/na condição docente. O CBC, planejado oficialmente, abrange propostas para conteúdos e atividades a serem trabalhados em sala de aula. O currículo em ação e a utilização dos materiais didáticos exercem impacto importante na realidade objetiva da condição docente de professoras/es da REE-MG, visto que é objeto e ferramenta de avaliação dos estudantes, e de maneira paralela também das/os docentes no âmbito escolar e nas avaliações externas. Nesse sentido, podemos inferir que as políticas curriculares são fatores condicionantes na realidade de professoras/es da REE-MG e de outras redes.

5.4 PRÁTICA DOCENTE: O TERRITÓRIO DA SALA DE AULA DE MATEMÁTICA, TAREFAS, DEMANDAS E OBRIGAÇÕES

Paz sintetiza em seu estudo que os sujeitos professoras/es participantes da pesquisa que permaneceram na docência indicam que tinham como objetivo inicial ao ingressarem na carreira docente o de "fazer o melhor trabalho possível"[184]. No entanto, a permanência na docência revelou-se, na maioria dos casos, sofrida em razão de uma forte tensão entre o que se espera, quando se decide pela docência, e o que se encontra no dia a dia nas escolas. Ainda em Paz percebe-se que o trabalho idealizado pela maioria das/dos professoras/es não é colocado em prática, pois, segundo elas/eles, "as regras institucionais inviabilizavam a prática profissional no sentido de serem contraditórias ao papel do professor".[185]

Para essas/esses professoras/es, os motivos da permanência são: vocação, dificuldade de idealizar novas perspectivas profissionais, conquistar uma posição profissional, garantia de estabilidade empregatícia e atividade rentável. Além disso, ela indica que os principais motivos do abandono estão relacionados às condições de trabalho que "mostraram-se conflituosas com a prática profissional que eles gostariam de/ou acreditavam que deveriam exercer".[186] Acrescidos de problemas de saúde

---
[184] PAZ, 2013, p. 107.
[185] PAZ, 2013, p. 117.
[186] PAZ, 2013, p. 130.

com a voz e transtornos emocionais, tais como cansaço e nervosismo, outros fatores foram identificados e, somados aos conflitos já referidos anteriormente, contribuíram para o abandono da docência.

Em nossa leitura dos relatos descritos por Paz, ao longo de seu estudo, percebemos que os processos de construções subjetivas da condição docente vão se configurando no contato com as demandas e as realidades do trabalho docente. Uma relação conflituosa entre o idealizado e o vivenciado na práxis de ser professora/professor, iniciante ou não, nos territórios das escolas.

Em sua escrita, Malvaccini apresenta suas reflexões sobre trechos de falas das/dos participantes da pesquisa que indicavam, em nossa análise, leituras a respeito do sistema escolar, do ensino da Matemática, da comunicação entre as/os professoras/es e os alunos nas aulas desta disciplina. Uma dessas reflexões que consideramos significativa foi a percepção das/dos professoras/es escutadas/os referente "aos novos papéis da escola". A pesquisadora percebeu em suas reflexões "um sentido de compromisso, não somente de educar, mas também de 'salvar' seus alunos".[187]

O texto nos permite afirmar que as/os participantes da pesquisa percebem que a escola assumiu para si o que, em outros tempos, era de total responsabilidade da família e marcam essa leitura do "novo lugar da escola" ao colocar como uma "missão civilizadora". Essa percepção das/dos docentes gera um sentimento que se apresenta contraditório, em nossa leitura, sobre si mesmo e a condição docente, pois "ao mesmo tempo em que ele vê com orgulho sua função civilizadora e emancipatória na sociedade, ele se ressente do desprestígio de sua missão redentora diante desta mesma sociedade".[188]

Outro ponto a ser destacado, trazido pelas/pelos docentes que participaram da pesquisa, foi a reflexão do quão distante percebem a formação profissional da realidade que se encontra nas escolas. Os profissionais afirmam que é no contato com os alunos, na ação diária da sala de aula e na convivência no interior da escola que aprenderam a *ser* e *estar* professoras/es. Aprende-se e "torna-se o professor que é" na troca de experiências entre os pares e no convívio com os alunos, porque a realidade da escola é muito diferente do que se espera ou imagina antes de se ingressar na profissão.

---
[187] MALVACCINI, 2008, p. 64.
[188] MALVACCINI, 2008, p. 65.

As falas das/dos professoras/es apontam que a relação humana com os alunos vai muito além das teorizações da didática e que é dentro da escola que se percebe o que é necessário para o exercício da docência. A pesquisa sugere que é na possibilidade da troca de experiências e leituras dessas reflexões que vai se constituindo um olhar coletivo, ainda calcado na subjetividade sobre a condição docente.

A esse respeito, Malvaccini corrobora que é "na hora que ele [o professor] bate dentro da escola... Na sala de aula, a relação com o aluno... Ele vai ter que aprender muita coisa... Sobre a relação humana, saber respeitar o limite do aluno... Saber que o aluno tem problemas".[189] Ao analisar uma fala de uma professora que participou de seu estudo, Malvaccini constatou que ela apresenta a ideia de que é na "passagem dos anos" associada à ideia de "progresso, de evolução, de um constante aperfeiçoamento profissional",[190] ou seja, "a cada ano que passa, a gente vai só aperfeiçoando, mudando e adquirindo experiências novas, conhecimentos, porque com o próprio aluno, a gente vai aprendendo". Malvaccini concebe, na pesquisa, a experiência como aquilo que se passa conosco.

Essa noção parece não coincidir exatamente com o sentido de experiência como aquilo "que nos passa" ou que nos atravessa, ou que nos toca, ou aquilo que nos acontece, e, ao nos passar, nos forma e nos transforma no sentido da experiência.[191] O estudo de Malvaccini nos possibilitou concluir que a escola é um complexo território de formação e que se torna professora/professor nas diversas relações estabelecidas na práxis da docência.

Outra reflexão sobre o *ser* e *estar* na docência diz respeito às tarefas e obrigações inerentes à profissão explicitadas por professoras/es iniciantes no estudo de Silva.[192] A autora aponta as dificuldades relacionadas à parte burocrática, ao preenchimento dos diários de classe e ao cumprimento das regras da escola. Essas dificuldades, a nosso ver, têm relação com a falta de apoio efetivo de um profissional mais experiente ao docente em início de carreira para contribuir na qualidade de vida do profissional e na construção subjetiva da docência. "Eu acho que isso ajuda muito, quando você tem um professor de Matemática ali há mais tempo que te direciona, que fala, "não, faz uma prova assim", "não, essa turma...".[193]

---

[189] MALVACCINI, 2008, p. 48.
[190] MALVACCINI, 2008, p. 51.
[191] LARROSA, Jorge. Notas sobre a experiência e o saber de experiência. *Revista Brasileira de Educação*, Brasília, n. 19, jan./abr. 2002.
[192] SILVA, 2018.
[193] MALVACCINI, 2008, p. 54.

Em relação à ação docente, as/os professoras/es iniciantes indicam dificuldades relacionadas à administração do tempo na gestão da sala de aula, ou seja, preparação, realização e duração das aulas, elaboração e correção das atividades durante e após o tempo em sala de aula. Isso é visto pelos sujeitos das pesquisas como um fator que causa insegurança.

Outra questão quanto ao exercício da docência em sala relaciona-se ao que se entende como "manutenção da disciplina" e "desinteresse pelo conteúdo" de parte dos alunos que, a nosso ver, têm relação com características culturais e sociais, bem como com as características individuais do estudante e se contrapõe à "ideia que a implementação de um projeto construído dentro da secretaria promoverá a '(re)construção da escola pública de excelência, nos tempos atuais'", como aponta o trabalho de Pereira.[194]

No contexto estudado por Silva[195] tem-se o esclarecimento de que a/o professora/professor iniciante se sente despreparada/o no planejamento e na condução de suas aulas. Elas/Eles também manifestam dificuldades relacionadas aos conteúdos matemáticos a serem desenvolvidos em sala de aula em diálogo com a diversidade de experiências e realidades dos alunos. Há um estranhamento com o contexto da práxis da sala de aula que, segundo o autor, os sujeitos pesquisados acreditam ser provocado pelo diálogo ainda distante entre a escola básica e a formação profissional inicial da/do professora/professor.

Essa insegurança advinda de uma leitura subjetiva do impacto da formação inicial se reverbera nos conhecimentos tidos como próprios da/do professora/professor de Matemática na formação e o que se encontra na realidade da sala de aula, no manejo e relação com a turma, no preparo da aula, no "saber chegar aos alunos", em experiência significativa de ensino e aprendizagem. Os trabalhos falam das dificuldades, angústias, saberes e dúvidas das/dos professoras/es de Matemática que marcam a condição docente dessas/desses docentes iniciantes.

Situações mais acolhedoras e humanizadoras nas escolas poderão, em nosso entendimento, se tornar um fator preponderante para uma inserção mais confortável na profissão docente e contribuírem para uma construção subjetiva mais acalentada da docência. Ao considerar as entrevistas com as/os professoras/es de Matemática que foram sujeitos da

---
[194] PEREIRA, 2008, p. 35.
[195] SILVA, 2018.

pesquisa, bem como sua própria experiência, Ferreira[196] aponta para uma situação de abandono da/do professora/professor na escola pelo sistema, restando-lhe, portanto, buscar mecanismos próprios e ir se constituindo como docente ao longo da carreira com a ajuda das/dos colegas e de suas vivências na sala de aula.

Essas situações permitem inferir uma subjetividade em relação à condição docente, pois

> [...] os professores agem eticamente, no sentido da profissionalidade e da profissionalização com os saberes que eles constroem do mesmo modo como constroem outros saberes, a partir da experiência, a partir da vivência do outro, a partir do exemplo que o outro dá, mas principalmente da experiência de vida, da formação da identidade docente.[197]

5.5 FORMAÇÃO: O LUGAR E O PAPEL DA MATEMÁTICA E DA/DO PROFESSORA/PROFESSOR DESSA DISCIPLINA

Nos cinco estudos transparecem marcas subjetivas do peso social e cultural da Matemática como um saber que diferencia, positivamente ou negativamente, as/os docentes quanto às suas capacidades e caminhadas na docência. "Os professores devem conhecer a Matemática que ensinam. O professor que não conhece bem o assunto, não consegue entender a engrenagem que o move e perde o mais importante que é o 'pulo do gato' da docência em Matemática".[198] Essa concepção acarreta a ideia de que a/o professora/professor de matemática é aquela pessoa que deve ter conhecimento para resolver qualquer tipo de exercício ou problema que envolva o conhecimento dessa disciplina de imediato, independentemente de ter havido ou não uma preparação para tal situação.

Outro fator que marca a subjetividade do lugar da matemática é o juízo da responsabilidade desse conteúdo em proporcionar ou não o ingresso dos alunos "no sonhado ensino superior". Isso reforça a subjetividade que se constrói do peso social e cultural da matemática como um saber que diferencia positiva ou negativamente também os discentes.

---

[196] FERREIRA, 2017.
[197] FERREIRA, 2017, p. 157.
[198] FERREIRA, 2017, p. 81.

A incorporação e o reforço cotidiano do lugar social e cultural da matemática que marca a trajetória docente na escola são descritos por Malvaccini quando os sujeitos que participaram das entrevistas contam como procuram convencer os discentes da importância de aprender os conteúdos matemáticos e procuram convencê-los da utilidade da disciplina no dia a dia, nas atividades profissionais, o valor da matemática para a formação intelectual, para a ascensão social e, principalmente, para aprovação em concursos e para o ingresso no ensino superior.

Por outro lado, em contraposição, são professoras/es, cada uma/um em seu estilo, que procuraram mudar e se adaptar à escola que, segundo Malvaccini, na "cosmologia nietzscheana"[199] deve ser pensada como "um espaço de múltiplas forças em um incessante movimento e de infinitas possibilidades".[200] São docentes que procuram desenvolver o conhecimento dos/nos alunos utilizando o que a matemática pode proporcionar, mas diversificando sua prática pedagógica, mudando a forma de avaliar, valorizando os saberes que os alunos trazem, desenvolvendo projetos interdisciplinares fora da sala de aula, trabalhando de maneira mais informal, evitando muitas listas de exercícios.

CONSIDERAÇÕES FINAIS

Os trabalhos analisados apontam que a imagem ou o lugar definido social e individualmente do *ser* e *estar* professora/o de matemática nas escolas e na sociedade são fatores que fazem parte da construção objetivas e subjetivas da docência e da condição docente por parte das/dos professoras/es de matemática na REE-MG.

Esse lugar é atravessado por condicionantes que interferem no trabalho da/o professora/or e impacta, de maneira marcante, a/o docente com maior tempo de experiência no magistério e a/o professora/or iniciante no exercício da profissão. As/Os profissionais que vivenciam o território escolar entrelaçadas/os nas várias relações no campo profissional, afetivo, educacional, político, social, econômico, da carreira, entre outros, se veem envolvidas/os por diversos tipos de cobrança no cotidiano escolar, na rede de ensino na qual estão filiados e necessitam construir maneiras diversas para lidar com elas.

---

[199] MALVACCINI, 2008, p. 121.
[200] MALVACCINI, 2008, p. 7.

Essas cobranças têm um impacto na construção objetiva e subjetiva que vai compondo o imaginário e a crença do que é a profissão e a condição docente da/do professora/o de matemática ao longo de sua trajetória no exercício da docência e na sua trajetória de servidor da área da Educação na Rede Estadual de MG.

Destacamos em nosso estudo algumas condicionantes como o sentimento de solidão, a inexperiência, a insegurança e o medo vivenciados pelas/os professoras/es em início de carreira que contribuem de maneira significativa para o desgaste físico e emocional da/do docente. Os estudos analisados nos possibilitaram perceber a existência de um choque no contato com a realidade do exercício da profissão docente e do território da escola e da sala de aula e, diante disso, a/o professora/professor iniciante passa a conviver com um constante processo de sobrevivência na profissão que acaba se naturalizando e fazendo parte do cotidiano de cada professora/professor.

Há um quadro de desvalorização da profissão e das condições de trabalho pelas políticas públicas, além da forma como as escolas recebem suas/seus novas/novos professoras/es que exerce força suficiente para influenciar na qualidade de vida profissional, no desenvolvimento delas/deles no contexto escolar e, até mesmo, na sua permanência ou não na profissão e, de maneira mais ampla, como servidor na REE-MG.

A situação das/os professores iniciantes torna-se um problema a ser resolvido coletivamente tanto no âmbito da gestão escolar quanto no âmbito da gestão da educação estadual. Inferimos que essas situações poderiam ser objeto de partilha entre os profissionais inexperientes e aquelas/es mais experientes, realizado institucionalmente, por meio de políticas de compartilhamento na preparação das aulas e também no espaço da sala de aula. Nesse sentido, o estudo aponta a urgência de pensarmos em programas direcionados ao acompanhamento das/dos professoras/es nos primeiros anos de ingresso na profissão. Nessa direção, concordamos com Gatti, Barreto e André[201], que defendem a necessidade de desenvolvermos programas que objetivam favorecer a inserção na docência.

Inferimos que a criação e/ou implementação de políticas de valorização da/o profissional da educação e de apoio àqueles que trabalham em contexto mais desafiadores poderia ser uma ação basilar para manter as/

---

[201] GATTI, Bernadete Angelina; BARRETO, Elba Siqueira de Sá; ANDRÉ, Marli Eliza Dalmazo de Afonso. *Políticas docentes no Brasil*: um estado da arte. Brasília: Unesco, 2011.

os novas/novos profissionais na carreira docente e a permanência deles/as em maior tempo na profissão. Essa permanência depende de múltiplas interações entre a formação acadêmica, os saberes da prática docente e uma real e constante valorização desse educador.

Em síntese, os estudos apontam que há um crescente processo de desvalorização da profissão, não somente econômica, mas também cultural e social. Parece-nos que há uma leitura do ambiente escolar que desconsidera os sujeitos, os desafios éticos, as dificuldades, as políticas educacionais e suas contradições. Isso parece naturalizado, mas no sentido de não desenvolver políticas e processos mais cuidadosos de inserção e de permanência dessa/desse professora/o no território da escola e no serviço público. Há uma simplificação da complexidade da condição docente em suas dimensões objetivas e subjetivas que não considera a importância de atuação da/o profissional da educação e do lugar social dessa atuação.

REFERÊNCIAS

FANFANI, Emilio Tenti. Condição docente. *In:* OLIVEIRA, Dalila Andrade; DUARTE, Adriana Maria Cancella; VIEIRA, Lívia Maria Fraga. *Dicionário:* trabalho, profissão e condição docente. Belo Horizonte: UFMG/Faculdade de Educação, 2010. CDROM.

FERREIRA, Denise Cristina. *A intencionalidade na ação do professor de matemática:* discussões éticas da profissão docente, 2017. Dissertação (Mestrado em Educação) – Universidade Federal do Triângulo Mineiro, Uberaba, 2017.

GATTI, Bernadete Angelina; BARRETO, Elba Siqueira de Sá. *Professores do Brasil*: impasses e desafios. 2009.

GATTI, Bernadete Angelina; BARRETO, Elba Siqueira de Sá; ANDRÉ, Marli Eliza Dalmazo de Afonso. *Políticas docentes no Brasil*: um estado da arte. Brasília: Unesco, 2011.

LARROSA, Jorge (2002). *Nietzsche & a Educação*. Tradução de Semíramis Gorini da Veiga. 2. ed. Belo Horizonte: Autêntica, 2004. (Pensadores e Educação).

LARROSA, Jorge. Notas sobre a experiência e o saber de experiência. *Revista Brasileira de Educação*, Brasília, n. 19, p. 20-28, jan./abr. 2002.

MALVACCINI, Carello. *O 'tornar-se o que se é' do professor de matemática e o espaço escolar*, 2008. Dissertação (Mestrado em Educação) – Programa de Pós-Graduação em Educação, Universidade Federal de Juiz de Fora, Juiz de Fora, 2008.

MINAS GERAIS. Conteúdo Básico Comum (CBC) de Matemática no Ensino Fundamental da 5ª a 8ª Séries. Secretaria de Estado de Educação. Disponível em: http://crv.educacao.mg.gov.br/sistema_crv/banco_objetos_crv/{A5BEEC-31-4A49-4F7D- 91D8-8A8891526D68}_CBC%20Matematica%20EF.pdf Acesso em: 15 jan. 2008a.

PAZ, Monica Lana. *A permanência e o abandono da profissão docente entre professores de Matemática*, 2013. Tese (Doutorado Mestrado em Educação) – Programa de Pós-Graduação em Educação: Conhecimento e Inclusão Social da Faculdade de Educação da Universidade Federal de Minas Gerais, Belo Horizonte, 2013.

PEREIRA, Margareth Conceição. *Currículo nas escolas-referência de Minas Gerais:* como a Matemática chega a uma sala de aula, 2008. Dissertação (Mestrado em Educação) – Programa de Pós-Graduação em Educação da Universidade Federal de Juiz de Fora, Juiz de Fora, 2008.

SANTOS, Lucíola L. P. Políticas públicas para o ensino fundamental: Parâmetros Curriculares Nacionais e Sistema Nacional de Avaliação (SAEB). *Educação e Sociedade*, Campinas, v. 23, n. 80, p. 346-367, set. 2002.

SILVA, Suelen Sabrina. *Desafios do início da carreira docente na percepção de egressos da licenciatura em matemática que participaram do PIBID durante a formação inicial*, 2018. Dissertação (Mestrado em Educação) – Programa de Pós-graduação em Educação: Processos Socioeducativos e Práticas Escolares, Departamento de Ciências da Educação da Universidade Federal de São João del-Rei, São João del-Rei, 2018.

VILHENA, Renata; SANTOS, Maria Taís. Gestão do gasto. *In:* VILHENA, Renata *et al. O choque de gestão em Minas Gerais*: políticas da gestão pública para o desenvolvimento. Belo Horizonte: Editora UFMG, 2006.

6

CONTRIBUIÇÕES DAS PESQUISAS SOBRE ENSINO DE HISTÓRIA EM MINAS GERAIS PARA COMPREENSÃO DA CONDIÇÃO DOCENTE

Ana Lúcia de Faria e Azevedo

Nayara Silva de Carie

INTRODUÇÃO

Este capítulo apresenta a análise de cinco dissertações sobre o Ensino de História na Rede Estadual de Educação de Minas Gerais (REE-MG), empreendida com o intuito de identificar o que esses trabalhos revelam sobre a condição docente das/dos professoras/es estaduais.

Entendemos o conceito de condição docente no sentido atribuído por Fanfani.

> A docência existe como realidade objetiva (pessoas que ganham sua vida ensinando em instituições escolares oficiais ou reconhecidas pelo Estado). Pode-se estudar suas características tais como gênero, idade, antiguidade, títulos que possuem, estado civil, renda, bens que possuem, etc. Mas, além de possuírem esses atributos, existem também como sujeitos capazes de dar um significado ao que são e ao que fazem. Por isso, quando se quer estudar a "condição docente", deve-se incluir, no objeto, também, certas dimensões de sua subjetividade, tais como as percepções, representações, valorações, opiniões, expectativas, etc.[202]

---

[202] FANFANI, Emilio Tenti. Condição docente. *In:* OLIVEIRA, Dalila Andrade; DUARTE, Adriana; VIEIRA, Livia Fraga. *Dicionário*: trabalho, profissão e condição docente. Belo Horizonte: UFMG/Faculdade de Educação, 2010. CDROM.

Os resultados dessas pesquisas indicam que existe diversidade nos componentes que compõem a condição de professor/a na REE-MG, porém também é possível identificar semelhanças em termos de progressos motivadores e desafios persistentes que requerem uma resolução conjunta por meio de políticas públicas progressistas. Essas políticas públicas podem aprimorar tanto as condições objetivas quanto subjetivas do trabalho docente no estado, contribuindo assim para impactar positivamente o panorama da Educação em geral.

As dissertações examinadas nesta investigação foram realizadas com professores de escolas estaduais localizadas em Belo Horizonte e também na cidade de Uberlândia como parte dos requisitos para a conclusão de cursos de Mestrado da Pontifícia Universidade Católica de Minas Gerais (PUC/MG), Universidade Federal de Uberlândia (UFU) e Universidade do Estado de Minas Gerais (UEMG), no período de 2008 e 2014. Três dissertações abordaram o Ensino Médio e duas abordaram os anos iniciais.

As questões investigadas incluem a formação continuada dos/as docentes de História no projeto Veredas, a implementação do currículo de História em uma turma do Ensino Médio, o perfil do/a docente e da aula de História no Ensino Médio, o ensino de História e a juventude, com a utilização de metodologias ativas para o estudo da cidade na Educação Básica. As pesquisas utilizaram metodologias qualitativas, e os dados obtidos POR entrevistas, pesquisa documental em relatórios e memoriais, bem como observação em sala de aula. É importante ressaltar a escassez de estudos sobre o Ensino de História durante o período em análise.

6.1 CONTEXTO DE PRODUÇÃO DAS PESQUISAS EXAMINADAS

Ao analisarmos os textos, percebemos que os trabalhos estão inseridos no cenário de mudanças iniciadas na década de 1990, com um ressurgimento das políticas neoliberais que levaram a alterações na estrutura e nas interações no ambiente laboral, além de mudanças nas políticas educacionais em âmbitos internacional e nacional.

No cenário global, merecem destaque as recomendações do Banco Mundial para o investimento em recursos pedagógicos como estratégia para aprimorar a educação, em vez de políticas de capacitação contínua, e a conformidade com as políticas de avaliação externa. Frequentemente, esses elementos desvinculados de uma política de formação contínua contribuem para a restrição do trabalho do professor. Isso ocorre porque os professores não conseguem mais executar as práticas exatamente como vinham realizando, além de não possuírem as condições materiais e pedagógicas necessárias para adequá-las às novas diretrizes curriculares. Todo esse cenário afetou significativamente o trabalho do/a docente, tornando-o mais intrincado. Por um lado, as exigências do trabalho e da formação aumentaram e as tensões entre os docentes se intensificaram.

No plano nacional, as pesquisas se inserem num contexto de reformas curriculares, com a aprovação da Lei de Diretrizes e Bases da Educação Nacional n. 9.394 em 1996, com a exigência do nível superior para formação de professores/as que atuavam na educação infantil e anos iniciais do Ensino Fundamental, a elaboração dos Parâmetros Curriculares Nacionais, a implementação do Currículo Básico Comum do estado de Minas Gerais (CBC) para o Ensino Fundamental e para o Ensino Médio no ano de 2006.

Novamente, todas essas reformas careceram das condições essenciais para o seu progresso. Isso pode ser evidenciado pelo fato de que um dos principais propósitos da reforma foi fomentar uma educação escolar focada nas novas tecnologias como meio de aprimorar a qualidade da educação, proporcionando aos/às alunos/as recursos como a aprendizagem da linguagem tecnológica. No entanto, sem considerar as habilidades dos/as docentes para lidar com as tecnologias, ou mesmo as condições físicas da escola para o seu desenvolvimento. No contexto dos estudos analisados, essa discrepância entre o planejamento curricular e as condições de infraestrutura também pode ser identificado em relação ao ensino de História no Currículo Básico Comum (CBC) de História para o segundo segmento do Ensino Fundamental, pelo fato de que o currículo propõe uma história-problema, porém com número de aulas insuficiente para a realização deste tipo de ensino.

6.2 APRESENTAÇÃO DAS DISSERTAÇÕES PESQUISADAS

O trabalho de Alves[203] avaliou as atividades realizadas durante o curso Veredas[204] e o material didático oferecido como essenciais para expandir

---

[203] ALVES, Raquel Elane dos Reis. *Os impactos do Projeto Veredas na formação docente, saberes e práticas de ensino de História nos anos/séries iniciais do ensino fundamental*. 2008. Dissertação (Mestrado em Educação) – Faculdade de Educação, Universidade Federal de Uberlândia, Uberlândia, 2008.

[204] O Projeto Veredas foi um programa de formação em serviço, realizado à distância e oferecido pela Secretaria Estadual de Educação/MG em parceria com estados e municípios do estado de Minas Gerais, entre 2002 e 2006.

a gama de objetos e sujeitos abordados na matéria, além de promover a incorporação e o reconhecimento das experiências dos/as alunos/as nos processos de ensino e aprendizado realizados em sala de aula. Assim o texto aponta como positiva a participação das docentes de História no projeto, pois favorece a expansão do acervo de conhecimentos históricos desses profissionais, além de fomentar o interesse por este campo de estudo em geral. Segundo a autora, "[...] aprender a estimular os alunos a pensarem e terem opiniões próprias; sair do contexto da sala de aula e incorporar a história da criança foram repercussões importantes produzidas pelos materiais didáticos do Projeto Veredas"[205].

Tais observações destacam a relevância da formação continuada para a garantia de condições necessárias para o trabalho pedagógico eficaz e relevante socialmente, visto que ensinar História não se resume somente a informar os alunos e as alunas sobre os conceitos, procedimentos e aspectos factuais da matéria, mas implica auxiliá-los a estabelecerem relações entre passado e presente, acessando os conhecimentos históricos aprendidos para emitir julgamentos com autonomia, intervir de forma consciente e ética no campo social. Para isso, é essencial que os/as docentes sejam sempre estimulados a refletir sobre seu papel como agentes históricos por meio do diálogo entre os conteúdos, métodos e fontes históricas e as suas próprias experiências, assim como a autora afirma ter ocorrido no projeto de formação analisado em sua pesquisa.

Linhares[206] estudou as interações estabelecidas pelos docentes estaduais de História no Ensino Médio em Uberlândia com suas práticas pedagógicas, tanto no que diz respeito ao planejamento quanto à implementação. Ao analisar as informações coletadas por meio de questionários e entrevistas com professores participantes do projeto escolas-referência, observação das atividades e análise documental dos instrumentos de autoavaliação dos professores, a autora revela que todos os participantes do estudo criam materiais didáticos para os/as alunos/as. Além disso, 66,71% dos professores/as afirmam cuidar do planejamento do conteúdo e dos objetivos de estudo da matéria, alguns/mas com periodicidade anual (44,4%) e outros/as, mensalmente (34,4%). Entre os obstáculos identificados na administração da matéria, o texto destaca a natureza

---

[205] ALVES, 2008, p. 145.
[206] LINHARES, Izaudir Diniz. *O ensino médio em Uberlândia*: o perfil do professor e da aula de História. 2013. Dissertação (Mestrado em Educação) — Faculdade de Educação, Universidade Federal de Uberlândia, Uberlândia, 2013.

individualizada do planejamento pedagógico em vez de coletivo. Esse trabalho revela ainda que, além de enfrentarem problemas em relação à gestão da matéria e da aula, 43% das docentes e dos docentes pesquisados afirmaram não encontrarem soluções para os desafios que se encontram neste âmbito e 50% revelaram sentirem-se desmotivados/as para o trabalho devido à pressão da Secretaria de Educação e as condições de trabalho em geral. O texto pontua: "Podemos identificar que a falta de motivação pode estar relacionada às mudanças e cobranças que a Secretaria de Estado de Educação tem feito nos últimos anos e com os baixos salários, haja vista a greve de cerca de cem dias realizada no ano de 2011."[207]

Diniz Filho[208] conduziu o estudo com docentes e estudantes do Ensino Médio de uma escola situada na região central de Belo Horizonte, valorizada pela comunidade pela excelência do ensino e engajada em ações em prol da educação na cidade. O objetivo do pesquisador é compreender e examinar as percepções dos/as jovens sobre o conhecimento histórico, utilizando entrevistas, questionários e grupos focais. Ele traça um perfil da educação histórica, marcada por fortes influências externas na dinâmica do ensino de História nas escolas, como a ênfase na preparação para vestibulares ou Exame Nacional do Ensino Médio (Enem), alterações frequentes na política educacional, carga horária limitada para o estudo da matéria, condições de trabalho precárias, muito cansaço e uma leitura considerada insuficiente. Ressalta ocasiões em que a aprendizagem histórica é vista como gratificante e pertinente, por exemplo, ao possibilitar que os/as jovens alunos/as interajam com o conhecimento da matéria através de metodologias ativas que utilizam recursos visuais e auditivos, como filmes. Segundo o estudo, isso estimula a dimensão corporal e promove a comunicação democrática entre pares, através de debates. No estudo analisado, é evidente a necessidade dos alunos e das alunas por uma maior proximidade nas relações socioafetivas entre docentes e discentes.

Oliveira[209] pesquisou sobre a implementação do currículo de História em sala de aula, entrevistando uma professora e estudantes do primeiro

---

[207] LINHARES, 2013, p. 47.
[208] DINIZ FILHO, Mariano Alves. *Ensino de história e juventude*: a produção de sentidos no espaço escolar. 2013. Dissertação (Mestrado em Educação) — Faculdade de Educação, Universidade do Estado de Minas Gerais, Belo Horizonte, 2013.
[209] OLIVEIRA, Thiago. Luíz Santos de. *Práticas curriculares e cidadania*: a materialização do currículo de história na sala de aula de uma turma do ensino médio de uma escola pública estadual de Minas Gerais. 2013. Dissertação (Mestrado em Educação) – Faculdade de Educação, Pontifícia Universidade Católica de Minas Gerais, Belo Horizonte, 2013.

ano do Ensino Médio de uma escola estadual situada na região do Barreiro, em Belo Horizonte. A dissertação foi elaborada a partir da avaliação de informações obtidas por meio de entrevistas, observação, gravação de situações sociais em áudio e estudo do texto resultante da transcrição do material, seguindo as normas da Hermenêutica Objetiva. A discussão desenvolvida no texto toma como base a análise dos registros de quatro das cinco aulas gravadas. Destaca-se a ausência de considerações resultantes do exame das informações coletadas por meio das entrevistas que constam na descrição da metodologia e da justificativa para tal opção. A interpretação dos dados coletados pela observação e pelas gravações aponta problemas no planejamento da aula de História ministrada pela docente que foi sujeito da investigação, bem como as dificuldades com a gestão da turma, no relacionamento interpessoal com os estudantes, no uso da linguagem culta, na exposição dos conteúdos da disciplina e no tratamento pedagógico dos conhecimentos históricos de maneira geral. Segundo a avaliação do pesquisador, "A professora, com estas atitudes, apresenta dificuldade no constructo do seu papel enquanto mediadora do processo pedagógico, o que compromete a materialização da tríade educar, ensinar e formar na sala de aula."[210]

Araújo[211] investiga a metodologia utilizada em estudos escolares sobre a cidade e os significados que os/as professores/as de história atribuem a esses conteúdos e métodos. A pesquisadora utilizou um questionário online e entrevistas presenciais para coletar informações que foram fornecidas por um professor de História, que atua no Ensino Médio e na Educação de Jovens e Adultos (EJA), em escolas estaduais em Contagem e Belo Horizonte, além de outras três professoras que lecionam em instituições de ensino federal e municipal. A dissertação ressalta a argumentação dos sujeitos da pesquisa sobre a natureza intelectual da profissão de professor, que não deve se limitar a seguir normas oriundas de outros âmbitos oficiais. Tal atividade exigiria, segundo esse posicionamento, atitudes que demonstrassem autonomia no desenvolvimento das atividades pedagógicas, tais como a relevância dada ao estudo da cidade, temática que não figura entre os temas canônicos do currículo prescrito para a disciplina. O texto avalia como positiva a opção do/as professor/as pelo tratamento

---

[210] OLIVEIRA, 2013, p. 161.

[211] ARAÚJO, Vanessa Barboza de. *Ensinar a ler a cidade*: práticas de estudo da urbe na Educação Básica. 2014. Dissertação (Mestrado em Educação) – Faculdade de Educação, Universidade do Estado de Minas Gerais, Belo Horizonte, 2014.

transdisciplinar do tópico, favorecido pela pedagogia de projetos, metodologia não tradicional, reconhecida por estimular a participação ativa, a horizontalização das relações e a autonomia de todos os envolvidos nessa proposta. A pesquisadora evidencia que, por meio das entrevistas, foi possível identificar os princípios basilares para as práticas pedagógicas que constituíram esses projetos que se buscavam garantir "a socialização do conhecimento produzido, a aquisição de habilidades para a localização na cidade e o desenvolvimento de uma educação do olhar para a leitura crítica da paisagem urbana".[212]

Enfim, essa investigação revela que os/as professores/as que têm a oportunidade de trabalhar com metodologias mais favoráveis ao exercício da autonomia de docentes e discentes assumem a natureza intelectual do trabalho docente e propiciam oportunidades de aprendizagem que estimulam a criatividade, a reflexão e a criticidade em relação aos objetos em estudo, além de promover atitudes positivas em relação à emancipação e cidadania dos sujeitos envolvidos. Além disso, a pesquisa indica que a ampliação das concepções docentes sobre os diferentes caminhos para a expansão da consciência sobre o mundo pode ser conquistada por meio de atividades educativas que solicitem um tratamento mais integrador ou menos fragmentário dos conhecimentos que dispomos para a compreensão dos fenômenos em estudo.

6.3 ASPECTOS DA CONDIÇÃO DOCENTE REVELADOS PELAS PESQUISAS

Examinando as considerações tecidas pelos pesquisadores em suas dissertações, podemos encontrar informações relevantes sobre diferentes dimensões que se relacionam à condição docente, embora os estudos não trabalhem especificamente com esse conceito.

Trazemos neste exercício, como referência para nossas análises, o pensamento de Inês Teixeira:

> Tentando compreender a condição docente em sua fundação e origem, como o que funda ou como a matéria de que são feitos a docência e o docente e, ainda, como o estado que constitui a docência em sua historicidade, em sua realização, encontramos uma relação. A docência se instaura na

---
[212] ARAÚJO, 2014, p. 119.

relação social entre docente e discente. Um não existe sem o outro... Inserida na cultura, esta relação é mediada pelo conhecimento. Mais do que isso, pela memória cultural a ser transmitida e interrogada, algo muito maior do que os conteúdos dos campos científico-disciplinares.[213]

Tomando como referência as ideias de Fanfani e de Teixeira sobre a condição docente, apresentaremos análise do que nos dizem os/as docentes pesquisadores/as, por meio das dissertações examinadas, sobre as relações que estabelecem com os e as estudantes e com o conhecimento, assim como elas e eles percebem as situações objetivas em que exercem seu ofício.

A análise das dissertações em busca de elementos que informem sobre a condição docente dos professores e das professoras da REE-MG resultou em achados interessantes sobre essa questão.

Em relação à interação entre docentes e estudantes, os três textos analisados indicam um certo afastamento entre os/as alunos/as e professores/as, especialmente aqueles/as que escolhem métodos de ensino que solicitam menos a participação dos alunos e alunas. Esses métodos se baseiam na definição de posições hierarquicamente estabelecidas pela transmissão e reprodução do conhecimento transmitido. No entanto, também é perceptível o surgimento de práticas de ensino mais receptivas à reconfiguração de papeis e ao protagonismo dos/as estudantes, possibilitando que as interações entre esses sujeitos se tornem mais cooperativas.

Essa constatação nos lembra da importância da afetividade, da amorosidade, do acolhimento das interações face-a-face entre professores/as e alunos/as para o sucesso do processo educativo, mas sobretudo ratifica a ideia de que esses elementos não estão relacionados apenas à disposição pessoal dos/as docentes, mas também à escolha de métodos pedagógicos que traduzam em ações a crença na potencialidade dos/as discentes como agentes da sua formação, como portadores/as e construtores/as de conhecimentos.

Os destaques encontrados nos textos analisados nos fazem lembrar das diversas propostas voltadas para a melhoria da educação pública, que atualmente parecem focar suas ações na expansão da presença de novas tecnologias de comunicação e na capacitação dos/as professores/as para

---

[213] TEIXEIRA, Inês. Assunção de Castro. Da condição docente: primeiras aproximações teóricas. *Educação e Sociedade*, Campinas, v. 28, n. 99, p. 426-443, maio/ago. 2007.

um uso apropriado desses recursos. Sem menosprezar a importância desse elemento para a modernização das práticas pedagógicas, as experiências compartilhadas nesses estudos demonstram que uma pedagogia bem-sucedida requer criatividade e habilidades que ultrapassam o domínio técnico e o domínio do uso de computadores e internet. O progresso do aprendizado dos/as alunos/as requer professores/as capazes de utilizar diversas outras ferramentas, métodos, estratégias e, principalmente, cuidados que não são tão recentes, mas que ainda são bastante eficientes na resolução de problemas complexos.

Continuando a refletir sobre os componentes essenciais da formação do/a professor/a na REE-MG, notamos que a formação em serviço é uma necessidade significativa para os/as profissionais envolvidos nessas pesquisas, como apontam Alves[214], Linhares[215] e Diniz Filho.[216] Eles/as avaliam como positivos e eficientes os cursos e as diversas experiências de estudo em grupo que valorizam a memória pessoal e coletiva, a variedade de saberes, a interação entre escola e comunidade, e a disposição para as diversas oportunidades de aprendizado. Os trabalhos identificam demandas por suporte e por formação, tais como o desenvolvimento de metodologias de ensino mais dinâmicas, participativas e que contribuam para o fortalecimento das relações interpessoais na sala de aula. Demandas por formação, tais como conhecimentos pedagógicos sobre o objeto (Didática específica, como organizar uma aula, necessidade de aulas que possibilitem maior participação dos estudantes, e não, somente, aulas expositivas, como trabalhar o letramento na disciplina), relação com os/as estudantes (necessidade do/a professor/a construírem relações mais próximas com os/as estudantes), modos de gerir as turmas, necessidade de planejamento coletivo. Assim, os/as docentes da rede estadual reconhecem a importância do domínio de conhecimentos técnicos-científicos e metodológicos, aspectos centrais da competência pedagógica, mas também reconhecem a relevância de aspectos ligados às relações sociais na escola, assim como dificuldade quanto ao planejamento e organização do trabalho em sala de aula, ações próprias ao exercício da docência, demandando apoio da formação em serviço para o equacionamento dos problemas dessa natureza.

---

[214] ALVES, 2008.
[215] LINHARES, 2013.
[216] DINIZ FILHO, 2013.

A questão da autonomia docente para seleção de conteúdo, meios e métodos aparece como força de renovação das práticas pedagógicas. A capacidade dos/as professores/as de tomar decisões no desempenho de suas funções, fundamentadas nos conhecimentos e saberes obtidos e construídos tanto em ambientes e momentos formais de sua formação, quanto em situações do dia a dia que promovam a partilha de experiências com seus colegas, é um dos elementos que elevam a posição deles/as como profissionais da educação. Frequentemente, as entidades governamentais acreditam que os decretos e regulamentos que direcionam as reformas curriculares são os métodos mais eficientes para assegurar alterações na conduta dos/as docentes, vistos/as apenas como aplicadores/as e disseminadores/as de orientações elaboradas por especialistas. No entanto, essa convicção é frequentemente questionada quando, após a implementação das novas normas, percebe-se que a maior parte dos procedimentos não está sendo cumprida.

CONSIDERAÇÕES FINAIS

Encerrando esta análise, constatamos que as pesquisas em Ensino de História dentro do recorte temporal e espacial da nossa investigação privilegiaram temas relacionados às políticas de formação docente, às práticas dos/as professores/as na concretização dos currículos prescritos e às relações docentes/discentes. Ainda aparecem fortemente as questões ligadas aos desafios impostos pelas difíceis condições de trabalho dos/as professores/as.

No campo do ensino de História, no geral, observa-se a difusão dos estudos sobre a Didática da História alemã e da Educação Histórica. Estes sinalizam o desenvolvimento do ensino significativo, que se relacione com a vida dos/as estudantes, que contemple a investigação, abarcando não apenas os conteúdos conceituais, mas também os procedimentos de pesquisa e análise que integram o trabalho do/a especialista da área, buscando as relações entre passado e presente. No entanto, esses elementos não aparecem nas pesquisas analisadas nesta investigação, sugerindo que esses estudos ainda não integravam a formação desses/as pesquisadores/as.

Contudo os trabalhos também apontam que alguns professores/as, apesar das dificuldades citadas, conseguem desenvolver práticas que ampliam as capacidades cognitivas, promovem a autonomia dos/as estudantes, favoreçam uma formação cultural mais ampla, contemplem e valorizem a diversidade, o espírito crítico e o comportamento ético. Consideramos que a melhoria das condições de trabalho desses/as profissionais certamente contribuiria para que essas características do fazer docente se tornassem corriqueiras no cenário da Educação Básica no Brasil.

REFERÊNCIAS

ALVES, Raquel Elane dos Reis. *Os impactos do Projeto Veredas na formação docente, saberes e práticas de ensino de História nos anos/séries iniciais do ensino fundamental.* 2008. Dissertação (Mestrado em Educação) – Faculdade de Educação, Universidade Federal de Uberlândia, Uberlândia, 2008.

ARAUJO, Vanessa Barboza. de. *Ensinar a ler a cidade*: práticas de estudo da urbe na Educação Básica. 2014 (Mestrado em Educação) – Faculdade de Educação, Universidade do Estado de Minas Gerais, Belo Horizonte, 2014.

DINIZ FILHO, Mariano Alves. *Ensino de história e juventude*: a produção de sentidos no espaço escolar. Dissertação. 2013 (Mestrado em Educação) – Faculdade de Educação, Universidade do Estado de Minas Gerais, Belo Horizonte, 2013.

FANFANI, Emilio Tenti. Condição docente. *In:* OLIVEIRA, Dalila Andrade; DUARTE, Adriana; VIEIRA, Lívia Fraga. *Dicionário*: trabalho, profissão e condição docente. Belo Horizonte: UFMG/Faculdade de Educação, 2010. CDROM.

LINHARES, Izaudir Diniz. *O ensino médio em Uberlândia*: o perfil do professor e da aula de História. Dissertação. 2013 (Mestrado em Educação) – Faculdade de Educação, Universidade Federal de Uberlândia, Uberlândia, 2013.

OLIVEIRA, Thiago Luíz Santos de. *Práticas curriculares e cidadania*: a materialização do currículo de história na sala de aula de uma turma do ensino médio de uma escola pública estadual de Minas Gerais. 2013. Dissertação (Mestrado em Educação) – Faculdade de Educação, Pontifícia Universidade Católica de Minas Gerais, Belo Horizonte, 2013.

TEIXEIRA, Inês Assunção de Castro. Da condição docente: primeiras aproximações teóricas. *Educação e Sociedade*, Campinas, v. 28, n. 99, p. 426-443, maio/ago. 2007.

7

A CONDIÇÃO DOCENTE NO ENSINO MÉDIO DA REDE ESTADUAL DE EDUCAÇÃO DE MINAS GERAIS: O QUE DIZEM AS PESQUISAS?

João Valdir de Souza

INTRODUÇÃO

Este capítulo trata da análise da condição docente no ensino médio da Rede Estadual de Educação de Minas Gerais a partir da leitura integral de 30 dissertações e teses identificadas sobre esse tema.

Algumas observações gerais devem ser feitas sobre o conjunto das pesquisas. Elas tratam de temáticas muito diversas, não representam de modo equitativo a imensa rede estadual de ensino (2.189 escolas que, em 2014, estavam distribuídas em 47 superintendências regionais e 853 municípios) e foram feitas basicamente em cinco universidades (UFMG, UEMG, PUC, UFJF e UFU). Dos trinta trabalhos identificados, neste agrupamento, há 22 dissertações de mestrado e oito teses de doutorado. Predominam as pesquisas identificadas como qualitativas, estudos de caso e análise de conteúdo. A abordagem metodológica, com raras exceções, não trata das questões epistemológicas do conhecimento, limitando-se a apontar os procedimentos adotados (análise de fontes documentais, uso de questionário, realização de entrevistas, observação em sala de aula, um ou outro grupo focal etc.).

Perceptivelmente, o conceito de condição docente não tem uso corrente nas pesquisas sobre a rede pública estadual de educação de Minas Gerais e, mesmo quando se faz referência a algo análogo, as expressões mais próximas são: "condições do trabalho docente" ou "mal-estar docente"; às vezes, fala-se explicitamente da condição docente, sem nomeá-la dessa forma; em significativo número dos trabalhos identificados sobre o ensino médio a análise não recai sobre a condição docente, ainda que sejam importantes para uma melhor compreensão dessa controversa etapa da educação básica. Alguns dos trabalhos não são nem mesmo sobre o ensino médio conforme é entendido atualmente, mas são fundamentais para a compreensão sobre como a condição docente se constitui historicamente.

Salta à vista o problema da descontinuidade das políticas públicas voltadas para a educação, o que não é um problema específico dessa área. Pode-se dizer que o que é contínuo é a descontinuidade, com vários exemplos de projetos de governo que, a despeito de suas potencialidades, não têm continuidade nos governos subsequentes. Isso gera insegurança para as/os profissionais, inconsistência nos percursos e processos, precarização das condições de trabalho e, por extensão, no conjunto, revelam que a condição docente no ensino médio em Minas Gerais tem sérios impactos negativos na escolha pela docência. Para o que se quer tratar, neste capítulo, assumo a condição docente como o estado real que determina, na ordem econômica, social, política, cultural e ideológica, os modos como a prática pedagógica é realizada na escola.

7.1 UM PROBLEMA HISTÓRICO

Três dos trabalhos identificados, a despeito de não terem o ensino médio como objeto específico, trazem importantes elementos sobre a constituição histórica da docência em Minas Gerais, duplamente caracterizada pela precariedade das condições gerais da oferta escolar e pela fragilidade da formação profissional.

Um deles trata especificamente do "processo de adoecimento do magistério público primário no início do século XX".[217] O texto trata de importantes elementos da condição docente, em Minas Gerais, no início do século XX, em pesquisa sobre adoecimento das/dos professoras/es. A análise foi feita a partir do estudo dos pedidos de afastamento das salas de aula por motivo de tratamento de saúde, considerando-se as relações de trabalho instituídas nas reformas educacionais implantadas pelo governo mineiro no período de 1906 a 1930.

---

[217] CABRAL, Talitha Estevam Moreira. *O processo de adoecimento do magistério público primário no início do século XX*: indícios do mal-estar docente nos grupos escolares mineiros (1906–1930). 2014. 143 f. Dissertação (Mestrado em Educação) – Programa de Pós-Graduação em Educação, Universidade Federal de Viçosa, Viçosa, 2014.

O estudo aponta que a instituição dos grupos escolares, ao trazerem novas relações funcionais e novas exigências para as/os profissionais do ensino as submeteram a novas exigências com as quais não foram capazes de lidar sem que isso causasse problemas de saúde. Aponta as deploráveis condições de trabalho das/dos professoras/es e a desqualificação dos saberes das/dos professoras/es leigas/os, a quem se atribuía a responsabilidade pelos precários resultados obtidos, motivo pelo qual se reivindicava formação específica para a docência. A essas novas exigências para o exercício do cargo e maiores expectativas sociais quanto ao papel da educação não corresponderam melhorias nas condições de trabalho, motivo pelo qual aumentaram os problemas de saúde das/dos trabalhadoras/es da educação.

> Pode-se inferir que o novo modelo educacional não representava melhoras significativas para o professorado. Uma contradição passa a permear o universo escolar nessa época: as políticas de governo definiam um padrão ideal do bom professor. Em contrapartida, a alta expectativa sobre esse profissional ocasionava uma tensão entre o que se esperava do docente e as condições de trabalho oferecidas a ele.[218]

Outro trabalho tratou da associação entre feminização do magistério e institucionalização das escolas normais, no início do século XX.[219] Trata do modo como a inserção de mulheres na docência, na Comarca do Rio das Velhas, particularmente sua sede, Sabará, no final do século XIX e início do século XX, combinou professoras leigas e habilitadas nas novas escolas normais, homens e mulheres, sala de aula e imprensa como meios de ampliar a instrução pública no estado de Minas Gerais.

A tese, bem fundamentada em fontes primárias e secundárias, trata especificamente sobre a condição docente nesse momento inicial da institucionalização da docência no estado. Somente no final da segunda década do século XX, o percentual de normalistas em sala de aula atingiu o patamar de 60%. O foco é a feminização do magistério e o modo como ele passou a ser associado a uma vocação. As mulheres foram se constituindo em maioria nessas instituições, ainda que a matrícula nas escolas

---

[218] CABRAL, 2014, p. 118.
[219] NASCIMENTO, Cecília Vieira do. *Caminhos da docência*: trajetórias de mulheres professoras em Sabará – Minas Gerais (1830–1904). 2011. 231 f. Tese (Doutorado em Educação) – Faculdade de Educação, Universidade Federal de Minas Gerais, Belo Horizonte, 2011.

normais fosse diminuta, bem como o número daquelas/es que concluíam o curso. Assim, "o professorado em Minas Gerais durante todo o século XIX, era constituído, em sua maioria, de professores e professoras que não passaram pelas escolas normais".[220] Esse cenário combinava condições precárias de exercício da docência e condições precárias de remuneração.

> Esses dados ajudam a revelar que a Escola Normal de Sabará teve função importante na legitimação de atuação na docência de um grupo de mulheres e homens que tinham em sua ambiência familiar significativa referência e vínculo com o magistério. Nesse sentido, a Escola Normal parece ter funcionado como espaço de chancela a mulheres e homens que vinham gestando, em seu espaço familiar, as condições que lhes possibilitariam acesso a docência.[221]

Um terceiro trabalho, apesar de não tratar especificamente da análise da condição docente e nem sobre o ensino médio, é relevante ao trazer informações sobre a história do Instituto de Educação de Minas Gerais e seu papel na formação de pessoal para a administração do sistema de ensino no estado.[222] Em 1928, como desdobramento da reforma educacional realizada por Francisco Campos, foi criada a Escola de Aperfeiçoamento, que começou a funcionar em 1929. O propósito da Escola de Aperfeiçoamento era formar pessoal especializado para gestão do ensino em Minas e professoras/es para ensinar nas escolas normais. Ocupava-se, pois, da formação das/dos formadoras/es.

A Escola de Aperfeiçoamento funcionou até 1946, quando foi substituída pelo Instituto de Educação de Minas Gerais (IEMG) que incluiu, também, a Escola Normal Modelo, o Jardim de Infância e a Escola Primária. No Instituto, foi criado o curso de Administração Escolar para habilitar diretoras/es e outras/os especialistas para as escolas de ensino primário. Em 1968, ao entrar em vigor a Lei n. 5.540, o curso de Administração Escolar do IEMG foi transformado no curso de Pedagogia. O novo curso, iniciado em 1970, deixou o Instituto de Educação em 1994 para integrar a Faculdade de Educação da Universidade Estadual de Minas Gerais (FaE/UEMG). As únicas referências às condições de exercício da docência são

---

[220] NASCIMENTO, 2011, p. 138.
[221] NASCIMENTO, 2011, p. 161.
[222] CARVALHO, Espedita Sebastiana Santos. *O curso de Administração Escolar do Instituto de Educação do estado de Minas Gerais*: o olhar de ex-alunos e ex-professores. 2012. 119 f. Dissertação (Mestrado em Educação) – Programa de Pós-graduação em Educação, Pontifícia Universidade Católica de Minas Gerais, Belo Horizonte, 2012.

essas que dizem do despreparo das/dos professoras/es para levar adiante o ideal reformador de Francisco Campos.

> Por ocasião da Reforma Francisco Campos, o despreparo dos professores do ensino primário para implementar as propostas era considerado um impasse. O aumento de demanda pela educação, como consequência do movimento de democratização e as novas orientações metodológicas elaboradas com base nas proposições da Escola Nova, exigia um preparo que os docentes da época não tinham.[223]

Essa tensão entre aumento da demanda por escolarização, precariedade da infraestrutura da rede, insuficiência da formação e intensificação do trabalho docente é algo recorrente ao longo da história, agravando-se nas últimas décadas com a perda do valor econômico (traduzido em salário) e do valor simbólico (prestígio) do diploma. Nas pesquisas realizadas no período destacado (2008 a 2018), mesmo quando se encontram elementos inovadores em alguns aspectos, como no caso da melhoria da infraestrutura na curta experiência do "Reinventando o Ensino Médio", saltam à vista os problemas da intensificação do trabalho, da superdesignação, da formação inadequada e da baixa remuneração.

7.2 O ENSINO MÉDIO

A Lei de Diretrizes e Bases da Educação Nacional (LDBEN 9.394/96), em seu Art. 21, define o ensino médio como a terceira etapa da educação básica. As outras duas etapas são a educação infantil e o ensino fundamental. Essa configuração modificou-se ao longo do tempo e o próprio conceito de educação básica ainda não está plenamente constituído. A LDBEN se refere a ela como a educação que vai de zero aos 17 anos, mas somente com a Emenda Constitucional n. 59, de 11 de novembro de 2009, e a partir da Lei 12.796, de 2013, ela foi estendida a todos os estudantes dessas três etapas e assegurada a gratuidade.

O que hoje é o ensino médio, anteriormente era ensino de segundo grau. Vez ou outra há uma dança de nomenclatura, oscilando entre ensino médio, ensino de segundo grau e colegial. O Decreto n. 19.890, de 18 de abril de 1931, que dispunha sobre a organização do ensino secundário, estabelecia que ele seria composto de dois cursos seriados: o fundamen-

---

[223] CARVALHO, 2012, p. 56.

tal e o complementar. O fundamental, cujo exame de admissão exigia do candidato ter a idade mínima de 11 anos, era constituído de cinco séries e o complementar, que dava acesso ao ensino superior, de duas. Segundo a Lei n. 4.024, de 20 de dezembro de 1961, que fixava as "Diretrizes e Bases da Educação Nacional", a educação escolar era dividida em três graus: Educação de Grau Primário; Educação de Grau Médio; Educação de Grau Superior. Segundo o Art. 26, "O ensino primário será ministrado, no mínimo, em quatro séries anuais". E segundo o Art. 34, "O ensino médio será ministrado em dois ciclos, o ginasial e o colegial, e abrangerá, entre outros, os cursos secundários, técnicos e de formação de professores para o ensino primário e pré-primário". O "Ensino de 2º Grau", então, correspondia ao ginásio, com duração de quatro anos, e ao colégio, com duração de três, no mínimo.[224]

Mas a Lei n. 5.692/71 que "Fixa Diretrizes e Bases para o ensino de 1º e 2º graus" trouxe significativas mudanças nessa organização. No § 1º do Art. 1º, ela diz: "Para efeito do que dispõem os Arts. 176 e 178 da Constituição, entende-se por ensino primário a educação correspondente ao ensino de 1º grau e, por ensino médio, o de 2º grau". No Art. 18, ela estabelece que o ensino de 1º grau terá a duração de oito anos letivos; no Art. 20, que é obrigatório dos sete aos 14 anos e, no Art. 22, que o ensino de 2º grau terá a duração mínima de três anos. Temos, a partir de então, um ensino fundamental de oito anos, dividido entre primário e ginasial, e um ensino de segundo grau de três anos. Mais adiante, a partir da Lei 11.274/06, a esse ensino fundamental de oito anos foi acrescido mais um ano, com as crianças entrando nele aos seis anos, em vez de aos sete, como era até então.

Mas há um outro elemento importante a impactar historicamente esse ensino médio. Trata-se do ensino técnico-profissional. A Comissão de Civilização, Catequese e Colonização da Assembleia Constituinte de 1823 propôs a criação de "estabelecimentos para a catequese e civilização dos índios, emancipação lenta dos negros e a sua educação industrial", o que tem sido sistematicamente lido e entendido como uma tentativa de destinar formação profissional "aos humildes, aos pobres e aos desvalidos", algo bem diferente da "educação pelas letras" conferida aos bem-nascidos do

---

[224] SOUZA, João Valdir Alves de. Licenciaturas da UFMG no período 1968-1996. *In:* SOUZA, João Valdir Alves de; FARIA FILHO, Luciano Mendes; FONSECA, Nelma Marçal L. (org.). *Formação docente na UFMG:* história e memória. Belo Horizonte: Mazza Edições, 2016. p. 204.

Império.[225] Embora o projeto de Constituição elaborado pelos deputados não tenha vigorado, uma vez que a Constituição de 1824 foi outorgada, os termos adotados naquela época parecem ter atravessado o tempo como uma espécie de "carimbo" do que deveria ser essa formação técnica.

Quase cem anos depois, pelo Decreto n.º 7.566, de 23 de setembro de 1909, o governo Nilo Peçanha assim justificava a criação de Escolas de Aprendizes Artífices, em cada uma das capitais dos estados da República:

> O Presidente da República dos Estados Unidos do Brasil, em execução da Lei nº 1.606, de 29 de dezembro de 1906, considerando que o aumento constante da população das cidades, exige que se facilitem às classes proletárias os meios de vencer as dificuldades sempre crescentes da luta pela existência; que para isso se torna necessário não só habilitar os filhos dos desfavorecidos da fortuna com indispensável preparo técnico e industrial, como fazê-los adquirir hábitos de trabalho profícuo, que os afastará da ociosidade ignorante, escola do vício e do crime; que é um dos primeiros deveres do Governo da República formar cidadãos úteis à nação; Decreta...[226]

E em 1918 (Decreto n. 13.064, de 12 de junho), em 1926 (Portaria do Ministério da Agricultura, de 13 de novembro) e em 1937 (Art. 129 da Constituição) aparecem justificativas para que os candidatos aos cursos de formação técnica para atuar na agricultura, no comércio e na indústria sejam preferencialmente os "desfavorecidos da fortuna" ou claramente destinados às "classes menos favorecidas".[227] Mesmo que a reforma levada a efeito por Fernando de Azevedo, no final dos anos 1920, na Instrução Pública do Distrito Federal, tivesse o objetivo de abolir a distinção entre cursos preparatórios para os cursos superiores e os profissionais;[228] mesmo que o Manifesto dos Pioneiros de 1932 tenha combatido o dualismo existente entre a formação cultural e o ensino profissionalizante, propondo a organização de cursos acadêmicos e profissionais em um mesmo estabelecimento; mesmo que em 1971 (Lei n. 5.692/71), tenha se convertido

---

[225] SPOSITO, Fernanda. Liberdade para os índios no Império do Brasil: a revogação das guerras justas em 1831. *Almanack*, Guarulhos, n. 1, p. 52-65, 1º semestre 2011. p. 61; MAGELA NETO, Othílio. *Quinhentos anos de história do ensino técnico no Brasil, de 1500 ao ano 2000*. Belo Horizonte: CEFET, 2002. p. 39.
[226] MAGELA NETO, 2002, p. 43.
[227] MAGELA NETO, 2002, p. 53-54.
[228] CARDOSO, Tereza Fachada Levy. A reforma do ensino profissional, de Fernando de Azevedo, na Escola Normal de Artes e Ofícios Wenceslau Braz. *Revista Diálogo Educacional*, Curitiba, v. 5, n. 14, p. 79-92, jan./abr. 2005.

todo o ensino de segundo grau em profissionalizante, situação que durou até 1982 (Lei n. 7.044, de 18 de outubro), o que aparece nos trabalhos analisados, em todos os casos em que alguma análise histórica foi feita sobre o ensino médio, é esse caráter errante, sua falta de identidade, sua estrutura dual (formação propedêutica e preparação para o trabalho), os malogros nas tentativas de reforma etc. Trata-se, efetivamente, de um quadro complexo. As críticas abundam, mas nenhuma solução é proposta. É como se todos tivessem uma crítica contundente a fazer sobre essa etapa da educação básica, mas ninguém soubesse o que efetivamente deveria ser feito com o ensino médio.

7.3 O QUE DIZEM AS PESQUISAS?

Das 30 dissertações e teses analisadas, mais da metade faz sistemática análise da constituição histórica do ensino médio. São muito variáveis quanto ao escopo da abordagem e à profundidade da análise, mas é o suficiente para construir um quadro bastante amplificado de como essa etapa final da educação básica vai ganhando forma.

A precarização do trabalho docente é tema recorrente nas pesquisas. Ela se revela pelo quadro geral do trabalho na escola (seja pelos desafios próprios ao trabalho docente no mundo atual, seja pelos precários contratos de trabalho e baixa remuneração, seja pelas condições de oferta de disciplinas de pequena carga horária ou pela falta de condições de dedicação exclusiva a uma escola) e pela combinação de tudo isso com o fato de a escola estar instalada em área de alta vulnerabilidade social e ofertada no noturno.

Uma das pesquisas foi feita em uma escola tradicional de Belo Horizonte. A dissertação analisa situações de ajustamento funcional, isto é, professoras/es que se afastam da sala de aula, mas não da escola. São situações que atestam o mal-estar docente, mas não chegam a promover um desligamento da/do professora/professor. A despeito de não ser uma pesquisa específica sobre o ensino médio, ela é importante, porque trata do mal-estar docente, o que diz respeito às condições de exercício da docência.

> A intensificação do trabalho nas escolas, a introdução de dispositivos de controle e de avaliação [...] e a necessidade e a exigência de uma formação continuada, frente à precariedade da formação inicial, à democratização do acesso à

> escola básica, e à incorporação de um amplo contingente de alunos dos meios populares, parecem contribuir para o agravamento dessas tensões.[229]

Ao se pensar as questões relativas ao ajustamento funcional, pode-se supor que esse fenômeno está associado às condições mais precárias das escolas de periferia. Contudo, o locus da análise sinaliza claramente que as escolas centrais e, mais que isso, tradicionais, não escapam ao problema abordado.

> A Escola Estadual Barão do Rio Branco foi escolhida para a pesquisa por representar, na memória coletiva e social da cidade, um lugar especial no cenário educacional mineiro. [...] A escola apresenta-se bem equipada frente às demais escolas estaduais e como consequência, pode ser considerada um local aprazível para se trabalhar.[230]

Importante notar que todas as entrevistadas são do sexo feminino, estão em final de carreira (o que significa tanto que são experientes quanto que estão abaladas pelo cansaço), têm origem social relativamente elevada e têm padrão de vida de classe média alta, que não apenas trabalham em escola localizada em região privilegiada da capital como residem em bairros considerados nobres. Por se situarem em um ponto de observação de quem percorreu décadas no exercício da docência, a visão recorrente é a de que a escola perdeu a centralidade como instituição educadora e as/os professoras/es perderam o prestígio de que gozavam.

> A professora faz uso do saudosismo ao se referir à família e à escola. Faz parte dos relatos um contraste entre a memória construída que faz da escola do passado o paraíso, e a escola do presente como o local da violência e indisciplina de alunos que não têm compromisso e são desinteressados.[231]

Várias são as pesquisas sobre a oferta de disciplinas (ensino religioso, matemática, biologia, filosofia, geografia, com um trabalho cada; sociologia, com dois; história, com três; química, com cinco). São muitas

---

[229] CAMPOS, Maria Clara do Amaral. *O afastamento da sala de aula e o percurso profissional de professores de uma escola da rede estadual de Belo Horizonte*. 2009. 127 f. Dissertação (Mestrado em Educação) – Programa de Pós-graduação em Educação, Pontifícia Universidade Católica de Minas Gerais, Belo Horizonte, 2009, p. 11.
[230] CAMPOS, 2009, p. 15.
[231] CAMPOS, 2009, p. 67.

as abordagens, e o fato de se tratar de análises pontuais não autoriza generalizações, mas alguns elementos chamam a atenção.

A pesquisa sobre o ensino religioso,[232] por exemplo, é relevante por trazer ampla discussão sobre a legislação relativa ao ensino dessa temática na escola pública e fazer um contraponto entre o que diz a lei e o que fazem as/os professoras/es no cotidiano da sala de aula. A condição docente, neste caso, não diz respeito às condições objetivas da vida, mas a elementos da subjetividade no que diz respeito às crenças religiosas, das quais a/o professora/professor não consegue se desvencilhar. Desse modo, o ensino religioso, em vez de se constituir em ensino sobre cultura religiosa, como pretende a legislação, acaba por se transformar em proselitismo católico, com vistas a adquirir obediência dos estudantes em um contexto pouco favorável à escolarização. E, ainda, instrumentaliza o ensino religioso para que ele sirva como elemento conformador da disciplina que se espera dos estudantes na realização das atividades escolares. Mostra a presença de ampla iconografia religiosa católica nas escolas e a realização de rituais religiosos em nome da moralização dos costumes.

Uma das pesquisas sobre a disciplina de história mostra o que o ensino não deve ser. Trata-se de uma análise hermenêutica de algumas aulas realizadas em outubro e novembro de 2012, em uma turma do primeiro ano. Apesar de faltar ao texto rigorosa revisão da forma, é importante o exercício feito ao revelar a inoperância da sala de aula, ainda que tenha sido feita análise de poucas aulas. A despeito de dialogar pouco com a longa discussão teórica realizada, o exercício é importante para revelar parte significativa das condições de exercício da docência na rede estadual de educação.

> A professora inicia a aula sem uma saudação cordial, não sinaliza que será iniciada uma aula de história. Não se cria um ambiente pedagógico que permita a lida com o conhecimento, os alunos conversam, brincam e desafiam a autoridade da professora. As ações de disciplinamento oscilam entre o autoritarismo e o sarcasmo, os alunos não enxergam na docente uma autoridade na condução da sala de aula. Ela não exerce a condução do processo de educar para autonomia pois não cria com eles o ambiente propício

---

[232] MAGRI, Vanessa Carneiro B. Lima. *O ensino religioso na escola pública: um estudo sobre a experiência da Rede Estadual de Minas Gerais*. 2010. 127 f. Dissertação (Mestrado em Educação) – Instituto de Biociências, Universidade Estadual Paulista, Rio Claro, 2010.

> para que eles se eduquem. A linguagem falada na sala de aula incorre repetidamente em equívocos linguísticos graves, tanto por parte dos educandos como pela professora.[233]

E, mais adiante, em um relato dramático.

> O trabalho em grupo é encarado como um mosaico, e não como produto da reflexão coletiva. A professora não intervém pedagogicamente na explanação dos alunos, contribuindo para a disseminação de informações truncadas, que em muitos momentos se configuraram como equívocos do ponto de vista histórico. [...] O preconceito homofóbico ganha lugar privilegiado nas conversas da professora com os alunos, numa ação contundente de discriminação, ausência da alteridade e proliferação da barbárie. Palavras chulas, expressões jocosas e sarcásticas são naturalizadas no ambiente da sala de aula. A aula de história, não se traduz como aula, o caráter pedagógico se esvai, e a negação do conhecimento se torna aporte para a semiformação.[234]

Outras pesquisas[235] tratam do ensino de disciplinas que têm um único horário semanal, no caso, sociologia e filosofia, mas as condições da oferta são as mesmas para ensino religioso ou artes. Essas disciplinas têm uma única aula de 50 minutos por semana, sendo esse tempo demasiadamente reduzido para realização dos seus propósitos. A oferta é fragilizada, pois as/os professoras/es sofrem com a precariedade ou inexistência do material didático disponibilizado, muitas vezes não são licenciadas/os na área e precisam de muitas turmas e/ou percorrer várias escolas para compor um cargo. Uma dessas pesquisas[236] gerou texto muito bem escrito, consistente na argumentação e assentado em rico diálogo com

---

[233] OLIVEIRA, Thiago Luiz Santos de. *Práticas curriculares e cidadania*: a materialização do currículo de história na sala de aula em uma turma do Ensino Médio de uma escola pública estadual de Minas Gerais. 2013. 258 f. Dissertação (Mestrado em Educação) – Programa de Pós-graduação em Educação, Pontifícia Universidade Católica de Minas Gerais, Belo Horizonte, 2013, p. 166.

[234] OLIVEIRA, 2013, p. 220-221.

[235] CARVALHO, Tatiane Kelly Pinto de. *Ensino de sociologia*: elementos da prática docente no Ensino Médio. 2012. 185 f. Dissertação (Mestrado em Educação) – Universidade do Estado de Minas Gerais, Belo Horizonte, 2012; DARÉ, Tiago Pinheiro. *Linguagem e texto filosófico no ensino médio*: a posição político-pedagógica de professores de filosofia. 2014. 125 f. Dissertação (Mestrado em Educação) – Universidade do Estado de Minas Gerais, Belo Horizonte, 2014; GOMES JÚNIOR, Edgar. *O ensino da sociologia na educação de jovens e adultos*: um estudo em duas escolas da Rede Estadual de Educação de Minas Gerais. 2017. 151 f. Dissertação (Mestrado em Educação) – Universidade do Estado de Minas Gerais, Belo Horizonte, 2017.

[236] CARVALHO, 2012.

a literatura sociológica, tanto no que se refere à construção desse campo de conhecimento, quanto no que se refere ao ensino dessa disciplina e sobre a profissão docente em geral.

Trata especificamente da condição docente, tanto pela análise rigorosa que faz da precariedade das condições de oferta de uma disciplina que tem uma carga horária de uma aula por semana, quanto por dialogar com autoras/es que operam com o conceito de condição docente. A autora analisou detidamente, para cada uma/um das/dos quatro professoras/es pesquisadas/os, elementos como formação inicial e continuada, processos de avaliação e cotidiano da sala de aula tendo a relação disciplina/indisciplina como eixo de análise da prática pedagógica. Destaca-se a sensibilidade da pesquisadora ao fazer a análise do seu objeto, uma vez que não se limitou à crítica, mas também não se atreve a uma prescrição.

> É preciso esclarecer que o que se pretendeu aqui não foi adotar um discurso prescritivo sobre o que os docentes deveriam fazer, mas apenas sistematizar o que foi detectado, uma vez que a realidade que despontou no campo desta pesquisa pode ser encontrada em muitas escolas públicas deste país. Tal esforço se deve à crença de que a universidade e as pesquisas que ela produz precisam dialogar e, se possível, estabelecer uma parceria com os professores, contribuindo para viabilizar a reflexão deles sobre a própria ação e, sobretudo, buscando caminhos para a transformação das práticas escolares.[237]

Outro ponto que deve ser destacado é a combinação dessas condições precárias de exercício da docência com a elevada vulnerabilidade social em grande parte dos locais onde justamente a única oferta de escolarização possível é a da rede pública de ensino. Várias foram as análises que trataram dessa vulnerabilidade e as implicações dela para o cotidiano do trabalho escolar.[238]

---

[237] CARVALHO, 2012, p. 165.
[238] CAMPOS, 2009; SARAIVA, Ana Maria Alves. *O trabalho docente em territórios de alta vulnerabilidade social*: condições de trabalho, permanência e desempenho. 2015. 233 f. Tese (Doutorado em Educação) – Faculdade de Educação, Universidade Federal de Minas Gerais, Belo Horizonte, 2015; FRANCESCHINI, Vanessa Lima Caldeira. "*...eu preferia dormir do que ir pra escola*": um estudo quanti-quali sobre a reprovação na primeira série do Ensino Médio da rede estadual em Ribeirão das Neves, Minas Gerais. 2015. 267 f. Tese (Doutorado em Demografia) – Faculdade de Ciências Econômicas, Universidade Federal de Minas Gerais, Belo Horizonte, 2015; LOPES, Bernarda Elane Madureira. *Evasão escolar no ensino médio noturno*: mediações entre as políticas educacionais contemporâneas e as dinâmicas escolares. 2017. 346 f. Tese (Doutorado em Educação) – Universidade Federal de Uberlândia, Uberlândia, 2017.

Um desses textos resultou de uma pesquisa de campo realizada com 24 docentes de três escolas públicas localizadas em territórios de alta vulnerabilidade de Belo Horizonte, visando "compreender como se desenvolve a relação entre a educação e a pobreza no âmbito da educação básica".[239] Não opera especificamente com o conceito de condição docente, mas trata das condições de trabalho. As condições de trabalho são elementos importantes, mas constituem apenas parte de um conjunto maior de elementos que chamamos de condição docente, como se verá mais adiante.

> A noção de condições de trabalho designa, a princípio, o conjunto de recursos que possibilitam a realização do trabalho, envolvendo as instalações físicas, os materiais e insumos disponíveis, os equipamentos e meios de realização das atividades e outros tipos de apoio necessários, dependendo da natureza da produção.[240]

O texto faz longa e consistente análise da conformação de políticas sociais e o modo como interferem no dimensionamento dos problemas relacionados à pobreza e à exclusão social. Além disso, trata do papel da educação escolar e o modo como ela opera tanto nos processos de integração social quanto na formação de trabalhadoras/es aptas/os ao trabalho na nova sociedade que vai se configurando com a urbanização, a industrialização, a modernização etc. Situa esse processo em momentos distintos da trajetória dessas economias latino-americanas, particularmente o Brasil, até o esgotamento do modelo no início dos anos 1990, ocasião em que emergem as políticas globais de adesão ao neoliberalismo.

> Nesse sentido, a educação passou a desempenhar duplo papel, o de modelar motivações para adesão ao trabalho assalariado e também na regulação quantitativa de mão de obra por meio da educação profissional, mantendo pelo tempo necessário, para essa regulação, os jovens na escola. A educação como política social contribuiu para o processo de adesão ao novo sistema não apenas regulando a oferta de mão de obra, mas também preparando e disciplinando os jovens para o trabalho e gerando novas formas de integração social.[241]

---

[239] SARAIVA, 2015.
[240] SARAIVA, 2015, p. 187.
[241] SARAIVA, 2015, p. 42.

Em um item intitulado "Da diferença à diferenciação: um breve histórico das políticas territoriais na educação", cita os casos dos Estados Unidos e da Inglaterra, com as iniciativas tomadas a partir do Relatório Coleman e do Relatório Plowden, respectivamente, para apontar que medidas foram recomendadas ou adotadas com vistas a enfrentar, como política pública, os problemas apontados. Ao trazer a discussão para o caso brasileiro e mineiro, mostra como as demandas postas às/aos professoras/es vão muito além daquelas consagradas como próprias à atividade pedagógica.

> Para os professores que atuam nos territórios vulneráveis, multiplicam-se as atividades e as funções, a docência passa a se desenvolver com uma grande proximidade com a assistência. As demandas que surgem no trabalho diário dos professores confundem-se muitas vezes com um trabalho social, além de terem que responder às demandas por melhorias da qualidade da escola pela via do desempenho em avaliações externas.[242]

São três as escolas onde foi realizada a pesquisa empírica, duas da rede estadual e uma da rede municipal de Belo Horizonte. Todas as três estão situadas em áreas de alta vulnerabilidade social. Contudo, a despeito da caracterização semelhante do ambiente e do atendimento a públicos com o mesmo perfil socioeconômico e cultural, diferenças substanciais saltam à vista, principalmente no que diz respeito ao quadro docente. Enquanto na escola municipal todas/os as/os 56 professoras/es são efetivas/os, nas outras duas, da rede estadual, de um total de 76 professoras/es, apenas oito são efetivas/os. A superdesignação, que já é recorrente na rede estadual, parece ser ainda maior em escolas situadas em áreas de alta vulnerabilidade.

Entre as/os doze professoras/es novatas/os (até seis anos de exercício) escolhidas/os para a análise em profundidade (entrevista), "dez se declararam insatisfeitos e somente dois declararam que escolheriam ser novamente professor se tivessem que recomeçar a vida profissional".[243] No caso das/dos veteranas/os, também em número de 12 (mais que seis anos de exercício), "todos os que trabalham na rede Municipal declararam-se satisfeitos e escolheriam ser novamente professores. Na rede Estadual apenas uma professora declarou-se satisfeita e disposta a repetir a escolha profissional".[244]

---

[242] SARAIVA, 2015, p. 175.
[243] SARAIVA, 2015, p. 185.
[244] SARAIVA, 2015, p. 185.

Se a localização da escola já é um elemento importante para sua caracterização como situada em área vulnerável, quando a oferta é no noturno esse índice de vulnerabilidade se acentua. É o que mostra pesquisa sobre evasão escolar no ensino médio noturno,[245] tendo em vista a complexidade e a natureza multiforme do fenômeno, que deve ser situado no contexto histórico, social, econômico e político no qual estão inseridos esses alunos. A pesquisa foi realizada em escolas públicas do município de Montes Claros, no período entre 2010 e 2013, analisando o trabalho escolar em interface com o contexto social, econômico e político nas dimensões macrossociais e microssociais.

A despeito da fragilidade do texto, a análise feita mostra que a evasão escolar não deixa dúvida de que a condição docente deve ser vista à luz da condição discente.

> Vários foram os fatores declarados, pelos alunos, como motivadores da evasão, tais justificativas giram em torno de aspectos pessoais, subjetivas, exógenas à escola como gravidez precoce, necessidade de trabalhar, cansaço, falta de interesse, drogas, coleguismo, preguiça, depressão pós-parto, dificuldade de conciliar a maternidade com os estudos, necessidade de trabalhar durante o Ensino Médio dentre outros que comprovam as dificuldades financeiras e sociais vivenciadas pelos alunos.[246]

Essa condição discente foi um dos pontos centrais do estudo sobre os fatores da reprovação de estudantes do primeiro ano do ensino médio da Rede Estadual de Educação no município de Ribeirão das Neves.[247] Apesar de não utilizar o termo, além da condição docente, o trabalho trata da condição discente, uma vez que associa os estudantes do sexo masculino e do sexo feminino aos fatores que aumentam as chances de reprovação ou de preveni-la. Quais são esses fatores?

> Os resultados qualitativos revelam que o aluno reprovado é do sexo masculino, negro, sem religião, mora com a avó ou avô, tem irmãos/irmãs no domicílio, a família não participa da vida escolar, a mãe é evangélica/crente e tem EF incompleto. Este aluno estuda em escola pública de qualidade

---

[245] LOPES, 2017.
[246] LOPES, 2017, p. 209.
[247] FRANCESCHINI, 2015.

> razoável a ruim, seus professores são também razoáveis a ruins e os colegas exercem má influência sobre ele. Sendo assim, é um aluno indisciplinado e que não se importa de ter sido reprovado. Ele joga futebol e sonha em ser jogador de futebol ou trabalhar no mundo do crime/tráfico.[248]

Ainda que tenha lhe faltado uma revisão textual mais rigorosa, o texto da tese é sofisticado e se apoia em vastíssima bibliografia. Sustentando-se em métrica própria da área econômica, uma vez que se trata de tese apresentada ao curso de doutorado em Demografia, a pesquisa combina de modo pertinente referências quanti e qualitativas e compõe um amplo conjunto de variáveis e o modo como interferem nos resultados escolares. A pesquisa foi feita em área considerada vulnerável, com estudantes que compõem um quadro socioeconômico bem similar, o que permite observar com certa clareza o efeito da escola e das/dos professoras/es sobre as trajetórias escolares. "Nesse sentido, talvez diante de uma população homogênea, socialmente falando, o que diferencia é a própria conduta do aluno perante as situações vividas e a postura dos professores como agentes estimuladores do conhecimento".[249]

Esse quadro social e pedagógico amplamente desfavorável é agravado pelo fato de a escola operar em contexto de periferia, o que atinge o "fator motivacional" tanto de alunos quanto de professoras/es. Fica clara a importância tanto de políticas públicas adequadas ao enfrentamento desse quadro quanto de uma formação adequada que leve as/os professoras/es a evitar a formação de um juízo preconceituoso desses estudantes em situação vulnerável. Como já foi suficientemente explicado por amplas vertentes da sociologia da educação e os próprios fatores que aumentam as chances de reprovação ou de preveni-la mostrados anteriormente, o fator "reprodução" continua atuando com todo o seu peso no estabelecimento de forte correlação entre condições socioeconômicas e desempenho escolar. No entanto, não podemos perder de vista que muitas pesquisas recentes sobre efeito-escola e efeito-professor mostram que a atuação docente pode fazer a diferença quando a atuação pedagógica é positivamente orientada por um projeto consistente e coletivo de trabalho.

> Apesar de não ter sido significativa a variável "gosta das aulas", que demonstra, de certo modo, o fator motivacional,

---

[248] FRANCESCHINI, 2015, p. 153-156.
[249] FRANCESCHINI, 2015, p. 149.

nos grupos focais ficou clara a importância do professor como agente do aprendizado. Quanto ao aspecto da relação com o professor, no sentido da identificação do aluno com a aula e com o próprio professor, o que, de certo modo, influencia no desempenho da matéria, o formato da aula é decisivo. Para esses jovens, uma aula dinâmica, extrovertida, cuja abordagem dos temas seja através de um modo criativo e que o professor demonstre atenção com eles, mas também impondo respeito, é o que influencia as alunas e os alunos a gostarem da matéria.[250]

É esse cenário que tem fundamentado a justificativa pelos processos constantes de formação continuada e várias são as pesquisas que trataram dessa questão, ainda que em graus muito distintos de força argumentativa. Seja pela necessidade iminente de continuar a formação em decorrência da fragilidade da formação inicial e da busca por uma força motriz de mudanças da prática pedagógica[251] ou pela análise do protagonismo dos estudantes,[252] das escolas de tempo integral,[253] das políticas de avaliação sistêmica[254] ou da utilização das novas tecnologias de informação e comunicação,[255] em todos esses casos salta à vista o problema da formação, tanto inicial quanto continuada.

Há uma combinação de elementos internos e externos à escola, de natureza macro e micro, de ordem objetiva e subjetiva que levam a um distanciamento entre o que se quer da escola e o que se faz nela em

---

[250] FRANCESCHINI, 2015, p. 184.

[251] MALVACCINI, Silvana Carello. O "tornar-se o que se é" professor de matemática e o espaço escolar. 2008. 134 f. Dissertação (Mestrado em Educação) – Universidade Federal de Juiz de Fora, Juiz de Fora, 2008; MELO, Lilian Guiduci de. Perfil dos professores de química do município de Juiz de Fora/MG: sua formação inicial, continuada e exercício profissional. 2012. 111 f. Dissertação (Mestrado em Química) – Universidade Federal de Juiz de Fora, Juiz de Fora, 2012; GERMANOS, Erika. Contradições como força de mudança: o processo de formação continuada de professores do ensino médio enquanto potencializador da práxis transformadora à luz da Teoria Histórico-Cultural. 2016. 318 f. Tese (Doutorado em Educação) – Universidade Federal de Uberlândia, Uberlândia, 2016.

[252] RODRIGUES, Bruno Augusto. O ensino de Ciências por Investigação em escolas da rede pública. 2008. 197 f. Dissertação (Mestrado em Educação) – Faculdade de Educação, Universidade Federal de Minas Gerais, Belo Horizonte, 2008.

[253] SILVA, Ana Maria Clementino Jesus e. Trabalho docente e educação em tempo integral: um estudo sobre o Programa Escola Integrada e o projeto Educação em Tempo Integral. 2013. 188 f. Dissertação (Mestrado em Educação) – Faculdade de Educação, Universidade Federal de Minas Gerais, Belo Horizonte, 2013.

[254] FERNANDES, Alex de Oliveira. O Programa de Avaliação da Aprendizagem Escolar (PAAE) em Minas Gerais: interfaces entre práticas avaliativas e currículo de história no ensino médio. 2017. 206 f. Dissertação (Mestrado em Educação) – Faculdade de Educação, Universidade Federal de Minas Gerais, Belo Horizonte, 2017.

[255] FIALHO, Wanessa Cristiane Gonçalves. A prática pedagógica e as tecnologias da informação e da comunicação nas aulas de Biologia: um olha sobre duas escolas públicas mineiras. 2008. 190 f. Dissertação (Mestrado em Educação) – Universidade Federal de Uberlândia, Uberlândia, 2008.

nome da educação. Detecta-se forte discrepância entre a cultura escolar e os interesses dos estudantes. Falta zelo na elaboração do PPP, há precariedade de todo tipo na infraestrutura física, tecnológica e de recursos didáticos. A formação docente e as condições de exercício da docência geram desestímulo e revelam uma condição docente desfavorável à realização do que se espera da escola.

A precariedade das condições objetivas implica fortemente as condições subjetivas, tanto para alunos quanto para professoras/es. Pelo lado dos alunos, baixo capital cultural e social (desestímulo em casa e precária rede de contatos), pouca perspectiva de futuro, imediatismo, preguiça. O aluno se autoexclui porque não vê perspectiva no que a escola poderia lhe acrescentar. Desse modo, não se interessa pela escola, pela/pelo professora/professor e pelo conhecimento. Diante desse estado de coisas, a/o professora/professor se sente desestimulada/o a realizar seu trabalho ou, mesmo quando dá o máximo de si, não vê realizar-se pedagogicamente no seu aluno. "Pois afirmaram não terem tempo para o estudo em função das exigências das políticas públicas, e também relacionam sua desmotivação com falta de interesse dos alunos pelo conhecimento científico, e do excesso de trabalho."[256]

Além da busca pela formação continuada, aparece a demanda por mais escolarização, entendida como educação em tempo integral. Uma das pesquisas[257] se debruçou sobre essa questão e fez criteriosa análise do Programa Escola Integrada (PEI) da Rede Municipal de Belo Horizonte e do Projeto Educação de Tempo Integral (Proeti) da Rede Estadual de Minas Gerais. Vale a pena deter-se um pouco nessa pesquisa porque ela tratou de uma temática que é vista como avanço tanto em termos de política pública, especificamente de ordem pedagógica, quanto em termos de busca de resposta para os problemas de ordem econômica e social.

O texto da dissertação é sofisticado, sobretudo na exposição teórica do primeiro capítulo, que começa por fazer uma ampla e consistente análise do estado capitalista contemporâneo, em sua faceta neoliberal, particularmente naquilo que se refere ao conjunto das políticas sociais. Avança na análise do estado capitalista, pontuando o modo como, no contexto do "Estado pós-neoliberal", governos de esquerda, no Brasil e na América Latina, adotaram políticas distributivas, na tentativa de

---

[256] GERMANOS, 2016, p. 121.
[257] SILVA, 2013.

combater as desigualdades herdadas do modelo anterior. "Tais governos implantaram uma nova forma de gestão econômica e social buscando combater o fosso social intensificado pelos governos anteriores sem, no entanto, romperem com o modelo capitalista".[258]

A seguir, descreve e analisa os dois programas, tanto na proposta governamental (Programa Mais Educação: 2007) quanto nas condições objetivas da oferta no contraturno da escola regular, o que implica várias tensões entre gestão, professoras/es (tutoras/es, monitoras/es, agentes culturais) e alunos. Os dois programas se configuraram de modos diferentes:

> Enquanto a Secretaria Estadual de Ensino de Minas Gerais realiza a contratação de professores designados para atuarem especificamente no PROETI; no PEI, bolsistas universitários e agentes culturais (oficineiros da própria comunidade) são selecionados para atuarem nas oficinas. Tais sujeitos docentes constituem-se, desse modo, como novidades em suas redes de ensino [...]. A inserção desses novos sujeitos docentes na escola pode ser o reflexo daquilo que a pesquisa nacional "Trabalho Docente na Educação Básica no Brasil", organizada pelo Grupo de Estudo sobre Políticas Educacionais e Trabalho Docente (GESTRADO/UFMG), classificou como a emergência de nova divisão técnica do trabalho nas escolas, resultante de crescentes demandas trazidas pela incorporação de novas funções pela instituição educativa, iniciada a partir das reformas educacionais ocorridas no Brasil e América Latina na década de 1990.[259]

Essas/Esses novas/os docentes emergem em decorrência de mudanças na organização e gestão da escola que fizeram com que novas atribuições fossem assumidas por elas/eles promovendo uma reestruturação do trabalho pedagógico, o que repercute sobre as condições de trabalho, o perfil e a identidade docente, mas também pelo fato de que a escola passa a desenvolver programas antes restritos a outros setores como assistência social, defesa social e saúde, recebendo novas atribuições educacionais e sociais.

O quarto capítulo é especificamente sobre a condição docente: "Os sujeitos docentes da educação em tempo integral de Belo Horizonte: quem são e em quais condições realizam seu trabalho?". E essa condição

---

[258] SILVA, 2013, p. 43.
[259] SILVA, 2013, p. 98.

docente revela que não basta ampliar o tempo de escolarização. A pesquisa mostra que apesar das dificuldades relatadas pelas/pelos docentes, como baixos salários, ausência de espaços adequados, falta de horário para o planejamento das oficinas na escola, grande número de alunos por turma, rejeição do programa e da equipe de trabalho pela escola, há pontos positivos que de certa forma deram sobrevida ao Programa até pouco tempo após a pesquisa ser realizada. Mas são muitos os problemas e várias as dificuldades a serem superadas.

> Os professores do projeto sofrem pelas condições de trabalho precárias, pelos baixos salários, pela sobrecarga de atribuições, pela falta de tempo para estudo e elaboração de material, pela falta de trabalho coletivo, por contratos precários, entre outros. Dificuldades comuns aos professores das escolas públicas brasileiras. [...] No entanto, os professores do PROETI ainda lidam, mesmo que de forma velada, com a discriminação dentro de seu próprio ambiente de trabalho; enfrentam dificuldades diárias decorrentes do público predominantemente carente que atendem; e pelas dificuldades decorrentes das práticas que devem desenvolver, à medida que devem ser diferenciadas daquelas realizadas habitualmente pelos alunos em sala de aula, tendo um caráter mais lúdico mesmo que suas finalidades sejam por vezes a mesma da primeira: a melhoria da aprendizagem das crianças.[260]

Finalmente, outro elemento importante a ser destacado nas pesquisas é a tentativa de reestruturar o ensino médio, de modo a superar seus históricos problemas de forma e conteúdo. Uma delas analisou "as possíveis alterações no tempo de trabalho dos professores da Rede Estadual de Ensino de Minas Gerais", entre os anos de 2012 e 2017, período da vigência de programas voltados à reformulação do ensino médio, como o Programa Ensino Médio Inovador (ProEMI), de âmbito federal, e o Reinventando o Ensino Médio (REM), de âmbito estadual. Trata-se de trabalho especificamente sobre condição docente, ainda que não nomeado dessa forma, uma vez que faz análise do tempo do trabalho das/dos professoras/es e conclui "que os programas que propõem a reformulação do ensino médio, através da ampliação da sua carga horária, contribuíram

---

[260] SILVA, 2013, p. 155.

para aprofundar o processo de intensificação do trabalho docente e a proletarização da categoria".[261]

A despeito da fragilidade dos argumentos, o que o texto se propõe a fazer é uma análise de como esses programas, que fundamentam reformas do ensino médio, como a de 2017, orientados por normativas do Banco Mundial (BM), procuram adequar a escola à nova etapa do capital, sob a batuta das políticas neoliberais. Desse modo, a intensificação do trabalho das/dos docentes e as exigências de maior eficácia do ensino na produção de resultados seriam os fatores que apontam para a proletarização da categoria. A sobrecarga de trabalho gera um aprofundamento do processo de intensificação do trabalho docente e, por consequência, precarização das condições de vida da/do professora/professor.

Outra pesquisa tratou da questão da empregabilidade no Programa Reinventando o Ensino Médio (REM) da SEE-MG.[262] Seu propósito foi analisar como a estrutura curricular do Reinventando o Ensino Médio respondeu à questão: "Para que servem as escolas?" e investigar como o conceito de empregabilidade desse projeto relaciona-se, ou não, com o conceito de trabalho como princípio educativo estabelecido pelas Diretrizes Curriculares Nacionais para o Ensino Médio, de 2012. Faz longa análise da constituição histórica do ensino médio, destacando tanto as tensões reveladas pela escolarização na sociedade de classes quanto pela instabilidade e/ou precária estruturação dessa etapa final da educação básica, seja na sua origem propedêutica, seja na sua fase tecnicista, seja nas condições atuais de total falta de identidade.

Em 2012, a aprovação das Novas Diretrizes Curriculares para o Ensino Médio (Resolução CNE n. 02, de 30 de janeiro de 2012) "aparece como um importante marco na construção do sentido desta etapa de ensino".[263] O PNE, aprovado em 2014, também trazia metas ambiciosas, visando à universalização dessa etapa da educação básica até 2016. Contudo, mesmo não utilizando o conceito de condição docente ou outro equivalente, a autora aponta que o trabalho docente é circunscrito aos ditames da ordem neoliberal ("formação do cidadão produtivo") que se instalou no ordenamento das

---

[261] OLIVEIRA, 2017, p. 19.
[262] VELOSO, Silene Gelmini Araújo. *Trabalho e empregabilidade no projeto curricular Reinventando o Ensino Médio*: contribuições e desafios na definição da função social da escola. 2016. 276 f. Dissertação (Mestrado em Educação) – Programa de Pós-graduação em Educação, Pontifícia Universidade Católica de Minas Gerais, Belo Horizonte, 2016.
[263] VELOSO, 2016, p. 67.

políticas públicas das últimas décadas. Ao analisar o Projeto Reinventando o Ensino Médio, que vigorou em Minas no período de 2012 a 2014, e cuja centralidade estava na questão da empregabilidade, a autora vê uma contradição entre a dimensão formativa do trabalho prevista nessas diretrizes de 2012 e a formação para a empregabilidade em conformidade com o REM.

> O REM apresenta um modelo de aproximação entre currículo escolar e atendimento ao modelo econômico estabelecido em nossa sociedade, já inaugurado com a "Teoria do Capital Humano" e retomado desde a década de 1990, baseado na pedagogia das competências. Já as novas DCNEM/2012 apresentam a discussão do trabalho em uma perspectiva ontológica de transformação da natureza e do trabalho como princípio educativo.[264]

O REM teve temporada curta, com apenas dois anos de duração, e revelou um problema crônico na vida de professoras/es, o que diz respeito, portanto, à condição docente: projetos pensados como marca de governo e que não têm continuidade nos governos subsequentes. Em janeiro de 2015, tão logo assumiu o mandato, o governador Fernando Pimentel suspendeu o Programa.

A terceira dessas pesquisas analisou o Reinventando o Ensino Médio e aponta no subtítulo do texto o que aqui está em discussão: "uma análise sobre as condições do trabalho docente".[265] Conforme aparece no resumo, seu foco consistiu em

> [...] descrever e interpretar as mudanças na organização do ensino médio com a implantação do Programa; investigar e analisar as condições de trabalho docente em escolas que participaram do Programa, em Belo Horizonte, em diferentes fases; contextualizar e interpretar a concepção dos sujeitos da pesquisa — diretores, coordenadores e docentes — em relação ao Programa.

Trata-se de texto construído de modo crítico, porém expressando uma visão positiva do ensino médio no Brasil, uma posição bem distinta de todos as outras. Mesmo destacando os graves problemas pelos quais

---

[264] VELOSO, 2016, p. 99.
[265] RIBEIRO, Erivane Rocha. *O programa Reinventando o Ensino Médio no estado de Minas Gerais*: uma análise sobre as condições do trabalho docente. 2015. 181 f. Tese (Doutorado em Educação) – Faculdade de Educação, Universidade Federal de Minas Gerais, Belo Horizonte, 2015.

passou historicamente a organização do ensino médio, aponta para fatores quase nunca abordados nos outros textos como, por exemplo, a hipótese de ter havido uma valorização do ensino médio com as áreas de empregabilidade, uma melhora nas condições de trabalho das/dos professoras/es, traduzida na ampliação dos equipamentos à disposição deles nas escolas, o que significaria uma perceptível melhoria da infraestrutura.

> Para que fosse possível a implantação do Programa REM, a Escola recebeu recursos financeiros para montar um laboratório de informática, comprar uma caixa de som, trocar as carteiras das salas de aula, adquirir máquina xerox, computador, impressora, data show, televisão e tablet para os docentes. Quando o docente é transferido, ou sai da escola por qualquer motivo, o tablet é devolvido.[266]

Entre todos os trabalhos identificados, este é um dos poucos que especificam que se trata da abordagem das condições de trabalho, expressa no subtítulo da tese, conforme dito anteriormente. Contudo, é preciso destacar, mais uma vez, que análise das "condições de trabalho" é diferente da análise da condição docente, pois se as condições de trabalho integram a condição docente, esta diz respeito a um conjunto de fatores bem mais amplo.

> A questão das condições do trabalho docente é retomada aqui como um dos desafios do ensino médio. Tardif e Lessard (2013) chamam de condições de trabalho docente às variáveis quantitativas do ensino que estão relacionadas com o tempo de trabalho diário, semanal, anual, o número de horas em sala, o número de alunos por sala, o salário dos docentes, entre outros, que definem a carga de trabalho.[267]

A condição docente, contudo, além dessas condições específicas do exercício da docência, diz respeito a outros elementos que compõem a vida das/dos professoras/es ainda que não necessariamente digam respeito à vida escolar. Fatores de ordem cultural, como pertencimento religioso ou orientação sexual, por exemplo, podem não se relacionar às condições de trabalho, mas afetam o modo como cada professora/professor é vista/o e reconhecida/o no ambiente escolar. E isso tem implicações no exercício da

---
[266] RIBEIRO, 2015, p. 48.
[267] RIBEIRO, 2015, p. 53.

docência e expressa uma constituição histórica tanto pelo modo como se configura a escola quanto pelo modo como socialmente esses elementos constitutivos dos sujeitos socioculturais se revelam publicamente.

Sustentando-se em vasta bibliografia, nos capítulos 3 e 4, é feita uma ampla análise da situação histórica do ensino médio. As análises dessa temática no contexto brasileiro nos apontam o caráter dual de que se falou antes. E esse é um quadro que não foi superado, permanecendo ainda na situação atual. Com nomenclaturas que se alteraram ao longo do século passado, conforme também já apontado, o ensino médio se configurou, por um lado, como uma etapa propedêutica para o acesso a uma escolaridade mais elevada e voltada para atender exigências da formação de jovens das famílias da elite brasileira e, por outro lado, como formação profissional, preparatória para o trabalho, atendeu aos jovens das classes trabalhadoras.

> A dualidade ensino propedêutico/ensino profissional selou a separação entre os que assumiram um lugar de destaque nas posições econômicas ou políticas de reconhecimento e poder no País e as camadas menos favorecidas que assumiram a operacionalização do trabalho.[268]

Ao tratar especificamente do REM, nos três capítulos seguintes, aborda a parte legal (Capítulo 5) e os resultados empíricos da pesquisa, sobretudo dos elementos relativos aos "aspectos relacionados às condições de trabalho docente" (Capítulo 6). A despeito dos vários problemas apontados pelas/pelos entrevistadas/os e que pressupõem avaliações e aprimoramentos contínuos, sobre o REM

> [...] importa registrar que, em relação aos depoimentos dos Grupos 1, 2 e 3 pesquisados, tem-se uma expressividade de depoimentos relacionados à visibilidade da escola de ensino médio com a implantação do Reinventando e da inovação curricular vivenciada pelos estudantes das áreas de empregabilidade, promovendo, segundo expressa o Grupo 2, mudanças na postura dos próprios estudantes.[269]

Apesar dessa avaliação positiva das/dos entrevistadas/os, nota-se a persistência de graves problemas, como os relativos à remuneração, à formação docente para atuar nas áreas de empregabilidade e à intensi-

---

[268] RIBEIRO, 2015, p. 70.
[269] RIBEIRO, 2015, p. 155.

ficação do trabalho e/ou realização de atividades por profissionais sem habilitação específica. Aparecem, ainda, problemas como a inviabilidade do sexto horário, tanto em decorrência dos ajustes necessários ao transporte escolar quanto à oferta de poucas áreas para escolha dos estudantes.

> Evidenciou-se, ainda, nas escolas pesquisadas, uma ausência de formação docente condizente com as áreas de empregabilidade ofertadas pelo Programa. Os docentes com graduação nas áreas de Ciências Sociais, Geografia, História, Letras e Pedagogia têm assumido conteúdos de Tecnologia da Informação e Turismo, com poucas capacitações e algumas informações recebidas da escola e mesmo da SEE-MG.[270]

Encerrado em janeiro de 2015, pela Resolução da Secretaria de Estado da Educação n. 2.741, de 20 de janeiro, o ensino médio da rede pública estadual mineira voltou ao que era dois anos antes, mas apontou algumas bases do que veio a ser chamado Novo Ensino Médio, a partir de 2017, em âmbito federal. Mas essa é outra história.

CONSIDERAÇÕES FINAIS

O levantamento feito nos permite concluir que há um significativo número de teses e dissertações sobre a rede pública estadual de Minas Gerais, produzidas entre 2008 e 2018. Como há a responsabilidade constitucional dos estados para a oferta do ensino médio, não é de se estranhar que justamente o agrupamento dos trabalhos que tratam dessa etapa da educação básica seja o que concentra o maior número. Esse total de 30 trabalhos sobre o ensino médio nos permite dizer, também, que há muita informação disponível para as/os leitoras/es que queiram se situar em relação a ele.

Desse conjunto de informações, análises e apontamentos críticos, como é próprio da pesquisa acadêmica, o que foi objeto de consideração, nesta parte do livro, foram os elementos relativos à condição docente. A despeito de esse termo ainda não ser corrente no discurso acadêmico, muitos desses textos trataram de situações da docência que podem perfeitamente se enquadrar nesse conceito. É tarefa do Prodoc elaborar uma definição consistente para esse conceito, dar-lhe visibilidade e operar com ele. Espera-se que as pesquisas produzidas sobre a docência, na próxima década, o tenham como uma categoria consistente de análise.

---
[270] RIBEIRO, 2015, p. 157.

Como o termo condição docente não tem uso corrente, os que mais podem ser tomados como análogos são "condições do trabalho docente" e "mal-estar docente". Apesar de aparecerem com certa recorrência, uma vez que a maioria dos trabalhos sobre o ensino médio destacou a precarização do trabalho, a má remuneração e a perda da centralidade tanto do conhecimento escolar quanto do profissional responsável por ele, esses são termos que dão conta apenas parcialmente do problema. É preciso que se acrescentem a esses elementos objetivos e quantificáveis outros de ordem subjetiva e que, em princípio, não se referem diretamente ao ofício, mas que configuram o quadro geral das motivações que orientam as/os professoras/es em seu trabalho cotidiano. Isso vai do prestígio conferido ao diploma ao modo como estudantes atribuem sentido ao trabalho docente e ao modo como professoras/es se constituem sujeitos socioculturais. A esse conjunto de fatores, historicamente constituídos, é possível chamar de condição docente. Ela é o estado real que determina, na ordem econômica, social, política, cultural e ideológica, os modos como a prática pedagógica é realizada na escola.

REFERÊNCIAS

CABRAL, Talitha Estevam Moreira. *O processo de adoecimento do magistério público primário no início do século XX*: indícios do mal-estar docente nos grupos escolares mineiros (1906–1930). 2014. 143 f. Dissertação (Mestrado em Educação) – Programa de Pós-Graduação em Educação, Universidade Federal de Viçosa, Viçosa, 2014.

CAMPOS, Maria Clara do Amaral. *O afastamento da sala de aula e o percurso profissional de professores de uma escola da rede estadual de Belo Horizonte*. 2009. 127 f. Dissertação (Mestrado em Educação) – Programa de Pós-graduação em Educação, Pontifícia Universidade Católica de Minas Gerais, Belo Horizonte, 2009.

CARVALHO, Espedita Sebastiana Santos. *O curso de Administração Escolar do Instituto de Educação do estado de Minas Gerais*: o olhar de ex-alunos e ex-professores. 2012. 119 f. Dissertação (Mestrado em Educação) – Programa de Pós-graduação em Educação, Pontifícia Universidade Católica de Minas Gerais, Belo Horizonte, 2012.

CARVALHO, Tatiane Kelly Pinto de. *Ensino de sociologia*: elementos da prática docente no Ensino Médio. 2012. 185 f. Dissertação (Mestrado em Educação) – Universidade do Estado de Minas Gerais, Belo Horizonte, 2012.

FERNANDES, Alex de Oliveira. *O Programa de Avaliação da Aprendizagem Escolar (PAAE) em Minas Gerais*: interfaces entre práticas avaliativas e currículo de História no ensino médio. 2017. 206 f. Dissertação (Mestrado em Educação) – Faculdade de Educação, Universidade Federal de Minas Gerais, Belo Horizonte, 2017.

FIALHO, Wanessa Cristiane Gonçalves. *A prática pedagógica e as tecnologias da informação e da comunicação nas aulas de Biologia*: um olha sobre duas escolas públicas mineiras. 2008. 190 f. Dissertação (Mestrado em Educação) – Universidade Federal de Uberlândia, Uberlândia, 2008.

FRANCESCHINI, Vanessa Lima Caldeira. *"...eu preferia dormir do que ir pra escola"*: um estudo quanti-quali sobre a reprovação na primeira série do Ensino Médio da rede estadual em Ribeirão das Neves, Minas Gerais. 2015. 267 f. Tese (Doutorado em Demografia) – Faculdade de Ciências Econômicas, Universidade Federal de Minas Gerais, Belo Horizonte, 2015.

GERMANOS, Erika. *Contradições como força de mudança*: o processo de formação continuada de professores do ensino médio enquanto potencializador da práxis transformadora à luz da Teoria Histórico-Cultural. 2016. 318 f. Tese (Doutorado em Educação) – Universidade Federal de Uberlândia, Uberlândia, 2016.

GOMES JÚNIOR, Edgar. *O ensino da sociologia na educação de jovens e adultos*: um estudo em duas escolas da Rede Estadual de Educação de Minas Gerais. 2017. 151 f. Dissertação (Mestrado em Educação) – Universidade do Estado de Minas Gerais, Belo Horizonte, 2017.

LINHARES, Izaudir Diniz. *O ensino médio em Uberlândia*: o perfil do professor e da aula de História. 2013. 98 f. Dissertação (Mestrado em Educação) – Universidade Federal de Uberlândia, Uberlândia, 2013.

LOPES, Bernarda Elane Madureira. *Evasão escolar no ensino médio noturno*: mediações entre as políticas educacionais contemporâneas e as dinâmicas escolares. 2017. 346 f. Tese (Doutorado em Educação) – Universidade Federal de Uberlândia, Uberlândia, 2017.

MAGRI, Vanessa Carneiro B Lima. *O ensino religioso na escola pública*: um estudo sobre a experiência da Rede Estadual de Minas Gerais. 2010. 127 f. Dissertação (Mestrado em Educação) – Instituto de Biociências, Universidade Estadual paulista, Rio Claro, 2010.

MALVACCINI, Silvana Carello. *O "tornar-se o que se é" professor de Matemática e o espaço escolar*. 2008. 134 f. Dissertação (Mestrado em Educação) – Universidade Federal de Juiz de Fora, Juiz de Fora, 2008.

MARÇAL, Maria da Penha Vieira. *ENEM e ensino de geografia*: o entendimento de professores e gestores da rede pública estadual, em relação ao Exame Nacional do Ensino Médio e a melhoria da educação básica. 2014. 227 f. Tese (Doutorado em Geografia) – Universidade Federal de Uberlândia, Uberlândia, 2014.

MELO, Lilian Guiduci de. *Perfil dos professores de química do município de Juiz de Fora/MG*: sua formação inicial, continuada e exercício profissional. 2012. 111 f. Dissertação (Mestrado em Química) – Universidade Federal de Juiz de Fora, Juiz de Fora, 2012.

MENDONÇA, Leonel de Almeida. *Sentidos e significados dos professores sobre os norteadores legais para o ensino de química*. 2010. 176 f. Dissertação (Mestrado em Química) – Universidade Federal de Uberlândia, Uberlândia, 2010.

NASCIMENTO, Cecília Vieira do. *Caminhos da docência*: trajetórias de mulheres professoras em Sabará – Minas Gerais (1830-1904). 2011. 231 f. Tese (Doutorado em Demografia) – Faculdade de Ciências Econômicas, Universidade Federal de Minas Gerais, Belo Horizonte, 2011.

OLIVEIRA, Aryanne Martins. *O tempo de trabalho dos professores do ensino médio na rede estadual de ensino de Minas Gerais*. 2017. 196 f. Dissertação (Mestrado em Educação) – Faculdade de Educação, Universidade Federal de Minas Gerais, Belo Horizonte, 2017.

OLIVEIRA, Thiago Luiz Santos de. *Práticas curriculares e cidadania*: a materialização do currículo de História na sala de aula em uma turma do Ensino Médio de uma escola pública estadual de Minas Gerais. 2013. 258 f. Dissertação (Mestrado em Educação) – Programa de Pós-graduação em Educação, Pontifícia Universidade Católica de Minas Gerais, Belo Horizonte, 2013.

PENA, Grasiele Borges de Oliveira. *O início da docência*: vivências, saberes e conflitos de professores de química. 2010. 228 f. Dissertação (Mestrado em Química) – Universidade Federal de Uberlândia, Uberlândia, 2010.

RIBEIRO, Erivane Rocha. *O programa Reinventando o Ensino Médio no estado de Minas Gerais*: uma análise sobre as condições do trabalho docente. 2015. 181 f. Tese (Doutorado em Educação) – Faculdade de Educação, Universidade Federal de Minas Gerais, Belo Horizonte, 2015.

RODRIGUES, Bruno Augusto. *O ensino de Ciências por Investigação em escolas da rede pública*. 2008. 197 f. Dissertação (Mestrado em Educação) – Faculdade de Educação, Universidade Federal de Minas Gerais, Belo Horizonte, 2008.

SARAIVA, Ana Maria Alves. *O trabalho docente em territórios de alta vulnerabilidade social*: condições de trabalho, permanência e desempenho. 2015. 233 f. Tese (Doutorado em Educação) – Faculdade de Educação, Universidade Federal de Minas Gerais, Belo Horizonte, 2015.

SILVA, Abílio Tomaz Coelho da. *História da ciência em aulas de química*: o que revela a prática de professores? 2012. 152 f. Dissertação (Mestrado em Química) – Universidade Federal de Uberlândia, Uberlândia, 2012.

SILVA, Ana Maria Clementino Jesus e. *Trabalho docente e educação em tempo integral*: um estudo sobre o Programa Escola Integrada e o projeto Educação em Tempo Integral. 2013. 188 f. Dissertação (Mestrado em Educação) – Faculdade de Educação, Universidade Federal de Minas Gerais, Belo Horizonte, 2013.

SILVA, Danilo Marques. *O olhar de docentes sobre as condições de trabalho no ensino médio*. 2018. 114 f. Dissertação (Mestrado em Educação) – Universidade do Estado de Minas Gerais, Belo Horizonte, 2018.

SILVA, Wender Faleiro da. *Pontos e contrapontos do ensino médio público de Uberlândia/MG*. 2013. 189 f. Dissertação (Mestrado em Educação) – Universidade Federal de Uberlândia, Uberlândia, 2013.

TIAGO, Pinheiro Daré. *Linguagem e texto filosófico no ensino médio*: a posição político-pedagógica de professores de filosofia. 2014. 125 f. Dissertação (Mestrado em Educação) – Universidade do Estado de Minas Gerais, Belo Horizonte, 2014.

URATA, Tamiris Divina Clemente. *Estudo dos fatores que influenciam práticas didático-pedagógicas de professores de química*. 2012. 173 f. Dissertação (Mestrado em química) – Universidade Federal de Uberlândia, Uberlândia, 2012.

VELOSO, Silene Gelmini Araújo. *Trabalho e empregabilidade no projeto curricular Reinventando o Ensino Médio*: contribuições e desafios na definição da função social da escola. 2016. 276 f. Dissertação (Mestrado em Educação) – Programa de Pós-graduação em Educação, Pontifícia Universidade Católica de Minas Gerais, Belo Horizonte, 2016.

8

A EVASÃO ESCOLAR NO ENSINO MÉDIO E A CONDIÇÃO DOCENTE NA REDE ESTADUAL DE EDUCAÇÃO DE MINAS GERAIS

Raquel Martins de Assis
Lílian Perdigão Reis
Andrea Chicri Torga Matiassi

INTRODUÇÃO

Esta pesquisa partiu de levantamento e análise de dissertações e teses produzidas em programas de pós-graduação brasileiros. Nesse levantamento, no eixo evasão escolar, foi encontrada a tese de doutorado "Evasão escolar no Ensino Médio noturno: mediações entre as políticas educacionais contemporâneas e as dinâmicas escolares", defendida em agosto de 2017, no Programa de Pós-Graduação em Educação da Universidade Federal de Uberlândia, na Linha de Pesquisa "Estado, Políticas e Gestão da Educação".[271] Trata-se de uma tese escrita por Bernarda Elane Madureira Lopes cuja orientadora foi Maria Vieira Silva. Esse trabalho de doutorado fez parte de uma pesquisa maior desenvolvida pelo Grupo Polis — Políticas, Educação e Cidadania da UFU, coordenado pela Profa. Dra. Maria Vieira Silva — e intitulada "Políticas Educacionais, trabalho docente e desempenho discente no Ensino Médio noturno em escolas periféricas".

Pareceu curioso que apenas uma tese sobre evasão escolar tivesse sido encontrada em um levantamento bastante extenso, já que tal tema, historicamente, faz parte dos debates e reflexões do âmbito da educa-

---

[271] LOPES, Bernarda Elane Madureira. *Evasão escolar no ensino médio noturno*: mediações entre as políticas educacionais contemporâneas e as dinâmicas escolares. 2017. Tese (Doutorado em Educação) – Programa de Pós-Graduação em Educação, Universidade Federal de Uberlândia/UFU, Uberlândia, 2017.

ção brasileira, ocupando espaço de relevância no cenário das políticas públicas e das estatísticas em educação. Desse modo, o fato de parecer haver pouca produção sobre evasão em Minas Gerais já é um resultado a ser considerado.

Uma questão se colocou aos pesquisadores: valeria a pena trabalhar um eixo da pesquisa fundamentado apenas por uma produção acadêmica? A própria tese nos deu essa resposta, dada sua relevância para a compreensão das condições implicadas nos processos de evasão escolar. Esse capítulo, portanto, apresenta essa única tese, destacando os principais aspectos da pesquisa capazes de contribuir para as discussões sobre condição docente.

A pesquisa teve como objetivo compreender os fatores que contribuem para a evasão escolar no ensino médio regular noturno (período de 2010 a 2013), em escolas estaduais do município de Montes Claros, a partir de suas intercessões com as políticas educacionais contemporâneas voltadas para essa etapa de ensino. Nesse sentido, a condição docente não é o tema principal da tese, mas é fortemente abordada como um dos aspectos atuantes no problema da evasão escolar no Brasil.

A autora divide os fatores presentes na evasão escolar em macrossociais (ligados aos aspectos sociais e econômicos dos envolvidos na pesquisa; características de moradia, trabalho etc.) e microssociais (fatores endógenos, ou seja, relacionados às situações ocorridas dentro da escola, à organização e à precarização do trabalho escolar). Por tratar de fatores macrossociais e microssociais, a pesquisa de Lopes dialoga com o conceito de condição docente adotado pelo Prodoc, que tenta integrar diversas dimensões da profissão, incluindo aí a condição de ser professor e de estar ou exercer a docência.

Ne tese, a condição docente e a precarização do trabalho escolar são discutidos, sobretudo, no quinto capítulo intitulado "Evasão no Ensino Médio regular noturno sob a percepção do professor", o único voltado exclusivamente às/aos professoras/es. Os capítulos anteriores tratam dos seguintes temas: política educacional brasileira para o ensino médio, evasão escolar no ensino médio regular noturno no município de Montes Claros, caracterização dos sujeitos participantes e perfil das cinco escolas envolvidas na pesquisa e fatores atribuídos à evasão segundo ex-alunos das escolas analisadas.

Elaborada em interlocução com grupo de pesquisa que enfoca principalmente as relações entre trabalho docente e desempenho discente, a pesquisa de Lopes traz singular contribuição por identificar a condição docente como um elemento importante do desempenho discente quando ele se orienta para o fracasso e a evasão escolar. Nesse sentido, a autora defende a tese da precarização do trabalho docente como elemento fundamental do fenômeno da evasão nessa etapa de ensino e alerta para a necessidade de que os dois problemas — precarização e evasão — sejam analisados conjuntamente.

8.1 O ENSINO MÉDIO NO BRASIL E A EVASÃO ESCOLAR

A evasão escolar é um problema recorrente dos sistemas educacionais de diversas partes do mundo, sendo que o Brasil possui índice considerável de alunos evadidos principalmente no ensino médio.

Embora a qualidade de ensino, os problemas de gestão educacional, a insuficiência de políticas públicas e a condição de trabalho das/os professoras/es sejam apontados como fatores que caracterizam a complexidade do problema, é comum que as pesquisas se voltem para os sujeitos que evadem, os alunos, considerando desempenhos escolares, motivação e circunstâncias de vida.

A tese de Lopes, entretanto, propõe uma articulação entre condição docente e desempenho discente, trazendo para cena a importância da qualidade do trabalho da/o professora/professor para o enfrentamento da evasão escolar. Nesse sentido, a pesquisa propõe uma mudança de foco, convidando o leitor a refletir sobre o problema da evasão escolar como uma das possíveis consequências do mal-estar docente vinculado à precarização do trabalho da/o professora/professor. A qualidade da docência é um dos fatores internos à escola que contribuem para a evasão: professoras/es cansadas/os e desanimadas/os, que não explicam ou não são boas/bons para explicar, falta de paciência para ensinar, aulas monótonas e sem atrativos, desinteresse pelos alunos deixando-os fazer, na sala de aula, coisas alheias ao aprendizado escolar são características apontadas como fatores de desinteresse dos alunos em permanecer na escola.

A pesquisa demonstra que o envolvimento, por parte das/os professoras/es, é indispensável para a aprendizagem e para a permanência na escola, pois, quando as aulas eram envolventes, os alunos se interessavam pelo conteúdo escolar. A autora aponta, nas escolas, a existência de uma prática de ensino baseada no medo, que trazia aflição aos estudantes e dificultava a aprendizagem. Daí a necessidade de investimentos na formação de professoras/es para que elas/es sejam preparadas/os para desenvolver metodologias que ajudem os alunos a compreenderem e assimilarem os conteúdos escolares com significado para suas vidas.

As respostas dos alunos, obtidas pela pesquisadora, denunciam uma visão pessimista em relação à escola, à metodologia utilizada pelas/os professoras/es no que tange à dinâmica da sala de aula, como também em relação ao envolvimento de professora/professor e aluno, demonstrando certo distanciamento entre o que é ensinado e o que é aprendido. A precariedade do trabalho da/o professora/professor, às vezes tendo que trabalhar em mais de uma função ou em mais de uma escola, faz com que a/o professora/professor não consiga manter proximidade com o aluno e estabelecer vínculo, tornando o ensino massificado e homogeneizado.

É importante considerar, entretanto, que a autora não reduz a evasão escolar a um problema proveniente apenas da precarização do trabalho docente, pois tece diversos argumentos que demonstram a complexidade desse fenômeno e os diversos fatores macro e microssociais envolvidos nos altos índices de evasão registrados no Brasil.

Por estar centrada na evasão ocorrida no ensino médio, a tese apresenta diversos elementos importantes para a compreensão de como esse ciclo de ensino está constituído no Brasil. Para isso, Lopes aborda uma série de programas, iniciativas, leis e decretos governamentais que organizam diferentes aspectos do ensino médio: 1. Fundo de Manutenção e Desenvolvimento da Educação Básica (Fundeb) e de Valorização dos Profissionais da Educação, em vigor desde junho de 2007; 2. A aprovação da Emenda Constitucional n. 59, de 2009, que versa sobre a ampliação da obrigatoriedade de ensino, propondo a universalização na educação de 4 a 17 anos, até 2016;[272] 3. Decreto n. 5.154 de 2004, importante para o

---

[272] BRASIL. *Emenda Constitucional nº 59, de 11 de novembro de 2009*. Acrescenta § 3º ao art. 76 do Ato das Disposições Constitucionais Transitórias para reduzir, anualmente, a partir do exercício de 2009, o percentual da Desvinculação das Receitas da União incidente sobre os recursos destinados à manutenção e desenvolvimento do ensino de que trata o art. 212 da Constituição Federal, dá nova redação aos incisos I e VII do art. 208, de forma a prever a obrigatoriedade do ensino de quatro a dezessete anos e ampliar a abrangência dos programas suplementares para todas as etapas da educação básica, e dá nova redação ao § 4º do art. 211 e ao § 3º do art. 212 e ao caput do art. 214, com a inserção neste dispositivo de inciso VI. Brasília: Câmara dos Deputados; Mesa do Senado Federal, 2009. Disponível em: https://www.planalto.gov.br/ccivil_03/constituicao/emendas/emc/emc59.htm. Acesso em: 8 nov. 2024.

ensino médio e a educação profissional, pois destaca intenção de união entre ensino médio e educação profissional, sendo a educação técnica desenvolvida de forma articulada com o ensino médio;[273] 4. Diretrizes Curriculares Nacionais referentes à Educação Básica, de 2013;[274] 5. Lei de Diretrizes e Bases de 1996. No período da pesquisa, estava em vigor o Plano Nacional de Educação/PNE (2011-2020). No ano de escrita da tese, a Lei n. 13.415, de 16 de fevereiro de 2017,[275] acabava de ser aprovada e propunha mudanças no ensino médio, tais como aumento da carga horária e instituição de escolas de tempo integral. Lopes faz críticas a essa lei, discutindo principalmente a medida provisória que a antecipou. Além de discutir políticas e leis que orientam a educação no Brasil, a tese apresenta uma revisão sobre as políticas e projetos de Minas Gerais para o ensino médio desde 1990 e para a diminuição da evasão escolar.

Entre os elementos que contribuíram para a organização do atual ensino médio nas escolas públicas brasileiras, a autora cita:

> [...] a criação de Conteúdos Básicos Comuns para o Ensino Médio (CBC's). Os CBC's apresentam um formato voltado especificamente para o trabalho em sala de aula. Portanto, aproxima-se mais das/os professoras/es, pois especifica o tópico a ser trabalhado e as habilidades a serem desenvolvidas em cada ano do ensino médio. Contudo, o fato dos CBC's serem mais fáceis de serem utilizados pelas/os professoras/es não garante o seu uso recorrente, em sala de aula, para a elaboração de planejamentos e desenvolvimento das atividades específicas para cada disciplina.[276]

---

[273] BRASIL. *Decreto nº 5154 de 23 de julho de 2004*. Regulamenta o § 2º do art. 36 e os arts. 39 a 41 da Lei nº 9.394, de 20 de dezembro de 1996, que estabelece as diretrizes e bases da educação nacional, e dá outras providências. Brasília: Presidência da República; Casa Civil, 2004. Disponível em: https://www.planalto.gov.br/ccivil_03/_ato2004-2006/2004/decreto/d5154.htm. Acesso em: 8 nov. 2024.

[274] DIRETORIA DE POLÍTICAS DE EDUCAÇÃO EM DIREITOS HUMANOS E CIDADANIA. *Diretrizes Curriculares Nacionais para a Educação Básica: diversidade e inclusão*. Brasília: Esplanada dos Ministérios, 2013.

[275] BRASIL. *Lei nº 13.415 de 16 de fevereiro de 2017*. Altera as Leis nº 9.394, de 20 de dezembro de 1996, que estabelece as diretrizes e bases da educação nacional, e 11.494, de 20 de junho 2007, que regulamenta o Fundo de Manutenção e Desenvolvimento da Educação Básica e de Valorização dos Profissionais da Educação, a Consolidação das Leis do Trabalho – CLT, aprovada pelo Decreto-Lei nº 5.452, de 1º de maio de 1943, e o Decreto-Lei nº 236, de 28 de fevereiro de 1967; revoga a Lei nº 11.161, de 5 de agosto de 2005; e institui a Política de Fomento à Implementação de Escolas de Ensino Médio em Tempo Integral. Brasília: Presidência da República; Secretaria-Geral, 2017. Disponível em: https://www.planalto.gov.br/ccivil_03/_ato2015-2018/2017/lei/l13415.htm. Acesso em: 8 nov. 2024.

[276] LOPES, 2017, p. 96.

Ao avaliar o PNE (2001-2010), a autora ressalta que a indicação dos currículos e as metas propostas não contribuíram para criar uma escola que prioriza a educação voltada para os aspectos humanos, a formação ética e o desenvolvimento do jovem cidadão, promovendo a qualidade e a universalização do ensino, pois continuaram com a educação geral para a elite e a formação profissional para os menos favorecidos economicamente. Nessa perspectiva, seria importante investigar como o Novo Ensino Médio, colocado em vigor atualmente, impacta a apropriação dos professores aos conteúdos propostos e a formação humana a ser priorizada pela escola.

Segundo o censo escolar de 2012, existiam 27.164 instituições de ensino que atendiam ao ensino médio no Brasil, sendo que a região sudeste é a que tem mais escolas. Para discutir a evasão, Lopes se vale do relatório do Fundo das Nações Unidas para a Infância/Unicef de 2014. Na época analisada por essa pesquisa, segundo o relatório do Unicef, 16,3% da população entre 15 e 17 anos estava fora da escola. Destaca-se a necessidade da diminuição da desigualdade, pois o número de pessoas negras (pretas e pardas) fora da escola, segundo o relatório, seria muito superior ao número de pessoas brancas na mesma faixa etária. A pesquisadora remete também à situação de adolescentes e jovens que nunca frequentaram a escola e constata que homens possuem maior percentual de exclusão em relação às mulheres.

Em uma tese mais recente sobre Evasão escolar realizada por Matiassi,[277] observamos que o ensino médio continua se destacando como um dos grandes desafios das políticas públicas educacionais, tanto no que se refere à etapa de continuidade do Ensino Fundamental que interfere no desempenho e nos indicadores do fluxo de qualidade dessa relação, quanto ao abandono e à evasão escolar, interrompendo a formação dos jovens de forma temporária ou definitiva. Segundo os dados da PNAD,[278] levando em consideração o quantitativo total de jovens de 14 a 29 anos do país, equivalente a 50 milhões de pessoas, 20,2% não contemplaram o Ensino Médio, seja por terem abandonado a escola antes do término dessa etapa, seja por nunca a ter frequentado. Nessa situação, portanto, havia 10,1 milhões de jovens, dentre os quais 58,3% são homens e 41,7% mulheres. Considerando-se cor ou raça, 27,3% eram brancos e 71,7% pretos ou pardos.

---

[277] MATIASSI, Andrea Torga. *Evasão escolar na pandemia da COVID-19:* o que os adolescentes nos ensinam. 2022. Tese (Doutorado em Educação) – Programa de Pós-Graduação em Educação: conhecimento e inclusão social da Universidade Federal de Minas Gerais, Belo Horizonte, 2022.

[278] IBGE. Pesquisa Nacional por Amostra de Domicílios – PNAD: Microdados. Rio de Janeiro, 2019.

Os maiores percentuais de abandono da escola acontecem com os jovens a partir de 16 anos de idade, entre 15,8% e 18%. Existe também o abandono precoce: até os 13 anos de idade na faixa de 8,5% e de 14 anos de idade 8,1%. O maior marco é aos 15 anos de idade, que equivale à entrada do jovem no ensino médio, e o percentual duplica frente aos de 14 anos, chegando a 14,1%.

Além disso, das crianças e jovens de 6 a 14 anos, 17,2% estão com a idade acima da recomendada para a sua etapa regular (dois anos ou mais); e dos jovens de 15 a 17 anos, 28,5% estão com a idade acima da recomendada na relação idade/ano escolar.[279]

8.2 FUNÇÃO E FORMAÇÃO DOCENTE

Na discussão sobre o papel do Estado na conformação do ensino médio e sobre os índices levantados por órgãos como Unicef e o Instituto Brasileiro de Geografia e Estatística (IBGE), Lopes refere-se à função docente. Aponta que, de acordo com o Censo escolar de 2012, havia um total de 497.797 professoras/es no Brasil, sendo a maior concentração delas/es na região Sudeste. Essa região, segundo os dados trazidos na tese, tem uma condição melhor no que se refere ao trabalho docente. De acordo com estudo de Volpi, Silva e Ribeiro,[280] utilizado por Lopes, 53% das/os professoras/es que atuam no ensino médio brasileiro não possuem formação específica para a disciplina trabalhada em sala de aula. Na pesquisa realizada em Montes Claros, entretanto, todas/os as/os professoras/es entrevistadas/os possuíam curso superior e tinham formação para atuar em suas disciplinas. Mas, segundo relatórios como os do Unicef e do IBGE, o trabalho docente nas redes públicas tem enormes diferenças entre as regiões brasileiras.

Diante disso, discute-se a necessidade de criação de políticas públicas que invistam na formação e valorização da carreira docente, na formação de professoras/es na pós-graduação e no plano de carreira para professoras/es. Desse modo, a pesquisadora aborda a valorização das/os profissionais da educação prevista pelo Plano Nacional de Educação (PNE, 2011–2020) e a necessidade de que todas/os as/os professoras/es da educação básica tenham formação específica de nível superior, obtida por

---
[279] CRUZ, Priscila; MONTEIRO, Luciano (org.). *Anuário Brasileiro da Educação Básica*. São Paulo: Moderna, 2020.
[280] VOLPI, Mário; SILVA, Maria de Salete; RIBEIRO, Júlia. Dez desafios do ensino médio no Brasil: para garantir o direito de aprender de adolescentes de 15 a 17 anos. Brasília, DF: Unicef, 2014.

meio de curso de licenciatura. O PNE propunha a reforma curricular dos cursos de formação de professoras/es e a apontava para a conveniência de equiparar o rendimento médio de professoras/es às demais profissões com formação equivalente.

A intermitência das políticas de governo, que acarretam prejuízos financeiros ao estado e insatisfação da comunidade escolar, incluindo discentes e docentes, é apontada como um dos fatores de fragilidade do sistema educacional cujo impacto recai diretamente sobre o cotidiano de professoras/es e alunos. Assim, Lopes trabalha a ideia de que a insatisfação da comunidade escolar é um aspecto central da evasão escolar. A descontinuidade das políticas entre os governos contribui para o sentimento de insatisfação, pois afeta a possibilidade de que projetos pedagógicos construídos nas escolas possam manter-se no tempo. Além disso, diante de tantas mudanças nas políticas, os alunos não encontram apoio necessário em programas para permanência escolar, que se multiplicam, mas não têm continuidade:

> [...] tal descontinuidade é provocada porque os programas desenvolvidos não são programas de Estado e sim de governo. E, a cada nova gestão, são implementadas novas políticas educacionais, sem considerar a eficiência e os resultados das anteriores.[281]

Ao tratar do estado de Minas Gerais, a autora comenta que, por volta de 2011, a taxa de abandono escolar era a segunda maior do país, perdendo apenas para o Rio de Janeiro. De forma geral, Lopes aponta que o ensino médio em Minas Gerais enfrentava os mesmos desafios e dificuldades que os demais estados que compõem as regiões do país. Em 2011, a Secretaria de Estado de Educação demonstrava, a partir do documento Reinventando o Ensino Médio, que Minas Gerais ocupava as primeiras posições no conjunto dos estados brasileiros quanto ao desempenho discente. Havia, portanto, uma discrepância entre permanência e desempenho discente, já que o estado parecia alcançar os patamares esperados de desempenho, mas apresentava índices insuficientes quanto aos níveis de abandono/evasão e distorção idade/série.

Na revisão bibliográfica sobre a universalização da Educação Básica e seu fluxo de qualidade realizada por Matiassi,[282] ao analisar o PNE 2014-

---
[281] LOPES, 2017, p. 90.
[282] MATIASSI, 2022.

2024, composto de 20 metas e 254 estratégias, observa-se que as quatro primeiras metas buscam a universalização do atendimento escolar. As metas 2 e 3 estão mais relacionadas aos dados do Ensino fundamental e Ensino Médio da Educação Básica Regular. Resumindo a análise dessas duas metas, conforme os dados referentes ao fluxo de qualidade de ensino, os anos finais do Ensino Fundamental e a última etapa da Educação Básica — o Ensino Médio — apresentam vários desafios para que se alcance um nível satisfatório de qualidade. Sobretudo o Ensino Médio convive frequentemente com problemas de manutenção do fluxo escolar.

8.3 PERCURSO DA PESQUISA

A pesquisa realizada por Lopes foi desenvolvida em cinco escolas estaduais da periferia do município de Montes Claros, com ensino médio noturno, no período de 2010 a 2013. Os sujeitos principais foram vinte alunos evadidos do ensino médio noturno e trinta e três professoras/es dessas escolas. Foram entrevistados ex-alunos das cinco escolas seguindo dois parâmetros: ter deixado de frequentar a escola no período referente ao recorte da pesquisa e ter o endereço registrado nos arquivos da escola ou no banco de dados do Sistema Mineiro de Administração Escolar (Simade).

As/Os professoras/es participantes da pesquisa tinham entre 28 e 56 anos. Desses, 24 eram do sexo feminino, seis do sexo masculino e sete não declararam. O tempo de experiência dessas/es profissionais foi o seguinte: duas/dois professoras/es tinham de 1 a 3 anos de magistério; três professoras/es de 3 a 6 anos; seis professoras/es de 6 a 10 anos; dezesseis professoras/es de 10 a 20 anos e seis professoras/es tinham mais de 20 anos de profissão. As/Os 33 professoras/es, sujeitos da pesquisa, tinham formação inicial, ou seja, graduação em curso superior. 19 delas/es haviam feito curso de especialização e três tinham completado o mestrado. Uma/Um professora/professor estava fazendo o mestrado no momento da pesquisa.

Para a autora, poucas/os professoras/es do grupo investiram em formação continuada *stricto sensu* e *lato sensu*, sendo um dos motivos para isso o fato de Montes Claros oferecer poucas opções desses níveis de formação continuada, ficando a cargo da/o professora/professor procurar formação acadêmica em outras cidades.

Das/Dos 33 professoras/es que responderam ao questionário, 20 disseram trabalhar com apenas uma disciplina, quatro com duas disciplinas e todos informaram que a disciplina lecionada correspondia à sua formação acadêmica. 26 delas/es trabalhavam em apenas uma escola, três em mais de uma escola e quatro não responderam à questão. 15 professoras/es declararam ter apenas um cargo e 18 informaram ter mais de um cargo. Seis professoras/es assinalaram ter outra fonte de renda além da docência no ensino médio.

A pesquisa realizada por Lopes utilizou os seguintes instrumentos:

- Revisão de literatura sobre desenvolvimento de políticas públicas educacionais para o ensino médio, evasão escolar e fatores que contribuem para a evasão escolar nessa etapa de ensino.

- Levantamento bibliográfico sobre os temas: conceituação de evasão e fatores que contribuem para o fenômeno; políticas públicas educacionais para o ensino médio; taxas de abandono e permanência no ensino médio no Brasil, em Minas Gerais e em Montes Claros.

- Pesquisa documental para identificar escolas que ofereciam ensino médio noturno e para elencar os alunos evadidos. Os documentos analisados foram: livro de matrícula, livro de resultado final, ata de encerramento anual, livro de listagem por ordem alfabética, diário de classe, arquivo morto e dados do Simade, no período de 2010 a 2013. A partir dessa documentação foi possível verificar a quantidade de alunos matriculados no início do ano letivo e a quantidade de alunos que abandonaram o curso no decorrer do ano. Também permitiu levantar os motivos da evasão relatados pelos sujeitos da pesquisa.

- Estudo de caso, utilizando entrevista com alunos, questionário às/aos professoras/es e diário de campo. O questionário aplicado às/aos professoras/es visava identificar os motivos da evasão nessa etapa, segundo as/os profissionais, e identificar relações entre precarização do trabalho docente e evasão no ensino médio.

- A entrevista realizada com os alunos foi organizada em três blocos: dados gerais e identificação; fatores pessoais, subjetivos e fatores externos à escola; fatores internos à escola relacionados à organização do trabalho escolar.

- O questionário às/aos professoras/es foi dividido em nove questões fechadas que permitiram a caracterização dos sujeitos: dados de identificação, área e nível de formação, instituição de vínculo, tempo de trabalho na instituição, número de cargos que ocupa, remuneração, disciplinas e carga horária de dedicação na instituição. E quinze questões abertas sobre a problemática da pesquisa e a precarização do trabalho docente, com os seguintes tópicos: (1) áreas de atuação (docência ou outros); (2) relação entre salário recebido e condições de trabalho; (3) formação continuada; (4) assistência de saúde; (5) relação entre número de alunos nas turmas e condição de trabalho; (6) violência física ou simbólica; (7) impactos da condição de trabalho para a evasão dos alunos; (8) relação entre condições de infraestrutura das instituições e desempenho das/os professoras/es; (9) relação entre condições de infraestrutura e evasão discente; (10) relação entre precarização das condições de trabalho e a evasão discente; (11) percepção das/os professoras/es sobre aspectos internos e externos que contribuem para a evasão dos alunos; (12) recursos e materiais didáticos disponíveis na escola; (13) dificuldades no campo de trabalho; (14) conhecimento sobre políticas públicas dirigidas à diminuição da evasão escolar; (15) identificação de fatores que contribuem para a evasão escolar. Observou-se que as questões abertas contribuíram para promover a reflexão acerca dos diferentes fatores implicados na condição do trabalho docente nas instituições pesquisadas, viabilizando analisar ainda a relação com a precarização do trabalho e com a evasão dos estudantes.

8.4 TEMÁTICAS PRIVILEGIADAS NA PESQUISA

A autora discute o conceito de evasão e os fatores que colaboram para a efetivação desse fenômeno, entendendo que a complexidade da evasão escolar extrapola o âmbito do fracasso escolar. Não se pode fazer do aluno o centro do fracasso escolar, pois tal responsabilidade é atribuída a todos os envolvidos na educação como o Estado, a família, a comunidade escolar (professoras/es, funcionários, pais e alunos), o sistema educacional, as políticas públicas e as condições sociais e econômicas da sociedade da qual faz parte o educando. Por isso, por não se poder analisar evasão escolar desvinculada do contexto social, o primeiro capítulo é destinado a apresentar, em linhas gerais, uma análise dos fatores sociais, políticos e econômicos que determinaram a história da educação brasileira, entre 1940 e 2017 (data da escrita da tese). A autora discute a globalização, ocorrida a partir de 1980, no Brasil, como um processo que permeia o contexto brasileiro e gera impactos na educação e nas reformas educacionais ocorridas a partir de então. Trata o governo de Fernando Henrique Cardoso, a partir de 1995, como aquele em que se inicia uma discussão sobre inclusão escolar, e essa temática foi ganhando fôlego e voltou-se para a inclusão não apenas de pessoas com deficiência, mas considerando todos que sofriam discriminação. Nos governos de Luiz Inácio Lula da Silva e Dilma Roussef, momento em se escreveu a tese, essas políticas de inclusão foram ampliadas. Na perspectiva da educação para todos, o problema de adolescentes e jovens que não têm acesso à escolarização ou não permanecem na escola ganha relevo, tornando-se um ponto de debate importante das políticas públicas.

No levantamento feito pela Pnad[283], ao perguntarem aos jovens sobre as possíveis causas de terem abandonado ou nunca frequentado a escola, a necessidade de trabalhar (contingente de 39,1%) e o não interesse em estudar (contingente de 29,2%) foram os principais fatores apontados. Para 50% dos homens, o principal motivo foi a necessidade de trabalhar, seguido por 33% com desinteresse em estudar. Para as mulheres, os principais motivos alegados foram a falta de interesse em estudar (24,1%) e a necessidade de trabalhar junto com a gravidez (ambos com 23,8%). Precisar cuidar de pessoas ou das tarefas domésticas é alegado como motivo para 11,5% das mulheres deixarem os estudos. Esses números se aprofundam se considerarmos as diferenças entre jovens brancos, pardos e pretos.

Ao perguntar às/aos professoras/es suas hipóteses sobre os motivos da evasão escolar, 26 das/os 33 entrevistadas/os apontaram fatores externos à escola e vinculados à vida dos alunos: trabalho, questões sociais, família, criminalidade e envolvimento com drogas, gravidez, maternidade e paternidade precoces. Cinco delas/es destacaram aspectos internos à escola: aulas pouco criativas, violência dentro da escola, dificuldade de aprendizagem. De forma geral, uma das hipóteses mais levantadas entre as/os professoras/es é que a evasão escolar, no ensino médio noturno, pode ser fortemente motivada pela entrada precoce de adolescentes e jovens no mercado de trabalho, devido ao cansaço físico, cansaço mental e horário de trabalho que dificulta a frequência à escola.

---

[283] IBGE, 2019.

A falta de incentivo das famílias também foi apontada, pelas/os professoras/es, como uma das principais causas de evasão. Os alunos entrevistados, por sua vez, disseram ter tido o apoio da família para estudar. A autora chama a atenção para esse paradoxo: as/os professoras/es tendem a ver a família dos alunos como desestruturadas, enquanto os alunos demonstram ter tido incentivo principalmente das mães para estudarem ou voltarem a estudar. Podemos inferir, no mínimo, que o diálogo entre professoras/es e seus jovens alunos não vai bem, apontando para dificuldades na comunicação entre famílias e escola. Além disso, percebemos que ainda não fomos capazes de promover adequadamente a tão divulgada necessidade de conhecer a realidade dos alunos para a organização de projetos pedagógicos mais funcionais. Podemos também considerar que a formação de professoras/es não tem conseguido atenuar e modificar a visão de que famílias mais pobres e mesmo vulneráveis podem ter interesse no ensino com qualidade.

A jornada de trabalho impacta a relação professora/professor-aluno, pois aquelas/es que trabalham em mais de uma escola têm mais dificuldades em conhecer suficientemente seus alunos e não encontram tempo para preparar aulas, estudar, atualizar-se. Sendo assim, há a necessidade de contratação de mais docentes, tendo em vista a expansão e a universalização da educação. No ensino médio, particularmente, faltam professoras/es, segundo pesquisa de Volpi, Silva e Ribeiro[284] citada por Lopes.

Desse modo, pesquisas levantadas pela pesquisadora e as entrevistas realizadas para a tese corroboram a necessidade de promoção de melhores condições de trabalho — para que as/os docentes tenham tempo de conhecer seus alunos — e de formação de professoras/es com mais qualidade, para que preconceitos sobre carência cultural e ideias de senso comum sobre a vulnerabilidade da população não sejam norteadores do trabalho educacional.

A violência na escola é mais um dos fatores mencionados por professoras/es e alunos como motivo para a evasão da escola. Segundo o relato dos alunos, as/os professoras/es têm medo deles, principalmente medo de retaliações. A droga vendida dentro da escola também é um problema abordado por ambos. O crescimento de gangues, o aumento do porte ilegal de armas e a disseminação do uso de drogas afetam o ambiente escolar, fazendo com que a escola deixe de ser um local seguro

---

[284] VOLPI; SILVA; RIBEIRO, 2014.

para alunos e professoras/es. A pesquisa demonstra como tem sido um problema bastante sério, para as comunidades escolares, a emergência da violência ligada ao aliciamento de adolescentes e jovens para o consumo e o tráfico de drogas. Há, portanto, a necessidade de investimento em projetos educacionais preventivos como o Programa Educacional de Resistência às Drogas e à Violência (Proerd).

Como fatores internos à escola relacionados à evasão escolar, as/os professoras/es relatam: cansaço, carga horária extensa, dificuldade de aprendizagem dos alunos, aulas e proximidade entre docentes e discentes, desinteresse dos alunos e falta de estímulo governamental. São citados também os problemas de infraestrutura e do ambiente físico das escolas: falta de equipamentos, poucas condições de higiene, problemas de iluminação, barulho excessivo e falta de recursos pedagógicos. As/Os docentes sentem falta de programas de incentivo aos alunos, como o Programa Nacional de Acesso ao Ensino Técnico (Pronatec), Poupança Jovem e outros que atraiam o interesse em permanecer na escola.

Das/os professoras/es entrevistadas/os, 16 disseram que as condições de trabalho e de infraestrutura contribuem para a evasão dos alunos no ensino médio noturno, oito professoras/es consideraram não haver relação entre condições e infraestrutura e evasão escolar e quatro não responderam claramente. Diante disso, a autora comenta:

> Entende-se que a condição de trabalho adequada para o bom desempenho do professor, em sala de aula, nem sempre lhe acompanha na realização das atividades diárias, fato que dificulta seu desempenho, e, em consequência, a aprendizagem dos alunos.[285]

Estrutura, conforme discutido pela pesquisadora, está relacionada à organização do processo de trabalho docente: jornada de trabalho, formas de avaliação de desempenho, horários de trabalho, procedimento didático-pedagógico, admissão e administração de carreiras docentes, condições materiais, salários, relação salário e tempo de trabalho, divisão social do trabalho, controle e autonomia do trabalho, estruturação das atividades escolares, relação de número de alunos por professora/professor, dentre outros.

---

[285] LOPES, 2017, p. 284.

8.5 TEMÁTICA PRINCIPAL NO QUE DIZ RESPEITO À CONDIÇÃO DOCENTE: PRECARIZAÇÃO DO TRABALHO DO/DA PROFESSOR(A)

Entre as/os 33 professoras/es participantes da pesquisa, a remuneração salarial variou de um a quatro salários mínimos, dependendo dos cargos e da carga horária trabalhada. Uma/Um professora/professor declarou receber quatro a seis salários em carga horária de 53 horas semanais. Apenas duas/dois professoras/es, com carga horária de 40 horas, declararam receber acima de seis salários mínimos. Em compensação, havia professoras/es com 40 horas que recebiam de dois a quatro salários. A desigualdade na remuneração tem motivos diversos. A distribuição de cargos, por exemplo, é um dos responsáveis pela diferença salarial entre professoras/es.

Estudo de Gatti e Barreiro,[286] citada por Lopes, sobre diferenças salarias entre professoras/es e outros profissionais com a mesma formação mostra que professoras/es não recebem o mesmo que arquitetos, biólogos, dentistas, farmacêuticos, advogados, jornalistas, entre outros, por 30 horas de trabalho. A pesquisa evidenciou professoras/es que arcam com os custos dos materiais a serem oferecidos aos alunos, pois pagavam cópias de xerox, por exemplo. Alunos dessas escolas também ajudavam a pagar xerox das atividades, já que a escola não possuía impressora para produzir cópias das atividades e exercícios. Desse modo, conclui a autora, as/os professoras/es pagam para trabalhar, já que os salários recebidos pelas/os docentes não são adequados à demanda de trabalho e esforços exigidos pela profissão. Assim, compreende-se porque a carreira de professora/professor exerce baixa atratividade entre os jovens. Uma das professoras participantes da pesquisa era coordenadora de um grupo de vendedoras da Tupperware e informou ganhar bem mais como vendedora do que no trabalho docente. Diante desse contexto, a autora comenta:

> [...] o discurso dos professores revela precarização do trabalho, através dos baixos salários recebidos por eles; dessa forma, o tempo gasto por esses professores para exercer outras funções, além da docência, poderia e seria mais rico se esses esforços fossem gastos na preparação e planejamento de suas aulas, como também nos estudos teóricos para

---

[286] GATTI, Bernadete Angelina; BARRETTO, Elba Siqueira de Sá (org.). *Professores do Brasil:* impasses e desafios. Brasília: Unesco, 2009. 294 p. Disponível em: http://unesdoc.unesco.org/images/0018/001846/184682por.pdf. Acesso em: 8 nov. 2024.

embasar e enriquecer discussões em sala de aula e, assim, contribuir para uma formação crítica dos educandos.[287]

8.6 ESTRUTURA E PLANO DE CARREIRA

Um dos aspectos abordados na tese quanto à precarização do trabalho docente é a estrutura da carreira de professora/professor da educação básica. Esse é um dos fatores de desigualdade salarial, pois a remuneração varia de acordo com o nível de formação acadêmica da/o profissional e com as horas trabalhadas. Há também o problema das/os professoras/es contratadas/os que não estão incluídas/os em plano de carreira e não ganham segundo os seus títulos, fato que as/os desmotiva a procurarem formação continuada. Além disso, a autora verificou excesso de contratos temporários que indica uma circulação grande de professoras/es nas escolas, permitindo pouco vínculo dessas/es docentes com os projetos das escolas nas quais trabalham.

Percebe-se que a educação perde profissionais devido ao plano de carreira pouco atrativo e baixa remuneração. A autora da tese discute que, ainda de acordo com pesquisas de Gatti e Gatti e Barreto,[288] a remuneração das/os professoras/es não condiz com seu nível de formação e nem com a jornada de trabalho diante da responsabilidade que essas/es profissionais carregam no exercício de suas tarefas diárias.

A precariedade do trabalho docente está relacionada também à intensificação do trabalho em virtude da ampliação da jornada e em consequência do aumento das funções e responsabilidades atribuídas às/aos docentes a partir de reformas recentes. Professoras/es incorporam novas funções ao seu trabalho dentro das horas já trabalhadas a fim de responder às exigências dos órgãos do sistema educacional, bem como da comunidade. Muitas vezes, essas funções são assumidas sem o devido preparo profissional para isso. Quando a escola está situada em contexto de pobreza, ela passa a ser o único espaço cultural daquela comunidade. Assim, as/os professoras/es sentem-se obrigadas/os a desempenhar funções que estão para além de sua capacidade técnica e humana, sendo constrangidas/os a buscar respostas para essas demandas. Muitas vezes,

---

[287] LOPES, 2017, p. 161.
[288] GATTI; BARRETTO, 2009; GATTI, Bernardete Angelina. Reconhecimento social e as políticas de carreira docente na educação básica. *Caderno de pesquisa*, São Paulo, v. 42, n. 145, p. 88-111, jan./abr. 2012.

assumem outros papéis como os de psicólogos, enfermeiros etc., trazendo um sentimento de desprofissionalização, perda de identidade profissional e de constatação de que ensinar não é o mais importante. Esses fatores, até agora levantados, têm afetado a saúde das/os professoras/es.

Das/Dos professoras/es participantes da pesquisa, a autora constatou que 21 não estão totalmente satisfeitas/os com o plano de saúde oferecido pelo Instituto de Previdência dos Serviços do Estado de Minas Gerais/IPSEMG, pois demoram a conseguir atendimento, há oferta de poucos especialistas e hospitais para atendimento, os laboratórios atendem por cotas, havendo dificuldade para marcar exames. Diante disso, o servidor paga outro plano de saúde. Isso faz com que as/os professoras/es paguem duas vezes, já que o atendimento à saúde vem descontado na folha de pagamento. Lopes cita pesquisas de Kuezner,[289] Leão, Dayrell e Reis[290] e trabalhos realizados pela Confederação Nacional dos Trabalhadores da Educação (CNTE) para constatar que professoras/es adoecem devido às condições de trabalho e não contam com atendimento adequado para tratar de seus problemas de saúde. Esse conjunto de situações causa desânimo, busca de outra profissão com valorização profissional ou desistência psicológica da profissão, isto é, as/os profissionais continuam nas escolas, mas desistiram da profissão.

No contexto educacional latino-americano, as/os professoras/es são consideradas/os os principais responsáveis pelo desempenho dos alunos, da escola e do sistema educacional. Essa responsabilidade traz mal-estar às/aos docentes, já que o desempenho dos alunos está associado a múltiplas condições que escapam ao controle e à possibilidade de intervenção das/os professoras/es.

Quanto à evasão, nas escolas estaduais mineiras, segundo o art. 2 da Resolução 2.197/2012, o aluno terá sua matrícula cancelada quando deixar de comparecer à escola até o 25º dia letivo consecutivo, sem justificativa. O cancelamento da matrícula não deve ser feito sem que a família seja notificada pelas/os gestoras/es escolares. Essas/es gestoras/es devem também informar o Conselho Tutelar. O controle da frequência diária é de responsabilidade das/os professoras/es. O descumprimento dessas regras por parte de professoras/es e equipe gestora da escola implica

---

[289] KUEZNER, Acácia Zeneida. A formação de professores para o ensino médio: velhos problemas, novos desafios. *Educação e Sociedade*, Campinas, v. 32, n. 116, p. 667-688, jul./set. 2011.

[290] LEÃO, Geraldo; DAYRELL, Juarez Tarcísio; REIS, Juliana Batista. Jovens olhares sobre a escola do ensino médio. *Cadernos Cedes*, Campinas, v. 31, n. 84, p. 253-273, maio/ago. 2011.

responsabilização administrativa à direção da instituição de ensino. Escolas, servidoras/es e professoras/es são vistos, portanto, como agentes públicos responsáveis por garantir o direito de educação para todos. Ainda tratando de frequência, um dos problemas do turno noturno é a ausência recorrente das/os professoras/es.

A responsabilidade pelo interesse ou desinteresse do aluno em aprender, portanto, é reputada às/aos professoras/es, como prevê a LDB 9.394/96, no art. 13, inciso III. Na pesquisa realizada, verificou-se que a Escola A tinha um grande índice de evasão, entre 25% e 30%. Para a supervisora pedagógica dessa instituição, a principal causa desse aumento no índice de evasão dos alunos é o fato de serem adolescentes, ou seja, serem novos para estudar no noturno. Nesse caso, faltariam interesse e entendimento sobre a importância dos estudos. Na educação de jovens e adultos (EJA), em que estão os alunos fora da faixa etária, mais velhos e com mais consciência da importância dos estudos, o índice de evasão é menor. Enquanto a supervisora acredita que o interesse/desinteresse são fatores associados ao aluno, a pesquisadora comenta que a literatura coloca na/o professora/professor essa responsabilidade.

O currículo do ensino médio é visto como distante da vida. É preciso, portanto, investir na formação de professoras/es para que as aulas sejam mais criativas e significativas e criar condições materiais para que a atividade docente seja desenvolvida. Um dos aspectos de formação que precisa ser enfrentado é a inclusão digital e uma condição material importante para uma melhor dinâmica na sala de aula é o investimento em equipamentos tecnológicos. As novas gerações acostumadas com as novas tecnologias (celulares, computadores etc.) já não têm mais interesse pelas aulas tradicionais e ultrapassadas. A pesquisa "Trabalho Docente na Educação Básica no Brasil", de Oliveira e Vieira,[291] utilizada por Lopes, mostra que 26% das/os professoras/es entrevistadas/os em seu estudo declararam que a atividade para a qual tinham mais despreparo eram aquelas que envolviam utilização de novas tecnologias (computadores, *datashow*, recursos eletrônicos etc.).

As/Os professoras/es entrevistadas/os revelaram ainda que não contam com o apoio de técnicos para dar suporte no uso dos equipamentos;

---

[291] OLIVEIRA, Dalila Andrade; VIEIRA, Lívia Fraga. *Trabalho na Educação Básica em Pernambuco*. Grupo de Estudos sobre Política Educacional e Trabalho Docente; Sindicato dos Trabalhadores em Educação de Pernambuco; prefácio Heleno Araújo Filho. Camaragibe: CCS Gráfica e Editora, 2014.

há casos nos quais a escola possui equipamentos, mas sem condições de uso, devido à falta de manutenção ou até mesmo de tomadas adequadas; ou ainda são poucos computadores para o número de estudantes, sendo inviável conduzir a atividade com todos os alunos da turma. Apesar de os recursos materiais e operacionais serem escassos, observam-se a indicação e a intensificação do uso de tecnologias no currículo escolar. A autora cita Sales,[292] cujo estudo apontou a existência de um currículo ciborgue ou uma "ciborguização" do currículo. Sem a adequada preparação das/os professoras/es, o uso das tecnologias torna-se um grande desafio, pois algumas dessas práticas exigem nível elevado de conhecimentos cibernéticos. Assim, há um contrassenso entre o que se preconiza em termos de revolução digital na escola e os recursos materiais e humanos disponíveis.

As/Os docentes também são responsáveis por fazer com que alunos se insiram na cultura, nas regras da sala de aula e da escola. Diante disso, discute-se, na literatura, que a escola poderia repensar as práticas desenvolvidas com os alunos do ensino médio noturno, de forma a dar sentido e significado às suas experiências escolares e possibilitar a continuação dos estudos.

Quanto à responsabilidade didática das/os professoras/es, a supervisora da Escola C mencionou que as atividades avaliativas no turno noturno, por causa da carga horária reduzida, são "para inglês ver", pois as/os professoras/es precisam inventar atividades para lançar na caderneta. A redução da carga horária, segundo a supervisora, faz com que a/o professora/professor não consiga procurar atividades diferentes a serem oferecidas aos alunos sob pena de não conseguir trabalhar o conteúdo necessário. A autora da tese discute o problema dessa afirmação: a redução da carga horária, ocorrida no noturno, deveria motivar o bom planejamento das aulas e a seleção de atividades significativas para os alunos.

Podemos observar, diante do que foi exposto, que a principal temática da tese, quando se aborda a entrevista das/os professoras/es, é a relação entre precarização do trabalho docente e evasão escolar.

---

[292] SALES, Shirlei Rezende. Tecnologias digitais e juventude ciborgue: alguns desafios para o currículo do Ensino Médio. Em: DYREL, Juarez, CARRANO, Paulo; MAIA, Carla Linhares (ed.). *Juventude e ensino médio*. Belo Horizonte: Editora UFMG, 2014.

CONSIDERAÇÕES FINAIS

No que diz respeito às relações entre condição docente e evasão escolar de alunos do ensino médio noturno, podemos levantar os principais pontos discutidos por Lopes em sua tese.

Quanto aos motivos da evasão escolar, os alunos, mesmo percebendo a falta de recursos didáticos para as/os professoras/es utilizarem nas aulas, as salas cheias, professoras/es sem tempo, insatisfeitas/os, cansadas/os ou irritadas/os com o baixo salário, não dizem que esses fatores contribuem para a evasão de adolescentes e jovens. Tendem a colocar o problema neles mesmos, ou seja, acreditam que desistiram de estudar e que problemas pessoais foram responsáveis pelo abandono da escola. Apesar de eles não terem a percepção da influência dos fatores internos para a evasão, o discurso dos alunos demonstra que esses aspectos contribuíram fortemente para a desistência de permanecer na escola. Para os alunos, os fatores que contribuíram para que eles desistissem da escola foram: começar um trabalho, gravidez, desinteresse, preguiça, dificuldade de estudar. Desse modo, adolescentes e jovens assumem a culpa por terem desistido dos estudos e trazem para si a responsabilidade pela evasão escolar.

As/Os professoras/es, por sua vez, também minimizam os aspectos internos ligados aos problemas de infraestrutura, recursos e métodos pedagógicos. Salienta-se, no discurso das/os professoras/es que, mesmo ao declararem que a infraestrutura não é determinante para a aprendizagem, não descartam seu peso. Emerge, entretanto, tendência de colocar como responsável pela evasão o desinteresse e falta de responsabilidade dos alunos ou a família. Desse modo, eximem a escola e as/os professoras/es de sua parcela de responsabilidade no fracasso e/ou sucesso escolar:

> [...] o discurso dos professores revela a centralização do problema da evasão no aluno, isto é, a desistência da escola está relacionada a problemas pessoais, subjetivos, tais fatos ressaltam a pouca percepção desses professores a todo um conjunto de atores que implicam questões sociais, econômicas e políticas as quais envolvem a formação desses alunos.[293]

---
[293] LOPES, 2017, p. 301.

Os resultados obtidos por Matiassi,[294] entretanto, foram de que os adolescentes se interessam pela escola e destacam a importância do professor no processo ensino-aprendizagem, contrariando o discurso dos atores escolares sobre esses jovens.

Quando perguntado se a precarização do trabalho docente contribui para a evasão dos alunos, 15 professoras/es responderam que sim, oito responderam que não e cinco responderam que às vezes. As respostas revelam que a maior parte das/os professoras/es acredita que a precarização do trabalho contribui para evasão dos alunos, pois professoras/es despreparadas/os ou desmotivadas/os podem transmitir isso aos alunos. Aqueles que disseram não haver relação entre a precarização do trabalho e a evasão argumentaram que os alunos precisam de aulas melhores e mais criativas. Não perceberam, portanto, que o não desenvolvimento de aulas criativas está ligado à precarização do trabalho.

O interesse dos alunos, segundo a autora, relaciona-se à queda da motivação da/o professora/professor. Se as escolas não são atrativas por causa de suas condições e as/os professoras/es estão insatisfeitas/os e frustradas/os devido às condições de trabalho, os alunos encontram lugares mais interessantes para frequentar.

Desse modo, é possível compreender o fato de que o desinteresse seja o fator preponderante nas pesquisas sobre o que levam estudantes a desistir da escola, corroborando dados da PNAD dos anos 2016, 2017, 2018 e 2019, os quais colocam o desinteresse como o segundo motivo que mais influencia a decisão do aluno evadir da escola.

A partir da discussão de resultados obtidos por Lopes, podemos afirmar que a interdependência entre precarização do trabalho docente e evasão escolar pode ser uma temática importante a ser considerada nas discussões sobre condição docente. Essa temática evidencia aspectos objetivos e subjetivos do mal-estar docente que impactam o cotidiano da escola e permeiam a condição de ser professor no Brasil, mais especificamente no estado de Minas Gerais.

---

[294] MATIASSI, 2022.

REFERÊNCIAS

BRASIL. *Emenda Constitucional nº 59, de 11 de novembro de 2009*. Acrescenta § 3º ao art. 76 do Ato das Disposições Constitucionais Transitórias para reduzir, anualmente, a partir do exercício de 2009, o percentual da Desvinculação das Receitas da União incidente sobre os recursos destinados à manutenção e desenvolvimento do ensino de que trata o art. 212 da Constituição Federal, dá nova redação aos incisos I e VII do art. 208, de forma a prever a obrigatoriedade do ensino de quatro a dezessete anos e ampliar a abrangência dos programas suplementares para todas as etapas da educação básica, e dá nova redação ao § 4º do art. 211 e ao § 3º do art. 212 e ao caput do art. 214, com a inserção neste dispositivo de inciso VI. Brasília: Câmara dos Deputados; Mesa do Senado Federal, 2009. Disponível em: https://www.planalto.gov.br/ccivil_03/constituicao/emendas/emc/emc59.htm. Acesso em: 8 nov. 2024.

BRASIL. *Lei nº 13415 de 16 de fevereiro de 2017*. Altera as Leis nº 9.394, de 20 de dezembro de 1996, que estabelece as diretrizes e bases da educação nacional, e 11.494, de 20 de junho 2007, que regulamenta o Fundo de Manutenção e Desenvolvimento da Educação Básica e de Valorização dos Profissionais da Educação, a Consolidação das Leis do Trabalho – CLT, aprovada pelo Decreto-Lei nº 5.452, de 1º de maio de 1943, e o Decreto-Lei nº 236, de 28 de fevereiro de 1967; revoga a Lei nº 11.161, de 5 de agosto de 2005; e institui a Política de Fomento à Implementação de Escolas de Ensino Médio em Tempo Integral. Brasília: Presidência da República; Secretaria-Geral, 2017. Disponível em: https://www.planalto.gov.br/ccivil_03/_ato2015-2018/2017/lei/l13415.htm. Acesso em: 8 nov. 2024.

BRASIL. *Decreto nº 5154 de 23 de julho de 2004*. Regulamenta o § 2º do art. 36 e os arts. 39 a 41 da Lei nº 9.394, de 20 de dezembro de 1996, que estabelece as diretrizes e bases da educação nacional, e dá outras providências. Brasília: Presidência da República; Casa Civil, 2004. Disponível em: https://www.planalto.gov.br/ccivil_03/_ato2004-2006/2004/decreto/d5154.htm. Acesso em: 8 nov. 2024.

CRUZ, Priscila; MONTEIRO, Luciano (org.). *Anuário Brasileiro da Educação Básica*. São Paulo: Moderna, 2020.

DIRETORIA DE POLÍTICAS DE EDUCAÇÃO EM DIREITOS HUMANOS E CIDADANIA. *Diretrizes Curriculares Nacionais para a Educação Básica*: diversidade e inclusão. Brasília: Esplanada dos Ministérios, 2013.

GATTI, Bernardete Angelina. Reconhecimento social e as políticas de carreira docente na educação básica. *Caderno de pesquisa,* São Paulo, v. 42, n. 145, p. 88-111, jan./abr. 2012.

GATTI, Bernadete Angelina; BARRETTO, Elba Siqueira de Sá (org.). *Professores do Brasil:* impasses e desafios. Brasília: Unesco, 2009. 294 p. Disponível em: http://unesdoc.unesco.org/images/0018/001846/184682por.pdf. Acesso em: 8 nov. 2024.

IBGE. *Pesquisa Nacional por Amostra de Domicílios – PNAD*: Microdados. Rio de Janeiro, 2019.

KUEZNER, Acácia Zeneida. A formação de professores para o ensino médio: velhos problemas, novos desafios. *Educação e Sociedade*, Campinas, v. 32, n. 116, p. 667-688, jul./set. 2011.

LEÃO, Geraldo; DAYRELL, Juarez Tarcísio; REIS, Juliana Batista. Jovens olhares sobre a escola do ensino médio. *Cadernos Cedes*, Campinas, v. 31, n. 84, p. 253-273, maio/ago. 2011.

LOPES, Bernarda Elane Madureira. *Evasão escolar no ensino médio noturno*: mediações entre as políticas educacionais contemporâneas e as dinâmicas escolares. 2017. Tese (Doutorado em Educação) – Programa de Pós-Graduação em Educação, Universidade Federal de Uberlândia/UFU. Uberlândia, Minas Gerais, 2017.

MATIASSI, Andrea Torga. *Evasão escolar na pandemia da COVID-19:* o que os adolescentes nos ensinam. 2022. Tese (Doutorado em Educação) – Programa de Pós-Graduação em Educação: conhecimento e inclusão social da Universidade Federal de Minas Gerais (UFMG), Belo Horizonte, 2022.

OLIVEIRA, Dalila Andrade; VIEIRA, Lívia Fraga. *Trabalho na Educação Básica em Pernambuco*. Grupo de Estudos sobre Política Educacional e Trabalho Docente; Sindicato dos Trabalhadores em Educação de Pernambuco; prefácio Heleno Araújo Filho. Camaragibe: CCS Gráfica e Editora, 2014.

SALES, Shirlei Rezende. Tecnologias digitais e juventude ciborgue: alguns desafios para o currículo do Ensino Médio. Em: DYREL, Juarez, CARRANO, Paulo; MAIA, Carla Linhares (ed.). *Juventude e ensino médio*. Belo Horizonte: Editora UFMG, 2014.

VOLPI, Mário; SILVA, Maria de Salete, RIBEIRO, J. Dez desafios do ensino médio no Brasil: para garantir o direito de aprender de adolescentes de 15 a 17 anos. Brasília, DF: Unicef, 2014.

9

A CONDIÇÃO DOCENTE E A FORMAÇÃO "INICIAL" DAS/DOS PROFESSORAS/ES DA REDE ESTADUAL DE EDUCAÇÃO DE MINAS GERAIS

Maria do P. Socorro de Lima Costa

Júlio Emílio Diniz-Pereira

INTRODUÇÃO

Este capítulo trata das pesquisas que discutem a formação das/dos professoras/es da Rede Estadual de Educação de Minas Gerais (REE-MG). Ao analisar essas pesquisas, seguimos as orientações metodológicas da pesquisa coletiva do Prodoc, descritas na introdução deste livro, e também delimitamos o intervalo entre 2008 e 2018 como recorte temporal. Ao fazer isso, contudo, levantamos apenas teses e dissertações em que o descritor "formação inicial de professores" foi utilizado.

Apesar das críticas existentes na literatura especializada em relação ao uso do termo "formação 'inicial' de professores" e da defesa em prol da utilização da expressão "formação acadêmico-profissional de professores",[295] ainda assim decidimos usar aquele descritor por se tratar de um termo consagrado no campo da pesquisa sobre formação docente e, infelizmente, ainda massivamente utilizado pelas/pelos pesquisadoras/es desse campo

---

[295] Termo utilizado por Diniz-Pereira (2008) em substituição à expressão "formação inicial". Uma das críticas ao uso desse termo é o fato de que, na visão desse autor, a profissão docente começa a ser aprendida mesmo antes da entrada do sujeito em um curso de graduação (licenciatura), portanto, a formação não se configura como "inicial" – termo dúbio na língua portuguesa por indicar tanto uma formação que se "inicia" a partir da entrada em cursos de licenciatura (ideia da qual o autor discorda), quanto uma formação que não termina com a conclusão desses cursos (ideia que, obviamente, o autor não se opõe a ela). Cf. BILLIG, Elena Maria; FREITAS, Diana Paula Salomão. Formação acadêmico-profissional de professores(as). *Formação Docente – Revista Brasileira de Pesquisa sobre Formação de Professores*, Brasília, v. 11, n. 20, p. 195-200, jan./abr. 2019.

em nosso país. Imaginávamos que, ao usar o descritor "formação inicial de professores" (e cruzá-lo com os descritores "Rede Estadual de Educação de Minas Gerais" e/ou "condição docente"), teríamos mais chances de encontrar os trabalhos acadêmicos que realmente nos interessavam.

Na primeira etapa do nosso levantamento (em que a presença de ao menos dois descritores ou no título ou nas palavras-chave ou no resumo era critério para a seleção), foram encontrados 34 trabalhos acadêmicos que, em princípio, eram sobre a "formação inicial de professores da Rede Estadual de Educação de Minas Gerais". Porém, no momento do "refinamento" (por meio da leitura dos resumos), esse número caiu para 25 (nove trabalhos foram excluídos porque ou não eram sobre essa temática ou não foram desenvolvidos na REE-MG e não envolveram professoras/es dessa rede de ensino). Durante o processo de definição das prioridades de leitura (prioridade de leitura 1: obrigatória; prioridade de leitura 2: facultativa), decidiu-se que, daqueles 25, apenas seis trabalhos eram especificamente sobre o tema e de leitura obrigatória para o nosso agrupamento. Após a leitura na íntegra desses seis trabalhos, dois foram excluídos. Dessa maneira, chegou-se finalmente ao número de trabalhos acadêmicos levantados em nosso estudo e este constituiu-se no *corpus*[296] da pesquisa: apenas quatro dissertações de mestrado sobre o tema "formação 'inicial' de professoras/es da Rede Estadual de Educação de Minas Gerais" defendidas entre 2008 e 2018! Duas dissertações sobre essa temática foram concluídas no ano de 2008, uma em 2012 e a mais recente, finalizada em 2016.

Como se trata de um estudo sobre uma rede de ensino (e não sobre uma instituição de ensino superior), realmente não esperávamos encontrar muitos trabalhos acadêmicos sobre a "formação 'inicial' de professoras/es" dessa rede. Porém, o número de trabalhos levantados (de novo, apenas quatro dissertações de mestrado!) foi, para nós, decepcionante. Para além desse sentimento de frustração, objetivamente, o pequeno número de trabalhos acadêmicos encontrados sobre o tema da "formação 'inicial' de professoras/es da Rede Estadual de Educação de Minas Gerais" talvez indique que essa temática não tem sido privilegiada nos programas de pós-graduação *stricto sensu* no Brasil. Como veremos ao longo deste capítulo, além de um programa de iniciação à docência desenvolvido em escolas dessa rede de ensino, a discussão dessa produção acadêmica concentrou-

---

[296] BARDIN, Laurence. *Análise de conteúdo*. Porto Editora: Porto, 1977. Bardin define *corpus* como "o conjunto dos documentos tidos em conta para serem submetidos aos procedimentos analíticos" BARDIN, 1977, p. 90.

-se em torno de uma iniciativa de "formação inicial 'em serviço'"[297] para docentes que trabalhavam em escolas públicas do estado de Minas Gerais.

9.1 FORMAÇÃO "INICIAL" DE PROFESSORAS/ES: ELEMENTO CONSTITUTIVO DA CONDIÇÃO DOCENTE

Defendemos, neste capítulo, que a formação "inicial" de professoras/es é um elemento constitutivo da condição docente. É por meio dessa formação que as/os docentes também se constituem como tais — tanto naquilo que é comum à profissão, quanto em suas idiossincrasias —, levando-se em consideração suas experiências (de vida, escolares, acadêmicas e profissionais) e os contextos específicos em que trabalham e em que constroem suas identidades pessoais e profissionais — ao nosso ver, esses são aspectos relacionados ao *ser* professora/professor e ao *estar* na docência.

Inicialmente, recordemos, então, a definição de Emilio Tenti Fanfani sobre condição docente: "um 'estado' do processo de construção social do ofício docente". Para esse sociólogo argentino, "quando se quer estudar a condição docente, deve-se incluir no objeto, também, certas dimensões de sua subjetividade, tais como as percepções, representações, valorações, opiniões, expectativas etc."[298]

Diniz-Pereira[299] sugeriu, então, a partir da proposição de Fanfani,[300] que o conceito de condição docente integrasse, por meio do uso dos verbos *ser* e *estar* na língua portuguesa e na língua espanhola, duas noções interdependentes: a condição de *ser* docente e a condição de *estar* na docência e exercer o trabalho docente.

Como mencionado na introdução deste livro, para o Coletivo de Pesquisadoras/es do Prodoc (do qual a autora e o autor deste texto fazem parte), essas dimensões objetivas e subjetivas da docência estão presentes simultaneamente e dialeticamente nestes dois polos da condição docente: a condição de *ser* docente — reunindo dimensões subjetivas-objetivas do

---

[297] Referimo-nos aqui a iniciativas de formação "inicial" para professoras/es que já lecionavam em escolas da Rede Estadual de Educação de Minas Gerais, porém, sem a devida qualificação exigida por lei.
[298] FANFANI, Emilio Tenti. Condição docente. In: OLIVEIRA, Dalila Andrade; DUARTE, Adriana Maria Cancella; VIEIRA, Lívia Maria Fraga. *Dicionário*: trabalho, profissão e condição docente. Belo Horizonte: UFMG/FAE, 2010. CDROM.
[299] DINIZ-PEREIRA, Júlio Emílio. Formação de professores, trabalho e saberes docentes. *Trabalho & Educação* (UFMG), v. 24, p. 159-168, 2015.
[300] FANFANI, Emilio Tenti. *La condición docente*: análisis comparado de la Argentina, Brasil, Perú y Uruguay. Buenos Aires: Siglo XXI, 2005.

ser professora/professor — e a condição de *estar* na docência — reunindo dimensões objetivas-subjetivas do exercício do magistério.

Sendo assim, parece óbvio que a formação "inicial" de professoras/es — enquanto elemento constitutivo da condição docente — relaciona-se diretamente à condição de *ser* professora ou professor. Ou seja, a escolha consciente pela realização de um curso de licenciatura (ou de formação "inicial" de professoras/es) é um passo importante na direção da construção da identidade profissional docente.[301] Todavia, como sabemos, essa escolha pode acontecer em diferentes momentos das vidas das pessoas: logo como a primeira opção de um curso de graduação (pessoas que desde cedo têm a convicção que querem ser professoras/es da educação básica); como a segunda (terceira, quarta...) alternativa de carreira universitária; depois de já possuírem um diploma de nível superior (não é raro, por exemplo, alunos dos bacharelados "descobrirem" a predileção pela licenciatura após a finalização desses cursos); após a conclusão de programas de pós-graduação stricto sensu;[302] ou, o que também é bastante comum, apenas depois de efetivamente começarem a lecionar na educação básica[303] (neste último caso, mesmo ainda sem a habilitação exigida por lei, a pessoa já se identifica como professora/professor — pois, trabalha como tal — quando, finalmente, decide cursar uma licenciatura). Independentemente da situação, certamente, em algum momento da vida, essa opção pela licenciatura (ou pela formação dita "inicial") acontecerá e ela será importante para a condição de *ser* professora/professor.

Dessa maneira, mesmo que os motivos para a escolha de um curso de graduação sejam múltiplos, se alguém decidiu algum dia fazer um curso de licenciatura, essa pessoa, em princípio, tinha o interesse em se tornar professora ou professor da educação básica. Porém, justamente em razão

---

[301] DINIZ-PEREIRA, Júlio Emilio. Identidade docente. In: SOUZA, J. V. A.; Guerra, R. (org.). *Dicionário crítico da educação*. Belo Horizonte: Dimensão, 2014a; DINIZ-PEREIRA, Júlio Emílio. Professores(as): identidades forjadas. In: Carlos Henrique de Carvalho; Magali de Castro (org.). *Profissão docente*: quais identidades? Uberlândia: EDUFU, 2014b. p. 55-71.

[302] Surpreendentemente, uma ex-aluna de um dos autores deste texto — que descobriu um pouco mais tardiamente na vida dela que realmente queria ser professora da educação básica — decidiu "voltar" para a Universidade Federal de Minas Gerais (UFMG) para fazer o curso de Licenciatura em Ciências Biológicas depois de ter concluído o bacharelado em Biologia, o mestrado e o doutorado em Bioquímica e após ter realizado o terceiro "pós-doutorado" nessa área específica do campo!

[303] Diniz-Pereira (2014a, 2014b) defende que, a partir do momento que se assume a condição de educadora/educador — ou seja, que uma pessoa se coloca diante de outras, e estas, reconhecendo-se como alunos, identificam a primeira como professora/professor — se inicia **efetivamente** o processo de construção da identidade docente.

das condições objetivas de exercício do trabalho docente em nosso país (baixos salários e condições ruins do exercício da docência — a situação física dos prédios escolares e das salas de aula; o elevado número de alunos em sala de aula; o controle excessivo sobre o trabalho docente etc.), há várias pessoas que, mesmo depois de concluírem uma licenciatura (curso voltado exclusivamente para a formação de professoras/es da educação básica), nunca colocarão os pés em uma sala de aula como docentes. Elas migrarão para outras carreiras profissionais.

Não podemos nos esquecer também que a legislação brasileira ainda permite, no caso da educação infantil e dos anos iniciais do ensino fundamental, que as pessoas exerçam a profissão docente sem passarem por um curso de licenciatura. Nesse caso, a formação dita "inicial" acontece de outras maneiras: por meio da realização de um curso normal ou um curso de magistério, de nível médio,[304] ou o chamado "normal superior".[305] Além disso, no caso dos anos finais do ensino fundamental e do ensino médio, a legislação educacional no Brasil regulamentou, desde 2015, "rotas alternativas" para o exercício da docência por meio da realização de cursos de complementação pedagógica. Ou seja, hoje é possível tornar-se professora/professor da educação básica e exercer o magistério "legalmente" em nosso país mesmo sem um diploma de licenciatura, graduação plena. Do ponto de vista da profissionalização da profissão docente e do conceito de profissionalidade,[306] essa decisão representa um enorme retrocesso.

---

[304] Apesar de a primeira escola normal brasileira ter sido criada em 1835, na Província do Rio de Janeiro, essa instituição de formação de professoras/es "primárias/os" conseguiu se consolidar, no Brasil, apenas a partir de 1870. O "curso normal" sofreu, então, inúmeras modificações ao longo dos anos até se descaracterizar totalmente com a aprovação da Lei 5.692/71 que criou a Habilitação Específica para o Magistério (HEM) entre as várias habilitações profissionais previstas para o ensino de "segundo grau". O "curso de magistério" praticamente deixou de existir a partir da LDBEN de 1996 e, principalmente, a partir de 2006 com a aprovação das diretrizes curriculares nacionais da Pedagogia que passaram a tratar esse curso como uma licenciatura (graduação plena) voltada, prioritariamente, para a formação de professoras/es da educação infantil e dos anos iniciais do ensino fundamental (ver TANURI, Leonor Maria. História da formação de professores. *Revista Brasileira de Educação*, São Paulo, n. 14, p. 61-88, maio/ago. 2000).

[305] Felizmente, os chamados "cursos normais superiores" tiveram uma existência relativamente curta no Brasil. Apesar de previstos na Lei de Diretrizes e Bases da Educação Nacional (LDBEN) de 1996, eles praticamente deixaram de existir a partir da aprovação das DCN da Pedagogia em 2006.

[306] GIMENO SACRISTÁN, Juan. Consciência e acção sobre a prática como libertação profissional dos professores. In: NÓVOA, A. (org.). *Profissão professor*. Porto: Porto Editora, 1995. p. 63-92; CONTRERAS, Juan. *Autonomia de professores*. São Paulo: Cortez, 2002; COELHO, Ana Maria Simões; DINIZ-PEREIRA, Júlio Emílio. Olhar o magistério "no próprio espelho": o conceito de profissionalidade e as possibilidades de se repensar o sentido da profissão docente. *Revista Portuguesa de Educação*, v. 30, n. 1, p. 7-34, 2017.

Como discutiremos neste capítulo, programas de "formação inicial 'em serviço'" (no caso, o "Projeto Veredas" no estado de Minas Gerais) também se constituíram em "rotas alternativas" para professoras/es que lecionavam em redes públicas de ensino sem a habilitação exigida por lei. Essa especificidade da condição docente no Brasil levou à adoção de uma expressão — "formação inicial 'em serviço'" — inexistente na literatura internacional da área e inimaginável em outros lugares do planeta em que a formação ou é "inicial" ou é "em serviço".

Não podemos deixar de lembrar também que a construção da identidade profissional docente (o que, obviamente, está diretamente relacionado à condição de *ser* professora ou professor) se inicia bem antes da entrada em uma licenciatura e normalmente é influenciada por outras experiências — relacionadas ou não às trajetórias escolares dos sujeitos.[307] É importante recuperar, neste momento, o conceito de "referências experenciais" proposto originalmente por Diniz-Pereira em 2010 e retomado pelo autor em uma outra publicação de 2014:

> Por referências experienciais entendo tanto as práticas sociais construídas ao longo de toda a trajetória de vida — escolar ou não — dos sujeitos, antes, durante e depois de estes ingressarem em um processo formal de preparação de professores, como aquelas mais diretamente ligadas aos momentos específicos em que assumem a condição de docentes. Em relação às últimas, as experiências vivenciadas durante as etapas iniciais da carreira docente, talvez, tenham um impacto maior nesse processo de construção identitária, por se tratar de um momento de grande indefinição e conflito para o educador em formação. Não conscientes disso, as instituições formadoras geralmente deixam a cargo dos próprios sujeitos a responsabilidade de assumirem as suas primeiras experiências docentes. A minha vivência enquanto formador tem demonstrado que, dependendo do que eles encontram pela frente, isso pode determinar inclusive sua permanência ou não na profissão.[308]

Como mencionado anteriormente, essa ideia de que o início do processo de construção da identidade profissional docente (ou da con-

---

[307] DINIZ-PEREIRA, Júlio Emílio. A epistemologia da experiência na formação de professores: primeiras aproximações. *Formação Docente – Revista Brasileira de Pesquisa sobre Formação de Professores*, Brasília, v. 2, p. 83-93, 2010.

[308] DINIZ-PEREIRA, 2014b, p. 69.

dição de *ser* professora ou professor) é anterior à entrada em um curso de licenciatura se opõe à própria expressão "formação 'inicial' de professores" por esta sugerir, a partir de uma interpretação ambígua do termo na língua portuguesa, que aquela construção "se inicia" a partir do ingresso em uma licenciatura — o que não necessariamente condiz com a verdade.

Além da condição de *ser* professora ou professor, a formação dita "inicial" também se relaciona à condição de *estar* na docência, pois, dependendo do tipo de formação vivenciada — se uma formação mais técnica ou se uma formação mais crítica, por exemplo —, as maneiras de lidar com os desafios do exercício da docência podem ser completamente diferentes.

Desse modo, por um lado, como "produtos" de uma formação mais técnica, as/os docentes se tornariam, nas palavras de Fanfani, "especialistas em ensino-aprendizagem" e estariam mais preocupadas/os apenas em fazer os alunos alcançarem metas definidas pelos sistemas externos de avaliação educacional. Por outro lado, influenciados por uma formação mais crítica, as/os professoras/es se constituiriam em sujeitos capazes de dar um significado político para o que são e para aquilo que fazem e, além disso, ainda segundo o sociólogo argentino, seriam "construtores de subjetividades na direção de projetos políticos relacionados à construção de uma sociedade mais justa, livre e democrática".[309]

Uma discussão mais aprofundada sobre a formação "inicial" de professoras/es como elemento constituinte da condição docente extrapola em muito os propósitos deste texto. Apresentaremos, no próximo item, de uma maneira bastante sucinta, os resultados do nosso levantamento sobre a temática específica deste estudo: a formação "inicial" de professoras/es da Rede Estadual de Educação de Minas Gerais.

9.2 UMA BREVE SÍNTESE DAS DISSERTAÇÕES

Tem-se, neste item, uma breve síntese das quatro únicas dissertações encontradas sobre o tema "formação 'inicial' de professoras/es da Rede Estadual de Educação de Minas Gerais" defendidas entre 2008 e 2018.

As duas dissertações defendidas em 2008, "A educação a distância para o professor em serviço" e "Reflexão e ação pedagógica do tutor do Projeto Veredas: um estudo à luz das ideias de Dewey", versaram sobre o "programa de formação inicial 'em serviço'" desenvolvido pela Secretaria

---

[309] FANFANI, 2010, p. 4.

de Estado de Minas Gerais (SEE-MG) nos anos de 2002 a 2007 — o chamado "Projeto Veredas — Formação Superior para Professores a Distância".

A dissertação "A educação a distância para o professor em serviço" foi defendida em 2008, no Centro Federal de Educação Tecnológica de Minas Gerais (CEFET-MG), por Juliana Cordeiro Soares Branco.[310] Essa pesquisa teve como objetivo geral contribuir para a discussão sobre a formação profissional da/do docente, desenvolvida por meio da educação a distância (EaD) e "em serviço". As/Os participantes da pesquisa foram professoras/es da rede estadual de Minas Gerais, ex-cursistas do Projeto Veredas e do curso de licenciatura para a educação básica ofertado por meio da EaD em uma universidade pública de Minas Gerais.

Nessa pesquisa, foram entrevistadas/os 23 cursistas, sendo 16 da licenciatura em educação básica e sete ex-cursistas do "Projeto Veredas" da Secretaria de Estado de Educação e do curso de licenciatura em educação básica/anos iniciais do Centro de Educação Aberta e a Distância da Universidade Federal de Ouro Preto (Caed-Ufop).

Ao analisar a investigação acadêmica conduzida pela autora, fica claro que, após a promulgação da Lei de Diretrizes e Bases da Educação Nacional (Lei 9.394/96), docentes da REE-MG temiam a perda de seus empregos e, consequentemente, isso resultou em uma verdadeira "corrida pelo diploma" de licenciatura, graduação plena. Muitas/muitos professoras/es entenderam que, até o final da década da educação (1997-2007), elas/eles deveriam ter "formação em nível superior" para continuar a exercer o magistério. Segundo ela, a Secretaria de Estado de Educação de Minas Gerais (SEE-MG) criou, então, o "Projeto Veredas" que visava à formação, em nível superior, de professoras/es das quatro primeiras séries do ensino fundamental no estado.[311]

Ainda de acordo com essa autora, o Projeto Veredas foi implantado com os objetivos de: (a) habilitar, em curso de graduação plena, as/os professoras/es das redes públicas de educação de Minas Gerais, de acordo com a legislação vigente; (b) elevar o nível de competência profissional das/dos docentes em exercício; (c) contribuir para a melhoria do desempenho escolar das redes públicas de Minas Gerais, nos anos iniciais do ensino

---

[310] BRANCO, Juliana Cordeiro Soares. *A Educação à Distância para o professor em serviço*. Orientador: Maria Rita Neto Sales Oliveira. 2008. Dissertação (Mestrado em Educação Tecnológica) – Centro Federal de Educação Tecnológica de Minas Gerais, Belo Horizonte, 2008.

[311] BRANCO, 2008.

fundamental; e (d) valorizar a profissionalização docente. Vale ressaltar que a legislação da década de 1990 validava a realização de cursos EaD para a formação de professoras/es "em serviço".

Apesar de a formação dita "inicial" ser um elemento importante para o processo de profissionalização, as/os cursistas do "Projeto Veredas" apontaram, na pesquisa aqui analisada, várias dificuldades durante a realização dos cursos, tais como: a intensificação e as condições precárias do trabalho docente; o aumento das tarefas diárias; a organização do tempo para dar conta dos estudos; bem como a exploração do trabalho docente, obrigando a/o professora/professor a estudar em jornadas extras — à noite, fins de semana e/ou férias, "com sérios prejuízos para seu trabalho, sua vida familiar, seu lazer e sua própria formação."[312] Fica evidente, então, que houve um aumento significativo nas atividades assumidas pelas/pelos docentes ao participarem do "Projeto Veredas".

Por outro lado, essa "formação inicial 'em serviço'", realizada em Minas Gerais, ao mesmo tempo que implicou aumento das atividades docentes, também contribuiu positivamente, para que as/os professoras/es aprendessem a refletir sobre a prática segundo depoimento das/dos próprias/próprios cursistas.

A pesquisa intitulada "Reflexão e ação pedagógica do tutor do Projeto Veredas: um estudo à luz das ideias de Dewey" foi realizada no Programa de Pós-Graduação em Educação da Universidade de Juiz de Fora (UFJF) e defendida, em 2008, por Pedro Gabriel Perissinotto.[313] Esse trabalho teve como objetivo investigar o processo de reflexão da/do tutora/tutor no "Projeto Veredas". Os sujeitos da pesquisa foram oito tutoras/es da agência de formação da UFJF que atuaram no referido projeto de "formação inicial 'em serviço'" entre 2002 e 2005. No "Projeto Veredas", a tutoria tinha papel fundamental no processo de formação das/dos cursistas, seja na orientação da prática pedagógica ou nas orientações dos estudos dos conteúdos teóricos. Utilizou-se de entrevistas semiestruturadas para a coleta, análise e interpretação dos dados e as categorizações temáticas foram organizadas por meio da análise do conteúdo.

Essa pesquisa trouxe alguns elementos que evidenciaram que a "formação 'inicial' das/dos professoras/es" da rede estadual de Minas Gerais se

---

[312] BRANCO, 2008, p. 125.
[313] PERISSINOTTO, Pedro Gabriel. *Reflexão e ação pedagógica do tutor do Projeto Veredas*: um estudo à luz de Dewey. 2008. Dissertação (Mestrado em Educação) – Universidade Federal de Juiz de Fora, Juiz de Fora, 2008.

organizou por meio da interação entre as/os professoras/es tutoras/es e as/os professoras/es cursistas do "Projeto Veredas". Como mais bem explicado na introdução deste livro, a interação professora/professor-aluno (neste caso, as/os professoras/es da rede estadual estavam na condição de alunas/os do curso) é o núcleo essencial do *ser/estar* docente, portanto, da condição docente, e se amplia para além dessa relação professora/professor-aluno, envolvendo também relações entre pares, com as/os dirigentes, a comunidade escolar, reforçando que realmente se trata de uma realidade interacional.

Perissinotto analisou, então, o papel das/dos professoras/es tutoras/es nas atividades de orientação e avaliação da prática pedagógica das/dos professoras/es cursistas do "Projeto Veredas", utilizando as ideias de John Dewey.

No "Projeto Veredas", a reflexão sobre a prática pedagógica foi um dos elementos centrais para a formação das/dos professoras/es. Compreendeu-se que, na docência, deve ocorrer o exercício da análise na tomada de decisões em processo, refletindo-se acerca da própria prática e, ao fazer isso, a/o professora/professor utilizaria a reflexão como fonte instituinte e transformadora.

Ao acompanhar as práticas pedagógicas das/dos professoras/es cursistas, as/os professoras/es tutoras/es tinham como tarefa orientar as práticas pedagógicas das/dos docentes da rede. Porém, segundo um documento do próprio "Projeto Veredas", "não se tratava de reduzir tudo à prática, mas de criar condições para se trabalhar a relação dos aspectos teóricos e práticos da ação docente, de modo que o professor-cursista desenvolvesse as competências relacionadas aos seus instrumentos de trabalho de forma articulada com os seus fundamentos pedagógicos".[314]

Podemos inferir, então, que outros aspectos da condição docente, ou seja, do *ser* e *estar* docentes, foram também influenciados, a saber: a dialogicidade na relação professora/professor-aluno; as posturas, os valores, os sentimentos e as sensibilidades; o desenvolvimento da prática pedagógica com o uso de recursos diversos para o ensino. Ao promover a comunicação e o diálogo no decorrer das atividades presenciais, incluindo visitas à sala de aula e atividades coletivas presenciais, realizadas aos sábados, a/o tutora/tutor superou as limitações da ausência da/do professora/professor na educação a distância, rompendo com o possível isolamento do "estudante" (professoras/es da rede estadual). O pensamento refle-

---

[314] VEREDAS, 2002 *apud* PERISSINOTO, 2008, p. 11.

xivo fez parte das ações das/dos tutoras/es, mesmo sem elas/eles terem necessariamente consciência disso. Nas palavras do autor, "pudemos ver como os tutores desenvolveram reflexões durante o processo de orientação e avaliação da prática pedagógica do cursista, além de refletirem sobre a sua prática de tutoria".[315]

A dissertação intitulada "Formação de Professores de Química: um olhar sobre o PIBID da Universidade Federal de Uberlândia", defendida em 2012, descreve a relação entre os saberes e fazeres das/dos professoras/es de química e bolsistas do Programa Institucional de Bolsa de Iniciação à Docência (Pibid)/Química em escolas do ensino médio em Uberlândia. A pesquisa foi realizada por Everton Bedin do curso de Pós-Graduação em Química da Universidade Federal de Uberlândia (UFU).[316]

Esse estudo teve por objetivo entender como o Programa Institucional de Bolsa de Iniciação à Docência da Universidade Federal de Uberlândia influenciou a formação de professoras/es de Química no subprojeto Pibid/Química/UFU. A metodologia adotada para o desenvolvimento da pesquisa de natureza qualitativa foi o estudo de caso de cunho etnográfico por meio do qual realizou-se um estudo de campo nas escolas participantes do Pibid/UFU que possuíam o subprojeto da área de Química. Participaram como sujeitos da pesquisa, cinco professoras/es supervisoras/es do Pibid e cinco bolsistas em cinco escolas diferentes da rede estadual de ensino médio de Minas Gerais.

Verificou-se que os trabalhos realizados no referido subprojeto possibilitaram o estreitamento das ações da UFU com as escolas públicas, fazendo emergir saberes para formação de professoras/es pelas negociações ocorridas nas escolas participantes quando da proposição de ações específicas a serem realizadas no ambiente educacional. O Pibid/Química/UFU, nessa vertente, mostrou-se um importante instrumento de profissionalização docente, apesar de limitações e dificuldades verificadas durante o desenvolvimento dessa investigação acadêmica.

Bedin aponta o fortalecimento da formação de professoras/es por meio da criação de espaços de reflexão sobre e na prática docente e a relação entre escolas e universidade. Como se sabe, programas de iniciação à docência foram implementados no Brasil pela Capes, a partir de 2007. O

---

[315] PERISSINOTO, 2008, p. 123.
[316] BEDIN, Everton. *Formação de Professores de Química:* um olhar sobre o PIBID da Universidade Federal de Uberlândia. 2012. Dissertação (Mestrado em Educação) – Universidade Federal de Uberlândia, Uberlândia, 2012.

Pibid teve como objetivos: fomentar a relação entre escolas e universidades e fortalecer a formação inicial das/dos licenciandas/os e a formação continuada das/dos professoras/es da educação básica.

Por fim, Bedin destaca que a profissão professor advém de um processo inerente de atributos sociais e culturais — um processo de significados e experiências que se inter-relacionam intrinsecamente a uma sociedade, indiferentemente do espaço ou lugar, pois modificam e arquitetam a identidade profissional.

A dissertação intitulada "Experiências (auto)formativas na narração de histórias de vida de duas professoras: caminho do fazer docente" foi defendida em 2016 por Thalita Rodrigues Ferreira, no Programa de Pós-graduação em Educação da Universidade Federal de São João del-Rei (UFSJ).[317] Essa pesquisa discute as experiências presentes nas narrativas de duas mulheres — os caminhos de (auto)formação e do ser professora ao longo das vidas delas.

Ao usar como eixo norteador da fala os laços afetivos/formativos das professoras com as diferentes manifestações artísticas, a temática levou-nos à memória de momentos cruciais nas definições de si e de suas práticas pedagógicas. As protagonistas da pesquisa foram duas professoras: uma delas, professora do Departamento de Educação na UFSJ, e a outra professora regente de aulas da unidade curricular "Arte", nos anos finais do ensino fundamental e do ensino médio, na Escola Estadual Afonso Pena Júnior, em São Tiago, Minas Gerais, desde 2007.

Para isso, a pesquisadora utilizou-se do método autobiográfico e o conceito de experiência no campo da educação.[318] As pesquisas realizadas contaram com amplo material biográfico (entrevistas transcritas, anotações de campo, fotos e vídeos), sendo as narrativas transcritas o meio principal de análise, seguidas dos textos não verbais e fotografias.

A autora adotou uma abordagem teórico-metodológica que *escuta, dá voz e vez* à/ao professora/professor, por meio de análises de histórias de vida e trajetórias da profissão, o que, de fato, para Nóvoa,[319] representou

---

[317] FERREIRA, Thalita Rodrigues. *Experiências (auto)formativas na narração da história de vida de duas professoras: caminhos do ser-fazer docente*. 2016. Dissertação (Mestrado em Educação) – Universidade Federal de São João del-Rei, São João del-Rei, 2016.

[318] LARROSA, Jorge. Experiência e Alteridade em Educação. *Revista reflexão e ação*, Santa Cruz do Sul, v. 19, n. 2, p. 4-27, jul./dez. 2011.

[319] NÓVOA, Antônio. Os professores e as histórias da sua vida. *In*: NÓVOA, Antônio (org.). *Vidas de Professores*. 2. ed. Porto: Porto Editora, 1995. p. 11-30.

uma nova abordagem nas pesquisas sobre formação de professoras/es por se opor aos estudos anteriores que reduziam a profissão docente a um conjunto de competências e técnicas. Para Nóvoa, essa nova abordagem passou a colocar a/o professora/professor como foco central de estudos e debates, ao considerar o quanto o modo de vida pessoal acaba por interferir no profissional. O autor acrescenta que esse movimento surgiu "num universo pedagógico, num amálgama de vontades de produzir outro tipo de conhecimento, mais próximo das realidades educativas e do cotidiano dos professores".[320]

No item a seguir, destacamos alguns pontos a partir das análises que realizamos das quatro únicas dissertações encontradas, por meio do nosso levantamento, sobre a "formação 'inicial' de professoras/es da Rede Estadual de Educação de Minas Gerais".

9.3 ANÁLISES GERAIS SOBRE AS QUATRO DISSERTAÇÕES

Ao realizar a leitura das quatro dissertações, observamos que, apesar de não existir uma discussão específica acerca do conceito de condição docente, essa ideia é, de alguma maneira, utilizada em todas essas investigações acadêmicas, pois, ao implicar aspectos objetivos e subjetivos relativos ao *ser* e ao *estar* docentes, e ao constituir a docência como uma categoria própria da/do professora/professor em interação com os alunos, sendo ambos sujeitos sócio-históricos e culturais, é possível afirmar que, mesmo que não tenha sido explicitamente mencionada, há a utilização dessa noção nas quatro produções acadêmicas aqui analisadas.

Quanto às metodologias de pesquisa, as dissertações apresentaram estudos de natureza qualitativa, descritiva, exploratória e fenomenológica de cunho etnográfico. Mais especificamente, quanto aos procedimentos de coleta de dados, foram realizadas entrevistas semiestruturadas e "narrativas de formação" como fontes principais de pesquisa — destaque para as histórias autobiográficas. A aplicação de questionários, a pesquisa documental e a observação participante também foram procedimentos utilizados para produção de dados. De uma maneira geral, os registros durante a coleta de dados foram realizados em cadernos de campo, gravação de áudios, entrevistas, transcrição de entrevistas, acompanhamento de reuniões de trabalho e observações do cotidiano da pesquisa. Quanto

---
[320] NÓVOA, 1995 *apud* FERREIRA, 2016, p. 16.

aos procedimentos de análise de dados, as/os pesquisadoras/es das quatro dissertações trabalharam com análise de conteúdo, análise textual, discursiva e interpretativa.

Os trabalhos analisados neste capítulo fundamentam-se basicamente na literatura especializada sobre formação de professoras/es (formação "inicial" e continuada, autoformação, narrativas, experiências e histórias de vida na formação de professoras/es), sobre educação a distância e trabalho docente. A autora mais citada na dissertação que investiga a formação de professores "em serviço" por meio da utilização da educação a distância foi Maria Luiza Belloni. No que diz respeito à formação de professoras/es, profissão docente, identidade profissional docente, saberes docentes e formação profissional, conhecimentos das/dos professoras/es, histórias de professoras/es, experiências, concepções e práticas de professoras/es, tempo de trabalho, intensificação do trabalho docente, precarização do trabalho docente, as quatro dissertações recorreram principalmente a autores como António Nóvoa e Maurice Tardif. Quanto à formação de professoras/es, práticas pedagógicas e pensamento reflexivo, as/os pesquisadoras/es referendaram-se especificamente em John Dewey.

Durante o processo de análise das quatro dissertações, subcategorias surgiram a partir das leituras e da análise do material empírico, considerando as abordagens e temáticas mais gerais em discussão, a saber: a) condição docente e formação de professoras/es; b) condição docente e políticas de formação; c) condição docente e saberes das/dos professoras/es; d) condição docente e autoformação; e) condição docente e pensamento reflexivo; f) condição docente e o trabalho docente como ação pedagógica; g) condição docente e narrativas de professoras/es. Essas subcategorias atrelam-se a diversos sentidos do conceito de condição docente em que o descritor "formação 'inicial' de professoras/es" se insere e cujas temáticas se vinculam a esse conceito.

Nas dissertações analisadas, observa-se, então, que a docência existe como realidade objetiva, mas também em termos de suas experiências e características subjetivas. São professoras e professores que ganham sua vida ensinando em instituições escolares (no caso, as escolas públicas do estado); sujeitos sociais e culturais "capazes de dar um significado ao que são e ao que fazem". Sendo assim, tais dimensões subjetivas também permeiam os estudos sobre a condição docente que dialogaram com a temática da "formação 'inicial' de professoras/es" da rede estadual de Minas Gerais.

CONSIDERAÇÕES FINAIS

À guisa de conclusão e a partir da análise das quatro dissertações sobre "formação 'inicial' de professoras/es" da rede estadual de Minas Gerais, podemos afirmar que as/os docentes dessa rede de ensino se encontram em um processo permanente de construção da condição docente, ou seja, do *ser* e do *estar* na profissão. Portanto, esse é um processo que movimenta desde as políticas de formação de professoras/es ("inicial" e continuada), os percursos de formação, as histórias pessoais e profissionais, o *ser* e *estar* na profissão, as condições do trabalho docente, a precarização e intensificação desse trabalho, os saberes necessários para o exercício da profissão e, por isso mesmo, apresenta "feições variadas". Para além das singelas contribuições deste capítulo, recomendamos uma atenção maior a esse tema de pesquisa e um maior aprofundamento teórico sobre a relação entre a formação dita "inicial" de professoras/es e o conceito de condição docente.

REFERÊNCIAS

BARDIN, Laurence. *Análise de conteúdo*. Porto Editora: Porto, 1977.

BEDIN, Everton. *Formação de Professores de Química*: um olhar sobre o PIBID da Universidade Federal de Uberlândia. 2012. Dissertação (Mestrado em Educação) – Universidade Federal de Uberlândia, Uberlândia, 2012.

BILLIG, Elena Maria; FREITAS, Diana Paula Salomão. Formação acadêmico-profissional de professores(as). *Formação Docente* – Revista Brasileira de Pesquisa sobre Formação de Professores, Brasília, v. 11, n. 20, jan./abr. 2019.

BRANCO, Juliana Cordeiro Soares. *A Educação à Distância para o professor em serviço*. 2008. Dissertação (Mestrado em Educação Tecnológica) – Centro Federal de Educação Tecnológica de Minas Gerais, Belo Horizonte, 2008.

COELHO, Ana Maria Simões; DINIZ-PEREIRA, Júlio Emílio. Olhar o magistério "no próprio espelho": o conceito de profissionalidade e as possibilidades de se repensar o sentido da profissão docente. *Revista Portuguesa de Educação*, Lisboa, v. 30. n. 1, p. 7-34, 2017.

CONTRERAS, Juan. *Autonomia de professores*. São Paulo: Cortez, 2002.

DINIZ-PEREIRA, Júlio Emílio. A epistemologia da experiência na formação de professores: primeiras aproximações. *Formação Docente* – Revista Brasileira de Pesquisa sobre Formação de Professores, Brasília, v. 2, p. 83-93, 2010.

DINIZ-PEREIRA, Júlio Emílio. Identidade docente. *In:* SOUZA, J. V. A.; Guerra, R. (org.). *Dicionário crítico da educação.* Belo Horizonte: Dimensão, 2014a.

DINIZ-PEREIRA, Júlio Emílio. Professores(as): identidades forjadas. *In:* CARVALHO, Carlos Henrique de; CASTRO, Magali de (org.). *Profissão docente:* quais identidades? Uberlândia: EDUFU, 2014b. p. 55-71.

DINIZ-PEREIRA, Júlio Emílio. Formação de professores, trabalho e saberes docentes. *Trabalho & Educação (UFMG),* Belo Horizonte, v. 24, p. 159-168, 2015.

FANFANI, Emilio Tenti. Condição docente. *In:* OLIVEIRA, Dalila Andrade; DUARTE, Adriana Maria Cancella; VIEIRA, Lívia Maria Fraga. Dicionário: trabalho, profissão e condição docente. Belo Horizonte: UFMG/FAE, 2010. CDROM.

FANFANI, Emilio Tenti. *La condición docente*: análisis comparado de la Argentina, Brasil, Perú y Uruguay. Buenos Aires: Siglo XXI, 2005.

FERREIRA. Thalita Rodrigues. *Experiências (auto)formativas na narração da história de vida de duas professoras*: caminhos do ser-fazer docente. Orientador: Gilberto Damiano. 2016. Dissertação (Mestrado em Educação) – Universidade Federal de São João del-Rei, São João del-Rei, 2016.

GIMENO SACRISTÁN, Juan. Consciência e acção sobre a prática como libertação profissional dos professores. *In:* NÓVOA, A. (org.). *Profissão professor.* Porto: Porto Editora, 1995. p. 63-92.

LARROSA, Jorge. Experiência e Alteridade em Educação. *Revista reflexão e ação*, Santa Cruz do Sul, v. 19, n. 2, p. 4-27, jul./dez. 2011.

NÓVOA, Antônio. Os professores e as Histórias da sua Vida. *In:* NÓVOA, Antônio (org.). *Vidas de Professores.* 2. ed. Porto: Porto Editora, 1995. p. 11-30.

PERISSINOTTO, Pedro Gabriel. *Reflexão e ação pedagógica do tutor do Projeto Veredas: um estudo à luz de Dewey.* 2008. Dissertação (Mestrado em Educação) – Universidade Federal de Juiz de Fora, Juiz de Fora, 2008.

PRODOC. Grupo de Pesquisas sobre Profissão Docente. *Relatório de pesquisa*: A condição docente de professoras/es da Rede Estadual de Educação de Minas Gerais. Belo Horizonte: UFMG/FaE/PRODOC, 2024.

TANURI, Leonor Maria. História da formação de professores. *Revista Brasileira de Educação*, n. 14, p. 61-88, maio/ago. 2000.

TARDIF, Maurice. Saberes profissionais dos professores e conhecimentos universitários: elementos para uma epistemologia da prática profissional dos professores e suas consequências em relação à formação para o magistério. *Revista Brasileira de Educação*, Brasília, n. 13, p. 5-24, jan./fev./mar./abr. 2000.

10

A CONDIÇÃO DOCENTE E AS CONSTRUÇÕES IDENTITÁRIAS DE PROFESSORAS/ES DA REDE ESTADUAL DE EDUCAÇÃO DE MINAS GERAIS

Magali Aparecida Silvestre

Amanda Martins Amaro

INTRODUÇÃO

Este capítulo apresenta os resultados de análise sobre a produção científica acerca da *condição docente* de professoras e professores da Rede Estadual de Educação de Minas Gerais (REE-MG), do período entre 2008 e 2018, que teve como eixo analítico o descritor *identidade docente*. Constitui um dos segmentos de um estudo coletivo, do tipo estado do conhecimento, desenvolvido pelo Grupo de Pesquisas sobre Profissão Docente (Prodoc), cuja organização e método foram relatados na introdução deste livro.

De um total de 158 trabalhos que compuseram o *corpus* da pesquisa coletiva, agrupados a partir de diversos descritores, o agrupamento do descritor *identidade docente* consolidou-se com 11 produções científicas, sendo oito dissertações e três teses, que foram lidas na íntegra e analisadas tendo como foco os propósitos do estudo e, como referência, o documento orientador denominado *Chave de Leitura*. Os resultados alcançados são apresentados neste capítulo em cinco seções. A primeira delas expõe vários aspectos do contexto das produções acadêmicas. Na sequência, são apresentados, de forma sumária, os principais resultados e as principais conclusões das pesquisas analisadas. Em seguida, expomos as temáticas centrais que circunscreveram as discussões sobre o conceito de identidade docente e os respectivos referenciais teóricos destas. Em continuidade, os métodos, os instrumentos e as formas de análise dos dados também são sucintamente expostos. Na última seção, em consonância com as pesquisas investigadas, ressaltamos os elementos constitutivos da identidade profissional docente. Finalmente, indicamos no texto algumas considerações sobre a condição docente de professoras/es da REE-MG.

10.1 CONTEXTO DAS PRODUÇÕES ACADÊMICAS

No estado de Minas Gerais, concentra-se um amplo número de instituições de ensino superior (IES) públicas: 11 universidades federais, duas universidades estaduais, cinco institutos federais e um centro federal de educação tecnológica.[321] Notamos, consequentemente, que houve um número significativo de instituições desse estado em que as pesquisas foram produzidas, seis no total.

Os programas de pós-graduação em educação concentraram o maior número de estudos, sete, mas também foram encontradas duas dissertações desenvolvidas em programas de pós-graduação em educação tecnológica, uma dissertação em programa de pós-graduação em química e uma tese em programa de pós-graduação em estudos linguísticos.

Com o recorte temporal aplicado, entre 2008 e 2018, e levando-se em consideração o período em que os dados foram produzidos, as investigações estão distribuídas entre as épocas dos governos de Aécio Neves — PSDB (2003-2010) —, Antônio Anastasia — PSDB (2011-2014) —, e Fernando Pimentel — PT (2015-2019).

Desenvolvidas no interstício de dez anos (2008-2018), as pesquisas em tela contaram com a participação de professoras/es da rede estadual mineira que sofreram as consequências do que Dalila Andrade Oliveira[322] denomina Nova Gestão Pública (NGP), introduzida paulatinamente, no Brasil e na América Latina, a partir dos anos de 1990, por meio das reformas estatais. Nas palavras dessa autora,

---

[321] BRASIL. Cadastro Nacional de Cursos e Instituições de Educação Superior – Cadastro e-MEC. *e-MEC*, [s. l*, ca. 2024]. Disponível em: https://emec.mec.gov.br/. Acesso em: 15 jul. 2024.
[322] OLIVEIRA, Dalila Andrade. A profissão docente no contexto da Nova Gestão Pública no Brasil. *In*: OLIVEIRA, Dalila Andrade; CARVALHO, Luis Miguel; LE VASSEUR, Louis; MIN, Lui; NORMAND, Romuald (org.). *Políticas Educacionais e a Reestruturação da Profissão do Educador:* perspectivas globais e comparativas. Petrópolis: Vozes, 2019.

> A transposição do modelo para a realidade brasileira foi defendida como uma mudança de estratégia na gestão do Estado, deixando claro o objetivo a ser perseguido [...] como sinônimo de modernização, de incremento da eficiência, de busca de maior flexibilidade e racionalização da gestão pública, por meio da incorporação de modelos empresariais, acompanhada de uma severa crítica à burocracia estatal e ao funcionalismo.[323]

Para a autora essas mudanças têm afetado a condição profissional docente, pois tais reformas contribuem para a deterioração das condições de trabalho, da carreira e da remuneração das/dos professoras/es. Para Emilio Tenti Fanfani[324] essa "nova lógica de regulação" molda um cenário que "coloca novas condições ao processo de construção da identidade do coletivo docente".[325]

No caso específico de Minas Gerais, esse modelo de gestão foi implantado a partir de 2003, período em que houve o retorno do Partido da Social Democracia Brasileira (PSDB) ao governo estadual, por meio do programa *Choque de Gestão: pessoas, qualidade e inovação na administração pública*[326], cuja segunda fase de implantação ocorreu entre os anos de 2007 e 2010, denominada "Estado para Resultados".[327]

De acordo com Franco e Calderon[328], nessas duas fases, o Sistema Mineiro de Avaliação da Educação Pública (Simave) tornou-se um dos pilares desse programa, sendo que o primeiro mandato de Aécio Neves (2003-2006) cumpriu o papel de difundir a responsabilização simbólica das/dos docentes, em decorrência da "divulgação e apropriação das informações sobre o desempenho da escola, pelos pais e pela sociedade", enquanto o segundo mandato (2007-2010) desencadeou a implantação de "mecanismos de incentivo à concessão de prêmio por produtividade aos servidores"[329]. Essas fases foram classificadas por Bonamino e Sou-

---

[323] OLIVEIRA, 2019, p. 273.
[324] FANFANI, Emilio Tenti. Condição docente. *In:* OLIVEIRA, Dalila Andrade.; DUARTE, Adriana Maria Cancella.; VIEIRA, Lívia Maria Fraga. *Dicionário:* trabalho, profissão e condição docente. Belo Horizonte: UFMG/Faculdade de Educação, 2010. CDROM.
[325] FANFANI, 2010, p. 3.
[326] FRANCO, Karla Oliveira; CALDERÓN, Adolgo Ignácio. O Simave à luz das três gerações de avaliação da educação básica. *Estudos em Avaliação Educacional*, São Paulo, v. 28, n. 67, p. 132-159, 2017.
[327] OLIVEIRA, 2019.
[328] FRANCO; CALDERÓN, 2017.
[329] FRANCO; CALDERON, 2017, p. 150-151.

sa,[330] respectivamente, como segunda e terceira geração de avaliação da educação básica em larga escala, e evidenciam a importância que vem assumindo no "delineamento das políticas educacionais" e "seu potencial de direcionar o *que, como* e *para que* ensinar".[331]

Nessa direção, Fanfani[332] explica que a pressão exercida por esses sistemas de avaliação estandardizados torna os seus resultados muito mais importantes que os processos ou os efeitos do trabalho da/do professora/professor sobre os alunos, o que acaba por transformar a construção social do ofício docente, pois esse contexto mobiliza vários segmentos, os quais disputam o controle desse trabalho.

Diante do exposto, verificamos como as pesquisas analisadas foram desenvolvidas e se esse cenário se revelou em cada uma delas. Ao analisarmos os dados sistematizados sobre a categoria administrativa, o local em que as pesquisas foram desenvolvidas e quem são os sujeitos participantes, percebemos que os estudos, de um modo geral, não fornecem dados que detalhem o seu contexto. Alguns indicam apenas o tipo de escola, outros, a cidade, outros ainda, a secretaria regional, um deles identifica apenas se tratar de instituição prisional, e outro, de egressos de um programa de formação ofertado por uma instituição.

É importante ressaltar que, mesmo que todos os estudos tenham contado com a participação de professoras/es da REE-MG, eles abrangeram, também, participantes de diferentes redes (municipal e/ou privada), professoras/es de diferentes níveis de ensino (ensino fundamental e/ou ensino médio), e combinaram diferentes sujeitos (gestoras/es, professoras/es desistentes do magistério, aposentadas/os, estudantes).

Verificamos também, nas pesquisas, que a seleção dos sujeitos se deu de acordo com diversos critérios, como o tempo de serviço (professoras/es iniciantes ou com dez anos de magistério), o tipo de contratação (efetivas/os) ou a área em que lecionam (matemática, química, história, artes e ciências biológicas).

---

[330] BONAMINO, Alicia; SOUSA, Sandra Zákia. Três gerações de avaliação da educação básica no Brasil: interfaces com o currículo da/na escola. *Educação e Pesquisa*, São Paulo, v. 38, n. 2, p. 373-388, jun. 2012.

[331] BONAMINO; SOUSA, 2012, p. 386.

[332] FANFANI, 2010.

Todos esses dados constatados indicam absoluta heterogeneidade entre os estudos. Além disso, levando em consideração o pressuposto de Claude Dubar[333] de que existem

> [...] dois eixos de identificação de uma pessoa considerada ator social, um eixo 'sincrônico', ligado a um contexto de ação e a uma definição de situação, em um dado espaço, culturalmente marcado, e um eixo 'diacrônico', ligado a uma trajetória subjetiva e a uma interpretação da história pessoal, socialmente construída.[334]

Assim, foi possível perceber que o eixo diacrônico — memória, infância, influências de outras/os colegas professoras/es, influência da família — foi muito considerado, e o eixo sincrônico, ou o *contexto da ação*, foi pouco considerado.

Em outras palavras, a diversidade de participantes, muitas/muitos delas/deles de diferentes redes de ensino em uma única pesquisa, desvela que o *contexto de ação* produzido, definido, marcado culturalmente por aspectos que caracterizam uma rede de ensino, principalmente, as políticas públicas que a organiza, não foi considerado na maioria desses estudos que pretendiam desvelar a constituição da identidade docente da/do professora/professor e/ou como se constitui como profissional. Assim, menosprezaram o alerta de Franco e Calderon[335] e Oliveira[336] sobre o controle do trabalho da/do docente da escola pública exercido pela NGP.

Além disso, se, para Fanfani,[337] as mudanças no cenário educacional colocam novas condições ao processo de construção da identidade, isto é, se há uma consequente influência das políticas públicas na constituição identitária dessas/desses profissionais, estudos sobre identidade docente necessitariam abordar, minuciosamente e de forma consistente, além de aspectos mais subjetivos, as condições objetivas determinadas pelas redes de ensino e pelas políticas educacionais que regem e orientam, de forma cada vez mais regulada, o trabalho das/dos professoras/es e o nível de autonomia pedagógica docente.

---

[333] DUBAR, Claude. *A Socialização:* construção das identidades sociais e profissionais. São Paulo: Martins Fontes, 2005.
[334] DUBAR, 2005, p. 20.
[335] FRANCO; CALDERÓN, 2017.
[336] OLIVEIRA, 2019.
[337] FANFANI, 2010.

Esses dados manifestam que há uma tendência nessas investigações de ignorar o contexto de trabalho em que a/o professora/professor se insere, principalmente, a rede de ensino à qual pertence. Tal observação, de certa forma, reverbera nos resultados analisados e expostos ao longo deste texto.

Marly André,[338] ao discutir a formação de professoras/es como um campo de estudos, explica que nele há um grande percentual de pesquisas caracterizadas como microestudos ou "[...] estudos de fenômenos muito localizados, envolvendo, em geral, tomada de depoimentos de um pequeno número de sujeitos e análises situadas", e que seria necessário "[...] dar um passo além, aprofundar as análises e interpretações, de modo que se possa gerar um conhecimento mais abrangente e consistente".[339]

A diversidade dos aspectos identificados em relação aos sujeitos, a ausência de detalhamento dos contextos, somada ao fato de que foram encontradas apenas 11 pesquisas sobre o tema *identidade docente* em um período de dez anos, levam-nos a depreender que esse diagnóstico da autora ainda não foi vencido.

10.2 PRINCIPAIS RESULTADOS E CONCLUSÕES DOS ESTUDOS

Seguindo a ordem estabelecida na organização da leitura das teses e dissertações analisadas, apresentamos os principais resultados e as principais conclusões dos estudos.

A pesquisa "O 'tornar-se o que se é' do professor de matemática e o espaço escolar",[340] fruto de uma dissertação de mestrado, teve como objetivo principal compreender a formação da/do professora/professor em suas vivências na escola. O estudo desvelou que, embora as/os participantes da pesquisa tenham estudado, se formado e trabalhem em um modelo de escola criado para produzir o homem moderno, cabendo a essas/esses profissionais a transmissão do conhecimento matemático, a escola, entendida como um espaço de múltiplas forças, está em constante movimento e oferece infinitas possibilidades, pois é um espaço de devir

---

[338] ANDRÉ, Marli. Formação de professores: a constituição de um campo de estudos. *Educação*, Porto Alegre, v. 33, n. 3, p. 174-181, set./dez. 2010.

[339] ANDRÉ, 2010, p. 180.

[340] MALVACCINI, Silvana Carello. *O "tornar-se o que se é" do professor de matemática e o espaço escolar.* 2008. Dissertação (Mestrado em Educação) – Programa de Pós-Graduação em Educação, Universidade Federal de Juiz de Fora, Juiz de Fora, 2008.

das/dos professoras/es e dos estudantes, concebida como espaço-tempo de produção de subjetividades. Nela, a/o professora/professor, além de se formar, se transforma, pois não é um sujeito acabado, cristalizado. Tal transformação ocorre na articulação com as coisas, a natureza e os outros, e acontece quando consegue afetar os alunos, em um encontro entre subjetividades. O que ocorre é um processo de autotransformação que implica na transformação no mundo e do mundo. Para o autor da pesquisa, a educação é concebida não como um processo civilizatório, mas como uma possibilidade de invenção de si e do mundo, e a escola é um espaço de possibilidades de produção de novos modos de existir.

A dissertação intitulada "A construção da identidade profissional do professor de matemática: o caso dos egressos do programa especial de formação pedagógica de docentes do CEFET-MG",[341] cujo objetivo central foi investigar como as/os professoras/es de matemática, antes formadas/os para exercer a engenharia, se apresentam em termos identitários, desvelou que essas/esses profissionais, embora não exerçam a profissão de engenheira/o, se apresentam profissionalmente e se reconhecem muito mais como engenheiras/os, por acreditarem que essa profissão tem maior reconhecimento social. O estudo, que partiu de uma comparação entre o tipo ideal de professora/professor de matemática e de engenheiras/os requalificadas/os, revelou que há um distanciamento entre esses dois tipos de profissionais, pois a maneira como a/o professora/professor/engenheira/engenheiro exerce o magistério e se relaciona com alunos e colegas demonstra importantes marcas de sua primeira profissão, o que interfere na forma como direciona a prática docente. A prática pedagógica da/do professora/professor/engenheira/engenheiro privilegia a aplicação prática da matemática em situações do cotidiano, as atividades são problematizadas e é constante a proposição de trabalhos coletivos, além de possuírem maior habilidade para relacionar os conteúdos estudados com situações práticas do dia a dia e serem mais afetivos com os estudantes. Assim, a investigação conclui que a reconstrução da identidade profissional está associada à trajetória de vida escolar, profissional, às relações de ordem social, política, histórica, cultural e econômica. Ademais, as expectativas para a inserção no mercado de trabalho, o exercício da profissão, o signi-

---

[341] PAZ, Mônica Lana da. *A construção da identidade profissional do professor de matemática:* o caso dos egressos do programa especial de formação pedagógica de docentes do CEFET-MG. 2008. Dissertação (Mestrado em Educação Tecnológica) – Programa de Pós-Graduação em Educação Tecnológica, Centro Federal de Educação Tecnológica de Minas Gerais, Belo Horizonte, 2008.

ficado social da profissão docente e os significados atribuídos pelas/pelos professoras/es pesquisadas/os ao trabalho realizado no cotidiano escolar são também referências na reconstrução de suas identidades profissionais.

Na sequência, a dissertação "O início da docência: vivências, saberes e conflitos de professores de química",[342] cujo objetivo principal foi analisar as vivências de três professoras de química em início de carreira, com menos de quatro anos de profissão, que lecionam ou lecionaram no ensino médio em escolas da rede pública estadual de ensino da cidade de Uberlândia/MG, e estudar os saberes e os conflitos que emergem dessas vivências, revelou não haver diferenças entre o processo de iniciação à docência de professoras/es de química e de outras áreas, portanto, que qualquer professora/professor em início da docência enfrenta dificuldades similares. A diferença observada relaciona-se às especificidades da prática das/dos professoras/es de química e o ensino de modelos abstratos que exigem maiores competências em relação ao conhecimento pedagógico do conteúdo, dada as dificuldades dos estudantes. De um modo geral, o estudo apontou para a necessidade de as escolas estabelecerem diálogo entre os pares e criarem espaços de reflexão para a formação docente, preparando as/os professoras/es para a realidade escolar e o processo de inserção a uma nova cultura. Ademais, considera necessário que os órgãos competentes promovam melhorias nas condições de trabalho, na valorização e na profissionalização docente, para que as/os professoras/es mais experientes se sintam mais motivadas/os e, por sua vez, colaborem com as/os iniciantes.

A tese intitulada "Identidades e consciência histórica de jovens estudantes e professores de história: um estudo em escolas do meio rural e urbano"[343] teve como objetivo principal analisar as relações entre a construção das identidades e a formação da consciência histórica de professoras/es de história e jovens estudantes do 9º ano do ensino fundamental em escolas do meio rural e urbano, dos municípios de Araguari, Uberlândia e Patos de Minas. Em relação ao local da pesquisa, o estudo constatou que os meios rurais e urbanos em que se encontram as escolas

---

[342] PENA, Graziele Borges de Oliveira. *O início da docência:* vivências, saberes e conflitos de professores de química. 2010. Dissertação (Mestrado em Química) – Programa de Pós-Graduação em Química, Universidade Federal de Uberlândia, Uberlândia, 2010.

[343] SILVA JÚNIOR, Astrogildo Fernandes da. *Identidades e consciência histórica de jovens estudantes e professores de história:* um estudo em escolas no meio rural e urbano. 2012. Tese (Doutorado em Educação) – Programa de Pós-Graduação em Educação, Universidade Federal de Uberlândia, Uberlândia, 2012.

possuem algumas particularidades similares a outras regiões do país e formam um cenário complexo, marcado por mudanças e permanências. Atinente aos jovens participantes da pesquisa, a investigação indica que são plurais, amam, sofrem, divertem-se, pensam sobre suas condições e experiências de vida, posicionando-se diante delas, além de possuírem desejos e propostas de mudanças em suas condições de vida. Acreditam na escola e nas/nos professoras/es e, embora sejam críticos em relação à escola, atribuem um sentido positivo para a história.

Sobre as/os professoras/es, a investigação revela que expressam e reconstroem suas histórias de vida pessoal e profissional, formando-se e transformando suas identidades nos diferentes territórios em que atuam — rurais e urbanos. O estudo constatou que o lugar da experiência de vida dos sujeitos marca profundamente a construção de suas identidades e sua consciência histórica. Logo, as/os professoras/es participantes da pesquisa, imersas/os em uma sociedade, formam suas identidades na relação que estabelecem com elementos da cultura como família, religião, instituições educativas e produzem sua identificação, que também está carregada de significados simbólicos, de valores recebidos e reelaborados, tornando-se o que são em relação com o mundo. Nessa direção, esses aspectos marcam a consciência histórica das/dos professoras/es e a maneira como ensinam a história. Embora essas/esses profissionais tenham revelado o desejo de contribuir com a formação crítica dos estudantes, os limites das condições de trabalho na escola pública e os currículos prescritos as/os levam a uma prática pedagógica desenvolvida na perspectiva tradicional do ensino de história, apresentando apenas alguns indícios de um ensino que enfatiza o papel formador da consciência histórico-crítica.

A tese intitulada "A permanência e o abandono da profissão docente entre professores de matemática"[344] possui como objetivo central investigar a permanência e o abandono da docência em matemática, sob a perspectiva da construção identitária dos sujeitos. Os resultados do estudo revelaram que existem dois subcontextos particulares do trabalho docente: o *institucional*, caracterizado pela força da instituição, e o *discursivo*, que evidencia como os sujeitos se reconhecem e acreditam serem reconhecidos na instituição e como interagem com os outros. Revelaram, ainda, que a construção de uma identidade institucional foi essencial para a escolha

---

[344] PAZ, Mônica Lana da. *A permanência e o abandono da profissão docente entre professores de matemática*. 2013. Tese (Doutorado em Educação) – Faculdade de Educação, Universidade Federal de Minas Gerais, Belo Horizonte, 2013.

das/dos professoras/es pela docência (tanto para as/os que não desistiram como para as/os que desistiram). Além disso, apresentaram que a identidade institucional exerce forte influência na permanência dessas/desses profissionais na docência, sustentada pelos seguintes fatores: vocação profissional, dificuldade de idealizar novas perspectivas profissionais, conquista de uma posição profissional, garantia de estabilidade empregatícia e obtenção de uma atividade rentável.

Finalmente, a pesquisa produziu dados que atestam que os principais motivos que levam as/os professoras/es a desistirem da docência são as tensões vivenciadas por elas/eles entre a identidade institucional e a identidade discursiva, isto é, a existência de conflitos entre as condições de trabalho que sustentavam as identidades institucionais dessas/desses ex-professoras/es com a prática profissional que elas/eles desejavam exercer, além dos processos vividos de falta de reconhecimento e valorização do trabalho desenvolvido. O estudo ainda afirma que o abandono da profissão poderia ser evitado se houvesse não só o reconhecimento dessas/desses profissionais pela escola e pelos alunos, mas também um reconhecimento social e dos governantes na elaboração de políticas públicas que valorizem o trabalho da/do professora/professor, com a oferta de melhores salários, condições de trabalho e organização do sistema educacional.

Outra pesquisa de mestrado, intitulada "Vozes normalizadoras presentes no processo de identificação profissional de professores de química do ensino médio em início de carreira",[345] objetivou compreender as identidades profissionais docentes e os processos de sua constituição a partir das vozes normalizadoras presentes nos enunciados de professoras/es de química do ensino médio em início de carreira. Os resultados foram pautados na existência de *marcadores identitários* desvelados a partir de uma diversidade de vozes normalizadoras que influenciam o processo de identificação profissional. Dessa forma, o estudo concluiu que as identidades profissionais são constituídas a partir de uma articulação das/dos professoras/es com essas vozes normalizadoras com as quais estabelecem relações durante experiências escolares anteriores à graduação (no processo de escolarização, com o pai e com a mãe), no processo de formação inicial (Pibid, estágio, conteúdos básicos, professoras/es formadoras/es)

---

[345] JANERINE, Aline. S. *Vozes normalizadoras presentes no processo de identificação profissional de professores de Química do Ensino Médio em início de carreira*. 2013. Dissertação (Mestrado em Educação) – Departamento de Ciências da Educação, Universidade Federal de São João del-Rei, São João del-Rei, 2013.

e nas situações de trabalho já como profissional (colegas professoras/es, alunos, direção).

A dissertação de mestrado intitulada "Processos identitários docentes: adesão e desistência"[346] buscou analisar as tensas e contraditórias adesões e desistências profissionais que se articulam com diferentes modos de docentes da educação básica pública pensarem e viverem a docência. Os resultados indicam que existe um "intrigante paradoxo" entre o bem-estar e o mal-estar profissional revelado pelas experiências de trabalho marcadas, por um lado, pelo adoecimento, pela desvalorização profissional, pela angústia, pelo abandono e, por outro, por sentimentos de prazer, realização e construção de si. Ademais, as/os professoras/es investigadas/os destacam, em suas trajetórias, que o envolvimento com a docência se relaciona diretamente à forma como veem o magistério, a infância, a família, a escola e outras instituições ligadas à sua história de vida.

Além disso, a investigação ressaltou que um dos aspectos levantados em todas as situações de desistência das/dos professoras/es é a existência de uma instituição escolar que não vai ao encontro das necessidades dos alunos e das/dos professoras/es, impondo limitações para a realização de projetos e para a construção de uma prática escolar significativa. Para o autor da pesquisa, no discurso das/dos professoras/es sobre os limites impostos pela escola e pelo sistema escolar, existem, implicitamente, uma forte crítica ao capitalismo e uma denúncia às desigualdades sociais materializadas nas condições sociais de miséria e abandono social em que vive grande parte dos alunos. A pesquisa indica outro paradoxo: uma maior adesão à profissão de professoras vinculadas à rede estadual, que possuem salários mais baixos e condições de trabalho mais precárias. Os fatores que colaboram com essa adesão, segundo as professoras, são: as escolas estaduais estão mais próximas do modelo de escola em que foram formadas, o modelo da pedagogia tradicional e, por isso, é uma escola mais respeitada e permite que trabalhem mais próximas do que acreditam; há uma maior continuidade nas políticas educacionais da rede pública estadual. Assim, o estudo conclui que o principal resultado da pesquisa é o paradoxo que se situa na *condição docente* atualmente, pois fatores que impulsionam o mal-estar para algumas/alguns em determinado momento podem ser geradores de bem-estar para outras/outros em momento distinto, o que

---

[346] MEIRA, Camila Jardim. *Processos identitários docentes:* adesão e desistência. Porto Alegre: Simplíssimo Livros, 2023.

demarca que o campo de possibilidades da/do professora/professor e o lugar que o magistério ocupa no seu projeto existencial são responsáveis pelas representações positivas ou negativas da docência.

    Resultado de uma dissertação de mestrado, a próxima pesquisa, intitulada "Experiências (auto) formativas na narração da história de vida de duas professoras: caminhos do ser-fazer docente",[347] objetivou discutir as experiências presentes na narrativa das histórias de vida de duas mulheres, bem como os caminhos que percorreram no sentido da (auto) formação e do ser professora ao longo da vida. Os resultados alcançados, por meio das histórias de vida das duas professoras, indicaram diferenciais nos seus processos de autoformação, embora tenha sido observada uma constante na busca por novas experiências e mudanças. Tais processos estão relacionados à construção das práticas pedagógicas e à disposição nas relações com o conhecimento. O trabalho ainda constatou que as experiências com diferentes vivências culturais, teatrais e artísticas, as relações paternas e a trajetória de educação institucional foram fatores na constituição da identidade docente dessas professoras. O estudo concluiu que cada uma tem sua identidade criada à semelhança de uma obra de arte, que está em constante construção, fruto do presente, do passado e do futuro, sendo resultados provisórios e instáveis de processos individuais e coletivos, subjetivos e objetivos.

    A tese de doutorado "Ser professor na contemporaneidade: tensão entre o particular e o coletivo",[348] por sua vez, intencionou analisar os dizeres de professoras/es, a fim de verificar quais são os seus modos de subjetivação diante da configuração da sociedade atual. O estudo ressalta que, mesmo que os discursos da educação atuais estejam pautados na pós-modernidade, a subjetividade das/dos professoras/es investigadas/os é constituída por aspectos sociais e históricos da modernidade, persistindo, assim, a tradição na forma como elas/eles lidam com a profissão e como desenvolvem a docência. As representações de ser professora/professor na contemporaneidade revelam, por um lado, o ser professora/professor, o aluno, a escolha profissional, aspectos que atravessam o imaginário e

---

[347] CAMPOS, Thalita Rodrigues Ferreira. *Experiências (auto)formativas na narração da história de vida de duas professoras:* caminhos do ser-fazer docente. 2016. Dissertação (Mestrado em Educação) – Departamento de Ciências da Educação, Universidade Federal de São João del-Rei, São João del-Rei, 2016.

[348] SILVEIRA, Herminia Maria Martins Lima. *Ser professor na contemporaneidade*: tensão entre o particular e o coletivo. 2017. Tese (Doutorado em Linguística do Texto e do Discurso) – Faculdade de Letras, Universidade Federal de Minas Gerais, Belo Horizonte, 2017.

deixam marcas na constituição da subjetividade dessa/desse profissional; e, por outro lado, revelam a desvalorização social e financeira, o caráter vocacional da profissão, a violência vivenciada nas escolas, a perda de autoridade docente, o desinteresse dos alunos e o excesso de discursos de políticas pedagógicas. Há um discurso recorrente de vitimização em relação ao sistema educacional, pois o trabalho docente é sempre questionado, porém, a/o professora/professor se responsabiliza pela prática em sala de aula e se identifica como sendo parte de um sistema. Também narra que fica incomodada/o com o excesso de modelos de práticas pedagógicas em nome de um ideal de educação em que o novo é sempre melhor e a crítica ao tradicional é intensificada. Mesmo assim, a impossibilidade de desenvolver as práticas pedagógicas como gostaria contribui para que não se sinta paralisada/o diante das incertezas e das implicações dos seus atos. A pesquisa concluiu que as determinações sociais (macroestrutura e microestrutura social) produzem diferentes maneiras da/do professora/professor representar a realidade e enfrentar suas condições de trabalho, sem deixar de considerar que essa produção não é linear, mas sempre singular e de cada sujeito.

O próximo estudo, uma dissertação de mestrado intitulada "Ser professora: vivências e significados nas narrativas de uma docente leiga aposentada",[349] teve como objetivo geral compreender os significados da experiência de ser professora nas narrativas da história de vida de uma professora leiga aposentada. A pesquisa baseou-se na concepção de identidade docente como uma construção ao longo da carreira, traçada nos diferentes ambientes e nas relações e marcada por valores e vivências pessoais de cada profissional. Dos dados, surgiram três dimensões, relevadas a partir do *arco hermenêutico*, que retratam os sentidos da experiência de ser professora: a) *dimensão dos sentimentos* — gratidão aos pais; saudades dos tempos de aluna e professora; carinho pelos alunos e orgulho da profissão; b) *dimensão do cuidado* — proximidade da profissão com a maternidade baseada na ideia de cuidar, zelar, respeitar e se dedicar aos alunos; c) *dimensão ser-com-o-outro* — docência que ocorre a partir das relações com o outro, com pais, colegas, comunidade.

Finalmente, o último estudo é a dissertação "Processo de constituição da identidade profissional de professores da educação escolar de uma

---

[349] PEREIRA, Aparecida Angélica. *Ser professora*: vivências e significados nas narrativas de uma docente leiga aposentada. 2017. Dissertação (Mestrado em Educação) – Departamento de Ciências da Educação, Universidade Federal de São João del-Rei, São João del-Rei, 2017.

unidade prisional de Minas Gerais",[350] cujo objetivo geral foi investigar se a experiência de ministrar aulas para alunos em privação de liberdade, no cenário da educação escolar de uma instituição prisional do estado de Minas Gerais, pode influenciar o processo de constituição da identidade profissional docente. A investigação revelou que as especificidades institucionais, sociais, morais e éticas encontradas nas unidades prisionais podem gerar transformações significativas na identidade profissional das professoras que ali trabalham, principalmente porque essas especificidades ultrapassam os desafios da educação exercida em instituições escolares. Segundo o estudo, foram reveladas três temas que colaboram para o processo de constituição da identidade das professoras participantes: *a) relação professor/aluno* — a relação direta entre o aluno em privação de liberdade e a professora influencia a forma como esta constitui sua autoimagem, autoestima e realização profissional; *b) identidade para o outro e sentimento de incompreensão* — existe um sentimento de desvalorização e marginalização pela representação social da mídia e da sociedade que desconhece o trabalho docente desenvolvido em escolas de unidades prisionais; *c) especificidades do perfil docente* — as especificidades institucionais que afetam a prática docente exercida nas unidades prisionais podem imprimir qualidades e experiências na identidade profissional docente que não são observadas em outras instituições escolares, fazendo com que essas/esses docentes adquiram características e modos próprios de lecionarem na educação de jovens e adultos.

A síntese realizada com os principais resultados e com as principais conclusões das 11 pesquisas analisadas caracteriza, como já havíamos anunciado anteriormente, a heterogeneidade na forma como o tema identidade docente vem sendo concebido, problematizado e interpretado no campo da pesquisa sobre a formação de professoras/es e da educação.

No entendimento de Garcia, Hypolito e Vieira:[351]

> As possibilidades de investigação das identidades docentes são múltiplas, dada a imensa variedade das condições de formação e atuação profissional desses sujeitos, a diversidade de artefatos culturais e discursivos envolvidos na

---

[350] DUARTE, Alisson José Oliveira. *Processo de constituição da identidade profissional de professores da educação escolar de uma unidade prisional de Minas Gerais.* 2017. Dissertação (Mestrado em Educação) – Programa de Pós-Graduação em Educação, Universidade Federal do Triângulo Mineiro, Uberaba, 2017.

[351] GARCIA, Maria M. A.; HYPOLITO, Álvaro M.; VIEIRA, Jarbas S. As identidades docentes como fabricação da docência. *Educação e Pesquisa*, São Paulo, v. 31, n. 1, p. 45-56, jan./abr. 2005.

produção dessas identidades e a complexidade dos fatores que interagem nos processos de identificação dos docentes com o seu trabalho.[352]

Notamos, portanto, com a síntese dos resultados e das conclusões, uma significativa variação na maneira de abordar a identidade docente nessas pesquisas, o que é corroborado pela análise, embora sumária, que expomos na sequência.

10.3 PRINCIPAIS TEMÁTICAS DAS PESQUISAS E RESPECTIVOS REFERENCIAIS TEÓRICOS

Embora a maioria das teses e dissertações analisadas foque principalmente na identidade docente, nem todos os estudos se fundamentaram em autoras/es que têm influenciado, na última década, as pesquisas brasileiras sobre essa temática.

Faria e Souza,[353] ao desenvolverem um estudo sobre o conceito de identidade "[...] em suas diferentes significações teóricas e a contribuição de diferentes teóricos na discussão e construção dos significados desse conceito",[354] destacaram as contribuições de Antonio da Costa Ciampa, Claude Dubar, Zygmunt Bauman e Stuart Hall. Esses autores foram reconhecidos como referencial teórico em boa parte das pesquisas analisadas. Também encontramos autores do campo da formação de professores, como António Nóvoa, José Carlos Morgado e Antonio Bolívar e suas contribuições sobre o conceito de identidade profissional docente.

É importante salientar que a maioria das/dos autoras/es encontradas/os nos estudos não trata de identidade docente, mas serve de aporte, a partir de suas investigações sobre identidade e/ou identidade profissional, às pesquisas que discutem e aprofundam debates sobre a construção da identidade profissional docente.

A maioria dos trabalhos apresentou discussões bastante consistentes sobre identidade profissional/identidade docente, abordando diversas teorias defendidas por diferentes pesquisadoras/es, inclusive, aproximando-as/os, mas sem considerar que são de campos epistemo-

---

[352] GARCIA, HYPOLITO; VIEIRA, 2005, p. 54.
[353] FARIA, Ederson.; SOUZA, Vera Lúcia Trevisan de. Sobre o conceito de identidade: apropriações em estudos sobre formação de professores. *Revista Semestral da Associação Brasileira de Psicologia Escolar e Educacional*, São Paulo, v. 15, n. 1, p. 35-42, jan./jun. 2011.
[354] FARIA; SOUZA, 2011, p. 41.

lógicos antagônicos, como Claude Dubar e Zygmunt Bauman. Porém, ao analisarmos cada um, notamos que muitos não expressam com clareza a opção teórica que sustenta a análise dos dados produzidos, deixando uma lacuna entre o objetivo do estudo, o seu referencial teórico e os resultados alcançados, o que acaba por refletir a fragilidade teórico-metodológica dessas investigações acadêmicas.

Foram encontrados, também, autores que, especificamente, discutem a construção da identidade da/do professora/professor de áreas específicas, como Dario Fiorentini, da área de matemática.

Diniz-Pereira[355], há uma década, afirmou que, entre as pesquisas sobre formação de professoras/es, eram poucas aquelas relacionadas à questão da identidade docente, e ressaltou que "[...] a diversidade de perspectivas teóricas sob as quais essa questão é abordada sugere uma tímida articulação entre os pesquisadores e certa fluidez no campo"[356]. Perante o que apresentamos até aqui sobre os estudos examinados, essa assertiva do autor continua atual. Na mesma direção, Faria e Souza[357] reconhecem "[...] que o conceito de identidade sofre de certa dispersão semântica, permanecendo como desafio a todos os campos de conhecimento que se propõem a investigá-lo".[358]

Nesse sentido, ao classificarmos as temáticas que circunscreveram as investigações analisadas, entrelaçando-se com o tema identidade docente, encontramos aquelas relacionadas ao *trabalho docente* como *profissionalização, profissionalidade*; à *proletarização e intensificação do trabalho*; à *atratividade*; às *condições de trabalho e de saúde do professor*, entre outras. Também localizamos aquelas relacionadas à *formação: saberes da experiência*; à *experiência*; aos *saberes docentes*; à *afetividade e atividade docente*; ao *conhecimento matemático*, entre outras.

Ainda foram encontradas, em algumas pesquisas, correlações entre *saberes docentes, saberes da experiência* e *experiência* e a constituição da identidade docente, o que se revela no elevado número de citações das obras de Maurice Tardif, seguidas pelas de Jorge Larossa Bondía, que é referência reconhecida quando se trata de discutir a *experiência docente*.

---

[355] DINIZ-PEREIRA, Júlio Emílio. A construção do campo da pesquisa sobre formação de professores. *Revista da FAEEBA* – Educação e Contemporaneidade, Salvador, v. 22, n. 40, p. 145-154, 2013.
[356] DINIZ-PEREIRA, 2013, p. 149.
[357] FARIA; SOUZA, 2011.
[358] FARIA; SOUZA, 2011, p. 42.

Torna-se fundamental ressaltar que essas temáticas não são comuns a todos os trabalhos, pelo contrário, a maioria delas foi encontrada em uma única investigação. Tais temáticas se alinham, principalmente, ao objeto investigado e ao tipo de professora ou professor que participou da investigação, por exemplo, professora/professor iniciante, professora/professor de matemática.

Com a diversidade e fragmentação dos temas abordados, notamos, por exemplo, a frágil correlação estabelecida entre a identidade docente e a categoria trabalho docente e/ou condições de trabalho. Destacamos esses dois temas por julgarmos serem portadores de aspectos que poderiam nos dar melhores indicativos sobre o que é ser professora/professor da REE-MG, sobre a constituição identitária dessas/desses profissionais que cotidianamente convivem com o modelo de gestão adotado pelas/pelos gestoras/es públicas/os nos últimos 20 anos e que, de acordo com Fanfani, Franco e Calderon e Oliveira,[359] afetam o trabalho docente e, como consequência, transformam o sentido do ofício docente.

Importante também ressaltar que somente dois estudos apresentaram dados e discussões sobre as políticas educacionais vigentes no estado de Minas Gerais e sua relação com o processo de constituição da identidade das/dos docentes, assim como ambos problematizaram o abandono da profissão.

Se analisarmos as temáticas abordadas em seu conjunto, observaremos algumas aproximações que podem ser estabelecidas com o conceito de *condição docente*. A professora e pesquisadora Inês Assunção de Castro Teixeira[360] nos lembra de que é preciso observar a *condição docente* em sua historicidade, "[...] (re)conhecendo-a em suas manifestações concretas, pois a relação que a constitui vai tomando diversas figurações em sua realização, fazendo-se e desfazendo-se em possibilidades diversas, conforme os contextos, elementos e sujeitos que a constituem".[361]

Nesse sentido, as teses e dissertações que problematizam a identidade docente incluem em suas discussões temáticas a intensificação do trabalho docente, o agravamento da saúde das/dos professoras/es e a baixa atratividade da profissão, seus processos formativos, seu ingresso na car-

---

[359] FANFANI, 2010; FRANCO; CALDERÓN, 2017; OLIVEIRA, 2019.
[360] TEIXEIRA, Inês Assunção de Castro. Da condição docente: primeiras aproximações teóricas. *Educação e Sociedade*, Campinas, v. 28, n. 99, p. 426-443, ago. 2007.
[361] TEIXEIRA, 2007, p. 434.

reira, entre outras manifestações que delineiam o cenário contemporâneo brasileiro sobre o ofício docente e, portanto, retratam a *condição docente* atual, demarcada pelo sofrimento, pelo mal-estar, pela desmotivação, pela perda de sentido sobre a profissão.

Tais manifestações poderiam ser interpretadas conforme os *contextos*, os *elementos* e os *sujeitos*, bases que constituem a *condição docente* a partir da definição de Teixeira[362]. No entanto, não é com esse nível de complexidade que os estudos aqui analisados a abordaram, correlacionando-a com a constituição da identidade docente.

10.4 MÉTODO, INSTRUMENTOS E ANÁLISE DE DADOS

As teses e dissertações analisadas, em sua totalidade, assentam-se nos pressupostos da abordagem qualitativa. As/os autoras/es mais citados para justificar tal abordagem foram Robert Bogdan e Sare Biklen, Marli André e Menga Lüdke.

Destacamos três pesquisas, duas dissertações e uma tese que expõem o uso do método autobiográfico, e apenas duas delas indicam o pressuposto epistemológico que o sustenta.

Notamos que, nesses três estudos, o desafio de desenvolver o método autobiográfico, mantendo a coerência teórico-metodológica exigida, ainda não foi vencido, pois eles apresentam lacunas, principalmente no enfrentamento da polissemia existente entre termos como: história de vida, história oral, entrevistas autobiográficas, entrevistas biográficas, entrevistas orais, depoimentos orais e investigação narrativa.

Em relação às demais pesquisas, o instrumento mais utilizado para a produção dos dados foi a entrevista, sendo que a maioria das teses e dissertações utilizou instrumentos combinados, como questionários e entrevistas; observação, história oral e entrevistas semiestruturadas; entrevista semiestruturada com caráter autobiográfico, observação participante e análise documental.

Embora a maioria dos instrumentos utilizados seja adequada aos objetivos de cada uma das pesquisas, observamos que a combinação de dois ou mais instrumentos para a produção de dados não se refletiu na análise e interpretação, prevalecendo aqueles gerados somente por meio das entrevistas.

---

[362] TEIXEIRA, 2007.

Em relação ao método de análise dos dados produzidos, encontramos apenas algumas indicações: *categorias descritivas; análise do discurso; teorias do discurso; análise de conteúdo; análise compreensivo-interpretativa; técnica de triangulação* e *enfoque narrativo*. Também encontramos o uso do *software Statistical Package for Social Sciences* (SPSS), para a consolidação dos dados de questionários.

Diante do que foi analisado até este ponto, podemos afirmar que as teses e dissertações que compõem esta parte do estudo do tipo estado do conhecimento apresentam muitas fragilidades na apresentação dos métodos empregados, nas justificativas que legitimam os instrumentos utilizados e, principalmente, no anúncio da forma como os dados produzidos foram analisados, o que compromete o rigor teórico-metodológico necessário para o desenvolvimento de qualquer pesquisa e para a produção do conhecimento sobre o tema abordado.

10.5 OS ELEMENTOS CONSTITUTIVOS DA IDENTIDADE PROFISSIONAL DOCENTE, SEGUNDO AS PESQUISAS

De um modo geral, os estudos apresentaram em comum a ideia de que as/os professoras/es são sujeitos com enorme potencial de transformação, que se mostra a partir de sua relação com o meio, com a sociedade, com a escola, com a comunidade, com seus alunos, mas que pode se limitar ou se readequar devido a condições de trabalho precárias, que exercem controle sobre a prática docente.

Em consonância com as pesquisas analisadas, são elementos constitutivos da identidade profissional docente experiências culturais, experiências anteriores vividas com a família, com a religião, durante os processos de escolarização e de formação inicial, notadamente, aquelas que possuem significados simbólicos em suas trajetórias de vida. Em outras palavras, a experiência de vida dos sujeitos marca demasiadamente a construção de sua identidade profissional docente, que também conta com os valores adquiridos e reelaborados nessas trajetórias.

Outro elemento constitutivo da identidade profissional docente são os discursos do outro (mídia, pais, comunidade, família, gestor público) que revelam o significado social dessa profissão, a desvalorização social e financeira, a falta de reconhecimento e o caráter vocacional docente, entre outros aspectos.

Embora considerado somente em duas pesquisas, outro elemento constitutivo importante de ser destacado é o território em que a/o professora/professor trabalha. O trabalho que levou em consideração escolas localizadas na zona rural e urbana destaca que esses lugares guardam particularidades e formam um cenário complexo marcado por mudanças e permanências que incidem sobre a identidade da/do professora/professor. O estudo que investigou professoras/es que trabalhavam em unidades prisionais constatou que as especificidades sociais, morais e éticas próprias dessa instituição podem gerar transformações significativas na identidade profissional docente, principalmente, porque esse lugar impõe desafios que transcendem aqueles encontrados nas escolas.

Outro elemento constitutivo da identidade profissional docente são as situações de trabalho. Por um lado, a escola, por ser um ambiente fecundo de possibilidades, pode estimular a constituição identitária da/do professora/professor e, por conseguinte, oferecer forte influência na permanência dessa/desse profissional no magistério, gerando sentimentos de prazer e realização profissional. Por outro lado, as condições precárias de trabalho, os processos de desvalorização da profissão e o adoecimento podem afastar essa/esse professora/professor, levando-a/o a desistir da profissão. As relações estabelecidas, nas situações de trabalho, entre a/o professora/professor e os pais, a comunidade, seus pares e a direção escolar também podem estimular ou retrair a constituição identitária docente.

Assim, os estudos analisados demarcam que a identidade profissional docente é um processo em constante construção e reconstrução, determinante e determinado por experiências passadas e pela realidade presente, pelos discursos do outro, pelas características do território do trabalho, pelas situações de trabalho e pelas condições que o circundam, um processo subjetivo individual e, ao mesmo tempo, coletivo, marcado pela historicidade e pela conjuntura política e social.

Como anunciado anteriormente, somente dois trabalhos estabeleceram uma relação direta entre o processo de constituição identitária e as condições de trabalho da/do professora/professor decorrentes da organização das políticas educacionais da REE-MG, e ambos apresentam como foco a desistência da profissão. Nessa direção, esses estudos revelaram que as determinações sociais fazem com que as/os professoras/es criem diferentes maneiras de representar a realidade e enfrentar suas condições de trabalho. Nesse caso, ao mesmo tempo que reconhecem a responsabilidade pela prática em sala de aula e se identificam como sendo parte de um sistema, em meio a um questionamento constante de seu trabalho, incomodam-se com os modelos prescritivos que partem de um ideal de educação que é sempre melhor que o que desenvolvem cotidianamente e as/os impossibilitam de desenvolverem as práticas pedagógicas desejadas, assim como de colocar em ação seus projetos pessoais. Algumas/alguns declararam que as condições de trabalho e os currículos prescritos as/os impedem de desenvolver práticas mais críticas, levando-as/os a adotar práticas mais tradicionais.

Na direção contrária, um dos estudos evidenciou que a prescrição constante acaba por intensificar a crítica às práticas tradicionais, o que também gera incomodo nas/nos professoras/es vinculadas/os à rede estadual e possuidoras/es de uma maior adesão à profissão, mesmo com salários mais baixos e condições de trabalho mais precárias.

Embora tenha sido encontrado em apenas dois estudos, esse paradoxo nos alerta para o fato de que não podemos estabelecer uma relação linear entre as precárias condições de trabalho e a constituição identitária docente sem considerar as representações que as/os professoras/es possuem sobre a docência, resultado de suas trajetórias pessoais, de escolarização e de formação e de como representam a realidade.

É importante ressaltar, mais uma vez, que as condições de trabalho decorrentes das políticas públicas educacionais da REE-MG foram desconsideradas na maioria das pesquisas investigadas, embora todas elas tenham selecionado professoras/es dessa rede, o que nos faz concluir que os estudos sobre identidade profissional docente investigam aspectos que incidem na subjetividade dos sujeitos, muito mais na ordem do pessoal do que do coletivo, muito mais na ordem do discurso do que das condições materiais de existência profissional. Parece-nos que há uma cisão preocupante entre a subjetividade do sujeito e suas condições concretas de existência.

Vale ressaltar a inexistência, no conjunto dos trabalhos, de pesquisas sobre identidade docente que problematizassem as identidades culturais, étnico-raciais e de gênero, temáticas que, conforme advertem Diniz-Pereira e Fonseca,[363] ganharam relevância nas últimas décadas. A afirmação do autor, feita há mais de vinte anos, torna essa ausência ainda mais preocupante.

---

[363] DINIZ-PEREIRA, Júlio Emílio; FONSECA, Maria da Conceição Ferreira Reis. Identidade Docente e Formação de Educadores de Jovens e Adultos. *Educação & Realidade*, [s. l.], v. 26, n. 2, p. 51-73, jul./dez. 2001.

Ademais, com a conclusão da análise sobre as pesquisas que tinham como foco a identidade docente, evidenciou-se inequívoca a relação entre a *condição docente* e a constituição identitária profissional docente, o que nos leva a afirmar que os estudos sobre identidade profissional docente precisariam problematizar mais e melhor as peculiares relações que constituem a *condição docente*.

CONSIDERAÇÕES FINAIS

Diante do exposto, temos pouco a afirmar sobre a *condição docente* das/dos professoras/es da REE-MG. No entanto, tecemos algumas considerações, a partir de um esforço para encontrar aspectos comuns entre os resultados dos estudos e sua relação com essa condição dessas/desses profissionais.

Se, de acordo com Fanfani, a *condição docente* é um *estado do processo de constituição social do ofício docente*, a *condição docente* das/dos professoras/es da REE-MG se caracteriza por diversos elementos, de diferentes naturezas. Um deles refere-se às condições precárias de trabalho assinaladas nas investigações, assim como aos currículos prescritivos que reverberam nas práticas pedagógicas e no trabalho da/do professora/professor (seja de forma crítica, seja de forma tradicional), demarcando essa condição no campo da materialidade do trabalho. Em outras palavras, o controle e a prescrição, pela gestão educacional do estado, das práticas exercidas levam as/os docentes a reafirmarem práticas tradicionais ou as/os inibem no desenvolvimento de práticas mais críticas. No entanto, há outros fatores a serem considerados.

Fanfani explica que:

> A docência existe como realidade objetiva (pessoas que ganham sua vida ensinando em instituições escolares oficiais ou reconhecidas pelo Estado). Pode-se estudar suas características tais como gênero, idade, antiguidade, títulos que possuem, estado civil, renda, bens que possuem etc. Mas, além de possuírem esses atributos, existem também como sujeitos capazes de dar um significado ao que são e ao que fazem. Por isso, quando se quer estudar a "condição docente", deve-se incluir, no objeto, também, certas dimensões de sua subjetividade, tais como as percepções, representações, valorações, opiniões, expectativas etc.[364]

---

[364] FANFANI, 2010, p. 1.

À vista disso, outros elementos caracterizam a *condição docente* das/dos professoras/es da REE-MG. O discurso de desvalorização, de marginalização, de culpabilização das/dos professoras/es e da falta de reconhecimento de seu trabalho, muito presente nas pesquisas analisadas, circunscrevem essa condição, pois elas/eles subsidiam, de um modo geral, a representação social dessa profissão tanto das/dos próprias/os professoras/es como da sociedade. As representações pessoais que as/os professoras/es possuem sobre a docência, por sua vez, que ora exacerba as qualidades voltadas para o cuidar (vocação), ora demarca o sentido crítico da educação escolar (profissão), também denotam a *condição docente*, pois tensionam o que é ser docente na atualidade. Por fim, sentimentos de prazer e de satisfação (que reafirmam a escolha profissional), alinhados a sentimentos de angústia, abandono, desgaste funcional e consequente adoecimento (que geram o abandono da profissão), constituem essa condição, pois são antagônicos, produzidos pela própria realidade da rede estadual e da escola, vividos em alternância pelas/pelos professoras/es.

Portanto, a *condição docente* das/dos professoras/es da REE-MG não pode se confundir com nem se limitar às condições de trabalho precárias a que vêm sendo submetidas/os desde os anos 2000, dada a pluralidade de elementos apresentados que a caracterizam.

Diante do que foi exposto, parece-nos que há elementos pouco tratados nas pesquisas em geral que caracterizam a *condição docente*, principalmente, a relação entre a representação da/do professora/professor sobre sua própria profissão e a forma como os discursos e as políticas educacionais atuais reverberam em suas práticas. Talvez, essa constatação possa servir de orientação para futuras pesquisas no campo da formação de professoras/es, relacionadas à constituição da identidade profissional desses sujeitos, visto que oferece um caminho pouco explorado nas investigações acadêmicas desenvolvidas no Brasil e analisadas neste capítulo.

REFERÊNCIAS

ANDRÉ, Marli. Formação de professores: a constituição de um campo de estudos. *Educação*, Porto Alegre, v. 33, n. 3, p. 174-181, set./dez. 2010.

BILLIG, Elena Maria; FREITAS, Diana Paula Salomão. Formação acadêmico-profissional de professores(as). *Formação Docente* – Revista Brasileira de Pesquisa sobre Formação de Professores, Brasília, v. 11, n. 20, p. 195-200, jan./abr. 2019.

BONAMINO, Alicia.; SOUSA, Sandra Zákia. Três gerações de avaliação da educação básica no Brasil: interfaces com o currículo da/na escola. *Educação e Pesquisa*, São Paulo, v. 38, n. 2, p. 373-388, jun. 2012.

BRASIL. Cadastro Nacional de Cursos e Instituições de Educação Superior – Cadastro e-MEC. *e-MEC*, [s. l, 2024]. Disponível em: https://emec.mec.gov.br/. Acesso em: 15 jul. 2024.

CAMPOS, Thalita Rodrigues Ferreira. *Experiências (auto)formativas na narração da história de vida de duas professoras:* caminhos do ser-fazer docente. 2016. Dissertação (Mestrado em Educação) – Departamento de Ciências da Educação, Universidade Federal de São João del-Rei, São João del-Rei, 2016.

DINIZ-PEREIRA, Júlio Emílio. A construção do campo da pesquisa sobre formação de professores. *Revista da FAEEBA* – Educação e Contemporaneidade, Salvador, v. 22, n. 40, p. 145-154, 2013.

DINIZ-PEREIRA, Júlio Emílio.; FONSECA, Maria da Conceição Ferreira Reis. Identidade Docente e Formação de Educadores de Jovens e Adultos. *Educação & Realidade*, [s. l.], v. 26, n. 2, p. 51-73, jul./dez. 2001.

DUARTE, Alisson José Oliveira. *Processo de constituição da identidade profissional de professores da educação escolar de uma unidade prisional de Minas Gerais*. 2017. Dissertação (Mestrado em Educação) – Programa de Pós-Graduação em Educação, Universidade Federal do Triângulo Mineiro, Uberaba, 2017.

DUBAR, Claude. *A socialização*: construção das identidades sociais e profissionais. São Paulo: Martins Fontes, 2005.

FARIA, Ederson; SOUZA, Vera Lúcia Trevisan de. Sobre o conceito de identidade: apropriações em estudos sobre formação de professores. *Revista Semestral da Associação Brasileira de Psicologia Escolar e Educacional*, São Paulo, v. 15, n. 1, p. 35-42, jan./jun. 2011.

FANFANI, Emilio Tenti. Condição docente. *In:* OLIVEIRA, Dalila Andrade; DUARTE, Adriana Maria Cancella; VIEIRA, Lívia Maria Fraga. *Dicionário*: trabalho, profissão e condição docente. Belo Horizonte: UFMG/Faculdade de Educação, 2010. CDROM.

FRANCO, Karla Oliveira; CALDERÓN, Adolgo Ignácio. O Simeve à luz das três gerações de avaliação da educação básica. *Estudos em Avaliação Educacional*, São Paulo, v. 28, n. 67, p. 132-159, 2017.

GARCIA, Maria M. A.; HYPOLITO, Álvaro M.; VIEIRA, Jarbas S. As identidades docentes como fabricação da docência. *Educação e Pesquisa*, São Paulo, v. 31, n. 1, p. 45-56, jan./abr. 2005.

JANERINE, Aline. S. *Vozes normalizadoras presentes no processo de identificação profissional de professores de Química do Ensino Médio em início de carreira*. 2013. Dissertação (Mestrado em Educação) – Departamento de Ciências da Educação, Universidade Federal de São João del-Rei, São João del-Rei, 2013.

MALVACCINI, Silvana Carello. *O "tornar-se o que se é" do professor de matemática e o espaço escolar*. 2008. Dissertação (Mestrado em Educação) – Programa de Pós-Graduação em Educação, Universidade Federal de Juiz de Fora, Juiz de Fora, 2008.

MEIRA, Camila Jardim. *Processos identitários docentes*: adesão e desistência. Porto Alegre: Simplíssimo Livros, 2023.

OLIVEIRA, Dalila Andrade. A profissão docente no contexto da Nova Gestão Pública no Brasil. *In:* OLIVEIRA, Dalila Andrade; CARVALHO, Luis Miguel; LE VASSEUR, Louis; MIN, Lui; NORMAND, Romuald (org.). *Políticas educacionais e a reestruturação da profissão do educador:* perspectivas globais e comparativas. Petrópolis: Vozes, 2019.

PAZ, Mônica Lana da. *A permanência e o abandono da profissão docente entre professores de matemática*. 2013. Tese (Doutorado em Educação) – Faculdade de Educação, Universidade Federal de Minas Gerais, Belo Horizonte, 2013.

PAZ, Mônica Lana da. *A construção da identidade profissional do professor de matemática:* o caso dos egressos do programa especial de formação pedagógica de docentes do CEFET-MG. 2008. Dissertação (Mestrado em Educação Tecnológica) – Programa de Pós-Graduação em Educação Tecnológica, Centro Federal de Educação Tecnológica de Minas Gerais, Belo Horizonte, 2008.

PENA, Graziele Borges de Oliveira. *O início da docência*: vivências, saberes e conflitos de professores de química. 2010. Dissertação (Mestrado em Química) – Programa de Pós-Graduação em Química, Universidade Federal de Uberlândia, Uberlândia, 2010.

PEREIRA, Aparecida Angélica. *Ser professora*: vivências e significados nas narrativas de uma docente leiga aposentada. 2017. Dissertação (Mestrado em Educação) – Departamento de Ciências da Educação, Universidade Federal de São João del-Rei, São João del-Rei, 2017.

SILVA JÚNIOR, Astrogildo Fernandes da. *Identidades e consciência histórica de jovens estudantes e professores de história*: um estudo em escolas no meio rural e urbano. 2012. Tese (Doutorado em Educação) – Programa de Pós-Graduação em Educação, Universidade Federal de Uberlândia, Uberlândia, 2012.

SILVEIRA, Herminia Maria Martins Lima. *Ser professor na contemporaneidade*: tensão entre o particular e o coletivo. 2017. Tese (Doutorado em Linguística do Texto e do Discurso) – Faculdade de Letras, Universidade Federal de Minas Gerais, Belo Horizonte, 2017.

TEIXEIRA, Inês Assunção de Castro. Da condição docente: primeiras aproximações teóricas. *Educação e Sociedade*, Campinas, v. 28, n. 99, p. 426-443, ago. 2007.

11

A CONDIÇÃO DOCENTE NA REDE ESTADUAL DE EDUCAÇÃO DE MINAS GERAIS E AS PRÁTICAS PEDAGÓGICAS

Ana Lúcia Faria Azevedo
Andréa Schmitz Boccia
Samira Zaidan
Simone Grace de Paula

INTRODUÇÃO

Este estudo destaca a relação entre prática pedagógica e condição docente[365] como parte de uma análise ampla de pesquisa realizada pelo Grupo de Pesquisas sobre Profissão Docente (Prodoc). Foi constituído um subgrupo pelas autoras que aqui se apresentam, que tomaram seis estudos acadêmicos referentes a práticas pedagógicas sobre/nas escolas estaduais de Minas Gerais, todos elaboradas em programas de universidades mineiras públicas e privadas em programas de pós-graduação *stricto sensu*, entre os anos 2008 e 2018.

Foi adotado o entendimento da prática pedagógica como a expressão prática da condição docente. Nesse sentido, os aspectos conjunturais e as condições específicas do local da escola são definidores da prática desenvolvida pelo/as docentes. Segundo Souza,

> No campo das múltiplas dimensões da prática pedagógica (professor, aluno, metodologia, avaliação, relação

---

[365] TEIXEIRA, Inês Assunção de Castro. Da condição docente: primeiras aproximações teóricas. *Educação e Sociedade*, Campinas, v. 28, n. 99, p. 426-443, maio/ago. 2007; FANFANI, Emilio Tenti. Condição docente. *In*: OLIVEIRA, Dalila Andrade; DUARTE, Adriana Maria C.; VIEIRA, Livia M. Fraga, *Dicionário:* trabalho, profissão e condição docente. Belo Horizonte: UFMG, Faculdade de Educação, 2010.

professor e alunos, concepção de educação e de escola), as características conjunturais e estruturais da sociedade são fundamentais para o entendimento da escola e da ação do professor.[366]

Também não se entendeu ser a prática pedagógica apenas prática ou expressão teórica da condição docente, pois

> [...] o conceito de prática pode ser percebido em sua unidade com a teoria, numa relação de interdependência e autonomia relativa. Nesse sentido, pode-se considerar a prática como atividade teórico prática; ou seja, tem um lado ideal, teórico, e um lado material, propriamente prático, com a particularidade de que só artificialmente, por um processo de abstração, podemos separar, isolar um do outro.[367]

O período de análise considerado tem marcas importantes das políticas públicas que vigoravam através de vários projetos governamentais implantados nas escolas estaduais que orientavam construções curriculares. Tais projetos e suas repercussões serão citados e analisados adiante.

11.1 RELAÇÕES QUE SE PODEM ESTABELECER ENTRE PRÁTICA PEDAGÓGICA E CONDIÇÃO DOCENTE

A "condição docente" vem sendo estudada há alguns anos no Prodoc, sediado na Faculdade de Educação da UFMG, e que reúne pesquisadores de várias outras universidades brasileiras. A visão de Fanfani representa e identifica a visão que o grupo vem considerando:

> A docência existe como realidade objetiva (pessoas que ganham sua vida ensinando em instituições escolares oficiais ou reconhecidas pelo Estado). Pode-se estudar suas características tais como gênero, idade, antiguidade, títulos que possuem, estado civil, renda, bens que possuem etc. Mas, além de possuírem esses atributos, existem também como sujeitos capazes de dar um significado ao que são e

---

[366] SOUZA, Maria Antônia de. Prática pedagógica, conceito, características e inquietações. *In*: ENCONTRO IBERO-AMERICANO DE COLETIVOS ESCOLARES E REDES DE PROFESSORES QUE FAZEM INVESTIGAÇÃO NA SUA ESCOLA, 4., 2005, Lajeado. *Anais* [...]. Lajeado: Univates, 2005. p. 3.

[367] CALDEIRA, Anna Maria Salgueiro; ZAIDAN, Samira. Sobre o conceito de prática pedagógica. *In*: DINIZ-PEREIRA, Júlio Emílio; DINIZ, Margareth; SOUZA, João Valdir Alves de (org.). *PRODOC*: 20 anos de pesquisa sobre a profissão, a formação e a condição docente. Belo Horizonte: Autêntica, 2017. p. 50.

ao que fazem. Por isso, quando se quer estudar a "condição docente", deve-se incluir, no objeto, também, certas dimensões de sua subjetividade, tais como as percepções, representações, valorações, opiniões, expectativas etc.[368]

Já o entendimento de "prática pedagógica" pode ser situado no âmbito do "fazer docente", componente essencial de "ser docente", onde um conjunto de experiências, práticas formativas, possibilidades oferecidas durante a profissão, escolhas, interações a constitui. Na prática estão presentes de modo direto e claro, ou de modo indireto, as políticas educacionais locais e federais, os eventos sociais que atingem as comunidades, assim como as características do/as educando/as como as idades de formação e sua formação sociocultural, entre outros múltiplos fatores da vida social. Como uma prática social, a prática pedagógica articula um conjunto de aspectos:

> [...] a prática pedagógica é uma prática social complexa, que acontece em diferentes espaços/tempos da escola ou instituição educativa, especialmente, na sala de aula, no cotidiano de professoras/es, alunos e outros sujeitos nela envolvidos, mediada pela interação professor-aluno necessariamente envolvendo conhecimentos-saberes-valores emoções. Não há como separar os sujeitos, os conhecimentos, os saberes, os valores e as emoções nos processos formativos da prática na sala de aula e na escola, em todos os níveis da educação.[369]

A prática pedagógica desdobra uma visão de ensino que está vinculada ao fazer no sentido estrito da função de ensinar, o que envolve diagnóstico, criação, invenção, conhecimento científico e um grau importante de improviso. Sim, a prática pedagógica está cravada de situações cotidianas imprevisíveis, típicas de relações entre humanos no cotidiano. A escola é um lugar de encontro, por dias, horas/dia e anos, de gerações e profissionais diferenciados, que no contato direto articulam conhecimentos e um conjunto de elementos objetivos e subjetivos, que tanto significam riqueza como também desafios.

---

[368] FANFANI, Emilio Tenti. Condição docente. *In*: OLIVEIRA, Dalila Andrade; DUARTE, Adriana Maria C.; VIEIRA, Livia M. Fraga. *Dicionário*: trabalho, profissão e condição docente. Belo Horizonte: UFMG, Faculdade de Educação, 2010.

[369] CALDEIRA; ZAIDAN, 2017, p. 53.

A escola está sempre em movimento, com a entrada e saída dos alunos e alunas, também de suas famílias, com a recepção de suas práticas sociais e culturais, com as repercussões de suas mazelas e demandas. Aos desafios se responde com práticas, com posicionamentos e construção, que influenciam fortemente a formação que se oferece naquele contexto. Dada a especificidade da escola com o seu papel social de transmissão de conhecimentos, também tem papel de socialização e de construção de saberes, a ação docente é necessariamente uma ação social.

> Ao considerar a atividade docente como expressão do saber pedagógico e este como fundamento e produto dessa atividade, que acontece no contexto escolar, em uma instituição social historicamente construída, a ação docente pode ser compreendida como uma prática social. Como tal, é a ação docente uma prática pedagógica que se constrói no cotidiano escolar, em um contexto sócio-econômico-político-cultural, que faz parte de uma sociedade organizada em que se convive com um conjunto de práticas sociais presentes em todos os âmbitos da vida dos sujeitos que nela se constituem como seres humanos.[370]

Em nossos estudos, percebemos que a prática pedagógica é um elemento constitutivo da condição docente, com ela o/a profissional se insere no contexto formativo em todos os níveis da educação, em relações com o/as educando/as, com seus pares, com direções e comunidade. Contudo, a condição de trabalho é que define a relação primeira que o/a profissional estabelece com a instituição formadora, seus deveres e direitos, suas possibilidades e dificuldades, seu salário e apoio à saúde, à formação e ao seu ir e vir cotidiano.

11.2 METODOLOGIA DA PESQUISA

Esta pesquisa teve como objetivo analisar uma década de produção acadêmica (2008-2018) sobre a "condição docente" de professoras/es da REE-MG. Pretendeu-se atingir esse objetivo por meio do levantamento e análise de teses e dissertações defendidas em programas de pós-graduação stricto sensu em instituições de Ensino Superior no Brasil. Foi criada uma ficha para registro dos dados a partir dos resumos dos trabalhos

---

[370] CALDEIRA; ZAIDAN, 2017, p. 52.

acadêmicos; na sequência, realizaram-se a categorização dos trabalhos em temáticas e a constituição de grupos de pesquisadores/as conforme as temáticas que, então, acessaram os trabalhos completos para as análises.

Ao nosso subgrupo coube analisar seis dissertações.[371] São trabalhos de pesquisadoras em mestrados, sendo a maioria constituída de profissionais da própria Rede Estadual. As escolas que se constituíram como lócus das pesquisas estão localizadas em regiões urbanas e periféricas de cidades em distintas regiões de Minas Gerais: Pirapora, Montes Claros, São João del-Rei, Vespasiano, Uberlândia e Belo Horizonte. O trabalho de campo dessas pesquisadoras foi realizado no período entre 2008 e 2015.

Foram realizadas leituras das dissertações, preenchidas as fichas contendo os elementos que explicitavam as condições ali existentes e os registros das práticas ou que envolviam relatos e dados, de modo que se foi constituindo uma percepção da condição docente existente e das práticas, podendo-se perceber as relações entre elas.

11.3 ANÁLISE SOBRE A CONDIÇÃO DOCENTE NOS ESTUDOS SOBRE PRÁTICA PEDAGÓGICA

As seis dissertações analisadas apresentam como sujeitos professoras dos anos finais do ensino fundamental e do ensino médio. As metodologias de pesquisa utilizadas foram: a pesquisa-ação, o estudo de caso, a pesquisa bibliográfica e a análise documental. Os seus desdobramentos ocorreram em observações de práticas com registros escritos, gravações, fotografias e filmagens de escolas e especificamente de aulas; constituição de grupo focal; realização de entrevistas individuais ou coletivas, também uma roda de conversa e aplicação de questionários.

---

[371] ARAÚJO, M. de Castro Miranda. *Competências do professor para o trabalho com projetos de forma eficaz*. 2009. Dissertação (Mestrado em Educação Tecnológica) – CEFET/MG, Belo Horizonte, 2009; DEUS, Alessandra Fernandes de. *Práticas pedagógicas no cotidiano de uma turma de 5ª série*: sentido pessoal, significado social e alienação. 2009. Dissertação (Mestrado em Educação) – Pontifícia Universidade Católica de Minas Gerais, Belo Horizonte, 2009; LOPES, Érica Lucas. *"Oficina do jogo" no ensino fundamental*: potencial pedagógico da brincadeira. 2015. Dissertação (Mestrado em Educação) – Universidade de Brasília, Brasília, 2015; SANTOS, Maricéa do Sacramento. *Reflexões e práticas de uma professora bem sucedida*. 2008. Dissertação (Mestrado em Educação) – Universidade Federal de São João del-Rei, São João del-Rei/MG, 2008; SILVA, Rosa Maria Segalla. *Vestibular, programa de aprofundamento de estudos e a prática do professor de química em Minas Gerais*: percepções, análises e reflexões. 2014. Dissertação (Mestrado em Química) – Universidade Federal de Uberlândia, Uberlândia, 2014; SOUZA, Vanúbia Emanuelle de. *A proposta curricular de ciências de Minas Gerais e as práticas docentes*. 2010. Dissertação (Mestrado em Educação) – Universidade Federal de Minas Gerais, Belo Horizonte, 2010.

As dissertações analisadas foram realizadas em programas de pós-graduação nas seguintes instituições de ensino superior: UnB, UFSJ, PUC-MG, CEFET-MG, UFU e UFMG.

A pergunta que norteou a nossa análise foi: o que as práticas pedagógicas observadas em escolas da REE-MG podem nos dizer sobre a condição docente de professoras e professores?

Inicialmente destacamos que algumas pesquisas consideram o que se denomina por "turmas diferenciadas", indicando serem aquelas que foram criadas por apresentarem características que demandam uma intervenção profissional particular. Tais turmas, por demandarem um trabalho docente específico, proporcionavam uma maior autonomia de atuação das docentes no que diz respeito à escolha de conteúdos, metodologias de ensino e tempos de aprendizagem.

Os estudos mostram que, em propostas como esta ou em situações de ensino relatadas e analisadas, quando há resultados positivos nas aprendizagens, ocorre satisfação da parte de docentes e do/as estudantes, criando mais engajamento. Os aspectos relacionados à afetividade, expressos de diferentes formas e em diferentes momentos, se mostram também como um elemento importante nas relações, até mesmo, podemos dizer, como um fator essencial para o sucesso do trabalho pedagógico. O mesmo se pode dizer quanto aos cuidados e também uma organização da sala de aula que proporcione compartilhamentos.

Com os relatos, as pesquisas abordam um aspecto bem peculiar: o enriquecimento da prática escolar no percurso da própria pesquisa na escola, seja no sentido de favorecer melhor compreensão das temáticas tratadas, seja no sentido de valorizar tais práticas. Em algumas das dissertações,[372] a própria pesquisa é citada como tendo possibilitado ampliação da autoestima do/a professor/a envolvida e avanços nos conhecimentos dos docentes.

Os estudos dão destaque para a atuação docente em situações de ações coletivas (formando grupos no turno de trabalho ou por área, interesse ou mesmo por amizade). Tais práticas, às vezes desenvolvendo projetos que vieram da Secretaria de Educação e cuja implantação é apresentada como compulsória, contribuíam para uma realização que proporcionava mudanças requeridas. Observamos que a prática pedagógica em coletivos

---

[372] DEUS, 2009; LOPES, 2015; SANTOS, 2008.

pode se mostrar importante no sentido de dar suporte à profissão, pois é onde se pode socializar, trocar ideias sobre planejamentos, materiais a serem utilizados, como tratar dificuldades que surgem. Contudo, as pesquisas apontam que são mais comuns as ações individuais ou mesmo em coletivo pela área de ensino.

Os projetos idealizados pelas equipes dirigentes da Secretaria Estadual de Educação-MG (eventualmente pelo Governo Federal) chegavam à escola mais do que como sugestões de trabalho, em busca de resultados nas aprendizagens. Com a atuação nesses projetos, a prática se modificava, pois demandava soluções de problemas existentes que eram colocados sob a responsabilidade de professore/as. Há estudos que tratam desses projetos como experiências positivas de desdobramento de propostas oficiais e eles mostram um esforço do corpo docente em cumpri-las com atenção e cuidados que possam requerer. Há, no entanto, uma postura docente mais pragmática, procurando cumprir as orientações como uma obrigação institucional, pois, geralmente, tais propostas e programas eram elaborados sem a participação do/as profissionais.

Há dissertações que abordam o que se denominou por "práticas inovadoras", considerando aquelas que avançam sobre as características típicas de um ensino tradicional que é marcado por aulas expositivas. Ensino em formatos diversos, como de oficinas de jogos,[373] foram tratados como possibilidades importantes para levar conhecimentos e participação dos estudantes. Neste caso, pesquisadora e professora propuseram e desenvolveram uma prática no formato pesquisa-ação, mostrando que ampliaram os seus próprios conhecimentos metodológicos e puderam perceber maior engajamento e aprendizagem do/as aluno/as. Tratam aspectos da experiência relatada e analisada como tendo tido um papel de favorecer a formação em serviço.

São analisadas também propostas de ensino que se voltam para uma perspectiva investigativa,[374] desafiando os/as estudantes na busca por conhecimentos e também desafiando a docente a aprender a instigar a participação e satisfação de curiosidades.

Dentro da proposta curricular da Secretaria Estadual de Educação, e do Ministério da Educação à época, propõe-se o ensino por competências. Essa visão leva à necessidade de definições de objetivos muito específicos

---

[373] LOPES, 2015.
[374] ARAÚJO, 2009.

a serem atingidos, organizado em descritores que devem ser desdobrados em propostas de ensino. A visão do ensino por competências conduz a organização das práticas pedagógicas, força o cumprimento de ensino de conteúdos e podem significar maior controle das práticas e de seus resultados, pois se acoplam a processos avaliativos, até mesmo no âmbito nacional. Obviamente que a autonomia do/a professor/a fica desfiada e leva a que o ensino se ancore numa perspectiva homogeneizadora da aprendizagem, podendo mesmo dificultar o trabalho com estudantes, já que os contextos são bastante diferenciados.

Pode-se apontar que a condição docente se mostra mais ampliada com a combinação "mais tempo", "menor número alunos em sala" e "flexibilidade curricular", como nas aulas que foram observadas e analisadas por duas autoras.[375] Nessas práticas, contrariamente a uma perspectiva tradicional, são oferecidas mais possibilidades aos professores para fazerem planejamentos, praticando mais interações e diálogos com os/as estudantes, angariando maior participação e aprendizagem.

A questão da valorização profissional e autoconhecimento se mostrou nos trabalhos analisados como uma busca d/as profissionais. Desse modo, no âmbito da formação, são citadas ações por meio de cursos de pós-graduação, especializações e outros. No entanto, são esforços diante das jornadas de trabalho que são extensas, sendo uma profissão bastante desgastante e, via de regra, mal remunerada.

A questão da formação docente também se encontra presente nos trabalhos analisados. A formação em serviço de professores e professoras é referenciada em experiências de práticas em sala de aula, com reflexões e estudos pertinentes. Importante ressaltar que tal perspectiva vai no sentido diferente da formação com cursos formais, estes, muitas vezes criticados, por tratarem de aspectos teóricos fora do contexto real, ficando pautado em situações idealizadas. Da análise de práticas e experiências profissionais, as dissertações apontam a construção de saberes docentes (como a disposição ao uso de metodologias participativas, o uso de tecnologias, trabalhar em grupos, entre outros).

Formando grupos ou criando momentos de conversações entre pares educadores/as, até mesmo formando coletivos para planejamento na escola, observa-se a busca por apoio profissional, o que, inclusive, pode proporcionar oportunidade de formação em serviço, pôde ser observado

---

[375] DEUS, 2009; SOUZA, 2010.

em alguns dos trabalhos analisados, como em Deus[376] e Souza[377], apresentando ricas reflexões coletivas. Tal situação ocorre durante as próprias pesquisas realizadas, contando com profissionais e pesquisadoras, com observações comuns e reflexões compartilhadas.

CONSIDERAÇÕES FINAIS

A condição docente não pode ser vista como estanque, não pode ser medida, pois está em constante movimento, dependente de um conjunto de fatores da vida profissional. Conclui-se nesta análise que as condições objetivas e subjetivas interferem nos movimentos da condição docente. Naturalmente, as ações e práticas pedagógicas que proporcionam resultados positivos são fatores de valorização da docência, favorecendo em momentos específicos a condição docente. Uma das pesquisas[378] aborda o desafio profissional de uma proposta de ensino para uma turma de uma escola que apresentava resultados inaceitáveis de aprendizagem. Para essa situação foi criada uma condição específica, com professora indicada para planejar uma proposta com apoio da escola. Pautada no diálogo e interação com os/as estudantes, na escuta, a professora age com liberdade e autonomia para atender às demandas específicas ali existentes, selecionando conhecimentos e metodologias de ensino e construindo uma sintonia com a turma. Mostrando compromisso, pode-se perceber o próprio crescimento da professora, ampliando sua condição docente com uma prática considerada de sucesso.

Como síntese do estudo, destacamos que as seis dissertações analisadas expressam práticas docentes que retratam suas condições naquele momento. Há crescimento profissional quando há desenvolvimento de práticas consideradas efetivas, satisfatórias por alcançarem resultados almejados. Contudo, sempre estão desfavorecidas pelas relações trabalhistas estabelecidas nessa Rede de escolas que, além dos baixos salários, encontram os profissionais em contratos precários e temporários de trabalho. Mesmo nessa condição docente geral bastante precária e dificultadora, os trabalhos apresentam práticas pedagógicas que resultam nos objetivos planejados (especialmente no alcance de aprendizagem dos estudantes), o que mostra a existência de profissionais com práticas comprometidas com o ensino.

---

[376] DEUS, 2009.
[377] SOUZA, 2010.
[378] SANTOS, 2008.

REFERÊNCIAS

ARAÚJO, M. de Castro Miranda. *Competências do professor para o trabalho com projetos de forma eficaz*. 2009. Dissertação (Mestrado em Educação Tecnológica) – CEFET/MG, Belo Horizonte, 2009.

CALDEIRA, Anna Maria Salgueiro e ZAIDAN, Samira. Sobre o conceito de prática pedagógica. *In:* DINIZ-PEREIRA, Júlio Emílio; DINIZ, Margareth e SOUZA, João Valdir Alves de (org.). *PRODOC:* 20 anos de pesquisa sobre a profissão, a formação e a condição docente. Belo Horizonte: Autêntica, 2017.

DEUS, Alessandra Fernandes de. *Práticas pedagógicas no cotidiano de uma turma de 5ª série:* sentido pessoal, significado social e alienação. 2009. Dissertação (Mestrado em Educação) – Pontifícia Universidade Católica de Minas Gerais, Belo Horizonte, 2009.

FANFANI, Emilio Tenti. Condição docente. *In:* OLIVEIRA, Dalila Andrade; DUARTE, Adriana Maria C.; VIEIRA, Livia M. Fraga. *Dicionário:* trabalho, profissão e condição docente. Belo Horizonte: UFMG, Faculdade de Educação, 2010.

LOPES, Érica Lucas. *"Oficina do jogo" no ensino fundamental:* potencial pedagógico da brincadeira. 2015. Dissertação (Mestrado em Educação) – Universidade de Brasília, Brasília/DF, 2015.

SANTOS, Maricéa do Sacramento. *Reflexões e práticas de uma professora bem sucedida*. 2008. Dissertação (Mestrado em Educação) – Universidade Federal de São João del-Rei, São João del-Rei, 2008.

SILVA, Rosa Maria Segalla. *Vestibular, programa de aprofundamento de estudos e a prática do professor de química em Minas Gerais:* percepções, análises e reflexões. 2014. Dissertação (Mestrado em Química) – Universidade Federal de Uberlândia, Uberlândia, 2014.

SOUZA, Maria Antônia de. Prática pedagógica, conceito, características e inquietações. *In:* ENCONTRO IBERO-AMERICANO DE COLETIVOS ESCOLARES E REDES DE PROFESSORES QUE FAZEM INVESTIGAÇÃO NA SUA ESCOLA, 4., 2005, Lajeado. *Anais* […]. Lajeado: Univates, 2005.

SOUZA, Vanúbia Emanuelle de. *A proposta curricular de ciências de Minas Gerais e as práticas docentes*. 2010. Dissertação (Mestrado em Educação) – Universidade Federal de Minas Gerais, Belo Horizonte, 2010.

TEIXEIRA, Inês Assunção de Castro. Da condição docente: primeiras aproximações teóricas. *Educação e Sociedade*, Campinas, v. 28, n. 99, p. 426-443, maio/ago. 2007.

12

A CONDIÇÃO DOCENTE NA REDE ESTADUAL DE EDUCAÇÃO DE MINAS GERAIS E AS/OS PROFESSORAS/ES INICIANTES

Célia Maria Fernandes Nunes

Geralda Aparecida de Carvalho Pena

Juliana Santos da Conceição

INTRODUÇÃO

Este capítulo traz o panorama das pesquisas realizadas no período de 2008 a 2018, que tiveram como objeto temas relacionados às/aos professoras/es iniciantes e à profissão docente. Foram analisados nove trabalhos, sendo oito dissertações e uma tese. Para a análise das pesquisas, foi estabelecida uma *chave de leitura* para facilitar a organização dos dados de modo a identificar as metodologias e os instrumentos de coleta de dados mais utilizados; as temáticas privilegiadas e elementos/aspectos do conceito de condição docente; a literatura e autores que fundamentam os trabalhos e os principais achados.

Após a leitura dos trabalhos, foi possível compreender a condição docente a partir da inserção na profissão docente com destaque para discussões sobre a valorização/desvalorização do magistério e acompanhamento/acolhimento e políticas de desenvolvimento profissional docente.

12.1 PANORAMA DOS TRABALHOS ANALISADOS SOBRE PROFISSÃO DOCENTE E PROFESSORAS/ES INICIANTES

Dos nove trabalhos analisados, quatro são sobre profissão docente e cinco deles se enquadram no agrupamento que abordou a temática de professoras/es iniciantes. Em relação às etapas e modalidades de atuação, o ensino médio apareceu como foco de análise em três pesquisas, um trabalho abordou o ensino fundamental, a educação de jovens e adultos (EJA) e dois tiveram como sujeitos professoras/es da educação básica em geral. Em relação ao campo de pesquisa, a maior parte dos trabalhos, quatro, foram desenvolvidos em Belo Horizonte, um na cidade de Uberlândia e dois trataram da condição docente no estado de Minas Gerais como um todo.

As pesquisas realizadas tinham como sujeitos as/os professoras/es da educação básica de diferentes áreas do conhecimento como, matemática, geografia e química, desses, três trabalhos focaram em estudos sobre as/os professoras/es iniciantes e um sobre as/os licenciadas/os em história.

A abordagem qualitativa foi preponderante em seis trabalhos. Um deles utilizou tanto de uma abordagem quantitativa como qualitativa e dois se valeram da pesquisa documental. Os dados nos indicam que a abordagem qualitativa é o método que conseguiu de maneira mais apropriada subsidiar as pesquisas realizadas sobre a condição docente, considerando a complexidade da definição do conceito.

Já no processo de coleta de dados observamos que várias/vários pesquisadoras/es usaram mais de um instrumento, combinando dois ou mais, como questionário e grupo focal; observação em sala de aula e entrevista; questionário e entrevista semiestruturada; questionários e entrevistas narrativas; entrevista, observação participante e análise documental (com ênfase no memorial); questionário, observação da prática e entrevista semiestruturada. Outras/Outros pesquisadoras/es realizaram a pesquisa com a utilização de pesquisa bibliográfica; estudo histórico a partir de fontes documentais do Arquivo Público Mineiro; e outro utilizou fonte secundária a partir de um *survey*.

Os trabalhos analisados estão fundamentados na literatura sobre formação e trabalho docente, mais especificamente nos que se referem ao início do trabalho docente, aprendizagem da docência, prática pedagógica/docente, condições de trabalho, estabilidade na carreira docente, profissionalidade docente. As/Os autoras/es mais citadas/os foram: Diniz-Pereira, Gatti, Marcelo Garcia, Oliveira, Huberman, Tardif e Lessard, Fanfani, Tardif, entre outras/outros.

A partir da análise das temáticas privilegiadas nas pesquisas, observamos que os estudos sobre a profissão docente se concentraram em algumas subcategorias tais como: condições de trabalho/trabalho docente; profissionalização docente; prática pedagógica; avaliação de desempenho; ética/moral/formação para cidadania. Essas temáticas se vinculam a diversos elementos/aspectos do conceito de condição docente, como, por exemplo: condições de trabalho; contratos de trabalho, questões salariais, jornada de trabalho; formação docente inicial e continuada; gênero; adoecimento docente; relação professora/professor-aluno; prática pedagógica; avaliação de desempenho.

Recorremos ao Dicionário do Gestrado para melhor compreensão dos conceitos aqui analisados. Tomamos o conceito de profissão docente, a partir das características apresentadas por Fanfani,[379] que a entende como "uma combinação estrutural de três características típicas: conhecimento credenciado mediante títulos, autonomia no desempenho e prestígio e reconhecimento social". Indo além, Pini[380] destaca que, em relação à docência como profissão, encontramos várias condições de possibilidade de exercê-la, envolvendo diferentes níveis de formação e atualização.

Considerando o período de início da docência, há de se compreender a sua complexidade, uma vez que pode ser vivenciado em diferentes realidades e contextos, sendo uma etapa crucial para o desenvolvimento profissional da/do professora/professor. Segundo Marcelo Garcia,[381] tal etapa (de ingresso na carreira) é uma transição entre o ser estudante para o ser professora/professor, onde de fato tomará contato com a escola e irá desempenhar seu papel profissional.

Os trabalhos analisados se inserem na subcategoria de professoras/es iniciantes, focando o desenvolvimento profissional e as vivências e desafios da prática docente. Essas temáticas se vinculam a diversos elementos/aspectos do conceito de condição docente, como: inserção profissional docente, formação inicial e continuada, prática pedagógica, relação professora/professor-aluno e condições de trabalho.

Se considerarmos o conceito de condição docente proposto por Fanfani,[382] a expressão condição docente nos auxilia na denominação de um "estado" do processo de construção social do ofício docente. Nesse

---

[379] FANFANI, Emilio Tenti. Una carrera con obstáculos: la profesionalización docente. *Revista del Instituto de Investigaciones en Ciencias de la Educación*, Buenos Aires, v. 4, n. 7, p. 17-25, 1995. p. 20.

[380] PINI, Mónica Eva. Profissão docente. *In*: OLIVEIRA, Dalila Andrade; DUARTE, Adriana Maria Cancella; VIEIRA, Lívia Maria Fraga. *Dicionário*: trabalho, profissão e condição docente. Belo Horizonte: UFMG/Faculdade de Educação, 2010. CDROM.

[381] MARCELO GARCÍA, Carlos. *Formação de professores*: para uma mudança educativa. Porto: Porto Editora, 1999.

[382] FANFANI, Emilio Tenti. *La condición docente*: datos para el análises comparado: Argentina, Brasil, Perú y Uruguay. Buenos Aires: Siglo Vientiuno, 2005.

sentido, ao considerar o conceito condição docente, devem-se considerar as dimensões de sua subjetividade, tais como as percepções, representações, valorações, opiniões, expectativas etc.

Esse conceito implica aspectos objetivos e subjetivos relativos ao *ser* e ao *estar* docentes, constituindo a docência como uma categoria própria da/do professora/professor em interação com o aluno sendo ambos sujeitos sócio-históricos. Essa interação é o núcleo essencial do ser docente, portanto, da condição docente, e se amplia para além da relação professora/professor-aluno, envolvendo as relações com pares, com as/os dirigentes, com a comunidade escolar, porquanto é uma realidade interacional. Em síntese, do ponto de vista ontológico-filosófico, a condição docente expressa uma realidade construída socialmente e que, exatamente por isso, entre outros condicionantes, do ponto de vista epistemológico-científico, apresenta-se com feições variadas.

Nesse sentido, os trabalhos selecionados trazem conceitos específicos que integram os elementos constitutivos da condição docente.

12.2 INSERÇÃO NA PROFISSÃO E NO DESENVOLVIMENTO PROFISSIONAL DOCENTE

As pesquisas analisadas nos revelam o quanto os aspectos relativos ao início da docência e os seus desdobramentos vão se constituindo em aprendizado ao longo da trajetória das/dos professoras/es. Conforme destacado por Martinez,[383] esse processo tem sido definido como desenvolvimento profissional docente, uma vez que é influenciado pelo "papel dos docentes, suas configurações identitárias e as subjetividades emergentes". Considerando a categoria *valorização/desvalorização do magistério*, os trabalhos analisados trazem essa temática em seus achados.

Sobre esse conceito, Leher nos mostra que é importante estabelecer uma articulação entre as dimensões mais gerais do trabalho docente e o fazer educacional. Segundo esse autor,

> A análise da valorização não pode prescindir de variáveis como o nível de ensino (educação infantil, primeiro segmento do ensino fundamental, segundo segmento, ensino

---

[383] MARTINEZ, Javier Campos. Desenvolvimento profissional docente. *In:* OLIVEIRA, Dalila Andrade; DUARTE, Adriana Maria Cancella; VIEIRA, Lívia Maria Fraga. *Dicionário*: trabalho, profissão e condição docente. Belo Horizonte: UFMG/Faculdade de Educação, 2010.

> médio, tecnológico e superior) e a esfera de atuação: municipal, estadual, federal (setor público) e, em se tratando da esfera privada, a natureza da instituição (confessional, comunitária, empresarial). Considerando as particularidades da docência, a análise da valorização do magistério requer considerar as exigências de formação mínima, as regras de acesso aos cargos e as principais frações de classe em que são recrutados os docentes dos diferentes níveis e modalidades de educação.[384]

Entre as pesquisas analisadas, temos a realizada por Silva[385] em que as/os participantes relataram sobre a insatisfação com a carreira e o plano de cargos e salários. Essa pesquisa demonstrou que a insatisfação com a carreira é um fator preocupante ao se pensar na profissão docente, pois, segundo o autor, esse é um mecanismo importante para o aprimoramento profissional. Outro aspecto revelado pelas/pelos participantes dessa pesquisa diz respeito à maior valorização do tempo de trabalho docente como fator primordial para a composição dos planos de cargos e salários, em detrimento a outros fatores na progressão na carreira, como o incentivo à formação continuada. "Desse modo, poucos motivos tem o docente para buscar aprimorar-se haja vista o pouco incentivo a tal ação e a desconsideração dessa dimensão para fins de progressão na carreira".

Nessa mesma pesquisa Silva aponta que, além das questões salariais, outros aspectos podem contribuir para a valorização docente como o incentivo e acesso às ações de formação, a redução dos alunos em sala de aula, além do apoio técnico.

> Excetuando a forte presença dos aspectos salariais, percebeu-se que, por exemplo, o acesso a ações de formação, a diminuição do número de alunos em sala de aula e o apoio técnico foram manifestações corresponderam-se entre si.

Nessa mesma direção, mas com afirmações que vão de encontro ao que a literatura especializada da área aponta, o trabalho de Vieira destaca que a estabilidade pode ser uma variável que contribui para o fracasso

---

[384] LEHER, Roberto. Valorização do magistério. *In:* OLIVEIRA, Dalila Andrade; DUARTE, Adriana Maria Cancella; VIEIRA, Lívia Maria Fraga. *Dicionário*: trabalho, profissão e condição docente. Belo Horizonte: UFMG/Faculdade de Educação, 2010.

[385] SILVA, Danilo Marques. *O olhar de docentes sobre as condições de trabalho no Ensino Médio*. 2018. Dissertação (Mestrado em Educação) – Faculdade de Educação, Universidade Estadual de Minas Gerais, Belo Horizonte, 2018a. p. 98.

escolar dos alunos da escola pública estadual, à medida que pode criar uma ação docente acomodada, enquanto a/o docente se sente segura/o no cargo:

> [...] a perda da estabilidade somada a uma política nacional de formação continuada que se estabeleça em uma formação inicial com um padrão de qualidade dos que atuam na educação básica, associada também a uma política nacional de valorização real da profissão pode apontar para novos e desejados processos e resultados em nossa educação pública.[386]

Pesquisa realizada por Oliveira, que aborda o processo de profissionalização da docência em Minas Gerais, no período compreendido entre 1871 e 1911 (fins do período imperial início da república), revelou que a constituição da docência como profissão foi construída a partir da articulação das/dos professoras/es, configurando como sujeitos na construção de sua categoria profissional. Para essa autora,

> [...] a produção da docência como profissão não foi imposta pelos representantes do Estado e nem ocorreu sem que houvesse a participação do professorado. As experiências compartilhadas entre os próprios docentes, bem como entre professores, gestores do ensino, políticos e comunidade local, contribuíram para que os professores fossem verdadeiros sujeitos na construção de sua categoria profissional.[387]

Além dos temas como valorização e desvalorização profissional, um dos trabalhos analisados trouxe a questão da subjetividade como um elemento da profissão docente. Segundo Mancebo, esse elemento:

> Refere-se aos aspectos do pensamento, da vontade, das emoções, dos valores, da linguagem, dos aspectos desejantes e das práticas (comportamento) do professor. A subjetividade docente, como a de qualquer outro profissional, constitui-se na relação com a objetividade.[388]

---

[386] VIEIRA, Marcilene de Andrade. *A estabilidade profissional do professor estadual e o seu desempenho face ao processo de aprendizagem*: resultados visíveis e invisíveis. 2008. Dissertação (Mestrado em Educação) – Pontifícia Universidade Católica de Minas Gerais, Belo Horizonte, 2008. p. 143.

[387] OLIVEIRA, Eliana de. *O processo de produção da profissão docente*: profissionalização, prática pedagógica e associativismo dos professores públicos primários em Minas Gerais (1871–1911). 2011. Dissertação (Mestrado em Educação) – Faculdade de Educação, Universidade Federal de Minas Gerais, Belo Horizonte, 2011. p. 139.

[388] MANCEBO, Deise. Subjetividade docente. *In:* OLIVEIRA, Dalila Andrade; DUARTE, Adriana Maria Cancella; VIEIRA, Lívia Maria Fraga. *Dicionário*: trabalho, profissão e condição docente. Belo Horizonte: UFMG/Faculdade de Educação, 2010. CDROM. p. 1.

A pesquisa de Frade traz a questão da subjetividade docente ao revelar que a construção da prática pedagógica na EJA é permeada por suas histórias de vida, seu percurso formativo e sua experiência ao longo da carreira.

> Esse quadro nos mostra que cada história de vida, cada percurso, cada processo de formação, enfim, cada professor trilha um caminho. Diríamos, ainda, que esses docentes, mesmo sem formação específica, perceberam, alguns mais e outros menos, ao longo da experiência, as diferenças dessa modalidade de ensino em relação ao ensino regular. E, assim, puderam criar e desenvolver uma prática, que julgavam ser a mais adequada, com o intuito de atender às demandas desse público diferenciado.[389]

Aspectos como esses apontados mostram os diversos fatores que podemos considerar ao discutir o papel/lugar da/do professora/professor e o reconhecimento do seu trabalho. Segundo Nunes e Oliveira,

> É necessária uma valorização docente de modo a fomentar um imaginário coletivo acerca da profissão, desenvolvendo ações concretas de melhores das condições de trabalho e, ao mesmo tempo, a proposição de mecanismos avaliadores e reguladores para garantir a responsabilidade dos docentes no exercício da profissão.[390]

Uma outra categoria de análise que identificamos refere-se a *acompanhamento/acolhimento e políticas de desenvolvimento profissional docente*. Ao ingressar nas escolas para sua primeira experiência como professora/professor, manifestam-se no seu cotidiano sentimento de insegurança, receios e despreparo para os desafios que se apresentam na sala de aula. A forma como é realizada a recepção às/aos professoras/es novatas/os ou o acolhimento dos pares no processo de inserção na cultura profissional docente pode contribuir para a permanência e o enfrentamento das dificuldades iniciais na docência. O "choque com a realidade" descrito por

---

[389] FRADE, Érica Paula. *A construção da prática pedagógica*: um estudo com professores iniciantes de História na EJA. 2012. Dissertação (Mestrado em Educação) Faculdade de Educação, Universidade Federal de Minas Gerais, Belo Horizonte, 2012. p. 136.

[390] NUNES, Claudio P; OLIVEIRA, Dalila A. Trabalho, carreira, desenvolvimento docente e mudança na prática educativa. *Educação e Pesquisa*, São Paulo, v. 43, n. 1, p. 65-80, jan./mar. 2017. p. 71.

Huberman[391] tende a ser sentido de forma diferenciada dependendo das práticas de acolhimento e das ações de desenvolvimento profissional adotadas na instituição.

Essa categoria foi apresentada em algumas pesquisas analisadas como um importante encaminhamento que atenda aos anseios das/dos professoras/es, estando ligada à condição de trabalho das/dos docentes. Foi observado na pesquisa de Pena[392] importância de uma cultura do diálogo nas escolas por meio de ações integrativas entre as/os docentes. Destaca-se ainda que essa reflexão deve ser inserida no campo da formação docente de modo a prepará-las/los para a inserção nessa nova cultura escolar.

Já, na pesquisa de Leal,[393] identificou-se a necessidade de um suporte que deve ser dado aos "chegantes nos territórios da docência". A autora enfatiza que esse é um dos *locus* privilegiados; daí a necessidade de não abandonar as/os professoras/es iniciantes "arrancando de suas mãos a oportunidade de empreender alguma coisa nova e imprevista para nós",[394] pois esse processo ajudaria inclusive a garantir permanência na profissão. Assim como nessa pesquisa, Silva, ao ouvir egressas/os do PIBID, destaca que a acolhida na escola ao receber as/os novas/os professoras/es pode influenciar na qualidade de vida dessas/es profissionais. Destaca assim a "urgente necessidade de pensarmos em programas direcionados ao acompanhamento dos professores nos primeiros anos de ingresso na profissão".[395]

Esses programas de acompanhamento/desenvolvimento profissional devem ser organizados/implementados como um trabalho direcionado para auxiliar a/o professora/professor a continuar sua formação, para além da formação inicial, para que a/o professora/professor tenha mais segurança ao adentrar as instituições de ensino e iniciar seu trabalho docente. De acordo com Imbernón, "[...] a aquisição de conhecimentos por

---

[391] HUBERMAN, Michael. O Ciclo de vida profissional dos professores. *In:* NÓVOA, António. (org.). *Vidas de professores*. 2. ed. Portugal: Porto Editora, 1992. p. 31-61.

[392] PENA, Graziele Borges de Oliveira. *O início da docência*: vivências, saberes e conflitos de professores de química. 2010. Dissertação (Mestrado em Química) – Instituto de Química, Universidade Federal de Uberlândia, Uberlândia, 2010.

[393] LEAL, Álida Angélica Alves. *Desafios Comuns, enfrentamentos singulares*: narrativas de jovens docentes iniciantes no ensino médio público. 2017. Tese (Doutorado em Educação) – Faculdade de Educação, Universidade Federal de Minas Gerais, Belo Horizonte, 2017.

[394] LEAL, 2017, p. 388.

[395] SILVA, Suelen Sabrina. *Desafios do Início da carreira docente na percepção de egressos da licenciatura em matemática que participaram do PIBID durante a formação inicial*. 2018. Dissertação (Mestrado em Educação) – Faculdade de Educação, Universidade Federal de São João del-Rei, São João del-Rei, 2018b. p. 98.

parte do professor está muito ligada à prática profissional e condicionada pela organização da instituição educacional em que esta é exercida".[396] Para Oliveira,

> [...] o desenvolvimento profissional docente não se refere apenas ao desenvolvimento pedagógico, ao conhecimento e compreensão de si mesmo, ao desenvolvimento cognitivo ou teórico. O desenvolvimento profissional reside em uma junção de tudo isso ao mesmo tempo delimitado ou incrementado por uma situação profissional que permite ou que impede o desenvolvimento de uma carreira docente.[397]

O desenvolvimento profissional, nessa perspectiva, é um processo complexo que envolve aspectos distintos. Sendo assim, é necessário que as instituições de ensino desenvolvam políticas de acolhimento e formação que considerem a aprendizagem docente durante sua trajetória profissional e utilizem as demandas das/dos docentes como subsídios para a implementação de programas destinados a essa formação. Entretanto, Romanowski e Martins,[398] ao analisar estudos referentes à formação continuada no Brasil, afirmam que os programas e cursos realizados e oferecidos às/aos professoras/es consideram pouco a realidade das escolas, trazendo conhecimentos de natureza generalista, pouco relacionados à prática da docência na educação básica, por vezes desconsiderando as necessidades das/dos professoras/es iniciantes e o seu contexto de atuação. A leitura das dissertações e teses analisadas aponta para esse descompasso entre as demandas das/dos docentes e as ações de formação desenvolvidas ou para a ausência de ações de formação nas escolas.

A dissertação de Frade, por exemplo, ao discutir o início da docência na EJA, mostra que

> [...] tanto as instituições de ensino superior, quanto às instituições nas quais esses docentes passaram a atuar não lhes ofereceram nenhum processo de formação específica e

---

[396] IMBERNÓN, Francisco. *Formação docente e profissional*: formar-se para a mudança e a Incerteza. São Paulo: Cortez, 2011. p. 17.

[397] OLIVEIRA, Oséias Santos de. Formação continuada de professores: implicações políticas dos programas executados no âmbito de um sistema municipal de ensino. In: PRYJMA, Marielda Ferreira; OLIVEIRA, Oséias Santos de (org.). *O desenvolvimento profissional docente em discussão*. Curitiba: Ed. UTFPR, 2016. p. 280.

[398] ROMANOWSKI, Joana Paulin; MARTINS, Pura Lúcia Oliver. Desafios da Formação de Professores Iniciantes. *Páginas de Educación*, [s. l.], v. 6, p. 75-88, 2013.

nenhum espaço para a discussão das demandas e práticas específicas da EJA.[399]

Analisando o início da carreira docente de professores de geografia, Campos afirma que "não houve ações sistemáticas de acompanhamento, apoio e formação nos meses/anos iniciais do magistério" e que "ainda que imersos em ambientes repletos de pessoas mais experientes, os jovens professores têm, como principal fonte de aprendizagem, buscas, estudos e 'reflexões' que realizam individualmente."[400]

Ao estudar egressas/os de um curso de licenciatura em matemática, Silva constatou a urgência de programas direcionados ao acompanhamento das/dos professores nos primeiros anos de ingresso na profissão. Ela ressalta que "a valorização e o apoio, além de serem essenciais, poderiam ser um dos caminhos de superação para manter interessados os novos profissionais na carreira docente".[401]

Dessa maneira, pode-se dizer que as teses e dissertações analisadas reforçam a necessidade de ações de acolhimento adequado da/do professora/professor iniciante, bem como a relevância de políticas de desenvolvimento profissional docente que possam contribuir para a formação continuada e o aprimoramento didático-pedagógico. Além disso, o apoio e o acompanhamento das/dos professoras/es no enfrentamento dos desafios que se apresentam no desenvolvimento da prática pedagógica nas escolas de educação básica tornam-se essenciais, principalmente para as/os profissionais que estão no início da docência.

CONSIDERAÇÕES FINAIS

Foi possível perceber o início da docência como uma fase complexa e repleta de nuances que podem se configurar em grandes desafios para as/os professoras/es. Destaca-se nos estudos a importância do apoio das/dos colegas mais experientes e da gestão educacional como um fator de extrema importância no início da carreira docente. Para que a/o professora/professor iniciante se sinta mais segura/o e confiante do seu desempenho

---

[399] FRADE, 2012, p. 136.
[400] CAMPOS, Alessandra Bernardes Faria Campos. *Aprendendo a ser professor:* caminhos da formação no início da carreira docente em geografia. 2013. Dissertação (Mestrado em Educação) – Faculdade de Educação, Universidade Federal de Minas Gerais, Belo Horizonte, 2013. p. 131, 129.
[401] SILVA, 2018b, p. 98.

profissional e para que seu processo de ensino e aprendizagem aconteça de modo efetivo, é necessário que haja uma intervenção responsável por parte da equipe pedagógica, visto que é na reflexão sobre a prática e no compartilhamento de experiências que a/o docente vai construindo sua própria prática docente.

Observou-se que, nos diferentes contextos de ensino em que as pesquisas foram desenvolvidas (ensino fundamental, ensino médio ou EJA), foram constatados alguns desafios comuns no processo de inserção na carreira docente, embora esses desafios possam ser enfrentados de formas singulares por cada professora/professor, em decorrência de suas experiências subjetivas e de outros fatores ligados à instituição escolar. Assim, as pesquisas apontam para a relevância do suporte, apoio e acolhimento adequados às/aos professoras/es iniciantes quando ingressam na profissão docente. Essas ações advindas da gestão da escola e dos pares, bem como as ações de desenvolvimento profissional que possibilitem o crescimento profissional no decorrer da carreira docente, aliadas a outros fatores igualmente importantes, podem contribuir de maneira significativa para a permanência na profissão docente.

No que tange à temática da profissão docente, a análise das pesquisas nos permitiu identificar que, se por um lado os conflitos escolares dificultaram o desenvolvimento do trabalho docente, por outro, as tensões no cotidiano escolar expressam o permanente movimento de mudanças nas relações de poder presentes no processo de escolarização.

Nesse sentido, os trabalhos apontam que uma política nacional de formação continuada que se estabeleça em uma formação inicial com um padrão de qualidade das/dos que atuam na educação básica, associada também a uma política nacional de valorização real da profissão, pode apontar para novos e desejados processos e resultados em nossa educação pública.

REFERÊNCIAS

CAMPOS, Alessandra Bernardes Faria Campos. *Aprendendo a ser professor: caminhos da formação no início da carreira docente em geografia*. 2013. Dissertação (Mestrado em Educação) – Faculdade de Educação, Universidade Federal de Minas Gerais, Belo Horizonte, 2013.

FANFANI, Emilio Tenti. Una carrera con obstáculos: la profesionalización docente. *Revista del Instituto de Investigaciones en Ciencias de la Educación*, Buenos Aires, v. 4, n. 7, p. 17-25, 1995.

FANFANI, Emilio Tenti. *La condición docente*: datos para el análises comparado: Argentina, Brasil, Perú y Uruguay. Buenos Aires: Siglo Vientiuno, 2005.

FRADE, Érica Paula. *A construção da prática pedagógica*: um estudo com professores iniciantes de História na EJA. 2012. Dissertação (Mestrado em Educação) – Faculdade de Educação, Universidade Federal de Minas Gerais, Belo Horizonte, 2012.

HUBERMAN, Michael. O Ciclo de vida profissional dos professores. *In:* NÓVOA, António (org.). *Vidas de professores*. 2. ed. Portugal: Porto Editora, 1992. p. 31-61.

IMBERNÓN, Francisco. *Formação docente e profissional*: formar-se para a mudança e a Incerteza. São Paulo: Cortez, 2011.

LEAL, Álida Angélica Alves. *Desafios Comuns, enfrentamentos singulares*: narrativas de jovens docentes iniciantes no ensino médio público. 2017. Tese (Doutorado em Educação) – Faculdade de Educação, Universidade Federal de Minas Gerais, Belo Horizonte, 2017.

LEHER, Roberto. Valorização do magistério. *In:* OLIVEIRA, Dalila Andrade; DUARTE, Adriana Maria Cancella; VIEIRA, Lívia Maria Fraga. *Dicionário*: trabalho, profissão e condição docente. Belo Horizonte: UFMG/Faculdade de Educação, 2010. CDROM.

MANCEBO, Deise. Subjetividade docente. *In:* OLIVEIRA, Dalila Andrade; DUARTE, Adriana Maria Cancella; VIEIRA, Lívia Maria Fraga. *Dicionário*: trabalho, profissão e condição docente. Belo Horizonte: UFMG/Faculdade de Educação, 2010. CDROM.

MARCELO GARCÍA, Carlos. *Formação de professores*: para uma mudança educativa. Porto: Porto Editora, 1999.

MARTINEZ, Javier Campos. Desenvolvimento profissional docente. *In:* OLIVEIRA, Dalila Andrade; DUARTE, Adriana Maria Cancella; VIEIRA, Lívia Maria Fraga. *Dicionário*: trabalho, profissão e condição docente. Belo Horizonte: UFMG/Faculdade de Educação, 2010. CDROM.

NUNES, Claudio Pinto; OLIVEIRA, Dalila Andrade. Trabalho, carreira, desenvolvimento docente e mudança na prática educativa. *Educação e Pesquisa*, São Paulo, v. 43, n. 1, p. 65-80, jan./mar. 2017.

OLIVEIRA, Oséias Santos de. Formação continuada de professores: implicações políticas dos programas executados no âmbito de um sistema municipal de ensino. *In:* PRYJMA, Marielda Ferreira; OLIVEIRA, Oséias Santos de (org.). *O desenvolvimento profissional docente em discussão*. Curitiba: Ed. UTFPR, 2016.

OLIVEIRA, Eliana de. *O processo de produção da profissão docente*: profissionalização, prática pedagógica e associativismo dos professores públicos primários em Minas Gerais (1871–1911). 2011. Dissertação (Mestrado em Educação) – Faculdade de Educação, Universidade Federal de Minas Gerais, Belo Horizonte, 2011.

PENA, Graziele Borges de Oliveira. *O início da docência*: vivências, saberes e conflitos de professores de química. 2010. Dissertação (Mestrado em Química) – Instituto de Química, Universidade Federal de Uberlândia, Uberlândia, 2010.

PINI, Mónica Eva. Profissão docente. *In:* OLIVEIRA, Dalila Andrade; DUARTE, Adriana Maria Cancella; VIEIRA, Lívia Maria Fraga. *Dicionário*: trabalho, profissão e condição docente. Belo Horizonte: UFMG/Faculdade de Educação, 2010. CDROM.

ROMANOWSKI, Joana Paulin; MARTINS, Pura Lúcia Oliver. Desafios da Formação de Professores Iniciantes. *Páginas de Educación*, [s. l.], v. 6, p. 75-88, 2013.

SILVA, Danilo Marques. *O olhar de docentes sobre as condições de trabalho no Ensino Médio*. 2018. Dissertação (Mestrado em Educação) – Faculdade de Educação, Universidade Estadual de Minas Gerais, Belo Horizonte, 2018a.

SILVA, Suelen Sabrina. *Desafios do Início da carreira docente na percepção de egressos da licenciatura em matemática que participaram do PIBID durante a formação inicial*. 2018. Dissertação (Mestrado em Educação) – Faculdade de Educação, Universidade Federal de São João del-Rei, São João del-Rei, 2018b.

VIEIRA, Marcilene de Andrade. *A estabilidade profissional do professor estadual e o seu desempenho face ao processo de aprendizagem*: resultados visíveis e invisíveis. 2008. Dissertação (Mestrado em Educação) – PUC-MG, Belo Horizonte, 2008.

13

A CONDIÇÃO DOCENTE NA REDE ESTADUAL DE EDUCAÇÃO DE MINAS GERAIS E O CAMPO DA *TECNOLOGIA E EDUCAÇÃO*

Darsoni de Oliveira Caligiorne

Dina Mara Pinheiro Dantas

Maria Rita Neto Sales Oliveira

INTRODUÇÃO

Este texto tem por objetivo discutir a condição docente de professoras/es da educação básica da rede estadual de Minas Gerais (MG), considerando-se suas manifestações no campo de conhecimento da Tecnologia e Educação. Tem-se por base empírica sete dissertações de mestrado defendidas em Programas de Pós-graduação stricto sensu em Educação, em Minas Gerais, no período de 2008 a 2018.[402] Essas dissertações foram

---

[402] LIMA, Niuza Eugênia do Amaral. *Metáforas e interfaces gráficas*: contribuições para uma aprendizagem significativa da informática. Dissertação (Mestrado em Educação Tecnológica) – Programa de Pós-graduação em Educação Tecnológica, Centro Federal de Educação Tecnológica de Minas Gerais, Belo Horizonte, 2008; FIALHO, Wanessa Cristiane Gonçalves. *A prática pedagógica e as tecnologias da informação e da comunicação nas aulas de Biologia:* um olhar sobre duas escolas públicas mineiras. 2008. Dissertação (Mestrado em Educação) – Programa de Pós-graduação em Educação. Universidade Federal de Uberlândia, Uberlândia, 2008; COSTA, Beatriz. *Projetos e desafios em busca de novas práticas pedagógicas:* estudo de caso em duas escolas estaduais de Minas Gerais. Dissertação (Mestrado em Educação Tecnológica) – Centro Federal de Educação Tecnológica de Minas Gerais, Belo Horizonte, 2009; MENEZES, Leonardo Donizette de Deus. *Tecnologia no ensino de astronomia na educação básica*: análise do uso de recursos computacionais na ação docente. Dissertação (Mestrado em Educação) – Programa de Pós-graduação em Educação, Universidade Federal de Uberlândia, Uberlândia, 2011; BEZERRA, Djalma Vieira. *Tecnologias da informação e comunicação nas aulas de geografia*: seus usos no ensino fundamental II nas escolas públicas estaduais de Uberlândia – MG. Dissertação (Mestrado em Geografia) – Programa de Pós-graduação em Geografia, Universidade Federal de Uberlândia, Uberlândia, 2015; CASTILHO, Andressa Garcia. *As implicações e o impacto para o trabalho docente com as novas tecnologias na escola*. 2018. Dissertação (Mestrado em Educação) – Universidade Federal de Uberlândia, Uberlândia, 2018; RICHITELI, Aurélio Alberto. *Políticas para a inclusão digital*: práticas e possibilidades na escola pública. Dissertação (Mestrado em Educação) – Programa de Pós-graduação em Educação, Universidade Federal do Triângulo Mineiro, Uberaba, 2017.

selecionadas numa lista de mais de 200 teses e dissertações, identificadas no estudo do tipo estado do conhecimento sobre a condição docente, tal como apresentado no capítulo inicial deste livro.

Forma levantadas as seguintes questões: como a condição docente manifesta-se no tratamento do campo da Tecnologia e Educação na educação básica da rede estadual de Minas Gerais? E a partir disso, o que se pode afirmar sobre o conceito de condição docente?

Na tentativa de responder a essas questões, o texto aborda: aspectos conceituais e históricos para um entendimento geral sobre o tema; características das dissertações analisadas e resultados da análise feita. Como referencial teórico para a análise, têm-se propriedades essenciais da docência, tal como discutidas em produção intelectual da área, buscando-se *conteudizá-las* no campo da Tecnologia e Educação, tendo-se em vista contemplar o objetivo e as questões mencionadas.

13.1 ASPECTOS CONCEITUAIS E HISTÓRICOS

Com base em alguns estudos,[403] pode-se afirmar o fato de que a condição docente é uma construção sócio-histórica. Ela existe como realidade objetiva e subjetiva, implicando o ser e o estar do professor, numa interação intencional entre docente e discente que se amplia para além dessa interação central, envolvendo relações entre pares, com dirigentes e com a comunidade escolar e extraescolar.

Nessas condições, a expressão *condição docente* é a simbolização de um conjunto de características identitárias referidas à docência — categoria própria da professora e do professor — que tem como propriedade central a interação entre sujeitos escolares definidos como sujeitos sócio-históricos, no processo de ensinar e aprender. Esta é condicionada/influenciada pelo contexto em que se realiza, em termos histórico, geográfico, econômico-financeiro, cultural, político-ideológico, jurídico e psicológico.

---

[403] TEIXEIRA, Inês Assunção de Castro. Da condição docente: primeiras aproximações teóricas. *Educação e Sociedade*, Campinas, v. 28, n. 99, p. 426-443, 2007; FANFANI, Emilio Tanti. Condição docente. *In*: OLIVEIRA, Dalila Andrade; DUARTE, Adriana Maria Cancella; VIEIRA, Lívia Maria Fraga. *Dicionário*: trabalho, profissão e condição docente. 2010; DINIZ-PEREIRA, Júlio Emílio. Formação de professores, saberes e trabalho docente. *In*: SIMPÓSIO INTERNACIONAL TRABALHO, RELAÇÕES DE TRABALHO, EDUCAÇÃO E IDENTIDADE, 5., 2014, Belo Horizonte. *Anais* [...]. Belo Horizonte: UFMG, 2014. Mesa redonda. Formação de professores, saberes e trabalho docente; OLIVEIRA, Maria Rita Neto Sales. *Conceito de condição docente*. *In*: ENCONTRO DE PESQUISA, EXTENSÃO E ENSINO, 2023, Belo Horizonte, FaE-UFMG. (Texto digitado, relativo a conteúdo do relatório de pesquisa coletiva sobre *A condição docente de professores da educação básica da rede estadual de Minas Gerais*, conduzida pelo *Grupo de Pesquisa Prodoc*, sediado na FaE-UFMG). 2023.

Além disso, pode-se afirmar que essa propriedade central conta com mediações: um tratamento diferenciado dos conhecimentos acumulados pela humanidade em diferentes campos científico-tecnológicos e culturais; e a especificidade do trabalho de professoras e professores naquele processo. Tudo isso, não se pode esquecer, influenciado pelas condições sócio-históricas em que ocorre esse trabalho.

Isso posto, neste texto, ao se abordar a questão da condição docente no campo de conhecimento da Tecnologia e Educação, importa situar a concepção geral de tecnologia e mencionar alguns momentos históricos na construção desse campo, em nosso país, conforme registrado em Oliveira[404] e Caligiorne, Dantas, Oliveira.[405]

Assim, a tecnologia refere-se à relação entre o ser humano e a matéria e outros seres humanos, no processo de trabalho, envolvendo meios de produção e processos sociais tendo-se por base energia, conhecimento e informação. Envolve arranjos materiais e sociais ligados ao conhecimento científico aplicável, sendo resultados da ação humana, historicamente construídos e expressando relações sociais das quais dependem, mas que também são influenciadas por eles. A tecnologia não é neutra tampouco uma questão de destino, uma vez que carrega consigo relações de poder, intenções e interesses diversos, em um dado contexto sócio-histórico.

Desse modo, pode-se considerar a expressão *Tecnologia e Educação* como um campo de conhecimento,[406] que trata das relações entre a tecnologia e a educação. De fato, a Tecnologia e Educação é uma área teórica, de ensino e que congrega profissionais que tratam das relações em pauta, contando com objeto de estudo e objetivo próprios, regras de funcionamento também próprias e sujeitos históricos, produtores e consumidores

---

[404] OLIVEIRA, Maria Rita Neto Sales. Revendo a discussão: do mito da tecnologia ao paradigma tecnológico. *In:* TAVARES Rosilene Horta; GOMES, Suzana dos Santos (org.). *Sociedade, educação em redes*: desafios à formação crítica. São Paulo, Araraquara, Junqueira & Marin, 2014. p. 155-172.

[405] CALIGIORNE, Darsoni de Oliveira; DANTAS, Dina Mara Pinheiro; OLIVEIRA, Maria Rita Neto Sales. Condição docente e tecnologia e educação. *In:* DINIZ-PEREIRA, Júlio Emílio (coord.). *A condição docente de professores da educação básica da rede estadual de Minas Gerais.* Belo Horizonte, FaE-UFMG, 2024a. (Relatório de pesquisa); CALIGIORNE, Darsoni de Oliveira; DANTAS, Dina Mara Pinheiro; OLIVEIRA, Maria Rita Neto Sales. *A condição docente na rede estadual de Minas Gerais no campo da tecnologia e educação. In:* SEMINÁRIO INTERNACIONAL DE PESQUISA EM EDUCAÇÃO, 2024, Belo Horizonte, Assembleia Legislativa de Minas Gerais, 2024b (Audiência Pública); CALIGIORNE, Darsoni de Oliveira; DANTAS, Dina Mara Pinheiro; OLIVEIRA, Maria Rita Neto Sales. *A condição docente na rede estadual de Minas Gerais e o campo da tecnologia e educação. In:* SIMPÓSIO DE GRUPOS DE PESQUISA SOBRE FORMAÇÃO DE PROFESSORES DO BRASIL, 5., 2024. *Anais* [...]. Fortaleza:UECE, 2024c.

[406] BOURDIEU, Pierre. O campo científico. *In:* ORTIZ, Renato (org.). *Pierre Bourdieu:* Sociologia. São Paulo: Ática, 1983a; BOURDIEU, Pierre. *Questões de sociologia.* Rio de Janeiro: Marco Zero, 1983b.

de bens simbólicos. Estes são legitimados e divulgados por instâncias e instituições aceitas pela comunidade científica. Nessas condições, ocorrem lutas de poder, conflitos e negociações que implicam reinvenções em um contexto cuja dinamicidade está presente.

Na constituição do campo em pauta, importa registrar o estímulo e a grande influência por parte de políticas públicas expressas em projetos governamentais relativos à presença da tecnologia na educação ligadas às denominadas Tecnologias da Informação e Comunicação (TICs) ou às Tecnologias Digitais da Informação e Comunicação (TDICs).

A partir do exposto, convém mencionar alguns momentos históricos com discussões conceituais expressivas em termos de caracterização teórica e propostas no âmbito da Tecnologia e Educação, no Brasil. Aqui vale mencionar o primeiro projeto governamental brasileiro de Informática na Educação — Projeto Educom[407] — conduzido por cinco centros-piloto criados, no segundo semestre de 1984, em cinco universidades do Brasil (UFMG, UFPE, UFRJ, UNICAMP, UFRGS).

Na época, o vocabulário do campo incluía, predominantemente, as expressões: informática, computadores e *Filosofia Logo*, decorrente de estudos de Papert fundados no construtivismo piagetiano. Sob a coordenação dos centros-piloto, desenvolveram-se cursos de formação de professoras e professores, com base na considerada fragilidade da condição docente a respeito do domínio de conhecimentos sobre informática em geral.

Da segunda metade da década de 1980 até a primeira metade da década de 1990, predominam a discussão e a defesa de propostas alternativas, não necessariamente excludentes, sobre: informática aplicada à educação (utilização da informática no tratamento de dados na gestão e administração escolar, na pesquisa e nas exposições didáticas); informática na educação e informática educacional (por exemplo, uso de softwares para ensino e o uso do computador como ferramenta para resolução de problemas); e, ainda, informática educativa (programas computadorizados interativos, no ensino, fundamentados no construtivismo piagetiano, sobretudo, com a denominada Filosofia Logo de Papert).

---

[407] Ver informações sobre projetos/programas governamentais na área da informática e educação, desde a década de 1980, incluindo o Educom, em: DANTAS, Dina Mara Pinheiro. *SEM*: Uma proposta metodológica para o uso dos softwares na educação. 2007. Dissertação (Mestrado em Educação) – Programa de Pós-graduação em Educação Brasileira. Universidade Federal do Ceará. Faculdade de Educação, Fortaleza, 2010.

No período mencionado, resguardadas exceções, defende-se que o uso do computador no processo de ensino garantiria melhorias na aprendizagem e no desenvolvimento do aluno. A propósito, importa registrar a discussão de Valente[408] acerca da visão cética e otimista em relação a recursos informáticos no ensino pelas/pelos professoras/es.

Convém lembrar, no caso, no início da década de 1990, o projeto conduzido pela Associação Nacional de Pós-graduação e Pesquisa em Educação.[409] Nele, trata-se da avaliação e perspectivas na área da educação, envolvendo o período de 1982 a 1991, e incluindo o tema da Educação e Informática. Embora a condição docente não fosse objeto de estudo no projeto, este voltava a sinalizar a fragilidades dessa condição quanto ao domínio do tema em pauta. Dentro disso, o relatório do estudo termina sugerindo a importância da formação de professoras e professores para a exploração crítica da denominada nova era tecnológica, a serviço de uma sociedade mais justa e democrática.

A partir do momento anterior, ênfases na tecnologia na área da educação foram revisitadas. Nesse caso, há a proposta de uso das denominadas novas tecnologias na escola a partir de discussões sobre a empresa flexível e integrada e do tratamento da tecnologia, além de método/recurso, como conteúdo/objeto de ensino na formação de novas/os trabalhadoras/es.

Vale lembrar, com base em Castells,[410] as discussões que frequentaram as pautas de estudo sobre a tecnologia na área da educação, com ênfase no denominado paradigma tecnológico. Nele, tem-se um novo modo de desenvolvimento pelo qual a fonte de produtividade encontra-se na tecnologia da informação, ou seja, na geração de conhecimentos, no processamento da informação e na comunicação de símbolos. Com isso, a ação de conhecimentos sobre os próprios conhecimentos, na condição em que a matéria-prima é a informação.

---

[408] VALENTE, José Armando. Por quê o computador na educação? *In:* VALENTE, José Armando (org.). *Computadores e conhecimento:* repensando a educação. Campinas: Gráfica Central da UNICAMP, 1993. p. 29-53.

[409] OLIVEIRA, Maria Rita Neto Sales. Educação e informática. *In:* ANPED. *Avaliação e perspectivas na área da educação.* Porto Alegre, ANPEd, 1993. (Relatório de estudo realizado por demanda e com financiamento do Conselho Nacional de Desenvolvimento Científico e Tecnológico – CNPq).

[410] CASTELLS, Manuel. *Fim de milênio.* São Paulo: Paz e Terra, 1999. (A era da informação: economia, sociedade e cultura, v. 3); CASTELLS, Manuel. *O poder da identidade.* 2. ed. São Paulo: Paz e Terra, 2000a (A era da informação: economia, sociedade e cultura, v. 2); CASTELLS, Manuel. *A sociedade em rede.* 3. ed. São Paulo: Paz e Terra, 2000b. (A era da informação: economia, sociedade e cultura, v. 1).

A partir da década de 2000, segundo Dantas,[411] registra-se um amplo conjunto de projetos/programas governamentais, entre os quais foram bem difundidos, no âmbito federal, o Programa Nacional de Tecnologia Educacional (Proinfo) e o Programa Um Computador por Aluno (Prouca). Há que se lembrar também da criação da Universidade Aberta do Brasil (UAB) e a incorporação das TDICs no campo da educação por meio de programas e projetos, como o Proinfo (Urbano, Rural, Integrado) na direção de atendimento ao Plano Nacional de Educação (2001-2010). No estado de Minas Gerais, salienta-se o Programa Escolas em Rede (ER). Em paralelo, discute-se progressivamente, a expansão rápida de novas tecnologias (TICs) em seu caráter digital (portanto, TDICs), inseridas em plataformas digitais permeadas pela cibercultura.

Finalmente, a partir de 2020, têm-se discussões no campo da Tecnologia e Educação quando da pandemia da covid-19, com a educação on-line, nas formas de ensino remoto síncrono e assíncrono em substituição às aulas presenciais.

Nesse contexto, lembra-se, com frequência, da importância da inclusão digital, para além da mera alfabetização tecnológica e até mesmo do letramento digital, como discutido por Aguiar e Caligiorne.[412] Essa importância é justificada pelo desvelamento inquestionável das desigualdades no âmbito da educação escolar que importa sanar, à luz de um processo educacional público, gratuito, e com excelência acadêmica, porquanto democrático. E também pelo fato de que, no capitalismo digital, com o novo modo de desenvolvimento, os conhecimentos tecnológicos, embora sejam meios de produção, são passíveis de apropriação pelas/pelos próprias/os trabalhadoras/es.

As dissertações serão analisadas tendo-se por base as referências conceituais deste estudo e na seguinte ordem: conhecimentos do campo da *Tecnologia e Educação* nas dissertações, visto que eles estão presentes na mediação da interação professor-aluno; aspectos da especificidade da interação professor-aluno, propriamente dita e do trabalho humano de ensinar e aprender, ambos na educação escolar. Antes, porém, serão explicitadas informações gerais que identificam as dissertações que fazem parte deste estudo.

---

[411] DANTAS, Dina Mara Pinheiro. *SEM*: uma proposta metodológica para o uso dos softwares na educação. 2007. Dissertação (Mestrado em Educação) – Programa de Pós-graduação em Educação Brasileira, Universidade Federal do Ceará, Faculdade de Educação, Fortaleza, 2010.

[412] AGUIAR, Cristiane Pereira de; CALIGIORNE, Darsoni de Oliveira. O. "Fototirinha": prática pedagógica de mobilidade por meio de dispositivos móveis. *In*: SIMPÓSIO NACIONAL SOBRE CULTURA ESCRITA DIGITAL, 2., 2021, Belo Horizonte. *Anais* [...]. Belo Horizonte: UFMG, 2021.

13.2 AS DISSERTAÇÕES

Pelas informações registradas, constata-se que três das sete dissertações envolveram professores da rede pública estadual, mas também da rede pública municipal (uma dissertação) e da rede municipal e privada (duas dissertações). No entanto, dada a expressividade das características gerais do conteúdo dessas dissertações para o entendimento da condição docente, somada à dificuldade geral de se separarem as características exclusivas de um e de outro caso, considerou-se razoável a não exclusão das três dissertações no presente estudo.

O trabalho empírico das dissertações contou com 19 diretores, uma coordenadora e mais de 60 alunos, todos da rede estadual; 51 professores exclusivamente dessa rede, do total de 88, incluídos os participantes das três dissertações que, tal como explicitado, envolvem também outras redes de ensino. Assim, pode-se afirmar que os resultados encontrados sobre a condição docente, tal como entendida no presente estudo, contam com expressão de validade amostral.

Outra questão que foi objeto de atenção neste estudo refere-se ao fato de se as referências teórico-metodológicas nas dissertações podem ser assumidas como características de conhecimentos científico-tecnológicos e culturais presentes na mediação da interação professor-aluno na condição docente de professoras/es da educação básica em MG. Para tratar essa questão, foram levantadas informações sobre os currículos das/os autoras/es das dissertações.

Pelas informações coletadas, a maioria das/os autoras/es, ou seja, quatro, conta com experiência na educação básica em rede estadual, além de um registro com experiência na educação básica em rede federal. A partir dessa constatação, pode-se pressupor que as temáticas, questões de pesquisa e referências teórico-metodológicas, além, obviamente, das conclusões das dissertações analisadas expressam aspectos do capital cultural da condição docente estudada. Esse pressuposto é importante por atribuir legitimidade às inferências que são feitas neste estudo sobre a realidade do ser e do estar docentes.

13.3 OS CONHECIMENTOS DO CAMPO DA TECNOLOGIA E EDUCAÇÃO PRESENTES NA MEDIAÇÃO DA INTERAÇÃO PROFESSOR-ALUNO NA CONDIÇÃO DOCENTE

Ao abordarem conteúdos do campo da Tecnologia e Educação, as dissertações tratam não apenas dos recursos computacionais, mas de vários outros englobados no amplo grupo das TICs. Têm-se sinalizadas duas abordagens: uma que lida com os conteúdos como recursos de ensino e outra como conteúdos propriamente ditos que são objeto de aprendizagem. No caso da informática, esta aparece nos títulos das dissertações como um recurso, uma ferramenta no ensino e, portanto, indo ao encontro da denominada informática educacional.

Assim, de início, pode-se considerar que a condição docente dos professores da educação básica da rede estadual de MG:

I – envolve vários conteúdos do capital cultural do campo da Tecnologia e Educação;

II – implica um tratamento diferenciado de conhecimentos tratados ora como recursos de ensino, ora como conteúdos a serem aprendidos pelo corpo discente. Além do exposto, a questão da inclusão passa a estar presente em título de dissertações de 2017, reiterando aspecto da evolução do campo da Tecnologia e Educação, quando presente na condição docente estudada. Indo ao encontro da propriedade de dinamicidade da condição docente, pode-se reafirmar que ela;

III – sofre determinação por parte da evolução do conhecimento presente na mediação da interação professor-aluno, no processo de ensinar e aprender. As temáticas das dissertações e as palavras-chave dos estudos realizados evidenciam a predominância de temas relacionados ao campo da Educação em si mesmo considerado, envolvendo: práticas pedagógicas, formação de professores, políticas públicas educacionais, aprendizagem significativa, formação continuada, educação básica, ensino de astronomia, escola e trabalho docente. O campo da Tecnologia em si mesmo aparece em segundo lugar, com referências relativas a: inclusão digital, tecnologias digitais, interface gráfica, recursos computacionais, ferramentas tecnológicas, redes de informação e laboratório de informática. Quanto à integração da tecnologia com a educação, no campo interdisciplinar da Tecnologia e Educação, têm-se poucas referências relativas a: tecnologia na educação, tecnologia em aulas de biologia, novas tecnologias e educação. E em termos de projetos nesse campo, constata-se a menção a dois deles: Programa Escola Referência e outro relativo a Desenvolvimento Profissional. Desse modo, pode-se inferir que professoras/es da educação básica na rede estadual de MG enfatizam menções a conhecimentos do campo da Educação, independentemente do fato de os recursos didático-pedagógicos que utilizam na docência estarem mais vinculados a outros campos de conhecimento. Dessa forma, na divulgação dos seus estudos, a condição docente dessas/es professoras/es não se expressa por aspectos do seu capital cultural do campo da Tecnologia e Educação, mesmo quando se trata da docência nesse campo. A condição docente aqui estudada;

IV – envolve um ser docente que prefere se apresentar como sendo um sujeito produtor e consumidor prioritariamente no campo da Educação, na divulgação dos seus estudos. Isso sem desconsiderar, obviamente, a suposta aparente contradição, ao se verificar que há o predomínio do campo da Tecnologia e Educação quando se acrescenta, à análise dos títulos e das palavras/chave das dissertações, a análise dos termos presentes nas questões. Aliás, não poderia ser de outra forma: as questões de pesquisa levantadas por professoras/es, quando se propõem a pesquisar no campo da Tecnologia e Educação, contam com vocabulário técnico desse campo. Além disso, as questões sinalizam os momentos históricos em que se discutem aspectos da tecnologia na educação, o que corrobora, em outras palavras, aquela inferência de número III, reforçando que a condição docente;

V – tem um caráter dinâmico. Nessa direção, o uso dos termos informática e computadores na educação, historicamente vinculados, sobretudo, aos cinco centros-piloto de Informática na Educação e ao denominado Projeto Educom, sofre, pouco a pouco, um movimento de expansão (TICs) e retração (tecnologias digitais). E pelo desvelamento cada vez maior da exclusão societária nos mais variados setores da formação social brasileira, passa-se a mencionar no campo em pauta a expressão inclusão digital.

13.4 ASPECTOS TEÓRICO-METODOLÓGICOS DAS DISSERTAÇÕES

Adensando as conclusões relativas aos conhecimentos do campo da Tecnologia e Educação como um saber que professores/as contam com ele na mediação da interação professor-aluno na condição docente, têm-se aspectos teórico-metodológicos das dissertações. Pela análise dos textos das pesquisas, pode-se acrescentar sobre a condição docente que:

VI – no âmbito da pesquisa, o ser e o estar de professoras/es da educação básica na rede estadual de MG envolve mais familiaridade com referenciais metodológicos em nível de abordagem, procedimentos, técnicas e recursos de investigação (etnográficos), do que em nível teórico-conceitual de caráter geral (p. ex.: materialismo histórico-dialético). E esses referenciais são tratados, a rigor, de forma desvinculada das suas raízes epistemológicas. No único caso de dissertação elaborada com base no materialismo histórico dialético aparece, já na questão, a menção a trabalho docente, reiterando a presença da categoria trabalho tão cara a esse referencial. A análise das fontes bibliográficas das dissertações completa o exposto. Pelos dados e informações apresentados, constata-se a presença de uma ampla e variada gama de referências autorais, nas pesquisas realizadas (mais de 400 títulos, com pouco mais de 15% envolvendo repetições de autores/autoras). Isso pode estar sinalizando as alternativas a seguir que podem não ser exclusivas entre si:

VII. A – a condição docente estudada envolve um sentimento de insegurança acadêmica do ser e do estar docentes, no campo da pesquisa, sentimento este que se expressa pela quantidade de fontes bibliográficas que as professoras/es pesquisadoras/es mencionam. Essas fontes, no entanto, não são objeto de uma síntese qualitativa de referenciais teórico-metodológicos a serem utilizados na metodologia e nos fundamentos teórico-conceituais das pesquisas conduzidas por elas/es; ou

VII. B – a condição docente estudada conta com o domínio de um grande conjunto de bens culturais produzido e consumido por sujeitos históricos, nos diferentes campos de conhecimento, no caso, o da Tecnologia e Educação, expressando posições teórico-conceituais diferentes que, no entanto, nem sempre seriam tratadas ou percebidas como tal. De qualquer forma, nesse conjunto são reconhecidas certas referências autorais, embora poucas, que teriam o caráter de predomínio em um dado campo de conhecimento. Em Tecnologia e Educação, destacam-se Valente, Pierre Lévy, não sem o destaque de autores do campo da educação, como Paulo Freire. Importante destacar o fato de que em todo o conjunto de autores, com quatro ou mais títulos diferentes, é expressiva a citação de Brasil e Minas Gerais (40 no total), o que permite afirmar:

VIII – a condição docente aqui pesquisada é determinada sobremaneira pelas políticas públicas.

13.5 A INTERAÇÃO PROFESSOR-ALUNO E O TRABALHO DOCENTE DE ENSINAR E APRENDER

A partir da análise desses dois outros aspectos da condição docente, com base nas pesquisas das dissertações que fazem parte deste estudo, acrescentam-se novas propriedades do conceito em pauta. Essas ficam bem evidenciadas nas questões e nos achados das pesquisas mencionadas.

Assim, verifica-se que, em pesquisas conduzidas no campo da Tecnologia e Educação, em geral abordam-se vários aspectos que podem ser organizados em três grupos: percepções e sentimentos dos professores em relação à tecnologia e educação; relação dos recursos tecnológicos com a dinâmica geral da escola, com a aprendizagem discente e com a formação docente; e o uso em si dos recursos tecnológicos no trabalho docente.

Os dois primeiros vão ao encontro da propriedade de interação na condição docente. Neste caso, constatam-se modificações nas relações entre professoras/es, alunas/os, pais, a escola e a sociedade. Quanto ao ser docente, verifica-se uma apreensão das/os professoras/es em termos da integração dos recursos tecnológicos na escola e no processo de ensino. Pode-se afirmar que há um olhar cuidadoso em relação ao processo de aprendizagem discente com o uso das tecnologias em questão. Acrescenta-se certa hostilidade na interação professor-aluno e entre os próprios discentes. Estes, pertencentes a uma geração inserida no universo das novas tecnologias, demandam do corpo docente a atualização de seus conhecimentos e a sua qualificação para o uso desses recursos. Já o corpo docente sente certa insegurança na interação em pauta, a despeito do seu compromisso com a aprendizagem discente. Verifica-se, ainda, que aulas com o uso das *novas tecnologias* são mais atrativas para as/os alunas/os do que as aulas meramente expositivas em ambiente tradicional. A partir dessas constatações pode-se inferir que:

IX – a propriedade de interação na condição docente estudada implica relações da docência com o contexto social mais amplo e relações entre pessoas de gerações diferentes, o que pode envolver sentimentos de apreensão, hostilidade e insegurança. Quanto ao uso em si dos recursos tecnológicos no trabalho docente, tal como se apresenta nas pesquisas das dissertações, desvela, entre outros aspectos:

- a formação docente não tem incluído a formação, demandada até pelos discentes, para o uso das *novas tecnologias* como recursos didático-pedagógicos;
- as políticas públicas no campo da Tecnologia e Educação deixam a desejar em termos de preparação da escola para a implementação dessas políticas e dos programas que lhes correspondem;
- há dificuldades na gestão do tempo para inserção das TDICs nas atividades escolares;
- ocorrem descompassos entre a cobrança dos gestores educacionais e a realidade do trabalho docente;
- as escolas carecem de infraestrutura que favoreça o desenvolvimento dos processos de ensinar e aprender com boa qualidade, pela falta de equipamentos, pelo caráter obsoleto dos equipamentos os quais também carecem de manutenção, e por divergências sobre investimento em infraestrutura tecnológica;
- o corpo docente encontra-se sem estímulo e desmotivado para o trabalho, envolvendo desinteresse pela aprendizagem, sobrecarga de trabalho, baixos salários, falta de apoio pedagógico e de políticas de valorização docente. Assim, não aderem a aulas que lhes são disponibilizadas no campo da Tecnologia e Educação.

Assim, a condição docente de professores/as da educação básica em Minas Gerais:

X – envolve um trabalho precarizado, em que professoras/es se sentem desmotivadas/os, sem formação de boa qualidade, em um ambiente potencialmente adoecedor, com sentidas injustiças e condições físico-materiais e econômico-financeiras insatisfatórias. Finalmente, as propriedades da interação professor-aluno e do trabalho docente, na prática do campo da Tecnologia e Educação no processo de ensinar e aprender nas escolas, indicam que:

XI – os aspectos fenomênicos da condição docente no mencionado campo reiteram propriedades gerais da condição docente vivenciadas na/pela prática docente em Minas Gerais e no país.

CONSIDERAÇÕES FINAIS

Em primeiro lugar, pode-se afirmar que, nos limites deste estudo, a compreensão da realidade da condição docente de professoras/es da educação básica da rede estadual de Minas Gerais pode ser ampliada a partir das inferências apresentadas no decorrer deste texto, manifestas no campo da Tecnologia e Educação.

Fica claro que: os conhecimentos científico-tecnológicos e culturais do campo da condição docente em pauta assumem características próprias sendo tratados como recurso ou conteúdo de ensino no processo de ensinar e aprender. Além disso, o tratamento desses conhecimentos é condicionado pela sua evolução sócio-histórica, o que vai ao encontro da afirmação da determinação histórica da condição docente.

Acrescenta-se o fato de o conceito de condição docente envolver o professor, como um sujeito histórico, que se reconhece como produtor e consumidor de conhecimentos sobretudo do campo da Educação. Isso independentemente dos campos aos quais se referem os conhecimentos que estão presentes na mediação professor-aluno, no processo de ensinar e aprender. Dessa forma, pode-se afirmar também que o conceito de condição docente:

- envolve um ser docente que prefere se apresentar como sendo um sujeito produtor e consumidor prioritariamente do campo da Educação, quando se trata da divulgação dos seus estudos;
- implica maior familiaridade por parte de professoras/es com referenciais metodológicos propriamente do que com referenciais teórico-conceituais de caráter geral. E os referenciais metodoló-

gicos são tratados, de certa forma, desvinculados das suas raízes epistemológicas;

- expressaria uma realidade da docência pela qual professores/as parecem ter sua segurança acadêmica suportada pela referência que fazem a um conjunto muito amplo e variado de fontes bibliográficas. Ao lado disso, essa referência indicaria, de fato, a existência de posições teórico-conceituais diferentes, dignas de menção, as quais, no entanto, nem sempre são tratadas ou percebidas como tal, nas pesquisas em pauta. Constatado, ainda, o fato de que as fontes bibliográficas contêm muitas referências autorais de Brasil e Minas Gerais, infere-se que a condição docente, no campo da Tecnologia e Educação, mostra-se bem influenciada pelas políticas públicas.

As propriedades da condição docente explicitadas são ampliadas quando se discutem a questão da interação professor-aluno, considerada característica essencial da docência, e a questão do trabalho humano no processo de ensinar e aprender. Nessa direção, a propriedade interacional da docência e a de envolver o trabalho docente em sua dimensão laboral e intencional encontra-se *conteudizada* por outras características, o que permite inferir que a condição docente sofre determinação do contexto social mais amplo com relações entre pessoas de gerações diferentes, acabando por implicar sentimentos de apreensão, hostilidade e insegurança nessas relações.

Finalmente, a condição docente envolve a precarização do trabalho docente em um ambiente por vezes desmotivador e aversivo, envolvendo condições físico-materiais e econômico-financeiras insatisfatórias para uma boa qualidade do ensino e da aprendizagem escolar. Para concluir, registra-se que os achados do presente estudo, no campo da Tecnologia e Educação, vão ao encontro de características do ser e do estar docente, portanto, da condição docente, tal como vivenciada na/pela prática docente em MG e no país, em outros campos da docência.

REFERÊNCIAS

AGUIAR, Cristiane Pereira de; CALIGIORNE, Darsoni de Oliveira. "Fototirinha": prática pedagógica de mobilidade por meio de dispositivos móveis. *In:* SIMPÓSIO NACIONAL SOBRE CULTURA ESCRITA DIGITAL, 2., 2021, Belo Horizonte. *Anais* [...]. Belo Horizonte: UFMG, 2021.

BEZERRA, Djalma Vieira. *Tecnologias da informação e comunicação nas aulas de geografia*: seus usos no ensino fundamental II nas escolas públicas estaduais de Uberlândia – MG. 2015. Dissertação (Mestrado em Geografia) – Programa de Pós-graduação em Geografia, Universidade Federal de Uberlândia, Uberlândia, 2015.

BOURDIEU, Pierre. O campo científico. *In:* ORTIZ, Renato (org.). *Pierre Bourdieu*: Sociologia. São Paulo: Ática, 1983a.

BOURDIEU, Pierre. *Questões de sociologia*. Rio de Janeiro: Marco Zero, 1983b.

CALIGIORNE, Darsoni de Oliveira; DANTAS, Dina Mara Pinheiro; OLIVEIRA, Maria Rita Neto Sales. Condição docente e tecnologia e educação. *In:* DINIZ-PEREIRA, Júlio Emílio (coord.). *A condição docente de professores da educação básica da rede estadual de Minas Gerais*. Belo Horizonte: FaE-UFMG, 2024a. (Relatório de pesquisa).

CALIGIORNE, Darsoni de Oliveira; DANTAS, Dina Mara Pinheiro; OLIVEIRA, Maria Rita Neto Sales. *A condição docente na rede estadual de Minas Gerais no campo da tecnologia e educação*. *In:* SEMINÁRIO INTERNACIONAL DE PESQUISA EM EDUCAÇÃO, 2024, Belo Horizonte, Assembleia Legislativa de Minas Gerais, 2024b (Audiência Pública).

CALIGIORNE, Darsoni de Oliveira; DANTAS, Dina Mara Pinheiro; OLIVEIRA, Maria Rita Neto Sales. *A condição docente na rede estadual de Minas Gerais e o campo da tecnologia e educação*. *In:* SIMPÓSIO DE GRUPOS DE PESQUISA SOBRE FORMAÇÃO DE PROFESSORES DO BRASIL, 5., Fortaleza, 17-17 maio 2024. Anais [...]. Fortaleza: UECE, 2024c.

CASTELLS, Manuel. *Fim de milênio*. São Paulo: Paz e Terra, 1999. (A era da informação: economia, sociedade e cultura, v. 3).

CASTELLS, Manuel. *O poder da identidade*. 2. ed. São Paulo: Paz e Terra, 2000a. A era da informação: economia, sociedade e cultura, v. 2).

CASTELLS, Manuel. *A sociedade em rede*. 3. ed. São Paulo: Paz e Terra, 2000b. (A era da informação: economia, sociedade e cultura, v. 1).

CASTILHO, Andressa Garcia. *As implicações e o impacto para o trabalho docente com as novas tecnologias na escola*. 2018. Dissertação (Mestrado em Educação) – Universidade Federal de Uberlândia, Uberlândia, 2018.

COSTA, Beatriz. *Projetos e desafios em busca de novas práticas pedagógicas*: estudo de caso em duas escolas estaduais de Minas Gerais. 2009. Dissertação (Mestrado em Educação Tecnológica) – Centro Federal de Educação Tecnológica de Minas Gerais, Belo Horizonte, 2009.

DANTAS, Dina Mara Pinheiro. *SEM*: uma proposta metodológica para o uso dos softwares na educação. 2007. Dissertação (Mestrado em Educação) – Programa de Pós-graduação em Educação Brasileira, Universidade Federal do Ceará, Faculdade de Educação, Fortaleza, 2010.

DINIZ-PEREIRA, Júlio Emílio. Formação de professores, saberes e trabalho docente. *In:* SIMPÓSIO INTERNACIONAL TRABALHO, RELAÇÕES DE TRABALHO, EDUCAÇÃO E IDENTIDADE, 5., Belo Horizonte, 26-28 maio 2014. *Anais* [...]. Belo Horizonte: UFMG.

FANFANI, Emilio Tenti. Condição docente. *In:* OLIVEIRA, Dalila Andrade; DUARTE, Adriana Maria Cancella; VIEIRA, Lívia Maria Fraga. *Dicionário:* trabalho, profissão e condição docente. Belo Horizonte: UFMG/Faculdade de Educação, 2010. CDROM.

FIALHO, Wanessa Cristiane Gonçalves. *A prática pedagógica e as tecnologias da informação e da comunicação nas aulas de Biologia:* um olhar sobre duas escolas públicas mineiras. 2008. Dissertação (Mestrado em Educação) – Programa de Pós-graduação em Educação. Universidade Federal de Uberlândia, Uberlândia, 2008.

LIMA, Niuza Eugênia do Amaral. *Metáforas e interfaces gráficas:* contribuições para uma aprendizagem significativa da informática. 2008. Dissertação (Mestrado em Educação Tecnológica) – Programa de Pós-graduação em Educação Tecnológica, Centro Federal de Educação Tecnológica de Minas Gerais, Belo Horizonte, 2008.

MENEZES, Leonardo Donizette de Deus. *Tecnologia no ensino de astronomia na educação básica*: análise do uso de recursos computacionais na ação docente. 2011. Dissertação (Mestrado em Educação) – Programa de Pós-graduação em Educação, Universidade Federal de Uberlândia, Uberlândia, 2011.

OLIVEIRA, Maria Rita Neto Sales. *Conceito de condição docente. In:* ENCONTRO DE PESQUISA, EXTENSÃO E ENSINO, 18., Belo Horizonte, 28 ago.-1 set. 2023, Belo Horizonte: FaE-UFMG, 2023. (Texto digitado, relativo a conteúdo do relatório de pesquisa coletiva sobre *A condição docente de professores da educação básica da rede estadual de Minas Gerais*, conduzida pelo *Grupo de Pesquisa Prodoc*, sediado na FaE-UFMG).

OLIVEIRA, Maria Rita Neto Sales. Educação e informática. *In:* ANPED. *Avaliação e perspectivas na área da educação.* Porto Alegre, ANPEd, 1993. (Relatório de estudo realizado por demanda e com financiamento do Conselho Nacional de Desenvolvimento Científico e Tecnológico – CNPq).

OLIVEIRA, Maria Rita Neto Sales. Revendo a discussão: do mito da tecnologia ao paradigma tecnológico. *In:* TAVARES, Rosilene Horta; GOMES, Suzana dos Santos. (org.). *Sociedade, educação em redes*: desafios à formação crítica. São Paulo, Araraquara, Junqueira & Marin, 2014. p. 155-172.

RICHITELI, Aurélio Alberto. *Políticas para a inclusão digital*: práticas e possibilidades na escola pública. 2017. Dissertação (Mestrado em Educação) – Programa de Pós-graduação em Educação, Universidade Federal do Triângulo Mineiro, Uberaba, 2017.

TEIXEIRA, Inês Assunção de Castro. Da condição docente: primeiras aproximações teóricas. *Educação e Sociedade*, Campinas, v. 28, n. 99, p. 426-443, 20007. Disponível em: https://doi.org/10.1590/S0101-73302007000200007. Epub 24 set. 2007. Acesso em: 16 jul. 2022.

VALENTE, José Amando. Por quê o computador na educação? *In:* VALENTE, José Armando (org.). *Computadores e conhecimento*: repensando a educação. Campinas, Gráfica Central da UNICAMP, 1993. p. 29-53.

14

PROPOSTA DE PERCURSO METODOLÓGICO PARA PESQUISAS SOBRE A CONDIÇÃO DOCENTE NAS REDES PÚBLICAS DE EDUCAÇÃO BÁSICA

Marina Alves Amorim

Ana Luiza Gomes de Araujo

INTRODUÇÃO

A condição docente possui duas dimensões inter-relacionadas que funcionam, ao mesmo tempo, como estruturantes e como estruturadas.[413] A primeira dessas dimensões é fortemente objetiva (estar), dizendo respeito às condições de exercício da docência, ou seja, às condições de trabalho. Já a segunda é fortemente subjetiva (ser), pois é do âmbito da identidade docente e dos processos de (re)construção identitária. Por um lado, então, compreender a condição docente impõe questionar o local de trabalho (não apenas do ponto de vista geográfico, mas também no que diz respeito à rede de ensino e à escola), o tipo de vínculo empregatício, a etapa de trabalho na educação básica, a carreira (se existe ou não, e, existindo, qual é), os direitos dos quais usufrui enquanto trabalhador/a, a carga-horária semanal e a sua organização, o rendimento financeiro (salário) e os demais benefícios, o turno de trabalho (matutino, vespertino e/ ou noturno), a quantidade de escolas em que trabalha, entre outros. Por outro lado, quando se pretende compreender a condição docente, é preciso também questionar o perfil socioeconômico e cultural do/a professor/a, sua socialização primária e secundária, sua formação acadêmica,

---

[413] Este capítulo, com acréscimos e reflexões adicionais, foi publicado na obra *Políticas Públicas em Minas Gerais: como operam Executivo, Legislativo, governos e os órgãos do sistema de ensino?*, coordenado por Rosimar de Fátima Oliveira, Eduardo Santos Araújo e Daniel Santos Braga.

seu processo de profissionalização, sua trajetória no mercado de trabalho, sua prática docente etc.[414] A Figura 1 ilustra essa compreensão da condição docente constituída por duas dimensões inter-relacionadas.

Figura 1 – Dimensões da condição docente

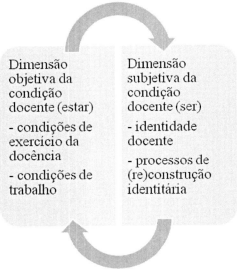

Fonte: as autoras

É importante compreender o quão estruturante é a dimensão objetiva da condição docente, e o quão necessário é o estudo dessa dimensão, seja para a compreensão da condição docente, seja para a análise de outros fenômenos educacionais, inclusive, a qualidade da educação. O que significa, por exemplo, para o/a seu/sua aluno/a, para o/a próprio/a professor/a, para a escola e a para rede de ensino em que ele/a trabalha e para a educação de uma forma mais ampla, um/a professor/a ganhar um maior ou um menor salário, um salário suficiente ou não para suprir as suas necessidades individuais e familiares, um salário condizente ou não com as suas responsabilidades? E o que significa um/a professor/a trabalhar em uma única escola, ocupando

---

[414] A reflexão apresentada neste parágrafo foi construída a partir das discussões realizadas pela equipe técnica responsável pelo desenvolvimento do Projeto de Pesquisa *O que sabemos e o que não sabemos sobre a condição docente das/os professoras/es da Rede Estadual de Educação de Minas Gerais?*, coordenado por Júlio Emílio Diniz--Pereira, Professor da Faculdade de Educação (FaE) da UFMG, e financiado pelo Conselho Nacional de Pesquisa (CNPq) e pela Fundação de Amparo à Pesquisa do Estado de Minas Gerais (Fapemig). Ver: DINIZ-PEREIRA, 2017.

um posto de trabalho estável (efetivo), ou ele/ela trabalhar em uma ou até mesmo em várias escolas ao mesmo tempo, ocupando um posto de trabalho precário (temporário)? Muitas questões como essas poderiam ser formuladas, não só mostrando o quão óbvia e determinante é a articulação da dimensão objetiva da condição docente com a sua dimensão subjetiva, mas também demonstrando que compreender o universo educativo em que um/a professor/a trabalha e seus/suas atores/as, o processo de ensino e aprendizagem em que ele/ela é protagonista, impõe, necessariamente, compreender a dimensão objetiva da condição docente.[415]

Este texto explora, teórica e metodologicamente, o vínculo de trabalho enquanto elemento constitutivo da condição docente. Parte-se da premissa de que o tipo de vínculo tem implicações sobre a docência. Isso ocorre porque vínculos diferentes estão atrelados a condições diferentes de exercício da docência, a condições diferentes de trabalho para o/a professor/a. O objetivo principal é explorar os meandros da associação entre vínculo de trabalho e condição docente, com o intuito de propor um caminho metodológico à disposição dos/as pesquisadores/as preocupados/as com a condição docente em determinada escola ou rede de ensino públicas ou de determinados/as professores/as que nelas lecionam. Tal proposta concerne especificamente à dimensão objetiva da condição docente e tem como elemento central o vínculo de trabalho e seus impactos (carreira, direitos, salário e demais benefícios). Outros elementos próprios da dimensão objetiva da condição docente (local de trabalho, etapa da educação básica em que trabalha, carga horária semanal e sua organização, turno de trabalho, número de escolas em que leciona e de anos escolares para os quais leciona) são abordados na sua relação com o vínculo de trabalho.

14.1 O TIPO DE VÍNCULO DE TRABALHO COMO ELEMENTO DE CONSTITUIÇÃO DA CONDIÇÃO DOCENTE NAS REDES PÚBLICAS DE EDUCAÇÃO BÁSICA

Em linhas gerais, no ensino público, o/a professor/a pode ocupar cargo efetivo ou exercer suas funções temporariamente. Os cargos efetivos são acessados pelo rito da aprovação em concurso público, tal como previsto na Constituição da República Federativa do Brasil (CR/88), art.

---

[415] O primeiro e o segundo parágrafos deste texto retomam parte de artigo escrito anteriormente, intitulado *A dimensão objetiva da condição docente dos professores da Rede Estadual de Educação de Minas Gerais (REE-MG): o que se sabe sobre a situação dos designados e os impactos da designação*. Ver: AMORIM; ARAÚJO; SALEJ, [2023?].

37, inc. II.[416] Após a aprovação no estágio probatório, que tem a duração de três anos e inclui a avaliação de desempenho do/a servidor/a, o vínculo de trabalho do/a professor/a que ocupa um cargo efetivo se torna estável. Se a regra constitucional de contratação de pessoal no serviço público, inclusive, de professores/as, é o concurso público, no caso de necessidades temporárias ou de excepcional interesse público, como, por exemplo, quando uma professora ocupando cargo efetivo está de licença maternidade, essa via de contratação não é a mais adequada. Por isso, a própria CR/88, art. 37, inc. IX, [417] criou uma exceção para atender esses casos, que é a contratação temporária. Ela está condicionada à existência de lei específica, que apresenta suas hipóteses de aplicação, seu prazo máximo de vigência, as situações que viabilizam a prorrogação, o limite máximo de prorrogações e os direitos e deveres aplicáveis.

Apesar disso, por exemplo, no caso de Minas Gerais, não se utiliza a contratação temporária e sim a designação/convocação para o estabelecimento de vínculo precário de professor. Isso acontece porque a Constituição Estadual de Minas Gerais, em seu art. 22,[418] estabeleceu que a contratação temporária somente seria utilizada para atender necessidades temporárias e de excepcional interesse público, não se aplicando às funções de magistério. Posteriormente, a Lei 10.254/90, no art. 10, §1º, alínea "a",[419] instituiu a designação para o exercício de função pública para os cargos de professor, regência de classe, especialista em educação e serviçal, para o exercício exclusivo em unidade estadual de ensino.

Dessa forma, percebe-se que a função do magistério na Rede Estadual de Educação de Minas Gerais (REE-MG) passou a ser suprida pelo estatuto da designação e não pela contratação temporária, além dos concursos públicos. Mais recentemente, a designação foi declarada parcialmente inconstitucional pelo Supremo Tribunal Federal (STF), no julgamento da Ação Direta de Inconstitucionalidade (ADI) 5.267/20, que entendeu não

---

[416] BRASIL. *Constituição da República Federativa do Brasil*. Brasília, DF: Senado Federal, 1988. Disponível em: http://www.planalto.gov.br/ccivil_03/constituicao/constituicao.htm. Acesso em: 27 jul. 2022.

[417] BRASIL, 1988.

[418] MINAS GERAIS. [Constituição (1989)]. *Constituição do Estado de Minas Gerais*. 28. ed. Belo Horizonte: Assembleia Legislativa do Estado de Minas Gerais, 2021. Disponível em: https://www.almg.gov.br/export/sites/default/consulte/legislacao/Downloads/pdfs/ConstituicaoEstadual.pdf. Acesso em: 27 jun. 2022.

[419] MINAS GERAIS. Assembleia Legislativa. *Lei Ordinária n.º 10.254, de 20 de julho de 1990*. Institui o regime jurídico único do servidor público civil do Estado de Minas Gerais e dá outras providências. Belo Horizonte: Assembleia Legislativa do Estado de Minas Gerais, 1990. Disponível em: https://www.almg.gov.br/consulte/legislacao/completa/completa.html?tipo=LEI&num=10254&comp=&ano=1990. Acesso em: 27 jul. 2022.

caber designação nas hipóteses de cargo vago de magistério, mas apenas para a substituição do/a titular. Diante de tal decisão, o Governo de Minas Gerais optou por regulamentar o instituto da convocação, previsto na Lei 7.109/77[420], mediante o Decreto 48.109/20,[421] editado após 43 anos da publicação da lei, com o intuito de viabilizar a convocação para o exercício de magistério a título precário, tendo como uma de suas hipóteses a convocação para vacância de cargo efetivo, enquanto não for realizado concurso público e até a efetiva entrada em exercício de servidor nomeado.

Tal situação, muito similar à que fora declarada inconstitucional pelo STF no julgamento da ADI 5.267/20, a referente à da designação, despertou a atenção do Ministério Público Federal (MPF), que ingressou com a Ação de Descumprimento de Preceito Fundamental (ADPF) 915/22 junto ao STF. Em maio de 2022, o STF reafirmou em julgamento o seu entendimento de não ser cabível o uso de institutos precários dessa natureza (seja a designação, seja a convocação), para a atividade permanente da educação, em situação de cargo vago. Atendendo a recurso apresentado pelo Governo de Minas Gerais, no entanto, o STF modulou os efeitos da decisão, visto que foi fixado o prazo de 24 meses para o cumprimento da sentença. Ao pesquisar sobre a condição docente dos/as professores/as em escolas e em redes de ensino públicas, considerando a particularidade do caso de Minas Gerais, é importante, portanto, verificar como a unidade da federação ou o município supre a necessidade de pessoal para o exercício da função do magistério, quando não realiza concurso; se utiliza a contratação temporária ou não, e, quando não utiliza, qual é a via adotada.

Ser professor/a ocupando um cargo efetivo ou temporário — ou, no caso específico da REE-MG, ocupando um cargo efetivo ou enquanto designado/a ou convocado/a — tem, inegavelmente, um impacto sobre a condição docente. Por exemplo, somente os/as professores/as efetivos/as usufruem de estabilidade, após a aprovação em estágio probatório. Os/as professores/as temporários/as são detentores/as de vínculos precários de

---

[420] MINAS GERAIS. Assembleia Legislativa. *Lei 7.109, de 13 de outubro de 1977*. Contém o Estatuto do pessoal do magistério público do Estado de Minas Gerais, e dá outras providências. Belo Horizonte: Assembleia Legislativa do Estado de Minas Gerais, 1977. Disponível em: https://www.almg.gov.br/consulte/legislacao/completa/completa-nova-min.html?tipo=LEI&num=7109&comp=&ano=1977&texto=consolidado#texto. Acessado em: 11 nov. 2022.

[421] MINAS GERAIS. Assembleia Legislativa. *Decreto 48.109/20*. Dispõe sobre a convocação de profissionais para o exercício das funções de magistério nas unidades de ensino de educação básica e superior dos órgãos, autarquias e fundações do Poder Executivo. Belo Horizonte, 2020. Disponível em: https://www.almg.gov.br/consulte/legislacao/completa/completa.html?tipo=DEC&num=48109&comp=&ano=2020&aba=js_textoAtualizado#texto. Acesso em: 11 nov. 2022.

trabalho e desempenham suas funções por período determinado em contrato. Já os/as professores/as designados/as enfrentam ainda maior precariedade do que os/as temporários/as, porque a designação não estabelece um prazo de vigência, podendo, inclusive, ser revista a qualquer momento em função da chegada de um/a professor/a efetivo/a na escola, embora seja relativamente comum situações em que ela se prolonga por anos a fio. Os direitos do profissional também não são os mesmos. A título de ilustração, na REE-MG, enquanto um/a professor/a efetivo/a usufrui de uma lista de 30 direitos, um/a professor/a designado/a usufrui de apenas oito.[422]

Mais uma vez, a designação consegue apresentar maior precariedade do que a contratação temporária, porque, enquanto o contrato temporário tem os direitos e os deveres aplicáveis expressamente previstos em lei, a designação não apresenta um instrumento normativo, e sim uma miscelânea de normas esparsas e resoluções facilmente revogáveis.[423] Na convocação, de maneira semelhante, constata-se a difícil percepção de quais são os direitos e garantias aplicáveis ao/à professor/a convocado, uma vez que o Decreto 48.109/20[424] se limitou a tratar da remuneração, que equivale ao valor do nível e grau correspondente ao ingresso na respectiva carreira (art. 5º) e a filiação ao Regime Geral de Previdência Social, com a facultatividade de assistência médica, hospitalar e odontológica, pelo Instituto de Previdência dos Servidores do Estado de Minas Gerais, mediante contribuição do convocado (art. 9º).

A estabilidade ou precariedade do vínculo de trabalho e o leque de direitos e deveres do/a professor/a segundo o vínculo de trabalho, por sua vez, têm também seus desdobramentos sobre a condição docente. Por exemplo, eles asseguram um maior ou menor salário. Segundo Oliveira et al.,[425] a remuneração média de um/a professor/a efetivo/a na REE-MG, em novembro de 2017, equivaleria à R$ 3.090,30, enquanto a de um/a professor/a designado/a equivaleria a R$ 2.021,75. Conforme demons-

---

[422] MINAS GERAIS. Secretaria de Estado da Educação. *Manual do Secretário Escolar*. Belo Horizonte: Secretaria de Estado da Educação de Minas Gerais, 2014. Disponível em: http://www2.educacao.mg.gov.br/images/stories/publicacoes/MANUAL_DO_SECRET ARIO_2_014_WEB.pdf. Acesso em: 14 abr. 2020.

[423] OLIVEIRA, Kamila Pagel *et al*. Dois pesos, duas medidas e uma política pública: a distinta realidade de incentivos dos professores efetivos e designados na rede estadual de educação de Minas Gerais. *Fórum Administrativo*, Belo Horizonte, v. 19, n. 223, set. 2019; ARAUJO, Ana Luiza Gomes *et al*. Desafios ao planejamento da força de trabalho no Estado de Minas Gerais: o Instituto da Designação no Recrutamento dos Professores da Educação Básica. *In*: ENCONTRO DE ADMINISTRAÇÃO PÚBLICA DA ASSOCIAÇÃO NACIONAL DE PÓS-GRADUAÇÃO E PESQUISA EM ADMINISTRAÇÃO, 8., 2019, Fortaleza. *Trabalho apresentado* [...]. Fortaleza: ANPAD, 2020. p. 1-11.

[424] MINAS GERAIS, 2020.

[425] OLIVEIRA *et al.*, 2019.

tram Araújo *et al.*,[426] a remuneração dos/as professores/as designados/as na REE-MG seria, em média, 34,57% inferior à remuneração dos/as professores/as efetivos/as. Essa diferença salarial tem origem, em primeiro lugar, no fato de o cargo efetivo de professor da educação básica (PEB) da REE-MG contar com uma carreira que garante promoção e progressão e, consequentemente, com um aumento continuado do salário base e do/a professor/a designado/a se encontrar sempre, necessariamente, na primeira casa dessa carreira, recebendo, portanto, o salário base inicial e dependendo de revisão da tabela de cargos e salários para usufruir de aumento salarial. Além disso, alguns dos direitos assegurados somente aos/às professores/as que ocupam cargo efetivo têm impacto no salário, como, por exemplo, o adicional de valorização da educação básica (ADVEB) e a gratificação por curso de pós-graduação. Oliveira *et al.* apontam que somente esses dois incentivos podem acarretar um aumento na remuneração dos professores na REE-MG que pode girar entre 5 e 55%. A convocação é um advento muito recente e não se tem conhecimento de estudos já concluídos e publicados que apresentem evidências do seu impacto sobre a condição docente. Todavia, com base na análise no Decreto 48.109/20,[427] supõe-se que a condição docente dos/das professores/as convocados/as seja muito similar àquela dos/as designados/as. Isso porque, por exemplo, em relação aos rendimentos financeiros, eles/elas também não contam com uma carreira e se encontram indefinidamente no primeiro nível e grau da carreira de PEB, obtendo aumento salarial somente quando há uma revisão da tabela de cargos e salários dessa carreira.

Enfim, vale lembrar que, historicamente, ser professor/a da educação infantil, do ensino fundamental ou do ensino médio possui significados diferentes, inclusive, em termos de carreira e salário. Gatti e Barreto[428] informam que a média salarial de um/a professor/a da educação infantil da rede pública no Brasil, em 2006, equivalia a R$ 739, enquanto a média salarial de um/a professor/a do ensino fundamental da rede pública equivalia à 912 reais e a de um/a professor/a do ensino médio, R$ 1.403. Da mesma forma, uma maior ou menor carga horária semanal e a forma de organização dessa carga-horária (se concentrada ou não) estão relacionados a uma maior ou menor precariedade, no que diz respeito ao salário,

---

[426] ARAÚJO *et al.*, 2020.
[427] MINAS GERAIS, 2020
[428] GATTI, Bernadete Angelina; BARRETO, Elba Siqueira de Sá (coord.). *Professores do Brasil*: impasses e desafios. Brasília: Unesco, 2009. p. 247.

à possibilidade de conjugar o trabalho em uma escola com o trabalho em outra(s) ou não, ao tempo e ao gasto com deslocamento casa-trabalho e ao tempo e aos recursos disponíveis para realizar outras atividades *etc*. Sendo que a carga-horária de um/a professor/a efetivo/a, em geral, equivale a um turno completo (matutino, vespertino ou noturno), enquanto a de um/a professor/a temporário/a ou designado/a nem sempre. Amorim e Salej[429] apontam, por exemplo, que, nas escolas da REE-MG localizadas no município de Ouro Preto, em 2014, a média da carga-horária semanal dos/as professores/as efetivos/as era de 23,51 horas por semana e a dos/as professores/as não-efetivos/as, de 17,95 horas por semana. Dessa forma, é fundamental que a etapa de trabalho, assim como a carga-horária semanal e a sua organização sejam considerados na sua articulação com o vínculo de trabalho pelos/as pesquisadores/as preocupados/as com a condição docente em escolas e redes de ensino públicas.

14.2 PROPOSTA DE CAMINHO METODOLÓGICO PARA PESQUISAS SOBRE A DIMENSÃO OBJETIVA DA CONDIÇÃO DOCENTE NAS REDES PÚBLICAS DE EDUCAÇÃO BÁSICA CENTRADAS NO VÍNCULO DE TRABALHO

Tomando como ponto de partida as associações entre vínculo de trabalho, rede de ensino, etapa de trabalho, direitos, carga-horária, salário e demais benefícios, tecidas anteriormente, um caminho metodológico se desenha para as pesquisas sobre a dimensão objetiva da condição docente nas redes públicas de educação básica centradas no vínculo de trabalho. A ideia é que, diante do desafio de analisar a condição docente em uma determinada rede de ensino pública, deve-se começar pela identificação dos tipos de vínculo de trabalho possíveis para as/os professoras/es nessa rede (efetivo, temporário e/ou outro), incluindo o levantamento da regulamentação referente a cada tipo de vínculo e tendo o cuidado de verificar se, em se tratando dos/as professores/as efetivos/as, há diferentes carreiras possíveis, segundo a etapa de trabalho na educação básica. Em seguida, deve-se apontar, por tipo de vínculo e carreira na rede de ensino, os direitos assegurados, a quantidade de professores/as, a média de carga-horária e a média salarial.

---

[429] AMORIM, Marina Alves; SALEJ, Ana Paula. Professores da Rede Estadual de Educação de Minas Gerais (REE/MG): informações e sugestões aos gestores. Nota Técnica. *Revista Brasileira de Educação Básica*, Brasília, ano 5, n. 17, maio/set. 2020. p. 11.

O exercício pode ser realizado para uma escola pública específica, feitas as modificações necessárias e começando pela identificação da rede de ensino pública da qual ela faz parte. Além disso, em se tratando da condição docente, a própria escola em que se leciona, o território onde ela está inserida, a quantidade de escolas e turnos de trabalho em que se trabalha, assim como a quantidade de turmas, disciplinas e anos escolares diferentes para os quais se leciona têm um peso, e esse peso não pode ser desprezado, sendo que, quando se trabalha com um universo reduzido, ou seja, um número reduzido de escolas, é mais factível obter as informações necessárias. Deve-se, portanto, nesse caso, articular tipo de vínculo com esses outros itens mencionados.

A Figura 2 procura apresentar a proposta metodológica anterior de forma esquemática e o Quadro 1 retoma tal proposição no formato de *check-list*, com o objetivo de facilitar a sua apropriação pelos/as pesquisadores/as interessados/as. Vale ressaltar que é possível comparar redes de ensino ou escolas públicas, seguindo esse *script*. Basta fazer a análise por rede ou por escola, e comparar os resultados alcançados.

Figura 2 – Elementos de um caminho metodológico para pesquisas sobre a dimensão objetiva da condição docente em escola(s) ou rede(s) pública(s) de educação básica

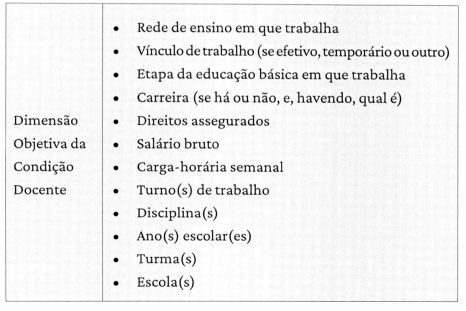

Dimensão Objetiva da Condição Docente	• Rede de ensino em que trabalha • Vínculo de trabalho (se efetivo, temporário ou outro) • Etapa da educação básica em que trabalha • Carreira (se há ou não, e, havendo, qual é) • Direitos assegurados • Salário bruto • Carga-horária semanal • Turno(s) de trabalho • Disciplina(s) • Ano(s) escolar(es) • Turma(s) • Escola(s)

Fonte: as autoras

Quadro 1 – *Check-list* para pesquisas sobre a dimensão objetiva da condição docente em uma rede ou escola públicas

( )	Identificar os tipos de vínculo de trabalho possíveis na rede de ensino pública em questão ou da qual faz parte uma determinada escola (efetivo, temporário e/ou outro).
( )	Levantar e listar a regulamentação referente a cada tipo de vínculo de trabalho possível na rede de ensino pública em questão ou da qual faz parte uma determinada escola (por exemplo: CR/88, eventual constituição estadual, lei da carreira de professor, decretos referentes, legislação específica sobre a contratação temporária ou outro tipo de vínculo *etc.*).
( )	Verificar, a partir da leitura e da análise da regulamentação levantada, se há uma carreira específica de professor por etapa de trabalho na educação básica, e, havendo, qual é o leque de carreiras possíveis.
( )	Identificar, a partir da análise da regulamentação levantada, as diferenças objetivas de condição de exercício da docência por tipo de vínculo de trabalho, na rede de ensino em questão ou da qual faz parte determinada escola, inclusive, no que concerne aos direitos e aos benefícios.
( )	Levantar as informações necessárias para apontar a quantidade de vínculos de trabalho efetivo, temporário e/ou outro existente na rede de ensino ou na escola em questão, assim como a média de carga-horária e a média salarial por tipo de vínculo.
( )	Apontar a quantidade de vínculos de trabalho efetivo, temporário e/ou outro existente na rede de ensino ou na escola em questão, assim como a média de carga-horária e a média salarial por tipo de vínculo. Observação: pode haver mais de um tipo de vínculo efetivo por professor/a, e isso deve ser levado em consideração.

Somente para pesquisas centradas em escola(s) pública(s) específica(s):	
( )	Consultar informações educacionais referentes à(s) escola(s) pública(s) em questão (por exemplo: Índice de Desenvolvimento da Educação Básica — Ideb, outros indicadores do Instituto de Estudos e Pesquisas Educacionais Anísio Teixeira — Inep, eventuais indicadores estaduais, *etc.*).
( )	Consultar informações socioeconômicas e culturais referentes ao território em que a(s) escola(s) está(ão) inserida(s) (por exemplo: Índice de Desenvolvimento Humano — IDH, Índice de Gini, Atlas da Violência, *etc.*).
( )	Levantar as informações necessárias para apontar a quantidade de escolas, turnos, etapas da educação básica, disciplinas, anos escolares e turmas, em que as/os professores da(s) escola(s) pública(s) em questão trabalham.
( )	Apontar as médias da quantidade de escolas, turnos, etapas da educação básica, disciplinas, anos escolares e turmas por tipo de vínculo, em que as/os professores da(s) escola(s) pública(s) em questão trabalham.

Fonte: as autoras

As informações necessárias para a realização da pesquisa podem ser obtidas junto à secretaria de educação, no caso de o foco ser uma rede de ensino pública, mais especificamente junto à estrutura da secretaria de educação responsável pela gestão de recursos humanos (exemplo: subsecretaria de recursos humanos). Já quando o foco é uma escola pública ou um número reduzido de escolas, as informações necessárias para a realização da pesquisa podem ser obtidas junto à administração da escola ou por meio da aplicação de questionário a ser respondido pelos próprios/as professores/as.

CONSIDERAÇÕES FINAIS

Como constatado, a dimensão objetiva da condição docente é estruturante e estruturada e seu estudo apresenta grande relevância, uma vez que impacta até mesmo a qualidade educacional. Desse modo, as condições de trabalho enfrentadas pelo/a professor/a, grande parte delas decorrentes do tipo de vínculo jurídico de contratação ao qual são submetidos, impactam não só a gama de direitos e benefícios a que fazem jus, mas as condições de seu trabalho e em última análise a qualidade de educação prestada pelo Poder Público. O presente texto defende, portanto, que a escolha por tipo de vínculo jurídico de contratação docente não é inofensiva e constitui em uma escolha do gestor público com grandes impactos para docentes e comunidade em geral.

Nesse sentido, a construção de um caminho metodológico pode ser de grande valia, como ferramenta para construir um diagnóstico da educação pública. Ele pode ser utilizado para verificar as condições de trabalho docente em uma escola e até mesmo para comparações, dentro de uma mesma rede de ensino pública ou entre redes. Assim, tomando como ponto de partida o tipo de vínculo jurídico adotado na contratação docente, consideram-se os outros elementos próprios da dimensão objetiva da condição docente como: local de trabalho, etapa de trabalho, carga horária semanal e sua organização, turno de trabalho, número de escolas em que leciona e de anos escolares para os quais leciona, o que permite a construção de um panorama da condição docente de uma ou mais escola e de uma ou mais redes.

REFERÊNCIAS

AMORIM, Marina Alves; ARAÚJO, Ana Luiza Gomes de; SALEJ, Ana Paula. A condição docente dos professores da Rede Estadual de Educação de Minas Gerais (REE-MG): A situação dos designados. *Educação em Foco*, Juiz de Fora, v. 28, n. 1, e28020, 2023.

AMORIM, Marina Alves; SALEJ, Ana Paula. Professores da Rede Estadual de Educação de Minas Gerais (REE/MG): informações e sugestões aos gestores. Nota Técnica. *Revista Brasileira de Educação Básica*, Brasília, ano 5, n. 17, maio/set. 2020.

ARAUJO, Ana Luiza Gomes de; OLIVEIRA, Kamila Pagel de; SOARES, Leandro Alves; OLIVEIRA, Isabelle Fernandes de; CARVALHO, João Victor Teodoro; PONTES,

Mauro Fidelis Santana. Desafios ao planejamento da força de trabalho no Estado de Minas Gerais: o Instituto da Designação no Recrutamento dos Professores da Educação Básica. *In:* ENCONTRO DE ADMINISTRAÇÃO PÚBLICA DA ASSOCIAÇÃO NACIONAL DE PÓS-GRADUAÇÃO E PESQUISA EM ADMINISTRAÇÃO, 8., 2019, Fortaleza. *Trabalho apresentado* [...]. Fortaleza: ANPAD, 2020. p. 1-11.

BRASIL. *Constituição da República Federativa do Brasil*. Brasília, DF: Senado Federal, 1988. Disponível em: http://www.planalto.gov.br/ccivil_03/constituicao/constituicao.htm. Acesso em: 27 jul. 2022.

BRASIL. *Ação Direta de Inconstitucionalidade 5267*. Brasília, DF: Supremo Tribunal Federal, 2015. Relator: Ministro Luiz Fux. Disponível em: https://portal.stf.jus.br/processos/detalhe.asp?incidente=4732504. Acesso em: 11 nov. 2022.

BRASIL. *Ação de Descumprimento de Preceito Fundamental (ADPF) 915/22*. Brasília, DF: Supremo Tribunal Federal, 2021. Disponível em: https://portal.stf.jus.br/processos/detalhe.asp?incidente=6311525. Acesso em: 11 nov. 2022.

DINIZ-PEREIRA, Júlio Emílio. *O que sabemos e o que não sabemos sobre as/os professoras/es da Rede Estadual de Educação de Minas Gerais?* Belo Horizonte: FaE/UFMG, 2017. (Projeto de pesquisa).

GATTI, Bernadete Angelina; BARRETO, Elba Siqueira de Sá (coord.). *Professores do Brasil:* impasses e desafios. Brasília: Unesco, 2009. 294 p.

MINAS GERAIS. [Constituição (1989)]. *Constituição do Estado de Minas Gerais*. 28. ed. Belo Horizonte: Assembleia Legislativa do Estado de Minas Gerais, 2021. Disponível em: https://www.almg.gov.br/export/sites/default/consulte/legislacao/Downloads/pdfs/ConstituicaoEstadual.pdf. Acesso em: 27 jun. 2022.

MINAS GERAIS. Assembleia Legislativa. *Lei Ordinária n.º 10.254, de 20 de julho de 1990*. Institui o regime jurídico único do servidor público civil do Estado de Minas Gerais e dá outras providências. Belo Horizonte: Assembleia Legislativa do Estado de Minas Gerais, 1990. Disponível em: https://www.almg.gov.br/consulte/legislacao/completa/completa.html?tipo=LEI&num=10254&comp=&ano=1990. Acesso em: 27 jul. 2022.

MINAS GERAIS. Assembleia Legislativa. *Lei 7.109, de 13 de outubro de 1977*. Contém o Estatuto do pessoal do magistério público do Estado de Minas Gerais, e dá outras providências. Belo Horizonte: Assembleia Legislativa do Estado de Minas Gerais, 1977. Disponível em: https://www.almg.gov.br/consulte/legislacao/

completa/completa-nova-min.html?tipo=LEI&num=7109&comp=&ano=1977&-texto=consolidado#texto. Acessado em: 11 nov. 2022.

MINAS GERAIS. Assembleia Legislativa. *Decreto 48.109/20.* Dispõe sobre a convocação de profissionais para o exercício das funções de magistério nas unidades de ensino de educação básica e superior dos órgãos, autarquias e fundações do Poder Executivo. Belo Horizonte, 2020. Disponível em: https://www.almg.gov.br/consulte/legislacao/completa/completa.html?tipo=DEC&num=48109&-comp=&ano=2020&aba=js_textoAtualizado#texto. Acessado em: 11 nov. 2022.

MINAS GERAIS. Secretaria de Estado da Educação. *Manual do Secretário Escolar.* Belo Horizonte: Secretaria de Estado da Educação de Minas Gerais, 2014. Disponível em: http://www2.educacao.mg.gov.br/images/stories/publicacoes/MANUAL_DO_SECRETARIO_2_014_WEB.pdf. Acesso em: 14 abr. 2020.

OLIVEIRA, Kamila Pagel de; ARAÚJO, Ana Luiza Gomes de; SOARES, Leandro Alves; SANCHES, Elisa Cristina Pereira; GALANTINI, Fernanda de Moura; MENEZES, Elias Natal Lima de. Dois pesos, duas medidas e uma política pública: a distinta realidade de incentivos dos professores efetivos e designados na rede estadual de educação de Minas Gerais. *Fórum Administrativo*, Belo Horizonte, v. 19, n. 223, set. 2019.

CONCLUSÕES E CONSIDERAÇÕES FINAIS

A condição docente na Rede Estadual de Educação de Minas Gerais (REE-MG) é, atualmente, extremamente delicada e muito preocupante. É o que revelam as teses e dissertações sobre esse tema selecionadas e analisadas neste estudo coletivo do tipo estado do conhecimento realizado pelo Grupo de Pesquisas sobre Profissão Docente (Prodoc).

Essa condição docente atual na REE-MG é resultado de sucessivas políticas educacionais implantadas por governos conservadores, de direita ou centro-direita e de orientação neoliberal, nos últimos 30 anos, nesse estado. As produções acadêmicas analisadas nesta "meta-pesquisa" sugerem que as políticas públicas implementadas pela Secretaria Estadual de Educação de Minas Gerais (SEE-MG), nesse período, trouxeram modificações no ambiente escolar e no fazer docente nas instituições de ensino da REE-MG e, por via de consequência, impactaram fortemente a condição docente das/dos professoras/es dessa rede estadual.

Minas Gerais, ao promover uma ampla reforma de estado que se tornou um modelo de gestão neoliberal para outras unidades da federação, foi um dos primeiros estados brasileiros a criar um programa de avaliação externa das escolas estaduais baseado no chamado "gerencialismo" e na lógica empresarial. Os acordos de produtividade implementados pelo programa "choque de gestão", durante as duas gestões de Aécio Neves (2003-2006; 2007-2010), representam um marco para a adoção da chamada Nova Gestão Pública (NGP) no estado.

Em relação às mudanças na carreira docente, o governo do estado de Minas Gerais instituiu, em 2010, a chamada "remuneração por subsídio", promovendo alterações expressivas não apenas na forma de pagamento, mas na estrutura dessa carreira, com a redução nos percentuais de progressão e promoção, perda de benefícios, gratificações e vantagens decorrentes do tempo de serviço. Desse modo, adotaram-se medidas que resultaram no aumento dos contratos precários, arrocho salarial, desrespeito ao piso salarial nacional, inadequação ou mesmo ausência, em alguns casos, de planos de cargos e salários, bem como perda de garantias trabalhistas e previdenciárias.

Sobre o aumento dos contratos precários, a proporção de cargos efetivos e não efetivos da carreira de professora/professor da educação básica na rede pública estadual de Minas Gerais passou, em 2010, de 37,5% de efetivos e 62,5% de não efetivos para 29,6% de efetivos e 70,4% de não efetivos, em 2014! O Censo Escolar de 2023 aponta que apenas 19,2% das/os professoras/es da rede estadual são efetivos. Os chamados "professores designados" destacam-se entre os não efetivos. Assim, em razão desse volume enorme de "professores designados" na REE-MG, o estatuto da designação é central para compreender não somente a condição docente das/dos professoras/es dessa rede de ensino, mas essa própria rede pública estadual e tudo que se relaciona a ela.

Todas essas mudanças impuseram à/ao professora/professor da REE-MG as seguintes condições: proletarização e precarização do trabalho, desvalorização profissional, perda de autonomia e insegurança para reorganizar as práticas de ensino, sobrecarga e intensificação do trabalho docente, desmotivação, adoecimento (como, por exemplo, desenvolvimento da síndrome de *burnout* — esgotamento físico e mental das/dos professoras/es) — e, até mesmo, desistência/abandono da profissão.

Soma-se a isso o fato de as escolas da REE-MG, de um modo geral, carecerem de uma infraestrutura que favoreça o desenvolvimento dos processos de ensinar e aprender com boa qualidade, em razão da falta de equipamentos tecnológicos, pelo caráter obsoleto desses equipamentos — os quais também precisam de manutenção — e por divergências sobre investimento em infraestrutura tecnológica nessa rede pública.

Os estudos selecionados e analisados nesta "meta-pesquisa" denunciaram tensões geradas nas escolas estaduais de Minas Gerais em razão das cobranças da SEE-MG por resultados nas avaliações externas e pelo cumprimento das orientações curriculares contidas nos documentos produzidos pela Secretaria para controlar as práticas pedagógicas das/dos professoras/es. Essas orientações transformaram-se, na verdade, em um conjunto de prescrições que colocaram as/os professores/es no lugar de meras/os executoras/es de um currículo imposto "de cima para baixo" sem que as condições de trabalho proporcionassem espaços coletivos de elaboração e reflexão das práticas docentes.

Outro impacto gerado pela implantação das políticas de avaliação externa no estado de Minas Gerais foi o aprofundamento das políticas de responsabilização ou prestação de contas (*accountability*) e a adoção de um sistema de premiação no cálculo do benefício das/dos professoras/es baseado no resultado do desempenho dos alunos nos testes padronizados. As pesquisas evidenciam que essas políticas neoliberais que instituem sistemas de premiação e estão voltadas para "recompensar" o trabalho docente, na verdade, geram insegurança e têm um efeito contrário em relação à valorização da carreira profissional. Desse modo, quanto mais os resultados das avaliações externas se vincularem estritamente aos critérios de progressão na carreira, mais elas assumirão um caráter regulador, servindo apenas para responsabilizar a/o docente pelo lugar ocupado pelas instituições de ensino nos *rankings* escolares e, por via de consequência, intensificar e precarizar o trabalho docente.

Apesar de essas políticas educacionais gerarem tensões no ambiente escolar ao tentarem monitorar e controlar as práticas das/dos professoras/es, elas não as determinaram, visto que as imposições da SEE-MG eram, em alguns momentos, ressignificadas por meio da agência dessas/es docentes. Sendo assim, mesmo em situação de pressão, as/os professoras/es colocaram em movimento um processo de apropriação das "orientações" curriculares que levou em conta, além do conhecimento que elas/eles tinham sobre algumas "brechas" existentes nessas imposições curriculares, as experiências docentes anteriores, as trocas e orientações de professoras/es mais experientes, informações de meios de divulgação dos fundamentos e metodologias de ensino, bem como a formação inicial.

Não podemos deixar de reconhecer também a existência de um movimento de lutas da categoria em prol da valorização profissional no estado. As lutas das/dos profissionais da educação continuam a fim de se conquistar um plano de carreira robusto, bem como cargos e salários dignos para as/os professoras/es da rede pública estadual em Minas Gerais. Porém, a organização da categoria para participação nessas lutas tem sido algo extremamente desafiador em razão do elevado número de docentes com contratos precários e a fragmentação da categoria em diferentes classes de professoras/es: as/os efetivas/os, as/os "efetivadas/os" (a partir da aprovação da "Lei 100") e as/os designadas/os.

Portanto, além das questões relativas a um plano de carreira robusto e a uma remuneração digna, há outros aspectos que podem contribuir para a valorização profissional das/dos professoras/es da REE-MG, como o incentivo e o acesso às ações de formação, a redução do número de alunos em sala de aula e o apoio técnico às/aos profissionais da educação nessa rede pública de ensino — com especial atenção àquelas/es que estão nos primeiros anos de exercício da profissão (as/os professoras/es iniciantes).

As pesquisas analisadas apontam o quanto os aspectos relativos ao início da docência e os seus desdobramentos vão se constituindo em aprendizado ao longo da trajetória das/dos professoras/es — processo que tem sido denominado, pela literatura especializada, de desenvolvimento profissional docente. É urgente se pensar em programas direcionados ao acompanhamento das/dos professoras/es nos primeiros anos de ingresso na profissão. A valorização e o apoio, além de serem essenciais, poderiam ser um dos caminhos de superação da desistência e do abandono do magistério e para manter as/os novas/os profissionais interessadas/os na carreira docente.

Desse modo, tem-se necessidade de as políticas públicas educacionais e, mais especificamente, os programas de formação de professoras/es, dialogarem com as experiências e os desafios enfrentados nas escolas da REE-MG. Ou seja, há necessidade de se pensar a formação a partir da escuta e diálogo com as/os professoras/es para promover reflexões baseadas nos desafios e demandas presentes no cotidiano das/dos docentes. Além disso, uma formação ancorada no diálogo interdisciplinar, pautada em uma perspectiva antirracista e antimisógina que respeite as diversidades e que prepare a/o docente para trabalhar em uma escola cada vez mais complexa e intercultural.

Como afirmamos na introdução deste livro, é muito importante compreender o quão estruturantes são as dimensões objetiva e subjetiva da condição docente e como são necessários estudos sobre essas dimensões não só para entender melhor sobre a condição docente em si, mas para esclarecer outros fenômenos educacionais, como a qualidade da educação.

Nessa direção, este estudo coletivo chamou a atenção para o fato de que, se quisermos conhecer com mais detalhes e precisão a condição docente das/dos professoras/es da REE-MG, ou quiçá de outras redes de ensino, necessitamos desenvolver pesquisas de cunho mais qualitativo-quantitativo. Primeiro, para abranger um número significativo de professoras/es e, segundo, para abarcar com mais cuidado os elementos constitutivos da condição docente. Neste último caso, os instrumentos de produção de dados devem abranger questões relacionadas ao que caracteriza o *ser* docente — dimensões subjetivas-objetivas e o *estar* na docência — dimensões objetivas-subjetivas —, isto é, tratar em uma mesma investigação acadêmica do levantamento dos diversos elementos que estruturam e são estruturantes da condição docente, de tal forma que seja possível compreender cada um deles em suas especificidades, assim como reconhecer como eles se relacionam, podendo alcançar, portanto, a condição docente das/dos professoras/es de uma determinada rede de ensino e, ao conhecer suas nuances e constituição, poder indicar caminhos outros para a análise e compreensão da docência.

SOBRE OS/AS AUTORES/AS

Alvanize Valente Fernandes Ferenc

Doutora em Educação pela UFSCar. Professora titular do Departamento de Educação da UFV, com pós-doutorado pela FPCE da Universidade do Porto, Portugal (2020) e pelo PPGE, FaE/UFMG (2014). Membro da Rede Mineira de Pesquisa em Educação. Membro do GT 8 Formação de professores da ANPEd.

Orcid: 0000-0002-1271-1075

Ana Lúcia Faria Azevedo

Doutora em Educação (UFMG). Professora de História (Ufop), atuou na Rede Municipal de Ensino de Belo Horizonte de 1991 a 2021. Além do Prodoc, atua na Rede Kino (Rede latino-americana de cinema, educação e audiovisual).

Orcid: 0000-0002-6702-1231

Ana Luiza Gomes de Araujo

Doutoranda em Políticas Públicas de Educação pela UFMG e mestre em direito administrativo pela mesma instituição. Especialista em Políticas Públicas e Gestão Governamental (EPPGG) lotada na Seplag/MG.

Orcid: 0000-0003-4954-1628

Ana Paula Andrade

Professora da Faculdade de Educação da UEMG. Doutora em Educação pela UFRJ. Mestre em Educação pela UERJ. Vice-coordenadora do Tessituras de Nós. Desenvolve pesquisas em currículo, formação de professores e gênero sob a perspectiva foucaultiana.

Orcid: 0000-0002-8947-2957

Andréa Chicri Torga Matiassi

Doutora em Educação pela FaE/UFMG (2022). Mestre em Educação Tecnológica pelo Centro Federal de Educação Tecnológica em Minas Gerais (Cefet), 2011. Graduada em Psicologia pela Universidade Fumec/MG, 2002.
Orcid: 0000-0003-1275-9033

Andréa Schmitz Boccia

Doutoranda em Educação na USP. Mestre em Estudos Literários (Universidad Complutense de Madrid). Pedagoga, especialista em Docência de Língua Portuguesa (ISE Vera Cruz). Docente do curso de especialização para professores de Matemática e Ciências da rede PED Brasil.
Orcid: 0000-0003-0134-3999

Bárbara Lima Giardini

Doutora em Educação pela UFJF. Mestre em Educação pelo PPGE/UFV. Professora do Departamento de Educação. Membro do grupo de Estudos e Pesquisas Formepe-UFV.
Orcid: 0000-0002-6316-5473

Célia Maria Fernandes Nunes

Doutora em Educação, 2004. Professora Titular da Ufop. Membro dos grupos de pesquisa Formação e Profissão Docente (Foprofi/Ufop) e Grupo de Pesquisa Formação e Condição Docente (Prodoc/UFMG). Estuda Formação e Profissão Docente, Narrativas Docentes, Saberes docentes e professores iniciantes.
Orcid: 0000-0002-2338-1876

Darsoni de Oliveira Caligiorne

Mestre em Engenharia de Produção com ênfase em Mídia e Conhecimento pela UFSC. Pesquisadora do Prodoc e Núcleo de Estudos e Pesquisa em Educação (Nect) da UEMG. Atua como especialista da Educação Básica na Rede Municipal de Sabará.
Orcid: 0000-0003-1696-3269

Dina Mara Pinheiro Dantas

Doutoranda do Programa de Pós-Graduação em Educação da Faculdade de Educação (Faced) da Universidade Federal do Ceará (UFC).
Orcid: 0000-0002-8704-0675

Emilio Tenti Fanfani

Nació en Italia y es argentino naturalizado. Sociólogo. Doctorado de universidad en la Fundación Nacional de Ciencias Políticas de Paris. Doctorad Honoris Causa en la Universidad Nacional de Rosario, Argentina. Fue profesor titular de Sociología de la Educación en la Universidad de Buenos Aires durante 25 años. Es profesor en la Universidad Pedagógica Nacional. En 2022 publicó "La escuela bajo sospecha" (Siglo XXI, Buenos Aires).

Geralda Aparecida de Carvalho Pena

Doutora (2014) e mestre (1999) em Educação pela UFMG. Licenciada em Pedagogia (1992) pela UFV. Trabalha no Instituto Federal de Educação, Ciência e Tecnologia de Minas Gerais (IFMG) — campus Ouro Preto, atualmente exercendo o cargo de chefe da Seção de Pós-graduação, na Diretoria de Pesquisa, Inovação e Pós-Graduação.
Orcid: 0000-0002-5765-5767

Heyde Ferreira Gomes

Mestre em Educação pelo Programa de Pós-Graduação em Educação da FaE/UFMG. Graduada em Letras Português e Inglês e em Pedagogia pela Universidade Federal de Lavras (Ufla). Professora de Língua Inglesa na rede municipal e professora de Língua Portuguesa na rede estadual, na cidade de Lavras.
Orcid: 0000-0001-6275-7189

João Valdir Alves de Souza

Realizou pós-doutorado no Centro de Desenvolvimento Sustentável da Universidade de Brasília (UnB), em 2008. Doutor em Educação pela PUC/SP (2000). Mestre em Educação pela UFMG (1993), onde também fez bacharelado e licenciatura em Ciências Sociais (1990). Professor Titular

de Sociologia da Educação na UFMG. É membro do Prodoc: Grupo de Pesquisas sobre Profissão Docente.
Orcid: 0000-0002-4201-8060

Juliana Santos da Conceição
Doutora em Educação (2020) pela UFMG. Mestre em Educação (2014) pela Ufop e Pedagoga (2006) pela UFV. Trabalha na Ufop como Técnica em Assuntos Educacionais no Núcleo de Apoio Pedagógico (NAP) da Pró-reitoria de Graduação.
Orcid: 0000-0002-1767-0364

Júlio Emílio Diniz-Pereira
Professor Titular da FaE/UFMG. Doutor (Ph.D.) em Educação pela *University of Wisconsin-Madison* (EUA). Professor da Linha DOCÊNCIA do Programa de Pós-graduação em Educação da FaE/UFMG. Membro fundador do Grupo de Pesquisas sobre Profissão Docente (Prodoc). Bolsista de Produtividade em Pesquisa do CNPq – Nível 2.
Orcid: 0000-0002-5401-4788

Jussara Bueno de Queiroz Paschoalino
Doutora em Educação pela UFMG, onde também fez mestrado e pós-doutorado. Graduada em Pedagogia pela PUC Minas. Professora da UFRJ. Especialista em Educação e em Psicopedagogia pelo CEPEMG. Avaliadora de Cursos de Graduação Basis/Mec/Inep. Coordenadora do Grupo de Estudo e Pesquisa (GPPG).
Orcid: 0000-0003-0382-3523

Karla Cunha Pádua
Mestre e doutora em Educação pela UFMG. Professora na Faculdade de Educação e no Programa de Pós-Graduação em Educação da UEMG. Desenvolve pesquisas no campo da diversidade, interculturalidade e docência por meio de narrativas.
Orcid: 0000-0003-0421-9897

Lílian Perdigão Caixêta Reis

Doutora em Psicologia pela UFBA, 2010, com pós-doutorado em Educação pela UFMG, 2021. Mestre em Família na Sociedade Contemporânea pela PUC de Salvador (PUC/BA), 2005. Graduada em Psicologia pela PUC Minas, 1989. Professora no Departamento de Educação da UFV.
Orcid: 0000-0001-6827-871X

Magali Aparecida Silvestre

Realizou pós-doutorado no Programa de Pós-Graduação em Educação da UFMG. Doutora e mestre em Educação: Psicologia da Educação pela PUC/SP. Professora associada do Departamento de Educação e credenciada no Programa de Pós-Graduação em Educação da Universidade Federal de São Paulo (Unifesp).
Orcid: 0000-0003-2631-7383

Margareth Diniz

Psicóloga, doutora e mestre em Educação pela UFMG. Psicanalista, Professora Associada IV de Psicologia da Ufop. Integra o Programa de Pós-graduação (Mestrado e Doutorado em Educação) da Ufop.
Orcid: 0000-0001-6852-5389

Maria do Perpétuo Socorro de Lima Costa

Doutora e mestre em Educação, com pós-doutorado na mesma área; especialista em Supervisão Educacional e Psicologia da Educação: ênfase em psicopedagogia preventiva; graduada em Pedagogia. Professora na UFVJM, campus Diamantina/MG e docente do Programa de Pós-Graduação em Educação (PPGED/UFVJM).
Orcid: 0000-0003-2121-1635

Maria José de Paula
Mestre em Educação pela UFMG, 2007. Graduada em Matemática pela Fundação Presidente Antônio Carlos, Barbacena, Minas Gerais. Professora da Educação Básica das redes pública e privada de ensino. Professora das disciplinas de Ensino de Matemática e Metodologia de Pesquisa em Educação Matemática na PUC Minas.
Orcid: 0009-0002-4992-6165

Maria Rita Neto Sales Oliveira
Professora titular da Universidade Federal de Minas Gerais (UFMG) e do CEFET-MG, exercendo trabalho de pesquisadora em ambas as instituições.
Orcid: 0000-0002-3089-5939

Marina Alves Amorim
Doutora em história pela UFMG e doutora em Letras pela *Université Rennes 2 – Université d'Haute Bretagne* (UHB) — tese em cotutela internacional. Pesquisadora da Fundação João Pinheiro (FJP), em Belo Horizonte.
Orcid: 0000-0002-3893-8200

Natália Maria Avelino
Pedagoga formada pela Faculdade de Educação da UFMG, onde atuou no Prodoc como bolsista de Iniciação Científica e participou do Programa Institucional de Bolsas de Iniciação à Docência (Pibid) atuando na área de Alfabetização e Letramento.
Orcid: 0009-0006-1126-1662

Nayara Macedo de Lima Jardim
Doutoranda em Educação no PPGE/Ufop. Mestre em Educação pelo PPGE/UFV. Professora do Departamento de Educação Infantil da UFV. Membro do grupo de Estudos e Pesquisas Formepe-UFV e do Grupo Foprofi-Ufop.
Orcid: 0000-0001-6857-8579

Raquel Martins de Assis

Doutora em Educação pela UFMG, 2004, com pós-doutorado pelo Programa de Estudos Pós-Graduados em Educação: Psicologia da Educação da PUC/SP. Mestre em Psicologia pela Universidade de São Paulo (USP/RP), 1998. Graduada em Psicologia pela USP/RP, 1993. Professora de Psicologia da Educação da FaE/UFMG.
Orcid: 0000-0001-5248-1131

Samira Zaidan

Doutora em Educação pela UFMG, com pós-doutorado em Educação na USP. Professora residente Instituto Estudos Avançados Transdisciplinares (Ieat/UFMG/2017-2018). Professora titular da UFMG, aposentada, atua com contrato de no Mestrado Profissional (Promestre/FaE UFMG).
Orcid: 0000-0001-7163-5546

Santuza Amorim da Silva

Doutora e mestre em Educação (UFMG). Professora da FAE/UEMG no curso de Pedagogia e na pós-graduação. Integra os grupos de Pesquisa: Prodoc (UFMG), Neper (UEMG) e Rede Mineira de Educação.
Orcid: 0000-0001-8711-5377

Sara Mourão Monteiro

Doutora em Educação pela UFMG, com pós-doutorado no Instituto Universitário de Ciências Psicológicas, Sociais e da Vida (Ispa, Portugal). Professora associada da UFMG, onde atua no Programa de Pós-Graduação Mestrado Profissional Educação e Docência (Promestre). Também é membro do Centro de Alfabetização, Leitura e Escrita (Ceale-UFMG).
Orcid: 0000-0002-2419-5928

Simone Grace de Paula

Doutora e mestre em Educação pela UFMG. Graduada em Pedagogia pela UEMG. Professora adjunta da UFVJM. Coordenadora do curso de licenciatura em Pedagogia/EaD e do Colegiado das Licenciaturas da DEAD/UFVJM. Membro do Prodoc e da Rede Mineira de Pesquisa em Educação e do Comitê de Ética em Pesquisa do Cefet-MG.

Orcid: 0000-0002-2882-0209

Suzana dos Santos Gomes

Professora associada da FaE/UFMG, onde fez sua formação: graduação em Pedagogia, doutora e mestre em Educação. Realizou pós-doutorado em Educação pela Universidade de Lisboa (UL) e pela Universidade de São Paulo (USP). Professora e pesquisadora do Programa de Pós-Graduação em Educação: Conhecimento e Inclusão Social.

Orcid: 0000-0002-8660-1741

Wagner Ahmad Auarek

Professor da FaE/UFMG e do Programa de Pós Graduação: Mestrado Profissional Educação e Docência (Promestre). Membro do Prodoc e do Grupo de Pesquisa Interinstitucional "Cursos de Licenciaturas que formam Professores para Ensinar Matemática nos contextos da Educação do Campo, Indígena, Quilombola... e outros" (GT07 – SBEM).

Orcid: 0000-0001-8183-0425